Joshua Yaffa

DIE ÜBERLEBENSKÜNSTLER

JOSHUA YAFFA

Die Überlebens- künstler

Menschen in
Putins Russland
zwischen Wahrheit,
Selbstbetrug und
Kompromissen

Aus dem Amerikanischen
von Anselm Bühling

Econ

Die englische Originalausgabe erschien 2020 bei Tim Duggan Books, ein Imprint von Penguin Random House LLC, New York, unter dem Titel *Between two Fires. Truth, Ambition, and Compromise in Putin's Russia.*

Econ ist ein Verlag der Ullstein Buchverlage GmbH.
ISBN 978-3-430-21060-7
© 2021 der deutschen Ausgabe: Ullstein Buchverlage GmbH, Berlin
© 2020 by Joshua Yaffa
Landkarte © 2020 by David Lindroth Inc.
Alle Rechte vorbehalten
Gesetzt aus der Minion Pro
Satz: LVD GmbH, Berlin
Druck und Bindearbeiten: GGP Media GmbH, Pößneck

INHALT

Der verschlagene Mensch

Im Winter 1987 bot sich Juri Lewada eine einzigartige Chance. Der Wissenschaftler – damals siebenundfünfzig, mit freundlichem Gesicht und spärlichem weißem Haar – war lange Zeit in die Peripherie des akademischen Betriebs verbannt gewesen, weil er sich mit Soziologie befasste. Diese Disziplin war von der sowjetischen Führung jahrzehntelang als bürgerliche Pseudowissenschaft abgetan worden. Der offiziellen Doktrin zufolge erklärten das Klassenmodell von Karl Marx und sein Begriff des historischen Materialismus alles Wesentliche, was es über die Gesellschaft zu wissen gibt. Doch Mitte der Achtzigerjahre stieg Michail Gorbatschow zum Staats- und Parteichef der Sowjetunion auf. Seine Politik der Perestroika, so das russische Wort für »Umbau«, zielte vor allem auf die sowjetische Wirtschaft, aber sie brachte auch eine politische und gesellschaftliche Öffnung mit sich, die Lewada und der kleinen Schar seiner Mitstreiter zugutekam.

Lewada galt als ehrlich und aufrichtig. Mit seinem wachen Geist stach er aus der Masse der farb- und geistlosen Kärrner hervor, die das Bild der akademischen Kreise im Land bestimmten. Ein Dissident war er nicht: Er bewegte sich im Rahmen des Systems, auch wenn er nie in dessen innerste Sphären vordrang. Von denen, die es dorthin schafften, unterschied er sich durch seinen elementaren Anstand und seine überragenden intellektuellen Fähigkeiten. Über Jahre hinweg hatte er nach der Arbeit in freien Seminarräumen wissenschaftlicher Institute regelmäßige Treffen mit einem Kreis gleichgesinnter Freunde und ehemaliger Studenten abgehalten. Sie hatten tabuisierte Fragen der soziologischen Theorie erörtert und die avantgardistischen Theateraufführungen und Dichtungen diskutiert, die in der Sowjetunion ab und an das Licht der Öffentlichkeit erblickten.

Doch jetzt sollte ihnen eine neu geschaffene Institution anvertraut werden: das Allunionszentrum für öffentliche Meinungsforschung, kurz WZIOM, das erste große Zentrum für Meinungsumfragen und Sozialforschung in der Geschichte des Landes. Gorbatschow und seine Unterstützer im Politbüro sahen, dass das sowjetische System ohne Reformen bald zusammenbrechen würde. Und es war ihnen auch klar, wie wenig sie über die Menschen wussten, die sie regierten. Deshalb galten unorthodoxe Denkansätze plötzlich als akzeptabel, und dies beförderte die Gründung des WZIOM, die ohnehin im Geist dieser von Umwälzungen geprägten Zeit lag. Lewada wurde zum Leiter der Abteilung für theoretische Forschungen ernannt. Er holte ein paar Kollegen zu sich, die in den 1960ern bei ihm promoviert hatten. In dem neuen Institut verfügte er über die Mittel und praktischen Instrumente, um seine Ideen zu überprüfen und einen realen, greifbaren Eindruck der Gesellschaft zu gewinnen. Er konnte endlich richtige Feldstudien durchführen.

Es war über zwanzig Jahre her, dass Lewada die Möglichkeit gehabt hatte, so öffentlich zu wirken. Damals,

1966, hatte die Sache kein gutes Ende genommen. Ein wohlgesinnter Kollege an der Staatlichen Universität Moskau hatte ihm als Mittdreißiger, der am Anfang seiner Professorenlaufbahn stand, angeboten, in einem Hörsaal der Hochschule Vorlesungen über Soziologie zu halten. Die Veranstaltung fand bald großen Anklang. Sie wurde von den Studierenden überbelegt und war bei der Moskauer Intelligenzija gefragt. Die Hörer drängten sich in den Gängen und Türen des Saals – sie »hingen an den Kronleuchtern«, wie es in Russland heißt. An Lewadas Vorlesungen war nichts offen Vorschriftswidriges oder Verbotenes: Er sprach einfach über die zentralen Grundsätze der Soziologie, einer Wissenschaft, die sich Ende des 19. Jahrhunderts in Frankreich, den USA und Deutschland als Reaktion auf die Probleme der Moderne entwickelt hatte. Ein heutiges Publikum würde sich schwertun, in seinen Vorträgen die scharfe Ausdrucksweise eines Dissidenten zu finden. Er vermied es ganz, über Politik zu sprechen, und konzentrierte sich auf die verschiedenen Theorien der Gesellschaftsformation und der Beziehung zwischen Individuen in sozialen Systemen. Er verfuhr sachlich. Er war direkt und professionell, und eben das war die Sensation.

Die Soziologie eröffnete Lewada den Zugang zu einer offenen und klaren Sprache, mit der er die sowjetische Gesellschaft ohne Rückgriff auf die diffuse offizielle Lehre erkunden konnte. »Es ist nicht leicht zu verstehen, aber seine einfache, menschliche, nicht durch Propaganda verstellte Sicht wirkte wie ein Schock«, sagt Alexei Lewinson, der in den Sechzigerjahren durch Lewada die Soziologie entdeckte. »Er nannte die Dinge beim Namen.« Nur wenige im Hörsaal hatten je zuvor jemanden so sprechen hören. »Ganz Moskau lief hin«, erinnert sich Lew Gudkow, damals auch einer von Lewadas vielversprechenden Studenten. Die Vorlesungen boten Lewada ein Forum, um mit der Erkundung dessen zu beginnen, was später zu seinem Lebensthema werden sollte: die Mentalität des Sowjetmenschen, seine Furchtsamkeit und Servilität gegenüber dem Staat – eine paternalistische Symbiose, die aus der Angst durch die Repressionserfahrungen und der Unfähigkeit resultierte, sich selbst als ein vom Staat unabhängiges Individuum zu begreifen.

Doch dann kam der August 1968. Sowjetische Panzer beendeten den Prager Frühling, jene kurze Phase der Öffnung und der Reformen in der Tschechoslowakei, die unter dem Leitbild eines »Sozialismus mit menschlichem Antlitz«, stand, wie es der damalige KP-Chef Alexander Dubček ausdrückte. Auf die Gewalt in den Straßen Prags folgte eine reaktionäre Kampagne in der sowjetischen Kultur und Wissenschaft. Künstlern und Intellektuellen wurden selbst kleinste Abweichungen von den offiziell anerkannten Dogmen des sowjetischen Denkens zum Vorwurf gemacht. Im folgenden Jahr, 1969, erhielt Lewada die Vorladung zu einer Anhörung an der Akademie für Gesellschaftswissenschaften beim ZK der KPdSU. Bei der stundenlangen Befragung hielten die Verhörenden ihm alle möglichen ideologischen Verfehlungen vor. Sie verwiesen auf eine Bemerkung, die er einmal gemacht hatte: In der modernen Gesellschaft sei das Individuum verschiedensten Formen gesellschaftlichen Drucks unterworfen – durch den Staat, die Massenkultur, den Markt und sogar durch Panzer. Lewada hatte das 1966 gesagt, bevor Panzer nach Prag gerollt waren. Doch das spielte keine Rolle. Es könne kein Zufall sein, befand man, das Bild sei zu aufwieglerisch. Während der Anhörung legte Lewada seine übliche

Zurückhaltung an den Tag. Er bat weder um Gnade, noch griff er seine Peiniger offen an. Als er nach einiger Zeit merkte, dass es zwecklos war, sich zu verteidigen, schloss er einfach seine Aktentasche und setzte sich.

Das Urteil stand von vornherein fest, und die Anhörung erinnerte nicht zufällig an einen politischen Schauprozess. Noch im Jahrzehnt zuvor hatten viele Mitglieder dieses Disziplinarausschusses an den ideologischen Repressionen der Stalinzeit mitgewirkt. »Inzwischen waren ihnen Zähne und Krallen gezogen worden. Töten konnten sie nicht«, so Lewinson. »Aber für das, was sie Lewada vorwarfen, wäre man ein paar Jahrzehnte früher auf Nimmerwiedersehen im Lager verschwunden.« Stattdessen verlor Lewada nur seine Professur, und man wies ihm eine nicht öffentliche, praktisch anonyme Stelle an einem wissenschaftlichen Institut zu. Die Zeiten waren »vegetarisch« geworden, wie Anna Achmatowa, die Grande Dame der russischen Lyrik des 20. Jahrhunderts, es ausdrückte. Nicht der Gulag stand Lewada bevor, aber doch eine Art Exil – ähnlich wie Dubček, der nach seiner Verhaftung am Ende des Prager Frühlings auf einen Posten bei der Forstverwaltung in der Slowakei abgeschoben wurde. Lewada war vom Mainstream der sowjetischen Wissenschaft abgeschnitten und durfte weder neue Arbeiten publizieren, noch durften andere Wissenschaftler ihn in ihren Artikeln zitieren. »Nur ich, ganz auf mich gestellt, so war das – ganz allein, sechzehn Jahre lang«, erinnerte er sich später.

Während dieser gesamten Zeit arbeitete Lewada zu Hause und in kleinen Gruppen mit Freunden und Kollegen daran, das Phänomen zu verstehen, das später den Namen *Homo sovieticus* erhielt: eine neue Spezies, die eine Folgeerscheinung des großen und furchtbaren sowjetischen Experiments war. Nach Lewada ist der Staat für diese Spezies »nicht nur eine historisch gewachsene gesellschaftliche Institution unter anderen [...], sondern eine Art Über-Institution vormodernen, paternalistischen Typs, [...] deren Funktionen und deren Aktivitätsbereich universal sind [...] und die in alle Winkel der menschlichen Existenz vordringt. Das Projekt des sowjetischen Sozialstaates ist per definitionem totalitär, weil es der Person keinerlei eigenen Raum lässt.« Ebenso wichtig wie die Abhängigkeit der Untertanen vom Staat sei ihre Dankbarkeit: »Die Fürsorge der Oberen muss von den Unteren gewürdigt werden.«

Viele Sowjetbürger reagierten – aus einem Rest Furcht, aber auch einer Kombination von Gewitztheit und Findigkeit heraus –, indem sie sich an den Staat anpassten. Dieser genoss vielleicht nicht ihr Vertrauen oder ihren Respekt, aber ebenso wenig konnten sie sich vorstellen, ihn zu bezwingen oder ohne ihn zu leben. Es begann als Überlebensstrategie: Staatsbürger und Staat arbeiteten unbewusst gemeinsam darauf hin, dass die Einzelnen ihre eigene Freiheit und ihre Chancen auf Selbstverwirklichung aktiv unterdrückten. Lewadas Sowjetmensch war einfallsreich und doch passiv, misstrauisch und doch gleichgültig. Er begriff instinktiv, dass es einfacher – und letztlich vorteilhafter – war, sein eigenes Spiel innerhalb des Systems zu spielen. Mut nahm die Form von passivem Widerstand an. So erklärte der Redakteur der Zeitschrift *Probleme der Philosophie*, ein junger Denker, der als relativ progressiv galt, er werde in seinem Blatt keine Zeile gegen Lewada drucken – allerdings auch keine Zeile von ihm. »Beide Versprechen hat er gehalten«, bemerkte Lewada später mit einer Art widerwilliger Anerkennung.

Als Lewada mit der Perestroika und seiner Berufung an

14

das WZIOM die Möglichkeit erhielt, Erhebungen durch-zuführen, galt sein Interesse der Erforschung des Sowjet-menschen. Er stellte fest, dass viele besonders bösartige Merkmale der sowjetischen Gesellschaft abgestreift wur-den. An ihre Stelle trat eine Kultur der Wissbegierde, und althergebrachte Dogmen wurden hinterfragt. Lewada fragte sich, ob mit dem Niedergang des Sowjetsystems auch der *Homo sovieticus* verschwinden oder sich zumin-dest weiterentwickeln würde.

1989 machte er sich daran, dies zu überprüfen, indem er gewöhnliche Bürger nach ihrer Beziehung zum Staat befragte. Es war ein beglückendes Projekt, das zugleich beunruhigend dringlich schien. »Die Lage wurde immer turbulenter«, so Lewada im Rückblick. Es sei kaum Zeit für ruhige gedankliche Arbeit geblieben. Beim Versuch, die sowjetische Gesellschaft zu verstehen, seien er und das WZIOM-Team sich vorgekommen, als ob sie »einem Kranken den Puls fühlten«.

In dieser Zeit stürzten überall in Osteuropa kommunisti-sche Regierungen, die sowjetische Armee zog aus Afgha-nistan ab, und die Gesellschaft erlebte einen turbulenten politischen Kurswandel. Die Forscher stellten Fokusgrup-pen zusammen und verteilten über die vierzehn Regional-büros des WZIOM im ganzen Land Fragebögen. Weit mehr Material brachten jedoch die Antworten auf einen einseiti-gen Fragebogen, der in der *Literaturnaja Gaseta* abgedruckt wurde – einer beliebten Wochenzeitung mit literarisch-kul-turellem Schwerpunkt, die manchmal auch aktuelle politi-sche Themen aufgriff. Unter der Überschrift »Was denken Sie?« wurden die Leser gebeten, Fragen zu ihren Erwartun-gen, ihren Ängsten und ihrer Beziehung zum Staat zu beantworten. Die öffentliche Reaktion war überwältigend. Lewadas Team erhielt fast zweihunderttausend Antworten. Es kam vor, dass ganze Familien oder gar Werksbrigaden den Fragebogen ausfüllten. Die Postboten schleppten die Bögen in Säcken an, die sich auf dem Gang der Hoteletage im »Zentralen Haus des Touristen« auf dem Leninprospekt, wo die Forscher ihr Büro hatten, zu unförmigen Stapeln türmten. »Es war ein Aufschrei der Gesellschaft. Sie wollte etwas«, sagt Lewinson. »Wir hatten das Gefühl, dass eine neue Art Mensch die Szene betreten hatte.«

Der Sowjetmensch, so schien es Lewada, machte eine Wandlung durch – er war im Begriff, seine Angst, Ohnmacht und den instinktiven Gehorsam abzulegen. Allein schon, dass die Umfrage ein so lebhaftes Echo hervorgerufen hatte, war Zeichen einer Veränderung der Gesellschaftsordnung des Landes. In der Dokumentation ihrer Ergebnisse formulierten Lewada und sein Team dies so: »Die Herausbildung einer öffentlichen Meinung ist ein Merkmal des Rückzugs der totalitären Gesellschaft« – samt den dazugehörigen »Herdeninstinkten, Phobien und Feindbildern […] Das Eis taut.« Immer weniger Menschen, so der Befund, konnten sich für einen starken Führer begeistern, um den sich das Land zusammenschließen sollte. Die Mehrheit der Befragten war bereit, die Geschichte der Sowjetunion neu und ehrlicher zu bewerten, auch wenn sie teilweise unangenehm oder unvorteilhaft sein sollte. Die meisten wünschten sich engere Beziehungen zum Westen. Die Angst vor Krieg oder der Umzingelung durch böswillige Feinde, die die Machthaber lange genutzt hatten, um die Bevölkerung zu einen und sich ihrer Loyalität zu versichern, war verflogen.

Das Leben in der Sowjetunion war weitgehend von Unwahrheiten bestimmt gewesen, die von zwei Seiten ausgingen: Die Bürger spielten die hingebungsvollen und loyalen Untertanen, und der Staat gab vor, kompetent und am Wohlergehen des Einzelnen interessiert zu sein. Vorgetäuschter Gehorsam traf auf vorgetäuschte Fürsorge. Ein geläufiger Witz der Zeit brachte das humoristisch auf den Punkt: »Wir tun, als ob wir arbeiten, und sie tun, als ob sie uns bezahlen.« Die Menschen waren dem System gegenüber nicht glühend loyal, sondern nahmen es passiv hin – dabei halfen die zahlreichen Möglichkeiten, es zu überlisten und ihm kleine private Triumphe abzutrotzen. Als Lewinson und Gudkow an ihren Dissertationen arbeiteten, verlangte ein Fachbereichsleiter an der Staatlichen Universität Moskau, sie sollten einige »bürgerliche« Autoren zitieren, um sie zu kritisieren. Also erfanden sie Autoren, deren Arbeiten sie dann angriffen – ohne dass der akademische Ausschuss das je bemerkt hätte. »Wir waren beide stolz darauf, wie wir sie an der Nase herumgeführt haben«, sagt Lewinson. Und weshalb auch nicht?

Die Ergebnisse, die säckeweise bei Lewadas Team am Leninprospekt eintrafen, stützten die Hoffnung, die sich mit der Perestroika verband: dass die Bürger der Sowjetunion im Begriff waren, sich zu ändern, sich innerlich vom Staat frei zu machen und mehr persönliche Verantwortung zu übernehmen. Die Gesellschaft, so Lewinson, schien ihre »verderbliche, bösartige, moralisch verheerende Form der Anpassung« endlich hinter sich zu lassen. Lewada selbst schrieb einen Aufsatz über dieses Phänomen. Dieser trug den Titel »Ein scheidender Charakter?«. Kurze Zeit später gab es die Sowjetunion nicht mehr. Sie brach zusammen wie alle großen Imperien – erst langsam und unmerklich, dann abrupt, wie ein Blitz aus heiterem Himmel. Mit ihr verschwanden auch viele Strukturen und Institutionen, die den Sowjetmenschen geprägt hatten – von der alleinigen Entscheidungsgewalt der Kommunistischen Partei über das berufliche Fortkommen bis zur Planwirtschaft mit ihrem notorischen Mangel, der dazu geführt hatte, dass wichtige Güter nur durch Gefälligkeiten und persönliche Beziehungen beschafft werden konnten. Im Nachhinein wirkt Lewadas Annahme, mit dem Zusammenbruch der Sowjetunion werde auch eine neue Art Mensch auf der Bildfläche erscheinen, wie ein Reflex des utopischen Denkens der frühen Bolschewiki.

Schon nach kurzer Zeit zeigte sich, dass der Wandel zu einem neuen Bürgertum nicht so schnell vonstattengehen würde wie erhofft. Lewada und sein Team beim WZIOM führten weitere Erhebungen durch und werteten die Ergebnisse aus. Sie begriffen bald, dass die Umfrage in der *Literaturnaja Gaseta* ein Sonderfall gewesen war. Die postsowjetischen Bürger Russlands waren ähnlich eingestellt wie die sowjetischen Generationen vor ihnen. »Das ließ nur einen Schluss zu: Das, was wir als spezifisch sowjetischen Personentyp angesehen hatten, war ein weit hartnäckigeres Phänomen als die sowjetischen Institutionen«, so Lewinson. Bei einer Erhebung gab die Hälfte der Befragten an, die Sieger der sowjetischen Parlamentswahlen von 1999 seien nicht ehrlich. Zugleich war jedoch die Mehrheit mit dem Wahlergebnis zufrieden. Die Zahl derjenigen, die sagten, ihr Handeln stehe im Widerspruch zu dem, was sie selbst für richtig hielten, war in diesem Jahr doppelt so hoch wie noch zehn Jahre zuvor. Und die Zahl derjenigen, die sich genötigt sahen, ihre moralischen Grundsätze dem Zweck unterzuordnen, war höher als zu

18

Sowjetzeiten. Lewada beobachtete die Rückkehr alter Gewohnheiten: »Duldsamkeit geht immer vor aktivem Protest, Anpassung vor Widerstand und passives Unbehagen vor dem Kampf für die eigenen Rechte.« Die Bürger arrangierten sich wieder. Sie hielten sich an die Spielregeln, statt Änderungen anzustreben.

Ende der Neunzigerjahre zeigten die Daten, dass die Gewohnheiten und Deformationen des Sowjetmenschen sich reproduzierten. Sie nahmen neue Gestalten an und drangen weiter in gesellschaftliche Institutionen und Beziehungen vor. Auf viele, die am WZIOM tätig waren, wirkte das demoralisierend. »Die Leute lassen dich allein, sie kehren sich ab von dem, was von deinen Idealen übrig ist«, so Lewinson. Die Institutsleiterin Tatjana Saslawskaja, eine gebildete, liberale und sehr beliebte Soziologin, erklärte aufgewühlt, sie verstehe gar nichts mehr, und zog sich aufs Altenteil zurück. Lewada wurde ihr Nachfolger.

Er hatte von Anfang an die Sorge, das Ende der Sowjetunion sei für die normalen Bürger zu schnell und zu leicht gekommen – faktisch eine Revolution, die jedoch den meisten keinerlei revolutionäre Aktivitäten abverlangt hatte. Die Menschen hatten dieses Ereignis nicht selbst herbeigeführt, sondern es war *mit* ihnen passiert. Das erlaubte ihnen, es als eine weitere Zumutung von oben wahrzunehmen. »Nach dem Zusammenbruch des Sowjetsystems«, so Lewada, »kam nicht der befreite Recke aus dem Märchen zum Vorschein, sondern ein Mensch, der dazu neigte, sich anzupassen, um zu überleben. Jemand, der zwar bereit war, sich zum demokratischen System zu bekennen, weil er das alte System verabscheute, aber nicht im Geringsten auf die Einrichtungen der Demokratie eingestellt war.«

19

Im Jahr 2000, als Wladimir Putin ins Präsidentenamt gelangte, publizierte Lewada einen neuen Essay. Es war der Versuch, das Phänomen aufzuarbeiten, das ihn zunehmend frustrierte und vor ein Rätsel stellte: das Fortbestehen des russischen Personentyps, auf dessen Analyse er so viel Zeit verwendet hatte. Als »sowjetisch« konnte man ihn jetzt nicht mehr bezeichnen. Aber was war er dann? Lewada nannte den Essay »Der verschlagene Mensch«. Damit war eine neue Spezies bestimmt – kein *Homo sovieticus*, sondern etwas Langlebigeres und Universelleres. Der verschlagene Russe, so heißt es in dem Text, »nimmt Täuschung nicht nur hin, sondern ist bereit, sich zu täuschen – ja, er ist sogar darauf angewiesen, sich immerzu etwas vorzumachen, um seines Selbsterhalts willen«. Aus Lewadas Sicht ist er letztlich ein kluges und einfallsreiches Geschöpf: »Er passt sich der sozialen Realität an, sucht nach Freiräumen und Schlupflöchern in ihrem Normensystem, versucht, ihre ›Spielregeln‹ für die eigenen Interessen zu nutzen und sie zugleich – was nicht weniger wichtig ist – ständig in einem gewissen Maß zu umgehen.«

Für den verschlagenen Menschen ist der Umgang mit dem Staat ein Spiel aus Halbwahrheiten und Täuschungen, die man dem Bürokratieapparat als Opfer darbringt und von denen man einander erzählt, um zu rechtfertigen, dass man persönliche Ambitionen und moralische Grundsätze beiseiteschiebt. Da die sozialen Bindungen schwach und die Institutionen unterentwickelt sind, ist der verschlagene Mensch letztlich auf sich allein gestellt. Die Folge ist ein Paradox des russischen Lebens, das Generationen zurückreicht: »Wenn ein Mensch gezwungen ist, sich ›wie alle anderen‹ zu verhalten und das öffentlich zu demonstrieren […], entlastet er sich von der Verantwortung für die gemeinsamen Haltungen, doch der Einsamkeit gegenüber ›allen anderen‹ entkommt er nicht.« Die Freiheit von Verantwortung erzeugt die Illusion der Freiheit selbst. Der verschlagene Mensch macht sich keine Illusionen über die wahre Natur des Staates – er sieht einfach keine Alternative zu diesem und setzt deshalb lieber darauf, mit dem Strom zu schwimmen als gegen ihn. »Die Russen brauchen offenbar den Schutz des Staates, aber sie wollen ihm nicht dienen«, so Lewada.

Der Begriff des verschlagenen Menschen war für ihn der Ausweg aus der falschen Alternative zwischen zwei wenig überzeugenden Sichtweisen, die er inzwischen beide als Mythen ansah. Der erste Mythos wurde von der offiziellen Propaganda verbreitet. Ihr zufolge waren die Sowjetbürger glücklich, zufrieden und dem Aufbau des Kommunismus verbunden. Der zweite Mythos war die Umkehrung des ersten und erfreute sich bei der liberalen Intelligenzija sowie vielen westlichen Beobachtern großer Beliebtheit. Demnach waren die sowjetischen Menschen unzufrieden, dem Staat feindlich gesinnt und bereit, gegen ihn zu handeln. Nach Lewadas Auffassung liegt die Wahrheit irgendwo dazwischen – im heutigen Russland ebenso wie zu Zeiten der Sowjetunion. Echte Sadisten und Folterer sind rar, aber das Leben eines Dissidenten ist einsam, glanzlos und oft schlicht elend. Die meisten Menschen sind weder ein Stalin noch ein Solschenizyn, sondern auf ihre Weise verschlagen.

Der verschlagene Mensch ist kein sowjetisches Phänomen. Seine historischen Wurzeln reichen viel weiter zurück. In der vorrevolutionären Vergangenheit Russlands, als die Bevölkerung zu über 80 Prozent aus Bauern bestand, war eine Vorstellung verbreitet, die im Nachhinein von den sowjetischen Propagandisten noch übersteigert wurde. Demnach waren die Bauern, und vor allem die Leibeigenen, Hüter einer tieferen Wahrheit, die ihren Herren nicht zugänglich und für sie nicht verständlich war. Die Herren mochten zwar die Macht haben, doch Tugendhaftigkeit und Authentizität lagen aufseiten der Machtlosen. Einige Jahre bevor Lewadas Essay erschien, hatte Saslawskaja, die erste Leiterin des WZIOM, über den »verschlagenen Sklaven« aus Puschkins Dichtung gesprochen, der zwar unfrei ist und bleibt, aber es immer wieder versteht, seinen Herrn zu demontieren und zu übertölpeln. Solche Figuren kommen in der russischen Literatur des 19. Jahrhunderts oft vor und werden in beliebten Geschichten als Helden aus dem gewöhnlichen Volk dargestellt. Der Sowjetstaat – fern und undurchsichtig, doch zugleich aufdringlich und allgegenwärtig – erwies sich als idealer Schauplatz für dieses Genre. Es wurde zu einer Art Nationalsport, die schwerfällige Bürokratie auszutricksen. Und das, was dann kam – das Russland der Neunzigerjahre mit seinen unzähligen Entbehrungen und Grausamkeiten –, war als Umgebung für solche Gestalten nicht minder geeignet. Ihre Selbsterhaltungsbestrebungen wirkten jetzt edel, ja sogar mutig.

Lewadas späte Lebensjahre fielen in die Frühphase von Wladimir Putins Herrschaft. Der über siebzigjährige Wissenschaftler beobachtete, wie der Präsident die Autorität des russischen Staates auf die einzige ihm bekannte Art und Weise herstellte – indem er die zahlreichen Instrumente des Regierungsapparats unter seine direkte Kontrolle brachte und eine »Machtvertikale« schuf, die seinen Launen und Befehlen folgte. Fast alle Bereiche des politischen und wirtschaftlichen Lebens in Russland wurden diesem allumfassenden System unterworfen – von Fernsehkanälen und Ölkonzernen bis zum Justizsystem und der Russisch-Orthodoxen Kirche. 2003 wurde auch das WZIOM selbst der Machtvertikale einverleibt: Es wurde pro forma privatisiert, was den Weg für eine Übernahme durch loyale Kräfte bahnte, die bereit waren, die Umfrageergebnisse und ihre Bedeutung bei Bedarf abzufedern, um den Kreml nicht über Gebühr zu verärgern. Lewada und die Mitstreiter, die seit den Sechzigerjahren mit ihm zusammengearbeitet hatten, verließen das Institut und gründeten eine neue, unabhängige Forschungseinrichtung: das Lewada-Zentrum.

Nach den Neunzigern mit ihren immer wiederkehrenden Enttäuschungen und Entbehrungen begrüßten große Teile der russischen Öffentlichkeit, dass nun ein Staatschef und ein System Einzug hielten, die versprachen, die elementaren Kompetenzen des Staates wiederherzustellen und Stabilität in das Leben der Bürger zu bringen. In den Umfragen des Lewada-Zentrums stiegen Putins Zustimmungswerte von Jahr zu Jahr, bis sie über 80 Prozent erreichten. Das lag nicht zuletzt daran, dass der Staat das Kontrollmonopol über das Medium mit der größten Reichweite, das Fernsehen, hatte und Medien mit einer anderen Ausrichtung unterdrückte. Zugleich war es Ausdruck verschütteter historischer Kränkungen – Putin hatte Russland nicht an sich gerissen, vielmehr manifestierte sich in ihm das kollektive Unterbewusstsein des Landes. »Putin begreift die Komplexe des Sowjetmenschen sehr gut, und er nutzt sie als Ressource«, so Gudkow. »Es sind die Charakterzüge eines Menschen, dessen Verschlagenheit auf Abhängigkeit, Neid, Einengung und Aggression beruht.«

Putin hatte das große Glück, die Macht zu einem Zeitpunkt zu übernehmen, als die Ölpreise weltweit stiegen. Das war der Motor für einen Konsumaufschwung, wie es ihn in der Geschichte Russlands nie zuvor gegeben hatte. Die Reallöhne verdreifachten sich innerhalb von acht Jahren – dem Zeitraum von Putins ersten zwei Amtszeiten. Jetzt war Verschlagenheit Bares wert – ebenso wie bessere Lebensmittel und höherwertige Haushaltsgegenstände. Die urbane Mittelschicht kaufte IKEA-Möbel, machte Urlaub an den Stränden Europas und speiste in den guten Moskauer Restaurants, deren Zahl ständig zunahm. Lewada konnte den verschlagenen Menschen der Putin-Ära verstehen. Und er verurteilte ihn nicht, sosehr es ihn auch demoralisierte, zu erleben, wie Putins Macht sich langfristig etablierte. Der verschlagene Mensch war hartnäckig, vielleicht sogar zeitlos – eine Gestalt, die viel Aufschluss über den stillschweigenden Pakt zwischen Herrscher und Beherrschten gab.

Lewada starb 2006 mit sechsundsiebzig Jahren. Am Ende seines Lebens hatte sich seine Stimmung verdüstert, und er neigte zum Pessimismus. »Er war niedergeschlagen«, erinnert sich Gudkow. Der verschlagene Mensch, so klagte er unter Freunden, sei mit der Sowjetunion nicht verschwunden. Er habe das Labor überdauert, in dem er so lange Jahre genährt worden war. Die Verschlagenheit bannt Russland in eine historische Zeitschleife. »Über sie hinauszukommen, ist bisher nicht gelungen«, heißt es in Lewadas Essay.

Jemand, der geübt darin ist, Kompromisse einzugehen und sich auf die Gegebenheiten einzustellen, der intuitiv versteht, was von ihm erwartet wird, und seine Überzeugungen und sein Verhalten danach ausrichtet, heißt auf Russisch *Prisposoblenez,* was so viel bedeutet wie »Anpasser«. Der vielleicht beste Chronist dieser Überlebens- und Aufstiegsstrategie, die bei aller Nachvollziehbarkeit oft etwas Absurdes und Abgeschmacktes hat, ist der Schriftsteller Sergei Dowlatow. Er war als Gefängniswärter und als Journalist für sowjetische Zeitungen tätig und lebte später, nachdem er die Geduld der sowjetischen Machthaber überstrapaziert hatte, als politischer Emigrant in New York. In seinen quasi-autobiografischen Essays und Romanen stellt Dowlatow seinen nur leicht kaschierten Ich-Erzähler als eine Art erfolglosen *Prisposoblenez* dar – jemanden, der sich seine Prinzipien durchaus für materielle Vorteile abkaufen lassen würde, wenn ihm dabei nicht immer wieder sein linkischer, verquerer, alkoholgeschwängerter Eigensinn in den Weg käme. Sein Zynismus wird von seinem elementaren Anstand ausgehebelt. Er scheitert sogar noch am Ausverkauf seiner moralischen Grundsätze. Im Kontext der späten Sowjetunion erschien eine solche Figur zugleich als Versager und als Verkünder der Wahrheit.

In seinem Buch *Der Kompromiss* von 1981 setzt sich Dowlatow mit dieser Mischung aus Erbärmlichkeit und Würde auseinander, die kennzeichnend für die Spätphase der Sowjetherrschaft war. »In diesem Buch gibt es keine Engel und keine Bösewichte. Es gibt keine Sünder und auch keine ›Heiligen‹«, schreibt er – nur Leute, die versuchen, sich mit dem zu arrangieren, was sie nicht ändern können, und sich etwas Raum für Privates und Menschliches zu schaffen. Dowlatows Welt ist von Gestalten bevölkert wie seinem Zeitungsredakteur »von der Sorte der verschüchterten Halunken«, unsicher und zugleich autoritär, einer jungen Frau aus der Provinz, deren Devise lautet:

»Uneigennütziges Schwindeln ist noch keine Lüge, es ist Poesie«, und einem Kollegen mit einer Vorliebe für gestelzte Metaphern, was Dowlatows Erzähler zu der Bemerkung veranlasst: »Eine Metapher! Die Lüge hat viele solcher Übernamen aus dem Untergrund!«

Die Auseinandersetzung mit der Lüge – die Frage, was es heißt, zu lügen, und was man tun soll, um es zu vermeiden – war von zentraler Bedeutung für die Intellektuellen, die in der Tauwetterzeit aufwuchsen, einer relativ offenen Phase der sowjetischen Geschichte. Sie begann unter Chruschtschow und war spätestens mit der gewaltsamen Niederschlagung des Prager Frühlings endgültig beendet. Zu dieser Generation von Intellektuellen gehörte auch Lewada. Man nannte sie *Schestidesjatniki*, die Sechziger, nach dem Jahrzehnt, das sie geprägt hatte. Ein entscheidendes Ereignis in ihrer Biografie war die Publikation von Alexander Solschenizyns Erzählung *Ein Tag im Leben des Iwan Denissowitsch*, die einen gewöhnlichen Tag in einem Gefängnislager der Stalinzeit schildert. Sie entfaltete eine so große Wirkung, weil sie unausgesprochen für eine riesige Zahl von Schicksalen stand: Wenn man das Leben von Iwan Denissowitsch mit ein paar Millionen multiplizierte, begann man, das Ausmaß dessen zu ahnen, was der Staat seinen eigenen Bürgern angetan hatte.

Doch Solschenizyn thematisierte in diesem und anderen Werken nicht nur die Grausamkeit des Sowjetsystems. Er dokumentierte auch, wie die Menschen versuchten, dieses System zu überleben, indem sie es bei jeder Gelegenheit betrogen und austricksten. Die Schrecken des Gulag warfen Licht auf eine Entscheidung, die gleich unter der Oberfläche des sowjetischen Alltags lauerte: Ist es moralisch gesehen nicht richtig, einem zutiefst ungerechten System gegenüber unrecht zu handeln? Iwan Denissowitsch verschafft sich unbemerkt kleine Vorteile. »Besser murren und sich unterordnen. Wenn man stur war, wurde man gebrochen«, heißt es zu Beginn. Doch er bewahrt sich Reste von Menschlichkeit. Er besteht darauf, die Mütze abzunehmen, wenn er seine kargen, unappetitlichen Mahlzeiten verzehrt. Das ist seine Art, seine persönliche Würde zu behaupten. Mehr von jemandem zu erwarten, hieße, die Umstände zu verkennen, in denen er sich befindet. »Wird einer, der im Warmen sitzt, den Frierenden jemals verstehen?«, fragt sich der Titelheld an der vielleicht bekanntesten Stelle des Buchs.

Dass *Iwan Denissowitsch* erscheinen konnte und so großen Erfolg hatte, verdankte sich einer vorübergehenden Lockerung der sowjetischen Zensur, die sich in den nächsten 25 Jahren nicht mehr wiederholen sollte. Einige Jahre später schrieb Solschenizyn einen Essay, der auf Schreibmaschinen vervielfältigt wurde und unter Moskauer Intellektuellen zirkulierte. Er trug den Titel »Lebt nicht mit der Lüge« und war ein flammender Aufruf, die eigene grundlegende Vorstellung davon, was wahr ist, nicht an die Forderungen des Systems anzupassen. Solschenizyn beginnt, indem er die scheinbare Allmacht des Staates umreißt: »[S]ie richten, wen sie wollen, und sie jagen die Gesunden unter die Geisteskranken – alles *sie,* aber *wir* sind machtlos.« Widerstand lohne sich nicht, Anpassung hingegen zu sehr: »Sich bloß nicht von der Herde lösen, keinen Schritt alleine tun – und plötzlich ohne Weißbrot, ohne Warmwasserbereiter, ohne Aufenthaltsgenehmigung für Moskau dastehen.« Solschenizyn richtet den Blick nicht auf die Herrscher im Kreml, sondern auf die, die sie seiner Meinung nach an der Macht halten: »[W]ir belügen uns selbst, um uns zu beruhigen. Nicht *sie* sind an allem schuld – *wir selbst*, nur WIR.«

Zu den Autoren, die Lewada – wie viele, die seinem Kreis angehörten – gründlich gelesen hatte, zählte auch George Orwell. Vor allem Orwells Begriff des Doppeldenk, der aus dem Roman *1984* bekannt ist, war für ihn wichtig. Nach Orwell weiß der in einem allmächtigen System gefangene Bürger, »in welcher Richtung seine Erinnerung geändert werden muß; er weiß deshalb auch, daß er der Wirklichkeit einen Streich spielt; aber durch die Anwendung von Doppeldenk versichert er sich auch darüber, daß die Realität nicht angetastet wird. [...] Bewußte Lügen zu erzählen, an die man ehrlich glaubt«, ist eine Möglichkeit, bei Verstand zu bleiben, sich einen Rest individuellen Willens zu bewahren – kurz »unabdingbar«.

Lewada fand jedoch, dass Orwell die herrschende Elite und die Leute ohne politischen Einfluss zu stark kontrastierte. Bei Orwell produziert die Elite Doppeldenk zynisch und ganz bewusst, während ihre Opfer aufgrund der Umstände und ihrer eigenen Machtlosigkeit letztlich genötigt sind, mitzumachen. Aus Lewadas Sicht hatten Herrschende und Beherrschte ein Abkommen geschlossen, für das sie gleichermaßen verantwortlich waren und das für beide Seiten etwas Beruhigendes und Vertrauliches hatte.

Die Durchschnittsbürger hatten gelernt, sich auf den paternalistischen Staat zu verlassen, selbst wenn sie ihn fürchteten oder aktiv ablehnten. Und »die oben« handelten nicht kohärenter oder rationaler als »die unten«. Die politischen Führer des Landes, so Lewada, »leben nach denselben Regeln des verschlagenen Doppeldenk, [...] und wenn sie manchmal gezwungenermaßen ihre Entschlossenheit bekunden, diesem Teufelskreis zu entkommen, verfangen sie sich nur noch mehr darin«.

Ein Jahr nach der Publikation von Lewadas Essay über den verschlagenen Menschen, im Sommer 2001, kam ich erstmals nach Russland. Ich hatte zu Beginn meiner Collegezeit zwei Jahre lang Russischkurse belegt. Nun sollte ich das Land kennenlernen, von dem ich bisher nur aus Lehrbüchern, Karteikarten und Übungsdialogen wusste (»Wo ist dein Koffer?« »Er ist hier.« »Er ist so groß!«). Meine Entscheidung, Russisch zu lernen, hatte ich aus einer Laune heraus getroffen. Das Vorhaben war wie geschaffen für einen Teenager mit seinem herrlichen Überschuss an Zeit und Neugier. Jetzt, mit 19, war ich in einer Wohnung auf der Petrograder Seite von Sankt Petersburg gelandet. Sie war dunkel und unrenoviert, doch zugleich einladend und unendlich liebenswert. Dort verbrachte ich die folgenden Monate bei einer Gastfamilie. Die Straße trug den Namen Lisa Tschajkinas, die im Zweiten Weltkrieg im geheimen Widerstand gegen die Deutschen tätig gewesen war und von ihnen mit 23 Jahren gefangen genommen und umgebracht wurde. Tagsüber lernte ich Russisch auf dem Gelände des Smolny-Instituts, eines im frühen 19. Jahrhundert errichteten Gebäudekomplexes, der eine höhere Schule beherbergt hatte und von Lenin während der Oktoberrevolution als Hauptquartier genutzt worden war. Allerdings war ich damals noch nicht so weit, die Geschichte, die mich umgab, wirklich aufzunehmen.

Die Tage verschwammen unbeschwert ineinander – eine Abfolge von Bliny mit Marmelade, die meine Gastmutter morgens in der Pfanne buk, dem allmählichen Begreifen der Substantivdeklinationen, Abenden auf der

Galerie des Mariinski-Theaters, noch späteren Abenden im Betonrohbau eines Bunkerraums, der als provisorischer Nachtclub genutzt wurde, und nächtlichen Sprints zurück in die Lisa-Tschajkina-Straße. Im Sommer werden die vielen Petersburger Zugbrücken gegen ein Uhr früh hochgezogen, damit die Schiffe die Newa passieren können. Erst lang nach Sonnenaufgang lässt man sie wieder herab. Wenn ich den richtigen Zeitpunkt verpasste, um noch auf die Petrograder Seite zu gelangen, saß ich bis zum Morgen fest. Doch bei den stundenlangen Wanderungen entlang den Kanälen der Stadt, im farbigen Licht der sommerlichen Weißen Nächte, schien mir oft, dass ich es so besser getroffen hatte, als wenn ich rechtzeitig nach Hause gekommen wäre. Im Nachhinein begriff ich, dass ich Sankt Petersburg in einem Augenblick des Übergangs kennengelernt hatte. Elend, Not und Chaos der Neunziger waren vorüber, und die hierarchischen Beschränkungen der Machtvertikale, die sich in den kommenden Jahren herabsenken sollte, hatten sich noch nicht etabliert. Russland fühlte sich damals gerade deshalb so lebendig an, weil so wenig festgelegt war: Das Leben war hart und ein bisschen abgedreht, doch alle Richtungen schienen offen zu stehen. Die Russen mussten sich nur eine aussuchen – oder diese Entscheidung jemand anderem überlassen.

Im Jahrzehnt darauf war ich mehrfach in Russland, meist in der Hauptstadt Moskau, die sich bei meinen ersten Besuchen als imposante Riesenstadt von dem verfallenen Charme Sankt Petersburgs abhob – einem Ort, so schien mir, der es Venedig nachtun wollte, doch erst sowjetischen Parteichefs und Arbeitsbrigaden und dann sich selbst überlassen worden war. (Ab 2003, als die Regierung vor dem dreihundertsten Jahrestag der Stadtgründung Millionenbeträge in Renovierungsmaßnahmen steckte, verlor Sankt Petersburg nach und nach sein abgegriffen romantisches Flair, im guten wie im schlechten Sinn.) In Moskau heißt es gern, die Straßen der Stadt seien nicht für Menschen, sondern für Panzer ausgelegt. Und so wirkt es tatsächlich: Wer zu Fuß den Tunnel unter einer sechsspurigen Chaussee durchquert, die das Stadtzentrum teilt, kommt sich vor wie ein Filmstatist, dessen Erscheinung nur als Vergleichsmaßstab dient, um Größe und Macht desto eindrucksvoller herauszustreichen.

Trotzdem nahm mich auch Moskau bald für sich ein. Es vibrierte vor Energie und Erneuerungsdrang: Die Menschen, die ich dort kennenlernte, waren hungrig, neugierig, abenteuerlustig und durch keinerlei fremde oder eigene Regeln und Erwartungen gebunden. Es herrschte ein ungestümer Geist, ohne Rücksicht auf Verluste. Und doch waren auch Sorge und Bedrückung zu spüren. Die Stadt war Epizentrum eines furchtbaren, gescheiterten Experiments gewesen, das für sehr viele Menschen tragisch ausging. Auch wenn in Gesprächen selten näher darauf eingegangen wurde, schien diese Erfahrung eine Art kollektive Unfähigkeit zum Small Talk nach sich zu ziehen, dem Reden über Belanglosigkeiten, das anderswo den gesellschaftlichen Umgang erleichtert. In Moskau – eigentlich überall in Russland – schaut man bei jemandem zum Tee vorbei und vertieft sich innerhalb von Minuten in die ganz großen Fragen, spricht über Geschichte, Liebe, Schicksal, Macht oder Kunst. Das heißt nicht, dass das Leben nicht auch lustig oder komisch sein kann, aber es wird grundsätzlich mit Konsequenz angegangen.

Diese Mischung aus Leid und Heiterkeit war es auch, die mich an Dowlatow anzog. Sein Werk lässt sich als schmerzerfüllte Ode an die innere Freiheit lesen, auch wenn er jede couragierte oder klar erkennbare politische Stellungnahme bewusst vermeidet. Er vollzieht die gesellschaftlichen Pflichten mit und nimmt sie zugleich dezent aufs Korn. In *Der Kompromiss* kann der Erzähler die Forderungen des Systems immer wieder abwehren und untergraben, etwa indem er mit jungen Frauen aus dem Komsomol-Bezirksbüro alkoholgeschwängerte Spritztouren unternimmt, anstatt zähe Artikel zu schreiben, die die Weisheit von Breschnews Agrarpolitik preisen. Am Ende verfasst er dann doch seinen Text: In schwer verkatertem Zustand verbringt er fünf Minuten damit, den Brief einer Melkerin an Breschnew zu erfinden. Er sollte die Frau eigentlich interviewen, ist ihr aber nur flüchtig begegnet. Dowlatows Antiheld folgt pro forma Befehlen und führt den Willen seiner Vorgesetzten aus, die wiederum ihre eigenen Chefs zufriedenstellen müssen. Allerdings tut er das auf so fragwürdige und halbherzige Weise, dass es auf eine Art stillen Protest hinausläuft. Als er für eine komplett manipulierte Statistik ein Kind ausfindig machen soll, das als das vierhunderttausendste in Tallinn geborene Baby ausgegeben wird, überredet er auf Wunsch der Redaktion den erst widerstrebenden Vater bei einem Mittagsmahl mit Alkohol, seinem neugeborenen Sohn den seltsam klingenden Namen »Lembit« zu geben, nach einem estnischen Volkshelden. Als der Leiter des örtlichen Fernsehstudios stirbt, hält er auf der Beerdigung mit geheuchelter Innigkeit eine Lobrede auf den Mann, den er nie kennengelernt hat – nur um dann feststellen zu müssen, dass es sich nicht einmal um die richtige Person handelte: Im Leichenhaus wurden versehentlich die Särge verwechselt.

In *Der Koffer,* einer Sammlung von Essays, in denen das

Durcheinander der Emigrationserfahrung sortiert wird, erzählt Dowlatow, wie er einmal die ledernen Halbschuhe des Bürgermeisters von Leningrad versteckte – ein kindischer Streich, den er jedoch sehr genoss. Gegen Ende eines offiziellen Essens, bei dem reichlich Cognac und Champagner flossen, streifte der Bürgermeister unter dem Tisch die Schuhe ab. Dowlatow zog sie mit den Füßen zu sich herüber und bugsierte sie in seine Aktentasche. Als die Gäste Bescheid erhielten, es sei Zeit, sich zur Einweihung einer neuen Metrostation auf die Tribüne zu begeben, reagierte der Bürgermeister erst verärgert und verschreckt; dann schützte er Krankheit vor und verpasste die gesamte Einweihungsfeier. Das ist nicht gerade ein politisches Statement oder eine Tat, die eines Solschenizyn würdig gewesen wäre – und doch ist es eine, viel gängigere und fassbarere, Form des Widerstands.

Eine Freundin, Natascha, hat mich ihrem Vater Igor Jefimow vorgestellt, der Schriftsteller und Verleger ist und in Leningrad gut mit Dowlatow bekannt war. Als beide in den späten Siebzigern in die USA auswanderten, publizierte Jefimow Dowlatows Werke in seinem Emigrantenverlag Hermitage. »Dissidenten – das waren für uns diejenigen, die verkündeten, sie wüssten besser als die Machthaber, wie die Dinge sein sollten, wie das Land regiert werden muss«, erklärte mir Jefimow. »Wir glaubten das von uns nicht. Uns ging es nur darum, so zu sprechen und zu schreiben, wie wir dachten und fühlten.« Dowlatow hatte einen scharfen Blick für das Tragikomische, für menschliche Schwäche und Selbsttäuschung. Seine Prosa hat mir mehr als irgendetwas sonst Aufschluss über das Russland gegeben, das ich täglich erlebte: ein Ort, an dem die Menschen die Ineffizienz und Korruption des Staates deutlich sahen, aber sich auch Illusionen über die eigenen Überlebensstrategien machten. Sie wussten, dass sie auf vielfache Weise durch das System gebunden und in es verstrickt waren.

Nachdem Dowlatow in den Sechzigern sein Studium beendet hatte, wurde er zur Armee eingezogen. In der Republik Komi im abgelegenen Norden Russlands diente er als Wächter in einem Gefängnislager. Die drei Jahre, die er dort verbrachte, hat er später in einer Reihe von Briefen an Jefimow beschrieben. Daraus ist das Buch *Die Zone* hervorgegangen, das nach dem umgangssprachlichen Ausdruck für das Paralleluniversum des Gefängnislebens benannt ist. Seine Tätigkeit als Wächter in den Lagern von Komi sah Dowlatow letztlich als Laune des Schicksals: »Ich habe einfach die Türen verwechselt und bin in der Armeebaracke gelandet statt in der Gefängnisbaracke.« Dowlatow schildert in dem Buch, wie er und die Gefangenen »denselben Verbrecherslang sprachen, genau dieselben sentimentalen Lieder sangen und genau dieselben Entbehrungen erduldeten«. Und er geht noch weiter: »Wir waren einander sehr ähnlich, ja, sogar austauschbar. Fast jeder Gefangene wäre für die Rolle des Wächters geeignet gewesen. Und fast jeder Wächter verdiente eine Gefängnisstrafe.« Dies erschien mir als das große Anliegen von Dowlatows Texten: die Pose des einfachen Moralisierens aufzugeben und die Dinge komplexer darzustellen – zur Kenntnis zu nehmen, auf welchen unvorstellbaren und tragikomischen Wegen die Menschen versuchen, sich in dem System durchzuschlagen, in dem sie stecken. Durch solche Kompromisse und Anpassungen werden wir alle ein klein wenig zu Komplizen, aber zugleich auch ganz und gar menschlich. Und diese Menschlichkeit ist ein Re-

fugium der – wenn auch begrenzten und unvollkomme-
nen – Freiheit in einer Welt, in der sie sonst wenig Raum
hat.

Anfang 2012 zog ich wieder nach Moskau, um als Aus-
landskorrespondent aus Russland zu berichten, erst für
den *Economist* und später für den *New Yorker*. Im Westen
stellt man sich Russland als Nation unter der Knute eines
Diktators vor, der nur an seiner eigenen Macht und seinem
Profit interessiert ist. Putin herrscht demnach über
145 Millionen Einwohner, die er in einem geschlossenen
Käfig aus Propaganda und Unterdrückung gefangen hält.
Und doch: Obwohl Russland in der Zeit meiner Tätigkeit
als Berichterstatter große historische Erschütterungen und
Veränderungen erlebt hat – die Protestkundgebungen im
Winter 2012, die aufwendigen Vorbereitungen für die
Olympischen Winterspiele 2014 in Sotschi, die Annexion
der Krim, die Machtprobe mit dem Westen um den Krieg
in der Ukraine, den Vorwurf der Einmischung und geheimen Zusammenarbeit bei den US-Präsidentschaftswahlen
2016 samt Folgen sowie die Kosten der Sanktionen und der
Wirtschaftskrise –, bin ich immer wieder ganz normalen
Russen begegnet, die keineswegs den Eindruck machten,
sie würden irgendwie gegen ihren Willen festgehalten. Sie
waren nicht unbedingt begeisterte Anhänger Putins oder
hatten auch nur für ihn gestimmt. Für sie war der Putin-
Staat schlicht eine reale Gegebenheit – weder gut noch
schlecht, sondern einfach da, wie ein Bestandteil der Erd-
atmosphäre. Und mit Blick auf diese Realität bauten sie ihr
Leben auf. Sam Greene, der Leiter des Russia Institute am
King's College in London, hat die merkwürdige Ausgewo-
genheit, die die Russen gegenüber ihrem Staat an den Tag
legen, einmal so beschrieben: Sie seien »bereit, ihn als dys-

funktional und doch legitim, ungerecht und doch respektabel anzusehen«.

Natürlich gibt es auch in Amerika und Europa Regierungen, vielfältige äußere Strukturen und Einschränkungen, mit denen die Leute ständig umgehen müssen, mich eingeschlossen. Konformitätsdruck ist etwas Universelles und Allgegenwärtiges; er gehört überall auf der Welt zur menschlichen Existenz. Doch die starke Präsenz des Staates und die Aura der Unumgänglichkeit, die seinen Forderungen anhaftet, schienen mir in Russland besonders ausgeprägt zu sein. Die Wünsche und Launen des Staates unbeachtet zu lassen oder ihnen gleichgültig gegenüberzustehen, kam nicht infrage. Das Beste war, zu erraten, was er von einem wollte, dem nachzukommen und dabei schlau genug zu sein, daraus einen gewissen Nutzen für sich selbst zu ziehen. Das ist, grob gesagt, das Dilemma von Lewadas »verschlagenem Menschen«: Der Staat hält für ihn sowohl die Androhung großer Bedrängnis als auch das Versprechen unvergleichlicher Chancen bereit. Mit der Zeit wurde mir klar, dass in Russland beide Kräfte – Staat und Bürger – einen Dialog führen. Dieser Gesprächston wird von ausländischen Ohren oft überhört. Lew Gudkow, Lewadas ehemaliger Student und heute selbst ein angesehener Soziologe und Meinungsforscher, schrieb einmal, für viele Russen sei der Staat »nicht einfach ein umfassender technischer Verwaltungsapparat, sondern eine symbolische Institution, die das Grundverständnis der menschlichen Natur verkörpert und reproduziert«. Ihm kommt eine fast pantheistische Bedeutung zu: Zwar wurde er vom Menschen nach seinem Bilde geschaffen, doch zugleich ist er eine allgegenwärtige Gewalt, deren Macht diejenige ihres Schöpfers übersteigt.

In Moskau und auf meinen Reisen durch Russland habe ich ungemein stolze, brillante Männer und Frauen kennengelernt, die überzeugt waren, das Einvernehmen mit dem Staat sei die beste oder einzige Möglichkeit, ihre Vision umzusetzen. Zu ihnen zählten Aktivisten, Ökonomen, Journalisten und Unternehmer. Es war schwer zu glauben, dass sie unrecht hatten, und ich war keineswegs sicher, dass ich mich anders entschieden hätte. Da war die Freundin, die mit einem Abschluss der Universität Oxford nach Moskau zurückkehrte und eine Stelle in einem staatlich geführten Thinktank antrat. Kluge junge Fachleute entwickelten dort gute Ideen, von denen einige umgesetzt und andere, politisch weniger opportune, verworfen wurden. Da war der Jugendaktivist, mit dem ich regelmäßig zu Mittag aß und der nicht widerstehen konnte, als ihm ein Abgeordnetenmandat angeboten wurde. Im Parlament machte man ihm dann rasch klar, dass er sich bei Abstimmungen an die Parteilinie zu halten hatte, wenn er die Finanzierung seiner Jugendprogramme nicht aufs Spiel setzen wollte.

Zu den angesagtesten Jobs in Moskau gehörte eine Zeit lang das Erarbeiten der staatlich geförderten Projekte zur Stadtbildverschönerung: Die Fußgängerzonen wurden erweitert, die Stadtparks erneuert, Bikesharing-Modelle eingeführt und das öffentliche Nahverkehrsnetz neu konzipiert. Solche Initiativen haben die Stadt fraglos angenehmer und menschlicher gemacht, und später wurden ähnliche Maßnahmen auch in anderen russischen Orten ergriffen. Zwar gab es in Russland keine großen demokratischen Reformen – die Politik des Landes tendierte eher in die entgegengesetzte, eindeutig regressive Richtung –, doch seine Städte wurden attraktiver und lebenswerter. In meinem

Moskauer Freundeskreis war das Anlass für eine Debatte: Ist es verdienstvoll, dem Staat seine Fähigkeiten und Fachkenntnisse zur Verfügung zu stellen, um auf lokaler Ebene echte Veränderungen zu bewirken? Oder trägt das nur dazu bei, ein ungerechtes und ineffizientes System am Leben zu erhalten? Die Frage wurde nie endgültig geklärt, sondern kam immer wieder auf. Sie war wie ein Referendum über die Legitimität von Kompromissen, das sich in regelmäßigen Abständen wiederholte. Wenn man die Ressourcen und die Macht von Institutionen, die man letztlich für böswillig hält, nutzt, um Gutes zu bewirken, welche Seite führt dann die andere vor? Auch wenn die Gulag-Metaphorik meist nichts dazu beiträgt, das Russland Putins besser zu verstehen, bin ich immer wieder auf die Frage zurückgekommen, vor der Iwan Denissowitsch im Lager stand: Wenn du in einem ungerechten System steckst, ist es dann nicht ganz rational und sogar tugendhaft, hier und da ein bisschen zum eigenen Vorteil zu betrügen? Vielleicht gibt es darauf keine befriedigende Antwort. Diese Unauflösbarkeit ist in der russischen Wendung *meschdu dwuch ognjei* ausgedrückt: Man steckt »zwischen zwei Feuern«, zwei entgegengesetzten Kräften, die größer sind als man selbst. Das Beste, was sich in dieser Situation erreichen lässt, ist, heil herauszukommen.

Je länger ich darüber nachdachte und schrieb, wie Menschen in Putins Russland tatsächlich leben und arbeiten, desto klarer wurde mir, dass eine strikte Einteilung in Unterdrückte und Unterdrücker weitgehend unmöglich ist. Natürlich gab es eindeutige Opfer und Menschen, die aufgrund ihrer entschlossenen, unnachgiebigen Haltung viel Frustration und Bedrängnis erfuhren. Ebenso gab es eindeutig korrupte und sadistische Personen, die sich der

Autorität des Staates vor allem bedienten, um die eigenen Taschen zu füllen, oder Spaß daran hatten, alle möglichen kleinen Gemeinheiten zu verüben. Aber die meisten Leute, denen ich begegnet bin, gehörten zu keiner dieser Gruppen. Sie waren strebsam, flink und einfallsreich, und ihre ursprünglichen Motive waren meist aller Ehren wert und völlig nachvollziehbar. Was mich faszinierte, waren die Kompromisse und Ausflüchte, die es brauchte, um aus diesen Motiven Taten werden zu lassen – und die Art und Weise, wie solche Konzessionen eine Person und die Ausgangsmotivation ihres Handelns nach und nach verändern können.

Nach dem Tod Juri Lewadas wurde Lew Gudkow Leiter des Lewada-Zentrums. Ich habe mich mehrmals mit ihm in seinem Büro an der Nikolskaja-Straße getroffen, einer geschäftigen Durchgangsstraße für Fußgänger, die den Lubjanka-Platz – den Standort des legendären gelben Backsteinbaus, der einst Hauptsitz des sowjetischen Geheimdiensts KGB war und heute die Zentrale des Nachfolgedienstes FSB beherbergt – mit den schicken, schmuckkastenartigen Boutiquen des Kaufhauses GUM verbindet. Gudkow ist heute Anfang siebzig. Er strahlt eine einladende, professionelle Wärme und Intelligenz aus und ist stets großzügig bereit, die Ideen seines Mentors Juri Lewada und die Ergebnisse seiner eigenen Forschungsarbeit mitzuteilen. Bei unseren Gesprächen blätterte er oft in Notizbüchern auf seinem Schreibtisch und zeigte mir die Ergebnisse verschiedener Umfragen, die das Zentrum im Laufe der Jahre durchgeführt hatte. So hatten Gudkow und sein Team etwa nach der Annexion der Krim im Jahr 2014 festgestellt, dass die Anzahl der russischen Bürger, die eine großflächige Invasion der Ukraine befürworteten, erheblich angestiegen war: Sie lag bei 75 Prozent der Befragten. Zugleich waren jedoch die allerwenigsten – nur 5 bis 8 Prozent – bereit, die tatsächlichen Kosten für solche militärischen Abenteuer zu tragen – weder durch Ausgabenkürzungen im Inneren bei Renten oder der Gesundheitsversorgung noch, indem sie ihre Söhne und Ehemänner als Soldaten zum Kämpfen in die Ukraine schickten. Gudkow fasst die vorherrschende Einstellung so zusammen: »Ich unterstütze das vielleicht, aber die Verantwortung und die Kosten sollen die da oben tragen.« In den Zahlen zeichnete sich das Bild einer russischen Gesellschaft ab, deren Einstellung zu ihren Herrschern zutiefst widersprüchlich und deren Vorstellung von der eigenen Rolle und Verantwortung ziemlich verworren waren. Hier kam eine moderne Form des Doppeldenk zum Vorschein. Gudkow beschrieb sie als »Verschlagenheit«, die es ermöglicht, alles zugleich zu sein – loyal und ungehorsam, aggressiv und bemitleidenswert, stolz und unsicher. »Der Zusammenbruch der Sowjetunion ist fünfundzwanzig Jahre her«, so Gudkow. »Doch der Persönlichkeitstyp, der in dieser Zeit entstand, hat sich als erstaunlich beständig erwiesen. Er verkörpert ein Bewusstseinssystem, das leicht manipulierbar, aber nur schwer zu ändern ist.«

Mit seiner Theorie des verschlagenen Menschen hatte Lewada einen begrifflichen und ideellen Rahmen für etwas gefunden, das mir auf Schritt und Tritt begegnete. Ich begann, überall solche Männer und Frauen zu entdecken: der einst liberale Fernsehmoderator, der zum überschwänglichsten und niederträchtigsten Verbreiter homophober und antiamerikanischer Hetze wurde, sobald er spürte, dass der politische Wind aus einer anderen Richtung wehte; die so bedauerns- wie bewundernswerte Philanthropin, die

sich für Putins politische Propaganda instrumentalisieren
ließ, um für ihre Kinder-Wohltätigkeitsorganisation mehr
Mittel beschaffen zu können; die Menschenrechtsaktivistin, die von der Gegnerin zur Verbündeten des Staates
wurde, weil sie hoffte, durch die Nähe zur Macht Menschen
helfen zu können, um die sich sonst niemand kümmert.
Eine Bekannte von mir, die lange eine weithin hörbare,
furchtlose Aktivistin der Opposition war, nahm irgendwann einen Job beim staatlichen Fernsehsender RT an, der
ihr öffentliche Reichweite und beachtliche Finanzmittel
bot, um einzelne Fälle von Leid und Ungerechtigkeit zu be-
leuchten.

Die Russen, die ich beobachtete und die mir auffielen,
waren oft von einer verständlichen Angst vor den Folgen
getrieben, die eine Ablehnung der angebotenen Kompromisse nach sich ziehen konnte. Andere bewegte die Aussicht auf Erfolg und Anerkennung oder die Chance, etwas
zu verwirklichen, das ihnen persönlich wirklich am Herzen lag. Alle diese Motive schienen mir nachvollziehbar,
und ich kann nicht mit gutem Gewissen behaupten, dass
sie für mich unter solchen Umständen kein Gewicht hätten. Natürlich gibt es viele Kompromisse, die durchschaubar und verachtenswert wirken. Als Belohnung winken
etwa die *Migalka* – die Blaulichtsirene auf dem Auto als
Zeichen dienstlicher Sonderrechte –, ein Freibrief von Ermittlern, die bei korrupten Praktiken in deinem Unternehmen die Augen zudrücken, während sie andere, weit
weniger korrupte Unternehmer über die Klinge springen
lassen, oder eine teure britische Schul- und Universitäts-
ausbildung für deine Kinder, während du öffentlich die
Übel des dekadenten Westens verdammst. (Dies ist die
aktualisierte Version einer Liste, wie sie sich ähnlich auch

bei Dowlatow findet – er beschreibt die »Standardauswahl der Lebensmittelverteilerstellen des Zentralkomitees: teure Wurst, Kaviar, Thunfisch, Sefir *[Schaumkonfekt, A. d. Ü.]* mit Schokoladenguss«.) Doch solche Fälle interessierten mich am wenigsten. Meine Neugier galt eher denjenigen, deren Entscheidungen nachvollziehbar und menschlich schienen, weil ihre Ziele bewundernswerten, sogar edlen Motiven entsprangen, aber nur mithilfe der von Lewada beschriebenen Verschlagenheit realisiert werden konnten.

Je mehr ich die Menschen in meiner Umgebung unter diesem Gesichtspunkt betrachtete, desto weniger sicher war ich, wie ich sie beurteilen sollte. War diese Mischung aus Arglist und Wendigkeit Widerstand, etwas Bewundernswertes, oder verdiente sie Zurückweisung? Die Antwort fiel alles andere als einheitlich aus. Manche Leute bringen genug Gerissenheit und Zynismus auf, um dem Staat alle möglichen Vorteile und Privilegien zu entlocken, andere werden gebrochen und demoralisiert. Der Versuch, die Motive hinter diesen Konzessionen zu begreifen und zu verstehen, wie sie in der Praxis funktionieren, schien vielversprechend zu sein, um Aufschlüsse über den Zustand Russlands in der Putin-Ära und das Leben dort zu erhalten. Ich gelangte zu dem Schluss, dass nicht Putin die lehrreichste und wichtigste Figur ist, mit der sich Journalisten in Russland befassen sollten. Vielmehr sind es die Leute, deren Gewohnheiten, Neigungen und moralische Abwägungen ihn auf den Kremlthron gebracht haben und die nun im Kleinen durch ihr alltägliches Tun zu der übergreifenden Dynamik beitragen, die ihn dort hält.

KAPITEL 1

Der Zeremonienmeister

Seit Jahren bereitete Konstantin Ernst im Dezember die Aufzeichnung der Neujahrsansprache des Präsidenten vor. So auch Ende des Jahres 1999. Ernsts heitere, stets leicht zerstreut wirkende Gesichtszüge wurden von einer glatten braunen Mähne eingerahmt, die ihm, damals 38 Jahre alt, fast bis auf die Schultern herabfiel. Als Intendant des Ersten Kanals, dem Fernsehsender mit der größten Reichweite in ganz Russland, hat er den Status eines inoffiziellen Kabinettsmitglieds. Er ist nicht nur der Hauptverantwortliche für die Produktionen des Senders, sondern prägt damit auch die visuelle Gestaltung und Ästhetik der russischen Politik – oder zumindest der Bereiche, die die Regierenden der Öffentlichkeit präsentieren möchten. Die Neujahrsansprache, die um Punkt Mitternacht ausgestrahlt wird, dient genau diesem Zweck: Sie gibt dem russischen Staatschef Gelegenheit, das vergangene Jahr in ein Narrativ zu fassen und einige Leitbegriffe und Symbole für das kommende Jahr zu setzen. Der Brauch reicht bis in die Zeit der Sowjetunion zurück. Er entstand in den Siebzigerjahren unter Leonid Breschnew, dessen Herrschaft sich über so lange Zeit hinzog, dass seine mit aufgedunsenem Gesicht und dröhnender Stimme vorgetragenen Anspra-

43

chen zu einer einzigen verschmolzen. Gorbatschow versuchte, in seinen Neujahrsbotschaften Disziplin und Sinn zu vermitteln, während der allmähliche Zerfall des Landes von Jahr zu Jahr weiter voranschritt.

Auch Boris Jelzin setzte die Tradition fort, als er 1991 Präsident der Russischen Föderation wurde. Und so machte sich Ernst am 27. Dezember 1999, drei Tage vor Anbruch des neuen Jahrtausends, auf den Weg zum Kreml, um Jelzins Ansprache, wie seit Langem üblich, vorab aufzuzeichnen. Jelzin, einst ein beherzter und charismatischer Verfechter demokratischer Reformen, war in den späten Neunzigern in zunehmendem körperlichem und geistigem Verfall begriffen und nur noch ein Schatten seiner selbst. Er konnte immer noch vorübergehend Vitalität zeigen, aber insgesamt war er geschwächt und hauptsächlich daran interessiert, auf eine Weise aus dem Amt zu scheiden, die ihn und seine Familie schützte und vor Strafverfolgung bewahrte. Erst ein Jahr zuvor hatte das Land einen verheerenden finanziellen Zusammenbruch erlitten. Die Regierung konnte die Staatsschulden nicht mehr bedienen, und der Rubel erlitt einen Wertverlust von 75 Prozent. Gleichzeitig führten russische Truppen zum zweiten Mal innerhalb eines Jahrzehnts einen mit hohen Kosten verbundenen Krieg in der abtrünnigen Kaukasusrepublik Tschetschenien. Ernst sah zu, wie Jelzin vor dem geschmückten Baum in der Empfangshalle des Kreml Platz nahm und ein paar blumige Phrasen in die Kamera sprach. Er rief wie üblich zu Einheit und Patriotismus auf und sprach von den Aussichten, die das neue Jahr bereithielt. Dabei erwähnte er auch die Präsidentschaftswahl im Frühjahr, die über seine Nachfolge entscheiden sollte.

Als die Aufnahme im Kasten war und das Team des

Ersten Kanals sein Equipment zusammenpackte, sagte Jelzin zu Ernst, er sei mit der Ansprache nicht zufrieden. Seine Formulierungen gefielen ihm nicht, außerdem sei er heiser gewesen – ob es nicht möglich sei, in den nächsten Tagen eine neue Fassung aufzuzeichnen? Ernst war einverstanden, sagte aber, das müsse bald geschehen – bis Neujahr sei nicht mehr viel Zeit. Jelzin schlug den einunddreißigsten Dezember vor. Ernst bat um einen früheren Zeitpunkt. Russland erstreckt sich über elf Zeitzonen; wenn es in Moskau noch früher Nachmittag ist, schlägt die Uhr in Tschukotka im äußersten Nordosten des Landes schon Mitternacht. Gut, sagte Jelzin, dann kommen Sie um fünf Uhr morgens.

Am Vorabend stellten Ernst und sein Team ihr Equipment im Kreml auf und kamen am Einunddreißigsten vor Morgengrauen wieder. Valentin Jumaschew, Jelzins Schwiegersohn und Vertrauter, übergab Ernst schweigend den Text der neuen Ansprache. Als dieser einen Blick darauf warf, rang er um Fassung: Jelzin gab seinen Rücktritt bekannt. Er würde mit Anbruch des neuen Jahrtausends aus dem Präsidentenamt scheiden. Sein Nachfolger sollte Wladimir Putin werden, ein Politiker, den die meisten Russen noch nicht gut kannten: Er war aus dem Dunkel des bürokratischen Apparats zum Leiter des FSB, der postsowjetischen Nachfolgeorganisation des KGB, aufgestiegen und erst vor vier Monaten zum Premierminister ernannt worden. Auch in den letzten Stunden seiner Regierung beherrschte Jelzin noch die dramatische, unerwartete Geste. Niemand in seinem Kabinett, von der Bevölkerung ganz zu schweigen, hatte damit gerechnet, dass er vorzeitig abtreten würde. Ernst beauftragte einen Produktionsassistenten, den Text in den Teleprompter einzugeben und sicherzustellen, dass niemand von der Nachricht erfuhr. Die Überraschung sollte gewahrt bleiben. Um zehn Uhr morgens betrat Jelzin die Empfangshalle, setzte sich und begann zu sprechen.

»Ich habe eine Entscheidung getroffen, über die ich lange und schweren Herzens nachgedacht habe. Ich trete heute, am letzten Tag des ausgehenden Jahrhunderts, von meinem Amt zurück«, sagte er. Seinem schwerfälligen Tonfall war die Erschöpfung anzumerken. »Russland sollte in das neue Jahrtausend mit neuen Politikern eintreten – mit neuen Gesichtern, Menschen, die intelligent, stark und energisch sind.« Dann nahm die Rede eine nachdenkliche, zutiefst persönliche Wendung. Sie sprach die Fehlbarkeit auf eine Weise an, wie es die Russen von ihren Staatsoberhäuptern nie zuvor gehört hatten und danach nicht wieder hören sollten. »Ich möchte Sie um Vergebung bitten – dafür, dass sich viele unserer Träume nicht erfüllt haben, und dafür, dass das, was uns einfach schien, sich als furchtbar schwierig erwiesen hat. Ich bitte um Vergebung dafür, dass ich die Hoffnungen derer enttäuscht habe, die glaubten, wir könnten aus der grauen, stagnierenden, totalitären Vergangenheit mit einem Satz in eine lichte, blühende und zivilisierte Zukunft springen. Ich habe selbst daran geglaubt. Ich dachte, wir können die Strecke mit einem Sprung zurücklegen, wenn wir uns nur etwas Mühe geben. Das ist nicht gelungen.« Jelzins Gesichtsausdruck passte zu seinen Worten. Seine Augen waren schmal und müde, sein Atem ging schwer und zeugte von Schmerz und Anstrengung. »Ich trete ab. Ich habe alles getan, was ich konnte.«

Zum Schluss wischte Jelzin eine sichtbare Träne am Auge ab. Die Atmosphäre im Raum war emotionsgeladen.

Ein Mitarbeiter des Ersten Kanals begann zu applaudieren. Dann folgte ein anderer, und bald bekundeten alle stehend Beifall. Sie scharten sich um den Präsidenten. Das erfahrenste Mitglied des Teams, die 73-jährige Sendeleiterin Kalerija Kislowa, war bei der Aufzeichnung sämtlicher Neujahrsansprachen seit Breschnews Zeiten dabei gewesen. Sie ging auf Jelzin zu, das Gesicht aschfahl und voller Ungewissheit: »Boris Nikolajewitsch, wie ist das möglich?« Er umarmte sie zur Beruhigung und sagte leise lachend: »Es ist so weit, Babuschka, es ist Georgstag.« Das war eine ironische Anspielung: Der Georgstag, ein Feiertag im Spätherbst, ging in die russische Tradition ein, weil die leibeigenen Bauern in dieser Zeit einmal jährlich ihren Herrn wechseln durften. Jelzin und das Team des Ersten Kanals stießen mit Champagner an – auf das neue Jahr und den bedeutsamen Vorgang, den sie gerade zusammen in Szene gesetzt hatten. Ernst war beeindruckt von der Tragweite der Entscheidung. Der freiwillige Abschied von der Macht, der in der politischen Geschichte Russlands praktisch ohne Beispiel war, ließ Jelzin in seinen Augen wieder als entschlussfreudigen und couragierten Politiker erscheinen. Das Hin und Her und der Schlendrian der letzten Jahre schienen durch diesen einen Augenblick getilgt zu sein.

Dann ging das Team des Ersten Kanals wieder an die Arbeit, denn im nächsten Schritt galt es, eine Neujahrsansprache von Putin aufzuzeichnen. Sie sollte kurz nach Mitternacht ausgestrahlt werden, im Anschluss an die Rede von Jelzin. Putins Gesicht wirkte auf dem Bild jung und straff. Verglichen mit dem offensichtlich nicht gesunden Jelzin wirkte er ausgesprochen vital. »Heute sind mir die Befugnisse des Staatsoberhaupts übertragen worden«, sagte er. Sein Tonfall war ernst, beruhigend und sachlich. »Ich weise darauf hin, dass es kein Machtvakuum geben wird, nicht eine Minute lang. Alle Bestrebungen, den Gesetzen und der Verfassung Russlands zuwiderzuhandeln, werden entschieden unterbunden.«

Ernst stieg in ein bereitstehendes Auto. Er hatte Kopien der Aufzeichnungen von beiden Reden, Jelzins und Putins, dabei. Vom Borowitzki-Tor, einem gebieterischen, turmartigen Bau aus rotem Backstein an der Westseite des Kreml, raste der Wagen durch die Hauptstadt, von einer Polizeieskorte mit Blaulicht flankiert. Ziel war das TV-Zentrum Ostankino mit seinen zahlreichen Studios und dem fast sechshundert Meter hohen Fernsehturm, der den Ersten Kanal und die anderen wichtigen Sender des Landes ausstrahlt. Ernst übergab die Videokassetten und erteilte um Punkt zwölf Uhr mittags die Anweisung, Jelzins Ansprache zu senden.

Während Ernst das Geschehen von seinem Platz im Kontrollraum des Senders verfolgte, empfing Jelzin seine Minister und Generäle zu einem Mittagessen in der Präsidentenwohnung im Kreml. »Kronleuchter, Kristallgläser und Fenster – alles erstrahlte in Neujahrsglanz«, erinnerte Jelzin sich später. Ein Fernseher wurde hereingebracht. Die Gäste, die zu den hartgesottensten Männern in ganz Russland zählten, verfolgten die Erklärung schweigend. Putins damalige Ehefrau Ljudmila war zu Hause und hatte Jelzins Ansprache am Mittag nicht gesehen. Als fünf Minuten später eine Freundin anrief, um ihr zu gratulieren, verstand sie nicht gleich. Sie glaubte, die Freundin wolle ihr einfach alles Gute zum neuen Jahr wünschen, und musste sich erst erklären lassen, dass ihr Mann der amtierende Präsident Russlands war. Ein Nachrichtenbeitrag im Ersten Kanal zeigte Jelzin und Putin Seite an Seite im Präsidentenbüro des Kreml. Diese zeremonielle Machtübergabe war suggestiver als jede Wahlkampagne. Auf dem Weg nach draußen sagte Jelzin zu Putin: »Passen Sie auf Russland auf.«

Am Neujahrsmorgen, nach Putins Ansprache und der stundenlangen kitschigen Varieté-Show zum Jahresausklang, die ebenso zur Tradition des Jahreswechsels gehört wie der süße Schaumwein »Sowjetskoje Schampanskoje« und die schweren Salate mit Mayonnaise, brachte der Sender aktuelle Nachrichten aus Tschetschenien. Putin war in der Nacht überraschend dorthin gereist, um russische Armeestellungen zu besuchen. In Parka und Pelzmütze, von Offizieren umringt, verteilte er Medaillen und Jagdmesser an die versammelten Soldaten. Er sagte ihnen, das Ziel des Krieges sei »nicht nur, die Ehre und Würde des Landes zu verteidigen, sondern auch, dem Zerfall Russlands ein Ende zu setzen«.

Ernst fand die Botschaft überzeugend und verbreitete sie gern über seinen Sender. Er befürchtete, der Separatismus könne sich von Tschetschenien aus auf andere Regionen ausbreiten und Russland, dessen Machtapparat verkümmert und anfällig war, werde dann endgültig zerfallen. »Es braucht chirurgische Eingriffe«, dachte er. Seine Geschichtsauffassung war fatalistisch und zugleich imperial: Er glaubte, das Schicksal aller großen Reiche sei vorherbestimmt. Einige seien zum Zusammenbruch verurteilt, andere hingegen blieben erhalten: »In Zeiten, in denen alles zum Teufel gegangen ist, taucht jemand auf, der das Staatsgefüge übernimmt und zusammenhält, auch wenn er vorher vielleicht gar nichts von seiner Mission gewusst hat.« Diese Person sah er in Putin.

Als notorischer Workaholic blieb Ernst bis spätnachts im Sender, um die Berichterstattung am Neujahrsabend zu beaufsichtigen. Sie ist auch in normalen Jahren ein wichtiger Programmbestandteil, und angesichts der außergewöhnlichen Ereignisse des Tages galt das jetzt umso mehr. Die Symbolik des Augenblicks, so schien ihm, täuschte über die Tatsache hinweg, dass eine Ära zu Ende gegangen und eine neue an ihre Stelle getreten war. Das Land würde sich an neue Herausforderungen und Regeln gewöhnen müssen, und hoffentlich an neue Möglichkeiten. Was auf Russland zutraf, galt nach Ernsts Überzeugung auch für den Ersten Kanal: »Wir würden gemeinsam einen neuen Ton finden.«

Konstantin Ernst ist Jahrgang 1961. Die Familie, aus der er stammt, hatte in der etablierten sowjetischen Wissenschaft einen klangvollen Namen. Sein Vater, ein Biologe mit Schwerpunkt Tierhaltung, war in leitender Stellung an einem Forschungsinstitut tätig. Dadurch wurden Ernst als Kind alle Vorzüge zuteil, die der Spätsozialismus zu bieten hatte: eine geräumige Moskauer Wohnung, die besten Schulen, Sommermonate auf der Datscha und Ferienlager für die Kinder der Privilegierten. Mitte der Achtzigerjahre, als er in seinen Zwanzigern war, rieb der gescheite und ehrgeizige junge Mann sich an den Einschränkungen, die die verfallende Gerontokratie dem Land auferlegte. Zugleich gedieh er prächtig in diesem System. Er promovierte in Gentechnik und leitete ein staatliches Labor mit einem Dutzend Forschern. Wie ihm ging es vielen anderen Söhnen und Töchtern der sowjetischen Elite, der Nomenklatura, aus seiner Generation: Sie ärgerten sich über die Zwänge des muffigen Staatsapparats und rebellierten gegen sie, obwohl ebendieser Staat ihnen eine exzellente Ausbildung und Karriere ermöglichte.

Ernst war von Jugend an filmbegeistert und träumte davon, Regisseur zu werden. Die wissenschaftliche Laufbahn hatte er auf Drängen seines Vaters eingeschlagen. 1986, mit 25 Jahren, erhielt er ein unerhörtes Angebot: ein zweijähriges Forschungsstipendium an der Universität Cambridge. Er lehnte ab und gab seine Stelle an einem staatlichen Institut für Biologie auf. (Der Institutsleiter war fassungslos und hatte nur eine mögliche Erklärung dafür: »Sie heiraten also eine Amerikanerin?«, fragte er ungläubig.) Von seinen Pflichten befreit, bewegte sich Ernst in den Kreisen der Quasi-Untergrund-Regisseure und Filmemacher, die in der Perestroika-Zeit in Erscheinung traten. Die großen sowjetischen Filmstudios vergaben wichtige Projekte nur an Personen, die zum offiziell abgesegneten kulturellen Establishment gehörten. Aber neue, marginalere Formen standen allen offen, die an eine 8-mm-Kamera kommen konnten. Ernst drehte für einen Freund ein Musikvideo – einen ironischen Zusammenschnitt aus verklemmten Punkkonzerten in Moskau und Aufnahmen von Sportlerparaden der Stalinzeit. Dann bekam er den Auftrag, ein Konzert der Gruppe Akwarium aufzuzeichnen – der Väter des Perestroika-Rocks, die 1988 zusammen mit The Pretenders und Dave Stewart von Eurythmics in Leningrad auftraten.

Als ich mit Ernst zusammentraf – in einem geräumigen Besprechungszimmer beim Ersten Kanal, das auch als Vorführraum dient und mit einer großen Projektionswand und einem professionellen Soundsystem ausgestattet ist –, erzählte er voller Elan und Begeisterung von diesen Tagen. Sein Selbstbild ist ganz klar von der Zeit geprägt, als er noch kein allmächtiger Halbgott des Fernsehens war, sondern ein dahergelaufener Außenseiter, der versuchte, ein schwerfälliges System auszutricksen und in seinen Rissen etwas Interessantes zu machen, und der selbst kaum fassen konnte, dass er das wirklich durchzog. »Ich kam mir vor wie jemand, der allen etwas vormacht«, sagte er. »Die Sowjetunion war noch quicklebendig – und doch konnte ich ohne offizielle Regieausbildung westliche Musiker filmen und natürlich meine Rockerfreunde, die vor zwei oder drei Jahren noch verboten gewesen waren.«

Ernst stieg als Regisseur bei *Wsgljad*, oder *Blick*, ein, einem wegweisenden Politmagazin, das Ende der Achtziger beim jungen und urbanen Publikum großen Anklang fand. Die Sendung war ernsthaft und recherchefreudig gemacht. Sie berichtete sachorientiert über Themen, die sonst nirgendwo vorkamen, als ob sie in der Sowjetunion nicht existierten: Korruption in der Kommunistischen Partei, die neue Klasse der Perestroika-Millionäre, den aussichtslosen Krieg in Afghanistan und den berühmten Dissidenten Andrei Sacharow. Das Magazin erfüllte damit nicht nur eine journalistische, sondern auch eine staatsbürgerliche Funktion: Es förderte das gesellschaftliche Verantwortungsbewusstsein, indem es die Zuschauer dazu brachte, über Fragen nachzudenken, mit denen sie sich bisher nicht befasst hatten. Ernst war fasziniert, daran mitwirken zu können: »Ein kleiner Spalt hatte sich aufgetan, und wir arbeiteten daran, ihn zu erweitern. Wir thematisierten das, was uns selbst bewegte, und wie sich herausstellte, bewegte es auch alle anderen.«

Mindestens ebenso wichtig an *Blick* war, dass das Magazin nichts mit dem übrigen spätsowjetischen Fernsehprogramm gemein hatte, in dem verknöcherte Rituale,

Umständlichkeit und dumpfe Berechenbarkeit vorherrschten. Charakteristisch für sowjetische Nachrichtensprecher war die »Eichenholzsprache«: ein schwerfälliges Vokabular, in dem sich Bürokratismus mit überholter, durchsichtiger Agitation mischte. Bevor *Blick* und dann weitere ähnliche Sendungen auftauchten, waren die sowjetischen Fernsehzuschauer verunsichert und sich selbst überlassen. Die hohle Propaganda, die ihnen vorgesetzt wurde, glaubten sie nicht, aber andere Angebote, das eigene Leben und die Welt um sich herum zu verstehen, gab es auch nicht.

Der russisch-amerikanische Anthropologe Alexei Yurchak hat diesen Umstand in *Everything Was Forever, Until It Was No More,* seinem Buch über die Paradoxien dieser Zeit, analysiert. Dass die sowjetischen Nachrichtenkonsumenten weder eine adäquate Darstellung der Realität durch die Staatsmedien erhielten noch auf einfache Weise an alternative Darstellungen gelangen konnten – so sein Befund –, »legte den Schluss nahe, dass die spätsowjetische Welt zu einer Art postmodernem Universum geworden war, das jede Möglichkeit einer Verankerung in der realen Welt ausschloss«. Yurchak erwähnt einen aufschlussreichen Vorfall in den Sechzigern. Damals hatten mehrere bekannte russische Sprachwissenschaftler an das Zentralkomitee (ZK) der KPdSU appelliert, eine Formel zu ändern, die die Fernsehkommentatoren seit Jahren verwendeten, wenn Beerdigungsfeierlichkeiten für sowjetische Würdenträger im Fernsehen übertragen wurden. Bei bedeutenden Repräsentanten der Partei hieß es stets, sie würden »auf dem Roten Platz an der Kremlmauer« beigesetzt. Mit der Zeit war jedoch der Platz an der Mauer knapp geworden. Hohe Funktionäre wurden nun eingeäschert, und die Urnen wurden in schmalen Öffnungen in der Mauer selbst untergebracht. Der Kommentar passte nicht zu dem Vorgang, den die sowjetischen Fernsehzuschauer im Bild sahen. Deshalb schlugen die Wissenschaftler eine neue Standardformulierung vor: »Die Urne mit der Asche wurde in der Kremlmauer beigesetzt.« Das Ersuchen wurde wider Erwarten abgewiesen; das ZK bestand auf der ursprünglichen Formulierung. Und so erlebten die sowjetischen Fernsehzuschauer noch jahrzehntelang, wie die Kommentatoren ein Geschehen beschrieben, das nichts mit den Ereignissen auf dem Bildschirm zu tun hatte. Das starre Festhalten am Ritual war den Parteichefs wichtiger als die Realität – auch wenn die Zuschauer selbst sehen konnten, dass beides nicht zueinanderpasste. Das führte fast zwangsläufig dazu, dass die Menschen grundsätzlich misstrauisch wurden. »Da nichts an der Darstellung der Welt nachprüfbar wahr oder falsch war, löste sich die Wirklichkeit insgesamt aus der Verankerung«, so Yurchak.

Ernst und die anderen Produzenten und Journalisten bei *Blick* wollten über die Wirklichkeit so sprechen, wie die Menschen sie im Alltag erlebten. Außerdem machte die Arbeit an dieser Sendung auch einfach Spaß. Für Ernst war sie eine Möglichkeit, kreative Impulse auszuleben, sich als Regisseur zu versuchen und sich dabei die schalen »alten Opas« vorzuknöpfen, die das Land ruinierten. Er und seine Kollegen, so sagte er mir, hätten darauf hingewirkt, dass in Russland »Dinge ausgesprochen wurden, die man bis dahin nicht sagen konnte, und das zwang die Leute, darüber nachzudenken, wer schuld war«. Im August 1991 fuhr er in die Sommerferien auf die Krim, kehrte jedoch schon am 18. nach Moskau zurück, weil er das Gefühl hatte, dass etwas in der Luft lag. Als er am nächsten Tag aufwachte, stellte er fest, dass statt der Morgensendung im Fernsehen eine Aufzeichnung des Balletts *Schwanensee* lief. Es war ein Putsch im Gang, ein letzter, verzweifelter Versuch reaktionärer Intriganten, Gorbatschows Perestroika ein Ende zu setzen. Das Team von *Blick* versteckte die technische Ausrüstung in den Privatwohnungen und ging mit einem Notprogramm auf Sendung. Der Putsch scheiterte. Gorbatschow kehrte noch einmal ins Amt zurück, doch das Ende war nicht mehr weit. Am 25. Dezember wendete Gorbatschow sich in einer aufgezeichneten Ansprache ein letztes Mal an die 290 Millionen Bürger der Sowjetunion. Das Land hatte aufgehört zu bestehen. »Das alte System ist zerfallen, bevor das neue in Kraft treten konnte«, sagte der scheidende Präsident. Das Einholen der sowjetischen Flagge wurde per Kamera aus dem Kreml übertragen. Einige Jahre darauf stellte Ernst in einem Interview fest, womöglich habe »nur Boris Jelzin selbst eine größere Rolle beim Sturz des Sowjetstaats gespielt« als *Blick*.

Als er in den Räumen des Ersten Kanals mit mir sprach, lag ihm hingegen deutlich weniger daran, Verdienste am Zusammenbruch der Sowjetunion für sich zu reklamieren. Ernst sagte, ihn persönlich habe dieses Ereignis schwer getroffen, er habe es keinesfalls gewollt oder beabsichtigt. Zwar habe er zu seiner Zeit als verwegener Produzent von *Blick* für die Kommunistische Partei und die weltfremden Greise an ihrer Spitze nur Verachtung übriggehabt. Trotzdem habe er an die Sowjetunion geglaubt und sei der Ansicht gewesen, dass das Land mit intelligenteren Führungspersonen hätte fortbestehen können. Die Macher von *Blick* hätten sich nicht als politische Revolutionäre begriffen, auch wenn die Geschichte sie nachträglich in diese Rich-

tung gedrängt habe. »Wenn Sie Teil eines großen historischen Prozesses sind, verstehen Sie nicht immer, wie er sich
später entwickeln wird«, so Ernst.

Sein professionelles Interesse galt eher der Ästhetik als
politischen Themen im engeren Sinn. Doch in Zeiten tief
greifender Veränderungen konvergieren diese Bereiche.
Im Januar 1991, elf Monate bevor die Sowjetunion ausei-
nanderbrach, begann Ernst, eine neue Sendung zu produzieren, in der er seiner Vorliebe für Nischenthemen, Art-
house-Filme und Kuriositäten nachgehen konnte. Sie hieß
Matador – einfach, weil ihm der Klang des Wortes gefiel –
und war anders als alles, was sonst im Fernsehprogramm
lief. In unfrisierter Do-it-yourself-Manier wurden ausländische Filme und kulturelle Eigenarten vorgestellt. Ernst
lief mit langer Mähne, schwarzer Lederjacke und einem
drahtlosen Mikrofon im Bild herum. Zuvor hatten sowjetische Auslandsberichterstatter entweder am Schreibtisch
gesessen oder für sorgfältig inszenierte Aufnahmen un-
beweglich an einem Ort gestanden. Er brachte Beiträge
über Rainer Werner Fassbinder und die Sanfermines-
Festlichkeiten in Pamplona. In einer Folge zog er sich eine
US-amerikanische Militäruniform aus den Sechzigerjahren an und erzählte die Szene aus Francis Ford Coppolas
Film *Apocalpyse Now* nach, in der US-Helikopter zu den
Klängen von Richard Wagners »Walkürenritt« ein von den
Vietcong gehaltenes Dorf beschießen. Die Sendung war
schräg, rau und faszinierend, ein Destillat aus Ernsts persönlichen Interessen und fixen Ideen. »Bei jedem großen
Umbruch bilden sich Risse und Öffnungen im System,
durch die praktisch jeder hineinkommt«, sagte er mir im
Gespräch. Ihm selbst war das zu einem Zeitpunkt gelungen, als große Teile des Landes verunsichert waren und

nach neuen Vorbildern und Orientierungspunkten suchten. Diese fanden sie vor allem im Fernsehen.

Ernst gehörte zu einer kleinen Gruppe junger Fernsehproduzenten und Journalisten, die mit neuen Stilen und Techniken experimentierten. Sie arbeiteten daran, dem traumatisierten und desorientierten Land eine visuelle Identität zu geben. Das war mehr als nur eine Stilfrage; es ging darum, den Menschen in den ungewohnten Verhältnissen die Orientierung zu erleichtern. »Die Welt war eine andere geworden, die Werte hatten sich verändert. Die Leute brauchten Wegweiser«, erklärte er mir.

1995 produzierte Ernst unter dem Titel »Das russische Projekt« eine Reihe von Werbespots für den öffentlichen Dienst. Es war der erste Versuch im postsowjetischen Russland, über das Fernsehen ein gemeinsames Werteverständnis zu verbreiten. Berühmte Schauspieler traten in volksnahen Szenen auf, die eine schlichte Botschaft vermittelten: Kümmert euch um eure Mütter, vertraut euch selbst. In einem Spot betritt ein älterer Mann eine überfüllte Station der Moskauer Metro, wo Straßenmusiker einen Militärmarsch aus alten Zeiten spielen. Er bleibt stehen und hört zu; die Melodie weckt die Erinnerung an eine längst vergangene Liebe aus Kriegszeiten. Während die Musik lauter wird, erscheint ein kurzer Slogan: »Wir erinnern uns.« Ernst produzierte Dutzende solcher einminütigen Spots. Sie hatten trotz ihrer einfachen Machart eine durchschlagende Wirkung. »Die Leute fühlten sich verloren, wie ausgemustert«, sagte Ernst. »Es war wichtig, ihnen zu sagen, dass nicht alles an der Vergangenheit schlecht war, dass wir immer noch etwas gemeinsam haben.«

Sein Lieblingsprojekt aus dieser Zeit war die Sendung

Alte Lieder über wichtige Dinge, eine augenzwinkernde Fake-Retro-Musikshow, deren Schauplatz eine Kolchose ist. Beliebte Schauspieler sangen die populärsten Melodien der Sowjetzeit. Ernst produzierte die Sendung zusammen mit Leonid Parfjonow, einem gleichgesinnten jungen Regisseur. Sie war ein postmodernes Projekt mit einer Mission: Statt die Musik und die Filme eines ganzen Jahrhunderts zu entsorgen, weil der politische Kontext ihrer Entstehungszeit diskreditiert worden war, wollten Ernst und Parfjonow aus dem kulturellen Repertoire der Vergangenheit das in die Gegenwart holen, was langfristig Qualität bewiesen hatte und den Leuten immer noch etwas sagte. Ein Handlungsstrang entlehnte Motive aus *Kubankosaken*, einem beliebten Film von 1950, der erst als wegweisend für den sozialistischen Realismus gepriesen wurde und später, nachdem der Wind sich gedreht hatte, aus ebendiesem Grund in Misskredit geriet. Ernst und Parfjonow befreiten den Film vom Ballast der Vergangenheit. Sie nahmen die Passagen, die noch Anklang fanden oder einfach lustig und unterhaltsam waren, und stellten sie in einen neuen Zusammenhang. »Es geht darum, anzuerkennen, dass es auch manches Gute gab. Wir müssen uns nicht schämen, wir haben nun einmal keine andere Geschichte«, sagte Parfjonow damals in einem Interview. »Woran können wir uns denn sonst erinnern? Warum sollten wir gegen uns selbst kämpfen?«

Die Sendung war so populär, dass trotz ihrer für eine russische Fernsehproduktion unerhörten Kosten von 2,5 Millionen Euro weitere Folgen gedreht wurden. Es begründete den Ruf von Ernst und Parfjonow, die damals beide Anfang dreißig waren. Sie wurden enge Freunde. »Wir waren damals wirklich nah beieinander, wir hatten ähnliche Vorstellungen«, sagte mir Parfjonow. Sie seien sich einig gewesen, dass »das postsowjetische Fernsehen alles anders machen und ganz neu anfangen musste. Wir mussten wieder lernen, Neujahr zu feiern, über die Geschichte zu sprechen, zu verstehen, welche Feiertage und Jubiläen wichtig sind und wie wir damit umgehen sollen.« Sie retteten das Beste des sowjetischen Jahrhunderts und feierten zugleich ungeniert die Freuden der kapitalistischen Welt, die es abgelöst hatte.

Ernst erhielt den Auftrag, das Programm des ORT (*Obschtschestwennoje Rossijskoje Telewidenije*, deutsch: Öffentliches Fernsehen Russlands), wie der Erste Kanal damals noch hieß, neu zu gestalten. Veranlasst hatte das der damalige Intendant, der beliebte Fernsehmoderator Wlad Listjew, der in den späten Achtzigern zu den Machern von *Blick* gehört hatte. Im März 1995, nach nur fünf Wochen an der Spitze des Senders, wurde Listjew auf der Treppe des Moskauer Mehrfamilienhauses erschossen, in dem er wohnte. Der Mord wurde nie aufgeklärt, doch es kursierten Gerüchte, er hinge mit Listjews Entscheidung zusammen, das Anzeigengeschäft des Senders zu überprüfen. Das hätte für eine Reihe halblegaler Zwischenhändler den Verlust einer lukrativen Einnahmequelle bedeutet.

Hauptaktionär des Ersten Kanals war damals Boris Beresowski, ein räuberischer und machtbesessener Oligarch, der über Beteiligungen in allen Branchen von der Ölindustrie bis zur Automobilindustrie verfügte. Er schlug Ernst als neuen Intendanten vor. Der lehnte ab – Beresowski war ihm zuwider und schien ihm nicht vertrauenswürdig –, erklärte sich jedoch bereit, als Produktionsleiter Verantwortung für die kreativen Inhalte zu übernehmen. Für

Beresowski war der Sender keine kommerzielle Investition; die Werbeeinnahmen deckten damals nicht einmal die Betriebskosten. Es war ein politisches Projekt, das ihm helfen sollte, sich unentbehrlich zu machen und zum Königsmacher aufzusteigen.

Die Gelegenheit dazu kam 1996, als sich der Erste Kanal im Vorfeld der Präsidentschaftswahlen einer gemeinsamen Propagandakampagne der wichtigsten Fernsehsender des Landes anschloss. Die Nachrichten- und Informationssendungen des Kanals unternahmen alles, was in ihrer Macht stand, um Jelzin zum Sieg zu verhelfen und seinen revanchistischen Gegenkandidaten von der Kommunistischen Partei zu diskreditieren. Es war die offensichtlichste und ausdauerndste Informationskampage seit der Sowjetzeit. Auch wenn Jelzins Unterstützer von dem ehrenwerten Ziel geleitet waren, eine Rückkehr der Kommunisten an die Macht zu verhindern, führten sie einen bevormundenden Tonfall in die russische Medienlandschaft ein, der von da an immer mehr um sich greifen sollte: »Wir wissen, was gut für dich ist, vertrau uns, nimm deine Medizin.« Am Wahltag strahlte der Sender einen bedrohlichen und beängstigenden Fernsehspot aus, der mit einem Countdown der Zeit bis zum Schließen der Wahllokale endete. Die Fernsehkritikerin und Medienwissenschaftlerin Anna Katschkajewa sprach Ernst wenige Tage später darauf an. Obwohl sie selbst Jelzin unterstützt hatte, fand sie diesen Spot plump und manipulativ. »Die Gehirnwäscher grüßen und hoffen auf Ihr Verständnis«, hatte Ernst damals schelmisch lächelnd erwidert. Als ich Jahre später mit Katschkajewa über diese Szene sprach, sagte sie, auch wenn Ernst sich »einen Rest von Rabaukentum bewahrt« habe, sei ihm doch »bewusst, was für ein Instrument er da in der Hand hat, dass er ein Mann des Staates ist. Er identifiziert sich mit diesem Auftrag.«

Im Oktober 1999 erklärte sich Ernst bereit, Generalintendant des Ersten Kanals zu werden. Seine Beziehung zu Beresowski, der den Sender immer noch vor allem als persönliches Spielzeug ansah, war schwierig und oft spannungsgeladen. Trotzdem hielt Beresowski Ernst für einen »sehr gescheiten, gebildeten Menschen« mit großen organisatorischen Fähigkeiten. »Das hat sich auch alles bestätigt«, sagte Beresowski Jahre später im Rückblick. »Aber die folgenden Ereignisse haben gezeigt, dass er keine echte politische Haltung hat. In einer stabilen Demokratie wäre das kein Problem, aber in einer Situation des Übergangs zu einem totalitären Regime ist es äußerst gefährlich.«

Leonid Parfjonow sagte mir, Ernsts innerer Antrieb, sein »Drive«, sei stets derselbe geblieben, doch die äußeren Umstände hätten sich über die Jahre hinweg immer wieder verändert. Parfjonow selbst schätzte seine Unabhängigkeit, was seine Betätigungsmöglichkeiten bei den föderationsweiten Sendern zunehmend einschränkte. Ernsts Instinkte trieben ihn in die entgegengesetzte Richtung. »Kostja wollte Künstler und Kreativdirektor zugleich sein«, so Parfjonow. »Aber Kreativdirektor konnte man nicht sein, ohne sich auf die eine oder andere Weise dem Staat dienstbar zu zeigen.«

Als sich die Ära Jelzin ihrem Ende zuneigte, begann der Erste Kanal, Putins Image zu popularisieren und ihn als einzig möglichen Nachfolger aufzubauen. Andere führende Politiker, die sich um das Präsidentenamt bewarben, sahen sich unablässigen Angriffen ausgesetzt. Der Sender zeigte Putin als faktischen Oberbefehlshaber, der Militäroperationen in Tschetschenien leitet. Seine Rivalen wurden als schwach, korrupt und sogar als Mörder hingestellt. Putins Umfragewerte nahmen von Woche zu Woche um vier bis fünf Prozentpunkte zu. Er stieg vom Niemand zum beliebtesten Politiker des Landes auf. Wie um die Durchlässigkeit zwischen den beiden Machtsphären zu bekräftigen, wurde eine erst kurz zuvor aus dem Sender ausgeschiedene Intendantin des Ersten Kanals die stellvertretende Leiterin von Putins Wahlkampagne – dem »Projekt Putin«, wie es die Organisatoren unter sich nannten. In gewissem Sinn wiederholten sich die Ereignisse von 1996, als das Fernsehen die Wiederwahl Jelzins befördert hatte und sich dabei der eigenen Macht bewusst geworden war. Aber was hier geschah, war etwas völlig Neues: die Erschaffung eines Kandidaten aus dem Nichts, einer Gestalt, die von Beginn an ein Geschöpf des Fernsehens war. Die Angst vor Terrorismus und der erneute Ausbruch bewaffneter Kämpfe in Tschetschenien trugen dazu bei, die Unterstützung für Putin zu festigen. Mit Jelzins Neujahrsansprache erreichte sie den Kulminationspunkt.

In den folgenden Monaten erfüllte der Erste Kanal getreu seine Pflicht als Stimmungsmacher, und Putin gewann seine erste Präsidentschaftswahl spielend. Schon bei der Amtseinführung im Mai begann Ernst damit, eine visuelle Sprache für die Ära Putin zu entwickeln. Er schlug vor, die Zeremonie aus dem staatlichen Kremlpalast, einem Kastenbau aus Glas und Beton, der in den Fünfzigerjahren als Versammlungsort für Parteitage errichtet worden war, in den Andreassaal zu verlegen. Dieser reich verzierte Thronsaal aus der Zarenzeit bot eine großartige und imperiale Kulisse.

Drei Monate später kam es zu dem vielleicht folgenschwersten Ereignis in der jüngeren Geschichte des Ersten

Kanals. Anlass war das Verschwinden des russischen Atom-U-Boots *Kursk* bei einem Übungsmanöver in der Barentssee. Nachdem ein Torpedo im Rohr explodiert war, sank das U-Boot mit 118 Mann auf den Meeresgrund. Die meisten Besatzungsmitglieder waren sofort tot, aber dreiundzwanzig überlebten und verbarrikadierten sich in einem hinteren Abschnitt, um auf Rettung zu warten. Sie sollte nie kommen. Russland lehnte Hilfsangebote aus dem Ausland zunächst ab. Die russische Marine veröffentlichte laufend Falschinformationen, deren Inhalt sich immer wieder änderte, und Putin selbst setzte seinen Urlaub am Schwarzen Meer fort. Neun Tage später öffnete ein Team aus britischen und norwegischen Marinetauchern schließlich die Luke des U-Boots und fand die Besatzung tot vor.

Beresowski, der Putin unterstützt hatte und sich sogar als Architekt seines Aufstiegs ins Präsidentenamt betrachtete, hatte sich inzwischen mit ihm überworfen und ließ den Sender von der Kette. Der Erste Kanal geißelte die Inkompetenz des Kreml und verglich den Umgang mit der *Kursk*-Katastrophe mit der unbeholfenen Reaktion auf Tschernobyl im Jahr 1986. (Auch die anderen führenden Sender des Landes äußerten vernichtende Kritik am Katastrophenmanagement.) Eines Abends war in den Hauptnachrichten des Ersten Kanals eine erstaunliche Szene zu sehen. Ein Stellvertreter des Premierministers war zum Polarkreis geflogen, um die Familien der Marinesoldaten zu treffen, die an Bord der *Kursk* gewesen waren. Die Ehefrauen und Mütter der Soldaten schrien auf ihn ein. Die Atmosphäre im Raum war von verzweifelter, grausiger Wut erfüllt. Die Mutter eines 24-jährigen Besatzungsmitglieds brüllte: »Ihr Schweine!« Im Nachrichtenbeitrag wurde gezeigt, was dann geschah: Eine Ärztin im Trenchcoat tauchte hinter der Frau auf und injizierte ihr mit einer Spritze ein Beruhigungsmittel. Die Frau erschlaffte, und mehrere uniformierte Marineoffiziere trugen sie aus der Halle. Putin war außer sich – nicht wegen des Vorfalls selbst, sondern weil die Berichterstattung von anderen Gesichtspunkten geleitet war als der Loyalität gegenüber den Staatsinteressen. Er und seine Berater im Kreml waren sich sicher, dass Beresowski einen Informationskrieg gegen ihn führte und die Beiträge entweder gefälscht oder zumindest stark manipuliert waren. Als Putin endlich persönlich in die geschlossene Militärstadt reiste, in der die *Kursk* stationiert war, um den Hinterbliebenen sein Beileid auszusprechen, griff er die Medien an. »Das Fernsehen? Das sind doch Lügner! Lügner! Lügner!«

Ernst nährte diesen Verdacht, womit er seinem eigenen Chef in den Rücken fiel: Er gab den Kreml-Funktionären zu verstehen, Beresowski manipuliere die Berichterstattung aus politischem Eigeninteresse heraus. Berichten in der russischen Presse zufolge bestätigte er darüber hinaus eine der übleren Verschwörungstheorien, die Putin privat aufgebracht hatte: Einige der trauernden Frauen, die das Fernsehen gezeigt hatte, seien gar keine echten Angehörigen gewesen; man habe einfach ein paar billige Schauspielerinnen oder gar Prostituierte bezahlt, damit sie weinen und schreien. Ernst selbst bestreitet kategorisch, seinen Gesprächspartnern im Kreml je so etwas erzählt zu haben. Das ganze Geschehen um die *Kursk* – das Unglück selbst wie die Reaktion des Staates – bleibt bis heute im Dunkeln; der Nebel der damaligen Vertuschungen und der zahlreichen Legenden, die seither in die Welt gesetzt worden sind, ist undurchdringlich. Ernst reagierte damals eher, als dass er eine aktive Rolle gespielt hätte. »Er hat die Ereignisse nicht selbst vorangetrieben, er ist ihnen gefolgt«, sagt Sergei Dorenko, der als Moderator des Ersten Kanals besonders scharfe Kritik am Umgang des Kreml mit der *Kursk*-Katastrophe übte. Das führte letztlich dazu, dass Ernst ihn aus dem Sender warf. »Aber er hat sich dabei sehr kollegial verhalten«, so Dorenko. Er sei mit ihm in eine ruhige Ecke seines Büros gegangen und habe gesagt: »Tut mir leid, das ist eine Zwangslage, nichts Persönliches.«

Der Kreml wollte sich von Beresowskis Einfluss befreien. »Die Vorstellung ist vorbei«, sagte Alexander Woloschin, der Chef von Putins Präsidialverwaltung, zu Beresowski, als er ihn anwies, seine Anteile am Sender abzugeben. Beresowski versuchte, bei Putin persönlich zu intervenieren, aber dort bekam er dasselbe zu hören: Ein Sender, der 98 Prozent der russischen Haushalte erreichen konnte, dürfe nicht unter Beresowskis Kontrolle bleiben. Wenn er nicht verkaufe, werde es ihm ergehen wie Wladimir Gussinski, einem anderen Medienmogul, der versucht hatte, sich mit dem Kreml anzulegen. Gussinski war strafrechtlich verfolgt worden und sah sich schließlich genötigt, seinen Sender NTW zu übergeben und aus dem Land zu fliehen. Die Leute in Putins Umgebung, die Beresowski gegenüber zunehmend Verachtung und Ungeduld an den Tag legten, hielten zugleich große Stücke auf Ernst. »Er ist ein sehr fähiger Mensch«, sagte Woloschin Jahre später bei einer Gerichtsverhandlung. »Wir mussten ihn nur Beresowskis Einfluss entziehen.« Auch Ernst selbst hielt sich im Gespräch mit mir offenbar an diese Version. Er sagte, Beresowski habe die *Kursk*-Katastrophe dazu benutzt, Putin unter Druck zu setzen. Die Mitarbeiter der Nachrichtenredaktionen im Sender hätten auf Beresowskis Veranlassung »eine Art politischen Kampf geführt, statt ihre Arbeit als Berichterstatter zu tun«. Ernst entließ mehrere Führungskräfte des Ersten Kanals – ob aus eigener Initiative, auf einen Wink des Kreml oder aufgrund einer Kombination von beidem – und geriet in offenen Konflikt mit Beresowski.

Er hatte sich natürlich auf die Siegerseite geschlagen. Beresowski verkaufte gezwungenermaßen seine Anteile am Ersten Kanal. Wenig später ging er nach London, wo er zu einem lautstarken, emotionalen und nicht durchweg glaubwürdigen Kritiker Putins wurde. (Er starb 2013 in seinem Landhaus bei London, offenbar durch Selbstmord.) Ernst schien froh, ihn los zu sein. Seine Haltung gegenüber dem Mann, der ihn an die Spitze der russischen Fernsehwelt gebracht hatte, nahm etwas Gehässiges an. Einmal schickte ein Korrespondent des Ersten Kanals Filmaufnahmen von einer Pressekonferenz, die Beresowski im Westen abgehalten hatte. Ernst weigerte sich, sie zu senden, und sagte: »Hör auf, mir seinen Bockmist zu schicken.« Unter Beresowski hatte er seine Abneigung immer zügeln müssen. Jetzt, wo dieser ein offener Feind des Kreml war, konnte er ihr freien Lauf lassen.

Beresowski seinerseits war trotz seiner immer hartnäckiger werdenden Wut auf Putin nie in der Lage, echten Hass auf Ernst zu empfinden. Im Exil sann er über ihre gemeinsame Zeit beim Ersten Kanal und die schmerzhafte Weise nach, auf die sie zu Ende gegangen war. »Ernst konnte nicht existieren, ohne sich auf den Staat zu stützen«, sagte er der Moskauer Wochenzeitung *Kommersant*. »Er hat sich weniger gegen meine Person als *für* Putin entschieden. Es war eine Entscheidung zugunsten der Macht.«

Ernst kontrollierte jetzt die größte öffentliche Arena des Landes. Er konnte seine kreative Vision verwirklichen und eine Sicht der Dinge gestalten, die zwar eine gewisse Weltläufigkeit anstrebt, sich aber letztlich dem Staat und seinen Bedürfnissen unterordnet. Im Gespräch mit mir bezeichnete er sich als »liberal gesinnten Patrioten« und sagte, seine Einstellung gegenüber dem Staat habe sich trotz aller politischen Umschwünge »nie geändert«. Aus seiner Sicht hat er sich immer als Teil seines Landes gefühlt, mit diesem Land gefiebert und sich gewünscht, dass es das Beste aus sich macht. Er bezeichnet sich stolz als Etatisten – auf Russisch *Gossudarstwennik*. Viele Angehörige der Führungsschicht Russlands, auch Putin, verwenden diesen Ausdruck zur Selbstcharakterisierung. Für den *Gossudarstwennik* ist der Staat per se tugendhaft und aus sich heraus legitimiert. Er ist eine zeitlose und selbstevidente Entität, deren Interessen Vorrang vor allem anderen haben. »Es wäre sonderbar«, so sagte mir Ernst einmal, »wenn ein staatlicher Sender einem Standpunkt Ausdruck verleihen würde, der gegen die Regierung gerichtet ist.«

Als die Ära Putin Gestalt annahm, wuchs Ernst in die Rolle ihres führenden visuellen Stilisten herein. Unter seiner Leitung wurden die folgenden Amtseinführungen Putins noch aufwendiger inszeniert – mit Hunderten von Kameraleuten und Sendetechnikern und mehr als fünfundzwanzig Kameras, von denen einige an Hubschraubern und Brückenlaufkränen angebracht waren. Ein so komplexer technischer Aufbau ist sonst bei großen Sportereignissen üblich. Eine weitere Neuerung Ernsts war die Neugestaltung der jährlichen Parade am 9. Mai zur Feier des Sieges über das nationalsozialistische Deutschland. Die

Siegesparade war traditionell ein Anlass zur Demonstration imperialer Größe, lief aber seit Jahren bieder und einförmig ab. Ernst inszenierte sie hochfliegend und betont modern, als ein Schauspiel der Macht, das mit der Kameraarbeit und dem Produktionsaufwand eines Actionfilms ins Bild gesetzt wurde. Ausgedehnte Kameraschwenks fingen die Pracht auf dem Roten Platz von oben ein. Ernst platzierte Kameras in den Cockpits von Kampfflugzeugen und brachte Szenen auf den Bildschirm, die an *Top Gun* erinnerten.

»Ein Gespür für enorme visuelle Dimensionen war für Ernst immer wichtig«, sagt Andrei Boltenko, der beim Ersten Kanal als Sendeleiter und Regisseur mit ihm zusammengearbeitet hat. In den frühen 2000ern hätten er, Ernst und die gesamte Führung des Ersten Kanals den Eindruck gehabt, Russland sei von einer Hoffnung erfüllt, die sich für die Bevölkerung im Staat manifestiere. Die Zuschauer wollten, dass das Fernsehen ihnen von ihrem persönlichen Wiederaufstieg und dem Wiedererstehen des Landes erzählte. »Beides ging miteinander einher«, so Boltenko. »Die Dimension der Fernsehinszenierung entsprach dem Ausmaß des Glaubens an den Staat.«

Im Dezember 2001 ging erstmals die TV-Fragestunde »Direkter Draht zu Wladimir Putin« über den Sender, die seither fast jedes Jahr ausgestrahlt wurde. Sie ist sozusagen der Marathonlauf unter den Fernsehformaten. Putin beantwortet, oft mehr als vier Stunden lang, Fragen aus der Bevölkerung – von Fabrikarbeitern aus dem Ural bis zu besorgten Müttern im Fernen Osten Russlands. Das lässt ihn allwissend und allmächtig erscheinen, wie einen Sterblichen, der in den Rang eines Gottes erhoben wurde. Ernst erzählte mir, wie Putin reagierte, als er ihm die Idee erstmals unterbreitete: »Er hörte sich das an und sagte: ›Interessant.‹« Die Sendung ermöglicht ihm, einen neuen Kinderspielplatz zu versprechen und im nächsten Moment dafür zu sorgen, dass Arbeitern, die einen neuen Weltraumbahnhof errichten, die monatelang zurückgehaltenen Löhne ausgezahlt werden. Ernst räumt ein, dass es sich bei dem Format um ein spezifisch russisches Phänomen handelt: »Nach der russischen Mentalität ist der Führer des Landes, wie auch immer er heißt – Präsident oder Zar, Premierminister oder Generalsekretär der Kommunistischen Partei –, für alles zuständig, eine Person symbolisiert den gesamten Staat.«

In den frühen 2000er-Jahren wurde die Ähnlichkeit zwischen inszenierten Programmen wie Putins TV-Fragestunde und vorgeblich faktenorientierten Nachrichten- und Informationsprogrammen immer größer. Sie waren Teil ein und desselben Projekts: Es ging darum, Putin als quasi-sakrale, mythische Gestalt über den Niederungen der Politik zu etablieren und alles auszublenden, was sich nicht in dieses Narrativ fügte. Bezeichnend dafür ist ein Nachrichtenbeitrag, der am 6. Januar 2004, zwei Monate vor den Präsidentschaftswahlen, im Ersten Kanal ausgestrahlt wurde. Anlass war das russisch-orthodoxe Weihnachtsfest. Der Beitrag beginnt mit einer märchenhaften Szene: Man sieht eine kleine Kirche inmitten schneebedeckter Felder. Sie erstrahlt in mildem Licht von Scheinwerfern, die im Bild nicht zu sehen sind. Von Weitem wird eine Silhouette erkennbar – Putin. Er läuft durch den weißen, frischen Schnee auf die Kirche zu, wo ihn ein orthodoxer Priester mit langem Bart empfängt. Die beiden gehen hinein und werden von einer Schar orthodoxer Christen empfangen, auf deren Gesichtern die Freude des wahren Glaubens erstrahlt. Die Szene appelliert an die Gefühle und ist viel wirkungsvoller als eine Meldung, die von einem Nachrichtensprecher verlesen wird, oder eine TV-Debatte – ein Format, das Putin bei Wahlen regelmäßig vermeidet. Wer braucht die übliche Wahlkampfberichterstattung, wenn der größte Fernsehsender des Landes solche liebevoll ins Bild gesetzten Kabinettstücke ausstrahlt?

Unter Ernst wurde im Ersten Kanal sorgfältig darauf geachtet, dass sich die Sünden, die der Sender aus Sicht des Kreml bei der Berichterstattung zur *Kursk*-Katastrophe begangen hatte, nicht wiederholten. Er brachte nur selten Eilmeldungen, weil sich Nachrichten in eine unerwünschte Richtung entwickeln konnten. Über Tragödien wurde mit äußerster Vorsicht und in sorgfältiger Dosierung berichtet. Im September 2004, des Jahres, in dem die Weihnachtsszene mit Putin ausgestrahlt wurde, brachten tschetschenische Terroristen in der nordkaukasischen Stadt Beslan eine ganze Schule in ihre Gewalt. Die Behörden nannten bewusst eine falsche Anzahl von Geiseln. Sie behaupteten, es würden nur 354 Personen in der Schule gefangen gehalten; tatsächlich waren es über tausend. Der Erste Kanal nannte ebenso wie die anderen staatlichen Sender die niedrigere Zahl. Die Terroristen, die die Berichterstattung an einem TV-Gerät im Lehrerzimmer verfolgten, gerieten durch diese Falschmeldung noch mehr in Rage.

Am dritten Tag der Geiselnahme war aus der Schule eine Reihe von Explosionen zu hören, danach Schusssalven und Chaos. Während ausländische Sender live über das Geschehen berichteten, unterbrach der Erste Kanal das Programm für eine zehnminütige Schaltung nach Beslan und kehrte dann rasch zur Ausstrahlung der brasilianischen Telenovela *Mulheres Apaixonadas* (*Leidenschaftliche Frauen*) zurück. Die Kämpfe zwischen den Terroristen und russischen Spezialeinheiten zogen sich über Stunden hin. Mehr als dreihundert Menschen starben, die meisten davon Kinder. An diesem Abend, als in der Schule immer noch geschossen wurde, sendete der Erste Kanal den amerikanischen Actionfilm *Die Hard (Stirb langsam)*. Nach der Geiselnahme verteidigte Ernst seinen Umgang mit der Berichterstattung: »Die wichtigste Aufgabe des Fernsehens ist es, das Land zu mobilisieren. [...] Russland muss zusammengeführt werden«, sagte er dem russisch-britischen Journalisten Arkady Ostrovsky. »An zweiter Stelle kommt die Aufgabe, das Land über aktuelle Geschehnisse zu informieren.«

Der Erste Kanal verbreitet pflichtschuldig die Linie des Kreml, aber er tut es mit einem gewissen Maß an Professionalität und Zurückhaltung – jedenfalls im Vergleich zu seinen beiden größten Mitbewerbern: Rossija, dem zweiten russischen Fernsehsender, der vollständig dem Staat gehört, und NTW, der heute im Besitz von Gazprom-Media ist – einer Holdinggesellschaft mit Verbindungen zu Juri Kowaltschuk, einem Banker aus Putins Umfeld. Alle drei Sender präsentieren Putin als Führungsfigur, mit der sich niemand messen kann. Aber auf Rossija und NTW ist die Propaganda meist primitiver und grotesker. Immer wieder kommt es zu Entgleisungen, bei denen man nicht weiß, ob man lachen oder weinen soll. So behauptete etwa der Moderator Arkadi Mamontow, eines der Gesichter des Senders Rossija, das Protestkunstkollektiv Pussy Riot sei Teil eines US-Komplotts, um die russische Jugend zu verderben. Als 2013 ein Meteor in Zentralrussland einschlug, erklärte er, das sei die Strafe für die Sünden der Homosexuellen. Auch Dmitri Kisseljow, der spektakulärste Unsympath der gesamten russischen Fernsehlandschaft, hat eine wöchentliche Sendung bei Rossija, in der er sich zu allen möglichen Themen äußert – von Homosexualität (»Ich finde, es reicht nicht, Schwule für homosexuelle Propaganda unter Heranwachsenden zu bestrafen. Man muss ihnen verbieten, Blut oder Sperma zu spenden, und wenn sie bei einem Autounfall sterben, sollten ihre Herzen verbrannt oder im Erdboden vergraben werden, weil sie nicht taugen, um jemandem das Weiterleben zu ermöglichen.«) über das Wettrüsten (Russland sei das einzige Land, das die USA in »radioaktive Asche« verwandeln könne) bis zum Wahlverfahren in den USA (die Wahlkampagne 2016 sei so »widerwärtig« gewesen, dass »man echten Ekel darüber empfinden kann, dass in Amerika immer noch von Demokratie geredet wird«). NTW wiederum ist auf True-Crime-Sendungen und alarmistische Pseudodokumentationen spezialisiert, die finstere Verschwörungsthesen verbreiten und unter anderem die Opposition in Russland zu diskreditieren versuchen, indem sie sie mit vagen Komplotten aus dem Ausland in Verbindung bringen. Die mit versteckter Kamera gedrehten Filmaufnahmen und überfallartigen Interviews, die regelmäßig eingesetzt werden, legen nahe, dass der Sender dabei auch mit den russischen Sicherheitsdiensten zusammenarbeitet.

Solche Programme sind im Ersten Kanal selten zu sehen – nicht, weil Ernst ideologische Vorbehalte gegen sie hätte, sondern einfach, weil sie nicht seiner Vorstellung von dem entsprechen, was schön und künstlerisch wertvoll ist. »Ich halte ihn nicht für einen Liberalen«, sagt der Fernsehproduzent Nikolai Kartosija, der Ernst seit Jahren kennt und mehrere Dokumentarfilme für den Ersten Kanal gedreht hat. »Aber er ist mit Sicherheit ein Intellektueller und ein Ästhet.« Dieser Ruf trägt dazu bei, dass Ernst bis heute freundschaftliche Beziehungen zu vielen Persönlichkeiten aus der schrumpfenden Welt der unabhängigen, liberal gesinnten russischen Medien unterhält. Aber er hat ihm auch Neid, Argwohn und die Antipathie seiner Rivalen bei Rossija und NTW eingebracht. »Wer bis über beide Ohren im Dreck steckt, sieht es nicht gern, wenn jemand ein bisschen weniger schmutzig ist«, sagt die unabhängige Dokumentarfilmerin Vera Kritschewskaja, die seit zwanzig Jahren für das Fernsehen arbeitet.

Eines Tages aß ich in einem schicken Moskauer Café mit Julia Pankratowa zu Mittag. Die ehemalige Nachrichtenmoderatorin, die von 2006 bis 2013 beim Ersten Kanal tätig war, ist Anfang vierzig, hat ein warmes Lächeln und trägt Kurzhaarfrisur. Nach ihrem Ausstieg beim Sender startete sie eine Online-Videoserie über Museumsausstellungen und Kulturveranstaltungen. Pankratowa sagt, in ihrer Zeit beim Ersten Kanal seien die Leute dort stolz darauf gewesen, mit »Geschmack und Stilbewusstsein« zu arbeiten. Die allgemeine Einstellung beschreibt sie so: »Man kann Propaganda machen, aber man darf dabei nicht unter ein bestimmtes Niveau sinken.« Ihr Nachrichtenmagazin bewahrte eine gewisse Eleganz und Zurückhaltung, auch wenn in der vierzigminütigen Sendung immer wieder dreißig Minuten lang Putin im Bild zu sehen war – mit Ministern, Fabrikdirektoren, Botschaftern und anderen Nebendarstellern, die an diesem Tag als Staffage dienten. Manchmal erlaubte Pankratowa sich stille, spielerische Akte der Auflehnung: Sie dehnte die Beiträge über Putin, bis sie eindeutig satirisch wirkten und der Sendeleiter sie inständig bat, sich kürzer zu fassen. Am nächsten

Tag sprach sie dann in demonstrativem vorauseilendem Gehorsam die Nachrichten zu Putin besonders schnell, sodass der Sendeleiter sie bremsen musste. Es war kindisch und führte letztlich zu nichts, aber es gab Pankratowa das Gefühl, sich einen kleinen Rest eigener Persönlichkeit zu bewahren.

Sie erzählte mir von dem Tag im Oktober 2006, an dem die berühmte Investigativreporterin Anna Politkowskaja auf der Treppe ihres Moskauer Wohnhauses erschossen wurde. Pankratowa wollte ihre Sendung mit dem Mord aufmachen. Ihrer Einschätzung nach war das Thema »nicht gerade verboten, aber ich musste die Sache abstimmen«. Es war Wochenende, und aus der Führungsetage war niemand im Sender. Sie rief ihren direkten Vorgesetzten, den Leiter der Nachrichtenabteilung, an und fragte, ob sie die Meldung bringen könne. Er sagte, er rufe zurück. Kurze Zeit später tat er das auch und gab grünes Licht. Sie vermutet, dass er zwischendurch Ernst konsultiert hatte. In anderen Fällen jedoch erhielt sie ein Nein als Antwort, etwa als 2010 zur Zeit des morgendlichen Berufsverkehrs mehrere Bombenanschläge auf die Moskauer Metro verübt wurden und vierzig Menschen starben. Sie durfte die Anschläge in den Morgennachrichten nicht erwähnen. Der Erste Kanal berichtete erst später am Tag darüber, vermutlich nachdem die großen Sender Berichterstattung und Tonfall mit dem Kreml abgestimmt hatten. Pankratowa wusste auch sehr gut, wann es besser war, gleich den Mund zu halten. Als einige Jahre später der Antikorruptionsaktivist Alexei Nawalny, der zum führenden Repräsentanten der oppositionellen Kräfte aufgestiegen war, zu Protestkundgebungen aufrief, kam sie gar nicht erst auf die Idee, zu fragen, ob sie darüber berichten durfte. »Wenn ich auf dem Weg zur Arbeit im Radio hörte, dass Nawalny am Vortag eine Demonstration organisiert hatte, wusste ich: Das geht bei uns nicht über den Sender. Ich fragte nicht bei meinen Redakteuren nach. Ich hatte keine Lust, mit ihnen darüber zu diskutieren. Was hätte das denn gebracht?«

Pankratowa sollte die Regeln intuitiv verstehen. Es wäre auch gar nicht möglich gewesen, sie auszuformulieren. Das Kalkül ändert sich ständig, je nach Situation und politischer Stimmung des Tages. Wer innerhalb des Systems arbeitet, soll von selbst die richtige Entscheidung treffen, anhand von Intuition und Vermutungen, und im Zweifel lieber zu vorsichtig sein.

Das gilt ganz besonders für Ernst selbst. Er ist auch deshalb so gut in seinem Job, weil er in der Lage ist, diese Schwankungen zu erspüren, Stimmungsumschwünge an der Staatsspitze aufzunehmen und sie an die Mitarbeiter im Sender weiterzugeben – oft so subtil, dass niemand mitbekommt, dass überhaupt eine Botschaft vermittelt wird. Ernst steht in täglichem Kontakt mit mehreren Regierungsvertretern. Aber, so sagte er mir: »Niemand gibt je die Anweisung: ›Zeig Nawalny nicht, erwähne nicht seinen Namen.‹ Solche Informationen werden nicht in Worte gefasst. Die Leiter der landesweiten TV-Sender sind ja nicht dumm.«

Ernst hat heute noch die gleiche Leidenschaft wie als aufstrebender Filmemacher mit Anfang zwanzig. Dazu kommt sein offener Ehrgeiz, der Wunsch nach ungeheurer gesellschaftlicher Reichweite. »Nachrichten sind kurz und flüchtig«, sagte er zu mir. »Die Sphäre des Künstlerischen reicht tiefer; es kann sich für alle Zeit in die Seelen der Leute senken.« Ernst erzählte mir auch, dass seine Ge-

sprächspartner im Kreml zwar die Nachrichtenberichter-
stattung im Ersten Kanal genauestens verfolgen, ihm aber
bei kreativen Serien und Filmen fast jede Freiheit lassen:
»Es gibt einige Bereiche, die die Staatsführung als wichtig
ansieht, aber auch andere, die sie gar nicht beachtet.«

Im Lauf der Jahre hat Ernst eine ganze Reihe von
TV-Genres in Russland eingeführt, unter anderem den
Gesangstalent-Wettbewerb *The Voice*, die Nachmittags-
Talkshow *Lasst sie reden* und die Late-Night-Show *Urgant
am Abend*. Ihr Moderator, Iwan Urgant, ist Anfang vierzig,
weltgewandt und verschmitzt. In der Sendung interviewt
er Prominente und Persönlichkeiten des kulturellen Lebens. Dabei bringt er immer wieder politisch-satirische
Bemerkungen unter, die zum Subtilsten und Schärfsten
gehören, was der Erste Kanal in diesem Genre zu bieten
hat – auch wenn sie auf letztlich unverfängliche Weise vor-
getragen werden. So bezeichnete Urgant einen Gouverneur, der wegen maßloser Korruption verhaftet wurde,
sarkastisch als »Robin Hood«. Bei aller Harmlosigkeit sind
diese gelegentlichen Ausflüge ins Genre des politischen
Kommentars nur mit persönlicher Erlaubnis des Intendanten möglich. »Glauben Sie mir«, sagte mir jemand, der den
Sender gut kennt, »jeder noch so zahnlose politische Witz
in Urgants Sendung muss von Ernst abgezeichnet worden
sein.«

2004 war Ernst Koproduzent des Sci-Fi-Thrillers *No-
tschnoi Dosor (Wächter der Nacht)*, des ersten Big-Budget-
Films im Hollywood-Stil, der nach dem Zusammenbruch
der sowjetischen Filmindustrie in Russland realisiert
wurde. Er basiert auf einem populären russischen Fantasy-
roman und spielt im Moskau der Gegenwart – nur dass
einige Menschen nach Anbruch der Dunkelheit ein zweites

Leben führen: Sie werden zu Vampiren, wechseln ihre Gestalt oder praktizieren als Hexen schwarze Magie. Diese nächtliche Unterwelt wird von »dunklen« und »hellen« Mächten bevölkert, die grausame Kämpfe gegeneinander führen. (Ein US-Filmkritiker umschrieb die Ästhetik des Films mit der Bemerkung: »Dostojewski, Roger Corman und ein Trent-Reznor-Video gehen in eine Bar.«) *Wächter der Nacht* brach in Russland sämtliche Kassenrekorde und spielte fast 13 Millionen Euro ein. Das ist umso eindrucksvoller, als der Film das neueste Sequel von *Der Herr der Ringe*, das zur gleichen Zeit in Russland lief, auf den zweiten Platz verwies. Damit war der Beweis erbracht, dass russische Filmstudios das einheimische Publikum zurückerobern konnten und sogar auf dem Weltmarkt konkurrenzfähig waren: Das US-Filmstudio Fox Searchlight erwarb die Rechte an *Wächter der Nacht* und zeigte den Film in über vierzig Ländern.

Anlässlich der Premieren in New York und London gab Ernst zahlreiche Interviews. Dabei stellte er klar, dass die »hellen« und »dunklen« Mächte im Film nicht unbedingt mit Gut und Böse gleichzusetzen seien, wie die meisten westlichen Kritiker und Zuschauer annahmen. Die »dunklen« Protagonisten, so erklärte er, seien eigentlich frei: »Frei von Verpflichtungen, frei im Sinn persönlicher Erfüllung. Sie machen, was sie wollen.« Die »hellen« Gestalten seien hingegen unterdrückt und frustriert, »gehemmt durch ein Übermaß an Verantwortung und Vorstellungen davon, wie sie sich anderen gegenüber verhalten sollen«. Ernst sympathisierte offenkundig mit der Ehrlichkeit und Geradlinigkeit der »dunklen« Seite. Im Film entscheidet sich ein kleiner Junge für die »dunkle« Sphäre und sagt zu seinem Vater, der zu den »Hellen« zählt: »Du bist nicht besser als die Dunklen. Du bist sogar schlimmer als sie. Du lügst und tust, als ob du ein guter Mensch wärst.« *Wächter der Nacht* ist ein dröhnend lauter Special-Effects-Thriller, aber auch ein moralisches Gleichnis auf den Wandel, den Russland nach dem Ende der Sowjetunion durchmachte, als es sich aus den Zwängen der unechten, erstickenden »hellen« Seite befreite und auf die ungebundene »dunkle« Seite wechselte. Die dunkle Welt mag beängstigend sein, aber sie ist auch realitätsbezogen und ehrlich in einer Weise, die an die Rationalitätsauffassung bei Hobbes erinnert. Die Zuschauer gingen zwar ins Kino, weil sie Unterhaltung suchten, sagte Ernst nach dem Start von *Wächter der Nacht*, doch »unter dem Deckmantel der Unterhaltung werden ihnen bestimmte Verhaltensregeln vermittelt, die ihnen helfen, sich in der Realität besser zu verorten«.

Im Laufe der Jahre brachte Ernst nicht nur erfolgreiche Mainstream-Filme wie *Wächter der Nacht* auf den Weg, sondern setzte auch Sendungen durch, die weitaus provokanter waren als alles, was bis dahin im russischen Staatsfernsehen zu sehen war. 2010 entspann sich eine kontroverse Debatte über *Schkola (Die Schule)*, eine Serie des Ersten Kanals, die unter Teenagern spielte. Die junge Regisseurin Valeria Gai Germanika, deren Stil von Punk und Gegenkultur geprägt ist, drehte in einer echten Moskauer Schule, was den Aufnahmen einen dokumentarischen Touch gab. Die Protagonisten tranken Bier, rauchten, beleidigten ihre Lehrer und terrorisierten einander. Die Serie wurde von den einen als ungeschminkter und unbequemer Einblick in das Leben der russischen Jugend gepriesen und von den anderen als Provokation verdammt, die die Moral untergrabe. 2013, als die konservative Revanche in der russischen Politik gerade auf dem Höhepunkt war

– das Parlament hatte kurz zuvor ein Gesetz gegen »homosexuelle Propaganda« verabschiedet –, strahlte der Erste Kanal die zwölfteilige Serie *Ottepel (Tauwetter)* aus. Sie spielt in der kurzen Phase Anfang der Sechziger unter Chruschtschow, als die Sowjetunion vorübergehend eine gesellschaftliche und politische Öffnung erfuhr. Die Serie war sehr erfolgreich und kam beim Fernsehpublikum gut an. Sie befasst sich mit individueller Verantwortung, Konzessionen und der Unterdrückung künstlerischer Begabung in einem autoritären System. In der vorletzten Folge stellt sich einer der wichtigsten Protagonisten – ein nachdenklicher Mann, dessen Figur als Sympathieträger für die Zuschauer angelegt ist – als schwul heraus.

Ernst hat auch Dokumentarfilme über Themen in Auftrag gegeben, die sonst in den russlandweiten Fernsehsendern kaum behandelt worden wären, schon gar nicht auf so anregende und direkte Weise. So zeigte der Erste Kanal einen Film über Jewgeni Jewtuschenko, den berühmten Dichter der Sechzigerjahre, der in seiner Lyrik die Verbrechen der Stalinzeit auf eine Weise zur Sprache brachte, die mit dem sowjetischen System vereinbar war. Ein anderer Film erzählte die Geschichte des Massakers an dreißigtausend Juden, das die Nazis 1941 in der Schlucht Babyn Jar bei Kiew verübt hatten – ein grauenhaftes Ereignis, von dem unter sowjetischer Herrschaft jahrzehntelang wenig die Rede gewesen war. Fast alle meine Gesprächspartner aus der Moskauer Medienszene, selbst die liberal gesinnten, die sich sonst die Nase zuhalten, sobald die Rede auf den Ersten Kanal kommt, lobten den Dokumentarfilm *Anton ist hier*, den der Sender 2012 ausstrahlte. Er zeigt das Leben eines autistischen Teenagers in einer tristen Provinzstadt. Autismus erfährt in der russischen Gesellschaft wenig Beachtung – das damit verbundene Stigma und Unbehagen der Sowjetzeit haben im Wesentlichen überdauert. Doch in diesem Film wird Anton mit einer Menschlichkeit und Würde porträtiert, die in der russischen Fernsehlandschaft ihresgleichen sucht.

Aus seiner *Matador*-Zeit hat Ernst sich den Sinn für Kultiges bewahrt. So erwarb er unter anderem die Rechte für US-Sendungen wie *Californication, House of Cards* und *Mad Men*. Vier Tage vor seinem fünfzigsten Geburtstag 2011 kam Putin zu einem Gratulationsbesuch in die Zentrale des Senders. Bei Tee und Süßspeisen mit zwei Dutzend Mitarbeitern des Ersten Kanals bekundete der Präsident Lob und Glückwünsche. »Ich möchte Ihnen allen danken«, sagte er. »Sie stellen hier ein hochinteressantes, sehr notwendiges und nützliches Geisteserzeugnis her – und Sie sind eine Fabrik, die dabei eine wirklich große Leistung erbringt.« Einiges spricht dafür, dass Ernst sich selbst ein verstecktes Geburtstagsgeschenk machte. Am Abend seines Geburtstages lief im Ersten Kanal die russische Erstausstrahlung von *Gonzo*, Alex Gibneys Dokumentarfilm über Hunter S. Thompson. Die meisten Zuschauer wussten vermutlich nicht, was sie von diesem seltsamen Film halten sollten, der nicht recht in das übliche biedere Programm des Senders passte. Aber die Aktion ist charakteristisch für Ernst, der sich ebenso als Autorenfilmer wie als Verwaltungsmensch fühlt. Die Moskauer Medienkritikerin Arina Borodina fasst seine Einstellung so zusammen: »Er ist eine Abenteurernatur und geht gern Risiken ein. Er katzbuckelt nicht vor der Macht, aber er ist Putinist, seine Loyalität gegenüber Putin ist echt.« Sie sagt auch, niemand außer Ernst könne den Kreml mit der königlichen Pracht und Opulenz in

Szene setzen, in der er auf den TV-Bildschirmen des Landes erscheinen will.

Die Doppelnatur von Ernsts Persönlichkeit kommt vielleicht nirgends so deutlich zum Ausdruck wie in der Entscheidung, im Jahr 2017 die dritte Staffel der skurrilen amerikanischen Black-Comedy-Miniserie *Fargo* auf einem nächtlichen Sendeplatz im Ersten Kanal zu bringen. Es gibt wohl keinen anderen russischen Fernsehchef, der überhaupt von der Existenz dieser Serie wusste, geschweige denn die Rechte gekauft hätte. Eine Szene, in der ein Protagonist sagt: »Putin hat in Russland einiges geschafft. Du musst nur wissen, wen du schmieren musst«, wurde in der Synchronisation des Ersten Kanals allerdings auf Nordkorea umgemünzt. An anderer Stelle erwähnt eine Figur der Serie Putin, als er davon spricht, dass die »Unwahrheit« eine Waffe sein kann: »Die Wahrheit ist das, was er so nennt.« Dieser kurze Monolog über Wahrheit und Unwahrheit wurde im Ersten Kanal zwar beibehalten, aber ohne jede Erwähnung Putins. Mir scheint, diese Geschichte sagt alles über Ernst: Er hat den nötigen Blick und die Kennerschaft, um eine Serie wie *Fargo* zu schätzen und auf seinem Sender bringen zu wollen, und ist zugleich umsichtig und clever genug, um zu wissen, dass er dabei kein kritisches Wort über Putin durchgehen lassen darf.

Ernst kann einem in der russischen TV-Landschaft als einsame Figur erscheinen. Er ist zu loyal und zu verstrickt in alle möglichen Intrigen des Kreml, um von Russlands liberaler Intelligenzija, die dem Putin-Staat skeptisch bis feindselig gegenübersteht und die Nähe zu ihm mit Argwohn betrachtet, vorbehaltlos akzeptiert zu werden. Aber auch die politische Klasse des Landes sieht ihn nicht als einen der Ihren – dafür ist sein Geschmack zu ausgefallen und eigenwillig. Für das Kreml-Umfeld steht seine grundsätzliche Loyalität außer Frage, doch seine Faszination für das deutsche Autorenkino oder die Samisdat-Literatur der Siebziger- und Achtzigerjahre ruft mitunter Befremden hervor. Vor einigen Jahren schrieb der unabhängige politische Kolumnist Oleg Kaschin im Wochenmagazin der Zeitung *Kommersant* einen fantasievollen Memoirentext aus Ernsts Perspektive. Darin blickt der fiktive Ernst aus der fernen Zukunft auf sein Lebenswerk zurück und zieht Bilanz: »Genau das hat nie jemand begreifen wollen: dass ich immer auf mich selbst gestellt blieb, als ich mein Reich kontrollierte. Ich habe alle Entscheidungen allein getroffen und die Verantwortung immer allein getragen: die politische, die künstlerische, die finanzielle.«

Ernst kaschiert diese Einsamkeit gut. Seine vielleicht größte Fähigkeit ist es, sich in jeder Umgebung so natürlich zu bewegen, als sei er dort zu Hause. Er beherrscht die Sprache des besessenen Cineasten ebenso sicher wie die des autoritären Staatsministers. »Er weiß immer, wie er den Eindruck erwecken kann, dazuzugehören«, sagt der mit Ernst befreundete Produzent Kartosija. Ich traf ihn in den Moskauer Räumen von *Pjatniza* (Freitag), einem mittelgroßen Unterhaltungssender, den er gegründet hat und heute leitet. Echten politischen Journalismus, so Kartosija, könne man im Fernsehen schon längst nicht mehr machen. Deshalb konzentriert er sich auf das, woran er Spaß hat: Lifestyle, Comedy und Reality-TV. Über Ernst sagt er: »Man kann sich drei Stunden lang mit ihm unterhalten und entdeckt so viele Gemeinsamkeiten, dass man überzeugt ist, aus der gleichen Ecke zu kommen. Ich vermute, im Kreml läuft das ganz genauso.«

Ernst nimmt regelmäßig an den wöchentlichen Planungstreffen teil, die der Kreml für die Leiter der großen Medienanstalten abhält. Diese Sitzungen sind nicht öffentlich; was dort passiert, ist Gegenstand zahlreicher Spekulationen und Mythen. Vermutlich erläutern Putins Berater, welche Themen auf der Tagesordnung stehen und wie sie in den Staatssendern behandelt werden sollten. Die Intendanten ihrerseits können sich einen Eindruck davon verschaffen, wie ihre Programmgestaltung im Regierungsapparat ankommt. Die Kritikerin und Medienwissenschaftlerin Katschkajewa, die sich gelegentlich mit Ernst austauscht, sagt, die Themen seiner Gespräche mit den Vertretern der Staatsspitze seien dabei tabu: »Er erwähnt solche Unterhaltungen andeutungsweise, aber er teilt nie Genaueres mit und redet nie darüber, was von ihm verlangt wird.«

Auch als ich selbst Ernst nach seinen Beziehungen zu Kreml-Repräsentanten fragte, ging er nicht darauf ein und versuchte, die Bedeutung der wöchentlichen Planungstreffen herunterzuspielen. Es gehe um Logistik und Administratives. »Es ist eine Gelegenheit zum Austausch«, sagte er. »Sie geben zum Beispiel den Terminkalender des Präsidenten bekannt oder informieren uns über andere anstehende Ereignisse. Vielleicht plant die Regierung auch die Einführung einer neuen Steuer oder die Erhöhung des Ruhestandsalters, und die Gründe dafür müssen erklärt werden. Manchmal schlagen sie uns Experten vor, die zu diesem oder jenem Thema im Fernsehen Stellung nehmen können. Diese Treffen haben Informationswert für mich, für den Sender.«

Das ist offensichtlich längst nicht alles, worum es bei Ernsts Präsenz im Kreml geht. Nach Einschätzung der Medienkritikerin Borodina handelt es sich um »ein Ritual, eine Formalität – und zwar eine, die für den Kreml vermutlich wichtiger ist als für Ernst«. Mit seiner Anwesenheit solle er demonstrieren, dass er dazugehört, dass er – so Borodinas Bild – das Feld bestellen wird, das ihm anvertraut ist. Sie fügt hinzu: »Es ist für alle von Vorteil, sozusagen die Uhren zu vergleichen. Für Ernst sind die Besuche im Kreml ein ebenso wichtiger Teil des Jobs wie die Leitung des Senders.«

Die Macher und Korrespondenten des Ersten Kanals bezeichnen die Zusammenkünfte im Kreml als Treffen »hinter den Wällen« – eine Anspielung auf die Kremlmauern mit ihren spitzen Zinnen, hinter denen alles undurchsichtig und zugleich von höchster Bedeutung ist. Für die Mitarbeiter ist klar, dass Ernst und die Intendanten der anderen wichtigen Fernsehsender bei dieser Gelegenheit grob umrissene Vorgaben erhalten, vielleicht nur vage Hinweise und Signale. »Es ist nicht so, dass jemand von diesen Treffen kommt und sagt: ›Wir müssen jetzt dies oder das tun‹«, erklärt die Ex-Nachrichtensprecherin Pankratowa. Die Erwartungen des Kreml an den Sender machten sich auf viel subtilere Weise bemerkbar: »Zum Beispiel ruft dann nachmittags die Chefredakteurin einer bestimmten Sendung einen der Moderatoren an, um ihm etwas mitzuteilen, Anweisungen zu geben. Oder über eine bestimmte Region Russlands wird auf einmal mehr berichtet, plötzlich gibt es Nachrichtenbeiträge über diesen Ort oder jenes Thema.«

Wladimir Posner ist in der russischen Medienlandschaft eine legendäre Gestalt. Bekannt wurde er in den Siebzigern und Achtzigern als Gesicht und Sprecher der Sowjetunion im US-Fernsehen. Seit 2008 hat er eine wöchentliche Talkshow im Ersten Kanal. Seine Gästeliste reicht von Gorbatschow bis zu Hillary Clinton. Posner, der fließend Englisch spricht, ist eine Art aus der Zeit gefallener Amerikanophiler: Er liebt Zigarren, Baseball und die Carnegie Hall. Seine Gesinnung ist eher liberal, zumindest aber entspringt sie einer gebildeten und kosmopolitischen Weltsicht, die er im Ersten Kanal ungehindert verbreiten kann – allerdings unter sorgfältiger Einhaltung der allgemeinen Regeln und Grenzen des Systems. Als Posner mit Ernst die ersten Gespräche über das Format seiner Talkshow führte, bat er ihn, klarzustellen, mit wem er in der Sendung sprechen durfte und mit wem nicht. Er wollte diese Frage ein für alle Mal klären, um nicht immer wieder Auseinandersetzungen um einzelne Gäste zu führen. »Ich bin erwachsen, ich weiß, dass es vermutlich ein paar Leute gibt, die ich nicht einladen kann«, erklärte Posner einmal. Er erhielt eine Liste, auf der nach seinen Angaben insgesamt etwa zehn Namen standen. (In Interviews sagt er, er habe sich damit einverstanden erklärt, dass die Namen der Personen auf der Liste geheim bleiben; er spricht aber offen darüber, dass es diese Liste gibt.)

Auch Ernst war mir gegenüber nicht gesprächiger. »Es besteht schlicht Einvernehmen darüber, dass einige Leute es nicht wert sind, Sendezeit zu erhalten – ob sie zu radikal sind oder ob sie aus Sicht des Senders die Aufmerksamkeit nicht verdienen«, sagte er. Diese Einstellung ist durch schützende Loyalität gegenüber dem Staat, aber auch durch ganz persönliches Eigeninteresse motiviert: »Wenn jemand in einer Livesendung eine Provokation inszeniert, bin ich es, der sich hinterher dafür verantworten muss, nicht diese Person.«

Ein heikles Thema, über das in der russischen Presse

kaum berichtet wird, ist das Leben von Putins Töchtern. 2015 wurde bekannt, dass seine Tochter Katerina im Alter von neunundzwanzig Jahren still und heimlich zur Leiterin eines Wissenschafts- und Technologiezentrums ernannt worden war. Die Einrichtung hat ein Budget von 1,5 Milliarden Euro und ist an die Staatliche Universität Moskau angebunden. Zudem war sie mit dem Sohn eines langjährigen Vertrauten von Putin verheiratet (das Paar ist inzwischen geschieden). Kurz nach der Hochzeit erhielt Katerinas Ehemann von einem anderen Mitglied des engsten Kreises um Putin einen Milliardenkredit. Er erwarb damit Anteile an einem großen Petrochemie-Konzern, die heute mehrere Milliarden Euro wert sind. Nichts davon war je Thema im Ersten Kanal. »Wenn irgendwo eine Hauptwasserleitung gebrochen ist und die Menschen Gefahr laufen, unreines Wasser zu trinken, wäre es kriminell, die Information zu unterdrücken«, erklärte mir Ernst. »Nicht über Putins Töchter zu berichten, ist hingegen völlig in Ordnung. Die Gesellschaft wird dadurch in keiner Weise gefährdet.« Er räumt ein, dass den Zuschauern des Ersten Kanals ein unvollständiges Bild der Welt vermittelt wird. Das spiele jedoch letztlich keine Rolle: »Wenn etwas wirklich wichtig ist, finden die Leute es immer heraus. Was die weniger wichtigen Dinge angeht, gut, da vielleicht nicht.« Wo die Grenze zwischen beidem verläuft, entscheidet natürlich Ernst. Er mag hier und da Hinweise und Winke von oben erhalten, aber insgesamt kommt er mit diesen Dingen sehr gut selbst zurecht.

Der Erste Kanal wird aufgrund seines sowjetischen Erbes und der Funktion, die er bis heute erfüllt, von nahezu allen Vertretern der Kremlführung, Kabinettsmitgliedern und Geheimdienstchefs als eine Art Besitz betrachtet. Sie alle gehen davon aus, dass Ernst jeden Schund, jede Tatsachenverdrehung und jede plump gestellte Szene bringen muss, die sie ihm unterjubeln. Einiges davon lehnt er ab, anderes sendet er. Im Ersten Kanal wird jede Menge »Parkett« gezeigt. So nennt Ernst – nach den hölzernen Fußbodenbelägen in den Regierungsbehörden – Sitzungen an Konferenztischen, in denen ein Minister oder ein Gouverneur Putin oder einem anderen Mitglied der Staatsspitze einen Bericht vorliest. Das Format ist völlig uninteressant, aber es ist auf Ernsts Sender fast täglich zu sehen. »Wissen Sie, es gibt da so eine Redensart«, sagt er. »Manchmal ist es einfacher, sich hinzugeben, als zu erklären, warum du das nicht willst.«

Während Ernsts Position ihn nötigte, sich immer mehr auf die Starrheit und Einförmigkeit des Staats einzulassen, versuchte er zumindest innerlich, sich einen Rest Respektlosigkeit und Draufgängertum zu bewahren. Die Freundschaft mit Parfjonow pflegte er weiter. Als der Staat Anfang der 2000er-Jahre den Sender NTW übernahm, wo Parfjonow zu den beliebtesten Moderatoren gehörte, wurde er entlassen und geriet im landesweiten Fernsehen zunehmend ins Abseits. Parfjonow war kein Oppositioneller, aber er beharrte hartnäckig darauf, mit einer gewissen Unabhängigkeit an seine Arbeit heranzugehen. Deshalb erschien er den Machthabern bedrohlich oder galt jedenfalls als unerwünscht.

Der Erste Kanal war – einzig und allein dank Ernst – der einzige Staatssender, von dem Parfjonow überhaupt Aufträge erhielt. »Es hat viel Kraft und Nerven gekostet, durchzusetzen, dass er weiter gesendet wird«, sagte Ernst mir im Gespräch. Einmal hoffte er, er könne Parfjonow eine feste Aufgabe beim Ersten Kanal verschaffen, als

Co-Moderator einer Talkshow zusammen mit Wladimir Posner. Putin hatte schon zugestimmt, doch dann intervenierten Ernsts Rivalen von Rossija und NTW und brachten ihn dazu, seine Meinung zu ändern. Von ganz oben wurde signalisiert, die Sendung sei nicht erwünscht, und damit war die Sache gestorben.

Trotzdem produzierte Parfjonow noch ab und an Sendungen für den Ersten Kanal – historische Dokumentationen mit betont unpolitischem Charakter, etwa über den russisch-türkischen Krieg 1877 oder ein gestohlenes Rubens-Bild. Einer dieser Filme ging dem Leben von Vladimir Zworykin nach. Der 1889 im russischen Zarenreich geborene Wissenschaftler und Erfinder war nach der Revolution in den 1920er-Jahren in die USA emigriert. In der Forschungsabteilung der Firma Westinghouse in Pittsburgh entwickelte er die Kathodenstrahltechnologie, die die Übertragung von Fernsehbildern ermöglichte. (Ernst gelang es mit viel Mühe und Ausdauer, den ersten von Zworykin entwickelten Farbfernseher-Prototypen aus den Fünfzigern aufzustöbern und nach Russland zu schaffen. Als das große Paket eintraf und er es zusammen mit Parfjonow öffnen konnte, waren die beiden so aufgekratzt wie Kinder beim Auspacken eines Weihnachtsgeschenks. Das Gerät wird heute im Konferenzraum vor Ernsts Büro im Ersten Kanal ausgestellt.)

Zum 200. Geburtstag des Schriftstellers Nikolai Gogol, der in den 1840er-Jahren einen neuen Stil in der russischen Literatur prägte, drehte Parfjonow für den Ersten Kanal einen zweiteiligen Dokumentarfilm, in dem mittels Computereffekten eine grotesk-surrealistische Atmosphäre geschaffen wird. Er wusste, dass er dem Kreml auch dann noch suspekt war, wenn er sich mit so unverfänglichen

Themen wie Schriftstellern des 19. Jahrhunderts befasste. Für Ernst war es jedes Mal ein heikles Manöver, Parfjonows Produktionen durchzusetzen. »Ich habe nie mit ihm darüber gesprochen. Aber wenn ich ihm zum Beispiel erzählte, dass ich einen Film über Gogol machen will, hat er vermutlich die nötigen Stellen im Kreml vorab informiert, damit es später keine Probleme gab«, sagte Parfjonow mir. Er nimmt an, dass Ernst nicht direkt um Genehmigung bat, »aber vielleicht das eine oder andere Gespräch führte«.

2010 wurde ein neuer Fernsehpreis ins Leben gerufen. Er war nach Wlad Listjew benannt, dessen kurze Tätigkeit als Intendant des Ersten Kanals zehn Jahre zuvor mit seiner Ermordung geendet hatte. Ernst, der an der Konzeption des Preises beteiligt war, sorgte dafür, dass Parfjonow ihn als Erster erhielt. Am Abend der Preisverleihung saßen Dutzende von Gästen, Fernsehgrößen und einflussreiche Vertreter des kulturellen Lebens, in dunklen Anzügen und Abendkleidern an den Tischen in dem riesigen Festsaal verteilt. Ernsts eigener Platz war drei Meter von der Bühne entfernt. Parfjonow trat sichtlich nervös ans Rednerpult und begann, seine Dankesrede zu verlesen. Er nahm umständlich einen Schluck Wasser und faltete ein Blatt Papier auseinander. Im jetzigen Russland, sagte er in betrübtem Tonfall, sei ein Reporter des staatlichen Fernsehens letztlich »den Chefs seines Chefs verpflichtet. Er ist kein Journalist mehr, sondern ein Beamter, der der Logik der Dienstbarkeit und Unterordnung folgt.« TV-Journalisten hätten nicht mehr die Möglichkeit, über die politische Führung des Landes und insbesondere über Putin etwas zu sagen, das nicht im Skript stehe oder nicht opportun sei. Die Regierungsspitze werde, wie einst das Politbüro, »behandelt wie teure Verstorbene: Man spricht entweder gut über sie oder gar nicht.« Das Publikum saß stumm und mit versteinerten Mienen da.

Gegen Ende seiner Rede sagte Parfjonow: »Ich habe nicht das Recht, Kollegen zu beschuldigen; ich bin selbst kein Kämpfer und erwarte keine Heldentaten von anderen. Aber man muss doch wenigstens die Dinge beim Namen nennen.« Das russische Fernsehen sei zutiefst krank, korrumpiert durch seine Unterwürfigkeit gegenüber der Macht. Es könne die Zuschauer immer raffinierter »aufwühlen, in Bann ziehen, unterhalten und zum Lachen bringen. Aber als bürgerliche, gesellschaftlich-politische Institution kann man es nicht bezeichnen.« Viele Anwesende verstanden die Rede als Frontalangriff Parfjonows auf seinen alten Freund und Kollegen Ernst.

Am selben Abend nach der Preisverleihung suchte Parfjonow Ernst in seinem Büro auf. Ihre Erinnerungen an dieses Treffen stimmen nicht ganz überein, aber beide sagen, es sei kurz gewesen. Parfjonow entschuldigte sich nicht, und Ernst ließ keine Verärgerung durchblicken. In den Tagen danach gab er immer wieder dieselbe kryptische Antwort, wenn er auf die Preisverleihung angesprochen wurde: »Eine Nobelpreisrede kann man nicht redigieren.« Gesagt sei gesagt. Mir gegenüber gab Parfjonow an, er habe keine besonderen Erwartungen an die Rede geknüpft: »Ich habe einfach das ausgesprochen, was ich für nötig hielt.« Ernst hatte Zweifel in Bezug auf Parfjonows Motive und war ganz offenkundig verletzt. »Er wusste genau, dass das, was er da gemacht hat, meine Position untergraben, mich in Schwierigkeiten bringen würde – den Einzigen in der Branche, der ihn die ganze Zeit unterstützt hat«, sagte er. Er unterhalte weiterhin Beziehungen zu Parfjonow, aber, so fügte er hinzu: »Freundschaftlich kann ich sie nicht nennen, weil er mich in diesem Moment als Freund verraten hat.«

Trotzdem sendete der Erste Kanal auch weiter die wenigen Produktionen, die Parfjonow für das staatliche Fernsehen realisierte. Parfjonow entging nicht, dass »etwas zwischen uns stand«. Aber er und Ernst empfanden nach wie vor Achtung füreinander, auch wenn sie durch ihre unterschiedlichen Loyalitäten unweigerlich in Gegensatz zueinander gerieten. Im Dezember des folgenden Jahres kam es in Moskau nach den Parlamentswahlen 2011 zu Demonstrationen gegen Wahlbetrug. Die Proteste nahmen bald einen breiteren moralischen Charakter an und richteten sich allgemein gegen den Zynismus und die Korruption des Systems Putin. Auf einer der Kundgebungen sprach Parfjonow zu einer Menge von mehreren Zehntausend Menschen. Es war das erste Mal, dass er so offen politisch aktiv wurde. Mit diesem Auftritt sicherte er sich seinen Platz auf der inoffiziellen schwarzen Liste. Eine neue, härtere und weniger flexible Zeit brach an, und Parfjonow stand auf der falschen Seite der Barrikaden. Der Erste Kanal zeigte die Proteste – sie waren irgendwann zu groß, um sie komplett ignorieren zu können –, aber er tat es gedämpft und verhalten. Bei der Berichterstattung im Vorfeld der Präsidentschaftswahlen im Frühjahr 2012 wurde Putin wie üblich idealisiert. Parfjonow und Ernst verloren sich nach und nach aus dem Blick. »Wir hatten immer weniger miteinander zu tun«, so Parfjonow, »und irgendwann gar nichts mehr.«

Bei einem späteren Gespräch bat ich ihn, zu beschreiben, woran er seinen alten Freund bis heute wiedererkennt. »Wenn Kostja ganz darin aufgeht, etwas Schönes zu produzieren, dann sehe ich den Menschen vor mir, den ich von klein auf kenne«, sagte er. »Nur sind seine Möglichkeiten heute fast unbegrenzt. Davon hat er immer geträumt. Er ist der beste Fernsehproduzent seiner Zeit, und das autoritäre System hat ihm diese Macht eingeräumt, weil es ihn braucht.«

Im Sommer 2007 reiste Putin nach Guatemala-Stadt, um dort vor den Delegierten des Internationalen Olympischen Komitees zu sprechen. Er tat das ausnahmsweise auf Englisch, mit ein paar französischen Einsprengseln. Die Rede war ein persönlicher Appell, die Winterspiele 2014 an den russischen Ferienort Sotschi am Schwarzen Meer zu vergeben. Er versprach, Milliarden zu investieren, um der Welt ein »neues Russland« zu zeigen. Die Bewerbung hatte Erfolg. Es war von Anfang an klar, dass Putin äußerst stolz auf die Spiele in Sotschi war und ihnen höchste Bedeutung beimaß. Er sah sie als Krönung des wirtschaftlichen und geopolitischen Comeback, das Russland unter seiner Führung erlebte.

Die Eröffnungsfeier sollte Milliarden von Fernsehzuschauern vor Augen führen, wie mächtig Russland war und was es vermochte. Ernst wurde damit beauftragt, sie zu gestalten. »Putin ist nicht dumm, er kennt die Leute in seinem Umkreis sehr gut«, sagte mir ein langjähriger russischer Fernsehproduzent. »Wenn es darum geht, eine Show zu machen, gibt es niemanden, der Ernst das Wasser reichen könnte.«

2011, gut zwei Jahre vor dem Eröffnungstermin der Spiele, begann Ernst mit den Vorbereitungen. Die Leitidee war, Russland als Land mit einer reichen und offenen Geschichte zu präsentieren, das von der übrigen Welt nicht isoliert, sondern vielfältig mit ihr verbunden ist. »Wir wollten zeigen, dass Russland zum globalen kulturellen Dorf gehört«, sagte Andrei Boltenko, der Kreativdirektor und Drehbuchschreiber für die Eröffnungsfeier. Boltenko, der wie Ernst beim Ersten Kanal tätig ist, zählte mir einige der ästhetischen Anspielungen auf, die sie in die Show eingebaut hatten: Das Design der mittelalterlichen Bojarenkostüme war sowohl vom Stil russischer Volksspielzeuge als auch von der japanischen Künstlerin Yayoi Kusama beeinflusst. Die Darstellung des Wiederaufbaus der Sowjetunion nach dem Krieg orientierte sich an der Ästhetik des konstruktivistischen Künstlers Jakow Tschernikow und hatte zugleich Anklänge an den US-amerikanischen Kult-Comicautor Frank Miller, der seinerseits vom Film Noir und der Manga-Ästhetik inspiriert ist. »Es war eine Harmonie, in der jede Kultur etwas von Russland widerspiegelt und die russische Kultur ein Spiegelbild der ganzen Welt in sich schließt«, erklärt Boltenko.

Mit der Zeit wuchsen die Ambitionen von Ernst und seinem Team ins Unermessliche. Die Show wurde technisch so komplex, dass das Hauptstadion in Sotschi, das als offener Bau geplant war, neu entworfen werden musste, damit es ein geschlossenes Dach erhielt. Noch in den letzten Tagen vor der Eröffnung gab es eine Reihe von Dingen, die schwer in den Griff zu bekommen waren. Ein Szenenwechsel, der eine Minute hätte dauern sollen, unterbrach die Show stattdessen für fünfundvierzig Minuten. Einige Regierungsfunktionäre, die mit der Vorbereitung der Spiele befasst waren, wollten das Ganze vereinfachen und die ausgefalleneren und schwierigeren Passagen herausnehmen. »Es gab Situationen, in denen Ernst Putin persönlich überzeugen musste«, so Boltenko.

Am Abend der Eröffnungsfeier im Februar 2014 verfolgte Ernst die Show aus einem Kontrollzentrum, das hoch über dem Stadion in Sotschi gelegen war. Er trug ein drahtloses Headset am Ohr und hatte eine Reihe von Fernsehbildschirmen vor sich. Das Geschehen spielte sich nicht nur am Boden ab, sondern auch in der Luft. Schwere Kulissenteile glitten durch den Himmel, gehalten von unsichtbaren, am Stadiondach befestigten Schienen. Die Show begann mit einer Pferdetroika, die, in weißem Neonlicht erstrahlend, über den Nachthimmel galoppierte. Die Zwiebeltürme der Basiliuskathedrale erschienen als verspielte Ballons in leuchtenden Farben; die Marineschiffe Peters des Großen segelten durch einen dunklen, wogenden Ozean, der an einen alten Holzschnitt erinnerte. In der prunkvollen Ballszene aus Tolstois Roman *Krieg und Frieden* tanzten Natascha Rostowa und Fürst Andrei Bolkonski einen ergreifenden *Pas de deux*. Dann wurde das romantische Idyll vom eisigen Klirren der Revolution hinweggefegt, die auf das Land zukam. Ein in rotes Licht getauchter Dampfzug schob sich von oben durch das Stadion und zuckelte über die unsichtbaren Gleise, ein stilisierter Verweis auf die forcierte Industrialisierung unter Stalin. Der Zweite Weltkrieg wurde durch dunkle Stille und das entfernte Grollen herannahender Flugzeuge dargestellt. Es folgte ein ausgiebiges, beschwingtes Finale, in dem die Nachkriegsjahre als Zeit der Athleten, Kosmonauten, Studenten und Stiljagi (eine Art sowjetischer Ur-Hipster, die Jazz hörten und sich westlich kleideten) dargestellt wurden. Als die Show endete und das Stadion von *Ro-ssi-ja*-Rufen widerhallte, sprang Ernst von seinem Sitz im Kontrollzentrum auf. »Geschafft!«, rief er.

Es war der wichtigste Augenblick seiner Laufbahn. Er hatte das Russland heraufbeschworen, von dem er träumte.

Er hatte es zu dem Land gemacht, in dem er gern leben wollte – einem Ort der Volkstraditionen und der Avantgardekultur, der Geburtsstätte technischer Meisterleistungen, herausragender Künstler und Schriftsteller sowie überragender Erfolge in Wissenschaft und Industrie. Selbst unter denen, die alles ablehnten, was mit dem Staat zu tun hatte, zeigten sich viele beeindruckt. Alexei Nawalny beschrieb den Nachklang der Eröffnungsfeier als »angenehm und verbindend – ausgezeichnet«. Doch mit der Realität hatte Ernsts Fantasiegemälde wenig zu tun. Das Russland der Gegenwart glich dem Land, das er evoziert hatte, allenfalls flüchtig – schon, weil die Show fest in der Vergangenheit verhaftet war. Sie endete in den Sechzigerjahren, als ob alles, was danach kam – die Stagnationszeit, Gorbatschows Perestroika, der Zusammenbruch der Sowjetunion, das Elend der Neunziger –, nicht in das Narrativ passte, das Ernst den Russen zueignen wollte. »Nur wenige Menschen erhalten die Chance, ihrem Heimatland vor den Augen von drei Milliarden Erdenbürgern eine Liebeserklärung zu machen – und, was mir vielleicht noch wichtiger ist, ihre Landsleute zwei Stunden lang durch dasselbe Gefühl zu verbinden, auch wenn man meinen sollte, dass das so gut wie unmöglich ist«, sagte er später. »Ich bin verwegen genug, zu glauben, dass ich das Glück hatte, es zu schaffen.«

An dem Traumbild eines offenen, kosmopolitischen, selbstbewussten und einladenden Russlands, das er zum Leben erweckt hatte, konnte Ernst sich nicht lang erfreuen. Zweieinhalb Wochen darauf fand im Stadion in Sotschi die – gleichfalls von ihm produzierte – Abschlussfeier der Spiele statt. Unterdessen hatten in Kiew wochenlange

Straßenproteste zum Sturz der Regierung Viktor Janukowitschs geführt, eines rohen, ungeschliffenen und durch
und durch korrupten Politikers aus dem russischsprachigen Osten der Ukraine. Die Zusammenstöße zwischen
Demonstranten und Polizei mündeten in Gewalt. Am
nächsten Tag sahen die Zuschauer des Ersten Kanals nicht
nur die prunkvolle Abschlussfeier, sondern erfuhren auch,
dass Janukowitsch aus Kiew geflohen und unauffindbar
war.

Putin war erbost. Er sah die Entwicklung als eine Art
Nullsummen-Stellvertreterkrieg mit dem Westen und entschied sich für eine geopolitische Racheaktion.

Innerhalb weniger Tage tauchten auf der ukrainischen
Krim-Halbinsel am Schwarzen Meer, wo die Stimmung
traditionell überwiegend russlandfreundlich war, Soldaten
russischer Spezialeinheiten ohne offizielle Kennzeichnung
auf. Am Ende des Monats hatte Russland das Gebiet annektiert. Der Westen reagierte mit Verurteilungen, Sanktionen und Versuchen der Isolation. Diese Entwicklung
verschärfte sich, als im Donbass, der im ukrainischen
Grenzgebiet zu Russland liegenden Industrieregion, aus
der Janukowitsch stammte, bewaffnete Kämpfe ausbrachen. Die russische Regierung förderte dort einen separatistischen Aufstand und stellte Geld, Waffen und diplomatische Deckung bereit. Die Medien in Russland selbst
verfielen in einen hysterischen und kriegerischen Tonfall.
Die Ereignisse in der Ukraine bedeuteten eine Zäsur in der
Geschichte der Herrschaft Putins über Russland. Die
Staatsbürger durften sich nun nicht mehr passiv und träge
verhalten. Sie wurden mobilisiert; sie sollten auf dem
Sprung sein, um den Staat jederzeit und um jeden Preis zu

verteidigen. Die Regierung brauchte jetzt offenkundig Feindbilder, um die patriotischen Massen um sich zu scharen und auf die kommenden Mühen einzuschwören.

Auch der Erste Kanal wurde von der veränderten Stimmung erfasst. Die Nachrichtensendungen und Talkshows des Senders waren voll von dem angeblichen Putsch in Kiew, den finsteren Absichten der NATO und der Machtübernahme der sogenannten Faschisten nach Janukowitschs Sturz. Ernst zog als treuer Fußsoldat mit in den Informationskrieg, aber innerlich war er am Boden zerstört. Er hatte lange gehofft, seine Show für die Olympischen Spiele würde den Beginn einer glanzvollen neuen Ära für Russland markieren. Stattdessen brach nun eine völlig andere Zeit an. Boltenko, der Kreativdirektor der Eröffnungsfeier, sagte, das gesamte Olympia-Team sei durch den »offensichtlichen und unübersehbaren Zusammenbruch all unserer Hoffnungen« erschüttert worden. (Er hob allerdings auch hervor, dass Ernst schwer zu durchschauen sei: »Um es in Militärsprache zu sagen: Er würde nie zulassen, dass er vor seinen Truppen das Gesicht verliert. Es gibt sehr viel, was wir nie über ihn erfahren werden.«) Ein anderer Bekannter Ernsts sagte, dieser habe einen Augenblick »unmenschlicher Dramatik« durchlebt. In der Öffentlichkeit gab Ernst sich jedoch gelassen und erlaubte sich nur gelegentlich eine verhaltene Bemerkung darüber, wie sein olympischer Ruhm durch die Krim und die nachfolgenden Ereignisse überschattet wurde. »Natürlich ist es schade, dass wir den angenehmen Nachhall der Olympischen Spiele nicht ein paar Monate länger genießen durften«, sagte er der russischen Ausgabe der Zeitschrift *GQ*, die ihn 2014 zum »Mann des Jahres« kürte.

Doch auch wenn Ernsts ästhetische Vorlieben westlich

geprägt waren, haderte er nicht allzu sehr mit dem politischen Stimmungswechsel, in den das Land taumelte. »In keiner Weise hat er jemals innerlich rebelliert, da sollte man sich nichts vormachen«, sagt die Fernsehkritikerin Arina Borodina. »Sein Bedürfnis, die Interessen des Staates zu schützen, ist völlig authentisch.« Und nicht nur das: Ernst teilte auch Putins Verärgerung über die Behandlung Russlands seit dem Ende des Kalten Krieges, vor allem durch die USA, und hielt die revanchistische Kampagne für eine gerechte und notwendige Sache. Der Zeitpunkt der geopolitischen Abrechnung war gekommen. Es galt, die nach dem Krieg entstandene Ordnung, in der Russland unfair behandelt worden war, umzukehren – das glaubte Ernst ebenso wie Putin, die restliche Kremlführung und Millionen russischer Bürger.

Der Tonfall im Ersten Kanal änderte sich, auch wenn er etwas zurückhaltender und weniger martialisch war als bei den Konkurrenzsendern. Die patriotischen Botschaften wurden offener und unversöhnlicher, sowohl gegenüber dem Westen als auch gegenüber denjenigen in Russland, die das offiziell abgesegnete Gefühl euphorischer Genugtuung nicht teilten. »Der Sender muss das Zeitgeschehen aus Sicht der Bürger der Russischen Föderation kommentieren«, sagte Ernst bei unserem Gespräch. Das sei auch nicht schwer, denn die Nachrichtenmacher empfänden dasselbe wie ihre Zuschauer: »Wir – wir vom Ersten Kanal – fühlten uns als Bürger unseres Landes zutiefst beleidigt. Wir mussten nicht noch von außen motiviert werden.« Es wurden hochfliegende, emotionale Botschaften ausgestrahlt, die zeigen sollten, dass Russland sich seine historische Bestimmung und sein natürliches Geburtsrecht als Weltmacht zurückerobert hatte.

Wieder einmal wandelte sich der Sender, als sich das Land wandelte. Bezeichnend ist die Erfahrung der Regisseurin Katerina Gordejewa. Sie hatte ursprünglich bei NTW gearbeitet, dort aber wegen politischer Meinungsverschiedenheiten aufgehört. Anfang 2014, kurz vor den Olympischen Spielen und wenige Monate vor der Annexion der Krim, strahlte der Erste Kanal eine Dokumentation über die Belagerung Leningrads aus, die Gordejewa zum siebzigsten Jahrestag des Blockadeendes gedreht hatte. (Die deutsche Wehrmacht hatte die Stadt von 1941 bis 1944 eingeschlossen; bei der Belagerung kamen Schätzungen zufolge über eine Million Menschen ums Leben, von denen die meisten an Hunger starben.) Als Ernst Gordejewa anrief, um ihr das Angebot zu unterbreiten, hatte sie fast zwei Jahre lang nicht mehr für das Fernsehen gearbeitet. »Ich war ihm dankbar für die Chance, diesen Film zu machen und wieder in meinem Beruf arbeiten zu können«, sagt sie. Es entstand eine ehrliche und komplexe Darstellung der Belagerung Leningrads, einer historischen Tragödie, deren Geschichte bis heute äußerst umstritten ist. Die sowjetische Propaganda hatte jahrelang das stoische Heldentum der Leningrader Bevölkerung in den Mittelpunkt gestellt und zugleich viele unangenehme Wahrheiten darüber verschwiegen, was die Stadt durchgemacht hatte. Im Russland der Putin-Ära erhielt diese bereinigte Fassung der Geschichte wieder Auftrieb. »Über viele Schrecken der Blockadezeit darf nicht gesprochen werden – zum Beispiel darüber, dass die Leute Katzen gegessen und Lebensmittelkarten gestohlen haben«, erklärt Gordejewa. In ihrem Film wurden diese Dinge offen thematisiert. Es hätte sie nicht verwundert, wenn Ernst sie aufgefordert hätte, Änderungen vorzunehmen oder Szenen herauszuschneiden, doch das tat er nicht. »Er hat nicht ein einziges Mal gesagt, ›das geht nicht‹ oder ›das können wir so nicht senden‹«, erinnert sie sich.

Im Frühling 2015 – die Annexion der Krim war nun ein Jahr her und der Krieg im Donbass noch in vollem Gang – gab Ernst wieder einen Film bei Gordejewa in Auftrag. Sie sollte eine Dokumentation über das Erbe des gefeierten Dichters Joseph Brodsky drehen, der aus der Sowjetunion ausgebürgert wurde und 1987 den Nobelpreis für Literatur erhielt. Gordejewa sprach dafür mit Menschen, die Brodsky nicht persönlich gekannt hatten, aber von ihm beeinflusst waren. Der Film gefiel Ernst nicht. Zwei Wochen vor der geplanten Erstausstrahlung teilte er der Regisseurin mit, dass der Erste Kanal ihn nicht senden würde. Er hatte sich eine rein biografische Dokumentation vorgestellt. Ihre Arbeit war ihm zu versponnen und stimmungsbetont. »Sie war interessant, aber sie entsprach absolut nicht der Planung des Senders«, so Ernst. Nach Gordejewas Erinnerung sagte er damals, ihr Film erwecke »Erstickungs- und Angstgefühle, die nicht in die heutige Zeit passen«. Wem es in Russland nicht gefalle, der könne ja jederzeit abhauen. (Gordejewa zog in diesem Jahr tatsächlich nach Lettland um, was nicht an Ernsts Bemerkungen lag, sondern daran, dass sie sich in ihrem Heimatland zunehmend unwohl fühlte.) Trotzdem stehen beide weiterhin auf freundlichem Fuß, und als Gordejewa einen Sportwettbewerb zugunsten krebskranker Kinder mitorganisierte, erklärte Ernst sich bereit, auf dem Ersten Kanal ausführlich darüber zu berichten – obwohl »er und ich aller Wahrscheinlichkeit nach ideologische Gegner sind«, wie sie sich ausdrückt. Bei unserem Gespräch fand Gordejewa ein Bild dafür, dass Ernst es Anfang 2014 selbstverständlich und richtig fand, einen potenziell gewagten historischen Film im Ersten Kanal zu senden, und es im Jahr darauf für völlig ausgeschlossen hielt. »Für mich ist das wie das Tor nach Narnia, das sich immerzu öffnet und schließt«, sagte sie. »Ich bin hineingeschlüpft, als es gerade noch einen Spalt offen stand, und dann fiel es wieder zu, vielleicht ein für alle Mal.«

Im Juli 2014, auf dem Höhepunkt des Informationskrieges, den der Kreml gegen die Ukraine, den Westen und alle als mit ihnen verbündet angesehenen Kräfte führte, gab eine Kriegsberichterstatterin aus dem Donbass eine grauenhafte Geschichte wieder. Eine Frau aus der Stadt Slawjansk, die einige Monate lang von den Separatisten kontrolliert und dann von ukrainischen Streitkräften zurückerobert worden war, erzählte von einer Szene, die sich angeblich beim Einzug der ukrainischen Truppen abgespielt hatte. Die Soldaten hätten alle Menschen auf dem zentralen Platz der Stadt zusammengetrieben und dort einen dreijährigen Jungen und seine Mutter, die Frau eines Angehörigen der prorussischen Rebellenmilizen, hingerichtet. Das Kind sei gekreuzigt worden, man habe es auf ein Holzbrett genagelt und zu Tode gequält. Der kleine Junge habe laut aufgeschrien, als sein Blut floss; in der Menge seien Leute ohnmächtig geworden.

Der Beitrag wurde im Rahmen einer Reportagesendung des russischen Staatsfernsehens gesendet, in der die ukrainische Führung als grausame und blutrünstige Faschisten hingestellt wurde. Doch die Geschichte über den gekreuzigten Jungen stach selbst in der üblichen Schreckensparade des staatlichen Fernsehens hervor, weil sie so schockierend barbarisch war. Vor allem aber stellte sich bald heraus, dass sie nicht der Wahrheit entsprach. Unabhängige Journalisten in Slawjansk konnten keine Bestätigung dafür finden. In der kleinen Stadt, die der Schauplatz der Hinrichtung gewesen sein sollte, hatte niemand etwas davon gehört. Offensichtlich hatte die Frau die Geschichte erfunden – vielleicht infolge eines Traumas, vielleicht auch auf Initiative der Produktionsleiter. Der Vorfall war ein Schandfleck für den Ersten Kanal und ein Schlag für Ernst persönlich. »Das Einzige, was noch schlimmer ist als ein toter Junge, ist die Schande, wenn sich herausstellt, dass dieser Junge erfunden ist«, schrieb der Journalist und Kolumnist Oleg Kaschin.

An dem Tag, als der Beitrag ausgestrahlt wurde, machte Ernst Urlaub in Bilbao. Er äußert sich nicht näher über die Umstände, die dazu führten, dass die Geschichte über den Sender ging. Aber der Umstand, dass es in seiner Abwesenheit geschah, lässt vermuten, dass in diesem Moment entweder die Qualitätskontrolle für die Propagandabeiträge versagte oder dass jemand dem Intendanten eine Falle stellen wollte und absichtlich dafür sorgte, dass etwas himmelschreiend Falsches ausgestrahlt wurde – wissend, dass Ernst sich später dafür würde verantworten müssen. (Wie jemand, der beim Ersten Kanal arbeitet, mir einmal erklärte, wird jeder Nachrichtenbeitrag, der auch nur im Mindesten auf Kritik an der Staatsspitze hinausläuft, von zahllosen Redakteuren immer wieder geprüft, bevor er auf Sendung geht, weil man auf der sicheren Seite sein möchte. Bei Beiträgen auf Staatslinie macht sich jedoch niemand die Mühe, näher hinzuschauen; sie gehen oft ohne nähere Prüfung über den Sender.) Als »Zar und Gott« des Ersten Kanals (so ein ehemaliges Mitglied der Nachrichtenredaktion) trägt Ernst letztendlich die Verantwortung für das

Programm. Dazu bekennt er sich auch: »Ich bin zu hundert Prozent für meinen Sender verantwortlich«, sagte er mir.

Als ich ihn nach der gefälschten Geschichte fragte, versuchte er erst abzulenken und sprach von einem »Meme, das liberale Journalisten in die Welt gesetzt haben«. Dann behauptete er, der Nachrichtensprecher des Ersten Kanals habe die Zuschauer darauf hingewiesen, dass es sich um eine unbestätigte Information handle und der Sender keine Gewähr für ihre Richtigkeit übernehmen könne. Das stimmt nicht. Zwar hatten die Sprecher des Ersten Kanals, der das Gespräch mit der Frau immer wieder ausstrahlte, irgendwann kommentiert, dass »das Herz sich weigert, so etwas zu glauben«. Aber das war nicht als Relativierung gedacht, sondern sollte die Dramatik noch unterstreichen. Schließlich sagte Ernst, der Frau sei es »psychisch nicht gut« gegangen und die Journalisten des Ersten Kanals hätten ihre Geschichte nicht selbst nachprüfen können, da sich Slawjansk wieder in ukrainischer Hand befunden habe. Fünf Monate nach der Ausstrahlung des ursprünglichen Beitrags räumte ein Nachrichtensprecher ein, der Sender könne die Information, die er an seine Zuschauer weitergegeben hatte, »weder bestätigen noch widerlegen«. Er beharrte jedoch darauf, es handle sich um »die echte Geschichte einer echten Frau, die der Hölle von Slawjansk entkommen ist«. Der Sender führte weder eine nähere Untersuchung dazu durch, wie die Falschmeldung zustande gekommen war, noch leitete er Disziplinarmaßnahmen gegen die Beteiligten ein. Das wäre auch schwierig gewesen, denn schließlich hatten diejenigen, die die Geschichte gebracht hatten, dem Geist der Zeit entsprechend gehandelt und die Wünsche und Bedürfnisse des Staates nach bestem Wissen umgesetzt. Ernst war es sichtlich unangenehm, über die Sache zu sprechen. Er wusste, dass der Vorfall beschämend für den Sender und für ihn selbst war, aber er konnte sich nicht offen davon distanzieren. Das sind die Spielregeln, wenn man Intendant eines russischen Fernsehsenders ist.

Die Slawjansk-Episode erregte besonders viel Aufmerksamkeit, aber sie war nur ein kleines Kapitel in einer langen Geschichte politisch motivierter Manipulationen, die im Ersten Kanal ausgestrahlt wurden. Am 17. Juli 2014 wurde über dem Kampfgebiet in der Ostukraine ein Linienflugzeug vom Himmel geschossen. Es war Flug MH17 der Malaysia Airlines von Amsterdam nach Kuala Lumpur. Alle 298 Menschen an Bord kamen ums Leben; ihre sterblichen Überreste fanden sich zwischen Wildblumen und hohem Gras verstreut. Der Verdacht fiel sofort auf die von Russland unterstützten Separatisten. Die Rebellen hatten das Flugzeug anscheinend für eine ukrainische Militärmaschine gehalten und mit einem BUK-Flugabwehrraketensystem beschossen, das Russland ihnen heimlich zur Verfügung gestellt hatte. (Open-Source-Rechercheure und staatliche Ermittler aus den Niederlanden stellten später fest, dass diese BUK-Startrampe zu einer in Westrussland stationierten Flugabwehrraketeneinheit gehörte.)

Von den ersten Stunden nach der Katastrophe an verfielen die russischen Staatsmedien, einschließlich des Ersten Kanals, in Dauerempörung. Sie verbreiteten alle möglichen Gegenversionen des Ablaufs, wie weit hergeholt sie auch sein mochten: Das malaysische Passagierflugzeug sei von einem ukrainischen Raketenabwehrsystem bewusst attackiert worden – als Provokation oder weil man es irrtümlich für Putins Maschine gehalten habe –, es sei von den Ukrainern versehentlich im Rahmen eines missglück-

ten Flugabwehrmanövers angegriffen oder von einem ukrainischen Kampfflugzeug abgeschossen worden. Die Er-
klärungen waren abwegig und widersprachen einander. Es
ging nicht darum, die Zuschauer von einer dieser Theorien
zu überzeugen, sondern darum, sie zu verwirren und zu
zermürben. Im November 2014, als die niederländische
Untersuchungsbehörde mit der Bergung der Trümmer begann, zeigte der Moderator einer abendlichen Nachrich-
tensendung im Ersten Kanal Material, das er als »sensatio-
nell« bezeichnete: ein Satellitenbild, das, so hieß es, von
westlichen Geheimdiensten aufgenommen und von einem
amerikanischen Wissenschaftler an Russland weitergegeben worden war. Es zeigte angeblich, wie die Boeing 777
der Malaysia Airlines in der Luft von einem mutmaßlich
ukrainischen Kampfflugzeug des Typs Su-25 angegriffen
wurde. »Dieses Bild stützt eine Version des Hergangs, die
im Westen kaum zu hören war«, kommentierte der Moderator.

Das Bild wurde bald als Fälschung entlarvt. Der angebliche Satelliten-Zeitstempel stimmte nicht mit dem tatsächlichen Zeitpunkt des Abschusses überein, die Boeing
auf dem Bild war, wie eindeutige Merkmale zeigten, nicht
mit der über der Ukraine zu Boden geholten Maschine
identisch, und die Geländeaufnahmen stammten teilweise von einem zwei Jahre zuvor im Internet veröffent-
lichten Luftbild. Als ich Ernst fragte, warum sein Sender
eine so leicht widerlegbare Falschmeldung verbreitet
hatte, schützte er ein schlichtes Versehen vor. »Wir sind
Menschen, wir machen Fehler, aber nicht vorsätzlich«,
sagte er mir.

Die Wahrheit ist, dass ein gewisses Maß an offenkundig falschen Geschichten dem Ersten Kanal in strategi-

scher Hinsicht nicht groß schadet. Das hat damit zu tun, dass sich der postmoderne Ansatz der Putin-Ära von der plumpen Propaganda der spätsowjetischen Zeit unterscheidet. Im heutigen Russland ist die Propaganda sehr geübt darin, vorgefasste Meinungen zu bedienen. Sie bestärkt die Leute in dem, was sie ohnehin zu glauben geneigt sind, statt sie, wie das Fernsehen der Sowjetzeit, von etwas überzeugen zu wollen, das sie nicht glauben. In einer Zeit, in der viele Menschen Zugang zum Internet haben, ist es für den Ersten Kanal oder andere staatliche Informationsquellen keine Option mehr, auf der Wahrheit einer einzigen Darstellung zu beharren und davon auszugehen, dass niemand an alternative Deutungen gelangen kann. Mit ihren Nachrichtenprogrammen tragen sie jedoch dazu bei, dass die Zuschauer, überwältigt und erschöpft vom Informationskrieg, schließlich das Handtuch werfen und gar nichts mehr glauben. Die Frage, was wahr ist, löst sich in Theorien und Spekulationen um die Frage »Wem nützt es?« auf. Die Behauptung, ein ukrainisches Kampfflugzeug habe den Flug MH17 abgeschossen, und die Aussage, es sei ein russisches Raketenabwehrsystem gewesen, erscheinen gleichwertig – zwei Bröckchen, die in derselben trüben Informationsbrühe vor sich hinköcheln. Die Fakten wirken in beiden Versionen verwirrend und schwer nachvollziehbar. Alles ist nur Rauschen. Das, worauf es dabei ankommt, ist die Rahmenerzählung: Russland ist gerecht und mächtig, und der Westen ist darauf aus, es zu schwächen. Im Fall des Flugs MH17 ist die Strategie des russischen Staates offenbar aufgegangen: Bei einer Meinungsumfrage ein Jahr darauf gaben nur fünf Prozent der Russen ihrer Regierung oder den Separatisten die Schuld an der Katastrophe.

Ernst selbst streitet – kaum überraschend – ab, dass es darum geht, die Zuschauer durch Überwältigung und Entmutigung in eine Haltung des zynischen Zweifels an allem und jedem zu treiben. Er greift auf das nicht nur in Russland verbreitete Argument zurück, Wahrheit sei subjektiv und richte sich nach Loyalitäten, Voreingenommenheiten und den Interessen der eigenen Gruppe. Als wir einmal über den offiziellen niederländischen Untersuchungsbericht diskutierten, der auf jahrelangen Ermittlungen basiert und zahlreiche Belege präsentiert, die die Schuld Russlands nahelegen, stellte Ernst unseren Dissens letztlich als Glaubensfrage hin, als würden wir nicht über Fakten streiten, sondern über Religion oder Ästhetik: »Sie glauben, der niederländische Bericht ist wahr, und ich glaube, er ist unprofessionell.«

Dieses relativistische Wahrnehmungsmuster zeigt sich besonders daran, wie Ernst den Ersten Kanal im Vergleich zu westlichen Fernsehsendern sieht. Sein intellektueller Weg in den letzten Jahrzehnten ist typisch für begabte und ehrgeizige Leute seiner Generation. Sie hassten die idiotischen und erdrückenden Kontrollen des Sowjetsystems und stellten sich vor, im Westen, vor allem in den USA, verhielte sich alles genau gegenteilig. Als die Grenzen zwischen den beiden Welten fielen, waren sie von der westlichen Realität, die sie vorfanden, frustriert, verwirrt und enttäuscht. Ernst lernte nun aus eigener Anschauung die Mängel und Schwachpunkte der von ihm einst verehrten Medien kennen, vor allem des CNN und der BBC. Und er folgerte daraus nicht einfach nur, dass auch diese Institutionen ihre Defizite hatten, sondern kam zu dem Schluss, sie seien nicht besser oder anders als das, was er jahrelang hatte überwinden wollen.

In den Achtzigern kam Ernst an eine Kopie des 1976 entstandenen Spielfilms *Die Unbestechlichen*. Er handelt von den Recherchen zum Watergate-Skandal, die Bob Woodward und Carl Bernstein für *The Washington Post* durchgeführt hatten. Ernst war begeistert davon, wie der Journalismus in dem Film dargestellt wird: als gesellschaftliche Macht, die ihre moralische Kraft aus ihrer kritischen Distanz und Unabhängigkeit bezieht. »Aber heute«, sagte er mir resigniert, »wissen wir natürlich, dass das alles ganz anders läuft.« Es gebe immer jemanden, der einen Einsatz im Spiel habe, ein persönliches Interesse. Höhere Mächte, die im Bild nicht zu sehen seien, würden die Ereignisse zu ihrem Vorteil lenken und manipulieren. Wie viele Angehörige seiner Generation in Russland will Ernst mit seiner zynischen Haltung signalisieren, dass er die Dinge durchschaut: Er weiß, wie es in der Welt wirklich zugeht, und kennt ihre wahren Regeln und Mechanismen, anders als diese Idealisten, die sich immer noch von ihrer Naivität blenden lassen. »Ich bin erwachsen geworden und viel herumgekommen«, sagte er mir. »Vor allem in den letzten Jahren ist mir immer klarer geworden, dass es Gerechtigkeit, Demokratie, die ganze Wahrheit, nirgends auf der Welt gibt.« Es wäre sinnlos, ihn überzeugen zu wollen, dass heutige westliche Nachrichtensender wie der CNN oder die BBC sich nicht auf die gleiche Weise zum Sprachrohr der grundlegenden Positionen und Interessen ihrer jeweiligen Staaten machen wie der Erste Kanal. Auch bei ihnen gibt es Verzerrungen und eingefahrene Erzählmuster, aber sie haben eine andere Größenordnung. Und vor allem sind sie durch unterschiedliche, teils auch gegensätzliche Interessen bedingt, nicht ausschließlich durch die des Staates. Wie es bei Propaganda im weiteren Sinn oft der

Fall ist, greift Ernsts Darstellung etwas Wahres auf und verzerrt es ins Extreme – alles, was der Vereinfachung im Weg steht, wird bewusst ignoriert. »Fernsehmacher sind Bürger eines bestimmten Landes, sie haben eine bestimmte Nationalität mit besonderen kulturellen Codes«, sagt er. Also muss der Erste Kanal das Spiel mitspielen, so wie alle anderen auch.

Im September 2014, ein halbes Jahr nach der Annexion der Krim, als die Beziehungen zum Westen besonders angespannt waren und eine aggressions- und angstgeladene Atmosphäre herrschte, die vom staatlichen Fernsehen angeheizt wurde, startete ein neues Format im Ersten Kanal. Es heißt *Die Zeit wird es zeigen (Wremja pokaschet)* und ist im Grunde ein politischer Brüllwettbewerb: eine laute, oft grobe Debattensendung zu aktuellen Themen, in der es immer wieder darum geht, wie der Westen versucht, Russland niederzuhalten oder ungerecht zu behandeln. Die Sendung wird seither fast täglich ausgestrahlt und folgt einem festen Ablauf: Ein paar Alibiliberale und ein oder zwei Ausländer treten vor einem Live-Publikum gegen kremlfreundliche Journalisten oder Politiker an. Die lebhafte Diskussion wird von einem Moderatorenpaar geleitet, das keinen Hehl aus seiner Skepsis gegen die Liberalen und Ausländer macht und dem Pro-Kreml-Lager immer das letzte Wort erteilt. Das ist schwindelerregendes, anstrengendes Fernsehen, aber das Format hat Erfolg, zumindest gemessen an seinen eigenen Ansprüchen: Es ist Unterhaltung nach Art einer Jahrmarktattraktion. Wer seine Informationen über die Welt nur aus dieser Sendung bezieht, muss zu der Überzeugung gelangen, dass Russland Opfer einer schändlichen geopolitischen Verschwörung unter Führung der USA und Europas ist und die heilige Pflicht hat, sich dagegen zur Wehr zu setzen.

Wie sich herausstellte, war es gar nicht so leicht, in Moskau Amerikaner aufzutreiben, die nicht nur Russisch sprechen, sondern auch bereit sind, sich eine Stunde lang live im russischen Fernsehen anbrüllen zu lassen. Als mich ein Sendeleiter als Gast anfragte, sagte ich zu. Ich war neugierig darauf, wie die Sendung tatsächlich gemacht wird, wie es an der Produktionsstätte des staatlichen Propagandabetriebs zugeht. Am Tag meines Auftritts wurde ich am Eingang des Studiokomplexes von einem Aufpasser in Empfang genommen und durch ein riesiges Labyrinth langer Gänge geführt. Ich nahm im Schminkraum Platz, wo mir ausgiebig das Gesicht gepudert wurde. Meine Haut nahm die zartrosa Farbe eines Supermarktpfirsichs an. Das Studiopublikum bestand aus etwa hundert Leuten. Sie erhielten das Signal, zu applaudieren, wenn die Sendung nach der Werbepause fortgesetzt wurde oder einer der kremlfreundlichen Gäste eine besonders scharfe Aussage auf Kosten eines Bösewichts machte. Für diese Rolle war ich vorgesehen. Sobald die Sendung begann, wurde klar, dass ich den armen Trottel und Watschenmann geben sollte: Alle durften abwechselnd vortreten und mir eine verpassen. Wir sprachen über alle möglichen Themen, von der Sperre russischer Olympiasportler wegen Doping-Anschuldigungen bis zu Syrien, wo Moskau und Washington Streitkräfte im Einsatz hatten. Die Fragen waren, gelinde gesagt, recht suggestiv. Die USA führten sich auf, als ob sie sich alles erlauben könnten, sagte einer der Moderatoren zu mir. »Ist das nicht katastrophal?« Ein anderer Teilnehmer stellte zu mir gewandt fest: »Obama hat Russland als ›Regionalmacht‹ bezeichnet. Kann man nicht sagen, dass damit alle Probleme zwischen unseren beiden Ländern begonnen haben?« Am Ende kam ich mir ziemlich lädiert vor, aber vor allem ärgerte mich, dass ich mit meinem gebrochenen Russisch und wegen der Unterbrechungen durch die anderen Gäste nur ein paar Sätze hatte sagen können.

In den folgenden Monaten hatte ich immer wieder einmal einen Gastauftritt in der Sendung. Im Schminksessel war ich jedes Mal zuversichtlich, diesmal würde es mir gelingen, die Spielregeln des Genres auszuhebeln und im russischen Staatsfernsehen ein subversives, unabweisbares Statement zu machen. Natürlich kam es nie dazu. Ich hatte nicht nur die Mehrheit gegen mich, sondern ich erhielt auch nie mehr als ein paar Sekunden Redezeit für einen Zwischenruf. Um überhaupt zu Wort zu kommen, musste ich all meine Kräfte zusammennehmen und die Stimme erheben. Letztlich wirkte ich nur wie einer von vielen erregten, brüllenden Talkshowgästen, ein austauschbares Chormitglied in einer Symphonie des Lärms. Es war das Gleiche wie beim Umgang des Ersten Kanals mit der MH17-Katastrophe: Ich war nicht gefährlich, nicht einmal, wenn ich Punkte ansprach, die die Darstellung des Kreml infrage stellten. Ich war nützlich, da ich meinen Teil dazu beitrug, Tatsachenfragen als verworren und unbeantwortbar erscheinen zu lassen und zu beweisen, dass alles eine Frage der Perspektive und Loyalität ist. Einmal tauschte ich meine Eindrücke mit einem anderen in Moskau lebenden Amerikaner aus, der regelmäßig an der Sendung teilnimmt. Er räumte ein, was ohnehin offensichtlich war: »Ich weiß nicht genau, wie ich ihnen nütze, aber wenn ich nicht nützlich für sie wäre, wäre ich nicht in der Sendung.« Der Erste Kanal war an seiner Mitwirkung sogar so interessiert, dass er ihm einen Vertrag mit einem Honorar von 2500 Dollar pro Monat gab. (Ich selbst habe alle Vergütungsangebote für meine Auftritte abgelehnt.)

Wie viele russische Nachrichtensendungen befasst sich *Die Zeit wird es zeigen* obsessiv mit den USA, selbst mit nebensächlichen Einzelheiten der dortigen Politik. Das hat mit der widerwilligen Faszination zu tun, die die russische Staatsführung für das politische System der USA empfindet. Beim Präsidentschaftswahlkampf zwischen Hillary Clinton und Donald Trump 2016 wurde das besonders deutlich. Die Abendnachrichten des Ersten Kanals zeigten sich angetan von Trumps gegen das Establishment gerichteter, instinktgeleiteter Art und seiner Vorliebe für unverbrämte Macht. »Natürlich waren hier alle froh über Trump«, sagt Ernst. »Er schien für einen Umschwung des politischen Trends in den USA zu stehen.« Trump bevorzugte offen einen Politikstil, der auf Leistung und Gegenleistung setzt und sich wenig um Werte oder Normen schert. Hier war jemand, mit dem sich Putin zusammensetzen konnte, um die Welt aufzuteilen, so wie es die Staatschefs der Sowjetunion und der USA 1945 in Jalta getan hatten. Clinton hingegen, so Ernst, habe wie eine »garstige, böse alte Frau« gewirkt, mit hochfahrenden und altmodischen Vorstellungen davon, wie andere Länder sich zu verhalten hätten.

In den Debatten bei *Die Zeit wird es zeigen* ging es immer wieder um Clinton und Trump. Dabei waren die Rollen für beide klar verteilt: Clinton verkörperte die Hegemonie und den Imperialismus der USA. Wenn sie gewählt würde, müsse sich Russland auf weitere Sanktionen und Versuche der Isolierung einstellen, womöglich sogar auf Krieg. Trump hingegen war gerade deshalb attraktiv, weil er für einen Bruch mit dem Status quo stand. Er war ein Showman, der Freundliches über Putin und Abwertendes über dessen geopolitischen Erzfeind Obama zu sagen hatte.

Die Einstellung zu Trump in *Die Zeit wird es zeigen* durchlief dieselben Phasen wie in den russischen Staatsmedien überhaupt: an Euphorie grenzende Begeisterung angesichts seines überraschenden Wahlsiegs, Spott und Feindseligkeit angesichts der Vorstellung, Russland könnte in irgendeiner Form, sei es durch Hacker oder durch Trolle, mit dem Wahlausgang zu tun haben, und zunehmende Verwirrung und Enttäuschung, als sich zeigte, dass Trump nicht in der Lage war, im Alleingang die Sanktionen aufzuheben und die Beziehungen zwischen Russland und den USA zu den vom Kreml erhofften Bedingungen neu zu gestalten. In einer Sendung, bei der ich zu Gast war, ging es um eine Ansprache, die Trump tags zuvor bei den Vereinten Nationen gehalten hatte. In den Nachrichten des Ersten Kanals war sie als »langatmig und ziemlich schwülstig« bezeichnet worden. Ich erinnerte die Moderatoren daran, dass die russischen Staatsmedien und ihre eigene Talkshow sich während des Wahlkampfs ganz klar für Trump ausgesprochen und den Zuschauern vermittelt hatten, er sei der für Russland vorteilhaftere Kandidat. Bereuten sie das jetzt? Einer der Moderatoren, Anatoli Kusitschew – ein Endvierziger mit Glatze und schiefem Lächeln –, gab die Frage an mich zurück: »Stellen Sie sich vor, es gibt zwei Kandidaten. Der eine sagt: ›Ich hasse Russland und werde alles tun, um es zu zerstören.‹ Der andere sagt: ›Ich werde alles tun, um Freundschaft mit Russland zu schließen.‹ Wen würden Sie an Russlands Stelle unterstützen?« Ich fragte noch einmal, ob es Kusitschew jetzt leidtue. »Ja, wir bedauern es«, sagte er, indem er lauter wurde. »Wir bedauern, dass das alles nur Gerede war. Ja, wir haben Trump unterstützt. Ich kann das bestätigen. Wir haben uns wie Dummköpfe verhalten, die naiv an lauter schöne Worte geglaubt haben.«

In der letzten Sendung, an der ich teilnahm, ging es um einen Bericht, den das Oberhaus des russischen Parlaments, der Föderationsrat, am Vortag veröffentlicht hatte. Darin wurden Fälle aus der ganzen Welt aufgeführt, in denen sich die USA auf die eine oder andere Weise in Wahlen eingemischt hatten. Es war klassischer Whataboutism, eine seit Sowjetzeiten gern verwendete Taktik. »Da drüben lynchen sie Neger« war eine bis zum Überdruss gebrauchte Phrase sowjetischer Funktionäre. Sie diente dazu, den Spieß umzudrehen und jede Anklage gegen ihre Urheber zu wenden, auch wenn der Gegenvorwurf wenig mit dem jeweiligen Thema zu tun hatte. Ein guter Whataboutism ist nie ganz aus der Luft gegriffen: Der Umgang der USA mit den Beziehungen zwischen Menschen unterschiedlicher ethnischer Herkunft war zur Zeit des Kalten Krieges tatsächlich skandalös (und ist es bis heute). Und auch der Bericht über die Einmischung der USA in ausländische Wahlen war nicht ganz ohne Berechtigung. Die Wahrnehmung der amerikanischen Öffentlichkeit, die in der russischen Einmischung in die US-Wahlen 2016 eine nie da gewesene Grenzüberschreitung sah, ist in der Tat nicht frei von Naivität und Doppelmoral. Aber wenn in dem Dokument etwa der Hinweis des damaligen US-Vizepräsidenten Joe Biden, es sei besser für Russland, wenn Putin auf eine dritte Amtszeit verzichten würde, auf eine Stufe mit dem Hacking der E-Mail-Konten von US-Politikern durch den russischen Nachrichtendienst gestellt wird, ist das offenkundig absurd. Die Zuschauer sollten nicht von Russlands Unschuld überzeugt werden, sondern zu dem Schluss kommen, dass alle gleich schuldig waren.

Der russische Senator, der den Bericht im Studio vorstellte, verwies auf eine Erklärung des US-Außenministeriums, wonach die USA die russischen Präsidentschaftswahlen 2018 als illegitim ansehen würden, wenn »ein gewisser russischer Bürger« nicht offiziell als Kandidat gegen Putin antreten könne. Wenn das keine Einmischung war! Der Senator meinte natürlich den Oppositionspolitiker Alexei Nawalny, dessen Namen die Moderatoren und Gäste des russischen Staatsfernsehens möglichst nicht in den Mund nehmen. In unumgänglichen Fällen behilft man sich mit vagen Umschreibungen – so hat Putin selbst Nawalny als »diesen Herrn« und »die besagte Person« bezeichnet. (»Warum sollte ich zu Nawalnys politischem Aufstieg beitragen?«, fragte mich Ernst einmal ehrlich erstaunt, als ich vorschlug, der Erste Kanal könne ihm und anderen Vertretern der Opposition doch ruhig mehr Sendezeit – oder überhaupt welche – einräumen. »Die Geschichte zeigt, dass kein Herrschaftssystem je seine Opposition unterstützt. Wenn wirklich ein Großteil der Bevölkerung hinter der Opposition steht, übernimmt sie die Macht von allein.«) Das Beispiel war verzerrt und überzogen: Nachdem Nawalnys Kandidatur von der russischen Wahlkommission abgelehnt worden war, hatte ein Sprecher des US-Außenministeriums Besorgnis angesichts der »Restriktionen gegen unabhängige Stimmen in Russland« ausgedrückt. Es war eine unverbindliche diplomatische Routineerklärung gewesen. Aber dieser Unterschied wurde von dem Senator und den Moderatoren der Sendung niedergebügelt. Einer von ihnen wandte sich mir zu und fragte in demselben alarmierenden, ungläubigen Tonfall, mit dem in den tagespolitischen Sendungen des US-Kabelfernsehens Russlands Einmischung in die Präsidentschaftswahlen angeprangert wird: »Joshua, ganz ehrlich, finden Sie so etwas in Ordnung?«

Am abstoßendsten war, dass der Bericht des Föderationsrats und die Debatte in *Die Zeit wird es zeigen* die gängige Vorstellung nährten, russische Proteste gegen den Kreml seien irgendwie von ausländischen Kräften ins Werk gesetzt, vor allem vom US-Außenministerium. Ich sagte, dies zeige, dass die politische Elite Angst vor ihrem eigenen Volk habe. Es würde so getan, als hätten Unzufriedenheit und Protest ihre Wurzeln ausschließlich im Ausland und könnten nicht die Folge einer echten Meinungsbildung in Russland selbst sein. Bevor ich den Gedanken zu Ende führen konnte, wurde ich niedergeschrien. »Reine Erfindung!« »Russophobie!« »Was hat das denn damit zu tun?«

Besonders obszön, enthemmt und renitent gebärdete sich Artjom Schejnin, einer der Moderatoren. Er ist Anfang fünfzig, gedrungen und muskulös. In den Achtzigern hat er als Fallschirmjäger am Krieg der Sowjetunion in Afghanistan teilgenommen und sich bis heute die schroffe, direkte Art des Soldaten bewahrt. Einmal brachte er mit genüsslich zelebriertem Hohn einen Eimer mit der Aufschrift »Scheiße« mit auf die Bühne. Er erinnerte an eine – natürlich nicht ernst gemeinte – Bemerkung, die einer der Gäste des Tages, ein ukrainischer Blogger, vor einigen Monaten gemacht hatte: Wenn die Krim nicht zurück an die Ukraine ginge, werde er einen Eimer Scheiße fressen. Dieses Versprechen sollte er jetzt live vor der Kamera einlösen. (Der Blogger weigerte sich, woraufhin enthüllt wurde, dass der Eimer Schokolade enthielt.) Ein andermal packte Schejnin einen amerikanischen Talkgast am Nacken, der ihn mit der Bemerkung provoziert hatte, die Russen würden nur reden und nichts tun. Sein Co-Moderator musste die beiden trennen. Während der Sendung stellte Schejnin mir häufig offen feindselige Fragen, die er mit Ironie und einem spöttischen Lächeln auflockerte. Er fand offenbar Gefallen an dem Gedanken, mich – und damit die US-Regierung – als doppelzüngig zu entlarven. Hier sei der glasklare Beweis dafür, dass sich die USA in die russische Politik einmischten, sagte er und zeigte auf eine riesige Projektion des Föderationsrat-Berichts. »Warum tut Amerika das, obwohl wir es nicht nach seiner Meinung gefragt haben und es nach den UN-Gesetzen nicht das Recht dazu hat? Können Sie das erklären?« Seine Fragen beruhten auf Übertreibung und absichtlich falschen Interpretationen, aber sie enthielten ein Körnchen Wahrheit. Die Außenpolitik der USA kann naiv, scheinheilig und selbstbezogen sein – es war sinnlos, das leugnen zu wollen. Und wie hätte ich die US-Außenpolitik eines ganzen Jahrhunderts rechtfertigen sollen? Ich versuchte, mich dieser Rolle zu entziehen, aber das war gar nicht so einfach. Immer, wenn ich differenzieren wollte – etwa, indem ich klarstellte, dass der Einsatz des US-Militärs im Ausland von vielen Stimmen in der amerikanischen Presse kritisiert wird –, griffen Schejnin und die anderen Moderatoren mich an oder unterbrachen mich, um mich in den Augen des Zuschauers wieder fest im feindlichen Terrain zu verankern, als Gegner, dem nicht zu trauen war.

Eines Abends besuchte ich Schejnin in seinem Büro im Ersten Kanal. Ich wollte gern wissen, wie wir außerhalb der Livesendung, deren Format uns in ein Korsett vorgegebener Rollen zwang, miteinander sprechen würden. *Die Zeit wird es zeigen* wird mittlerweile täglich vier Stunden lang ausgestrahlt und hat damit einen beträchtlichen Anteil am Tagesprogramm des Ersten Kanals. Die Sendung gilt ganz klar als Erfolg. Schejnin kam nach einer langen Moderationsstrecke in sein Büro. Er hatte sich umgezogen und trug eine Tarnhose und ein T-Shirt der russischen Luftlandetruppen. »So fühle ich mich wohler«, erklärte er mir.

Er beschrieb die Sendung und seine Rolle darin unverblümt als Kampfmittel in einem großen Informationskrieg zwischen Russland und dem Westen. Er redete darüber wie über eine Schlacht und sagte, er sehe keinen Unterschied zwischen sich und den Russen, die im Donbass kämpften. »Wir diskutieren aktuelle Themen und Ereignisse immer unter dem Aspekt ›wir gegen sie‹, oder sagen wir, ›unser Land und seine Feinde‹.« Diese Feinde, ob westliche Regierungen oder ausländische Medien, wollten »unseren Bürgern eine falsche Vorstellung von sich selbst und ihrer Nation aufzwingen. Meine Aufgabe ist es, diese Mythen und Falschdarstellungen zu entlarven«, so Schejnin. In *Die Zeit wird es zeigen* werden für Russland unbequeme Nachrichten oder Vorwürfe nicht unter den Teppich gekehrt, sondern als lachhaft und oberflächlich hingestellt. Schejnin beschrieb auch das mit einer Kriegsmetapher: »Ich zerstöre die Informationsfeinde meines Landes, indem ich ihre Schwäche und Fragwürdigkeit entlarve.«

Den aktuellen Informationskrieg führt er auf Basis von Erkenntnissen, die seiner Ansicht nach aus dem davor zu ziehen sind. Seiner Überzeugung nach ist die Sowjetunion zusammengebrochen, weil ihre Bürger von einer plötzlichen Welle neuer Informationen über ihr Land und seine Vergangenheit überrollt, ja angegriffen wurden. Nach Jahren erzwungenen Schweigens seien sie nicht darauf vorbereitet gewesen, alles zu verstehen, womit sie konfrontiert wurden, nachdem infolge der Perestroika alles Wissen offen zugänglich war. Schejnin sagt, er habe oft Schlange gestanden, um die *Moskowskije Nowosti* zu ergattern, die legendäre Zeitung der späten Achtzigerjahre, die historische Darstellungen über das Gulag-System und die weniger strahlenden Seiten der sowjetischen Geschichte im Zweiten Weltkrieg publizierte. Die Leute hätten »schlicht den Kopf verloren. Sie haben alles geglaubt«, so Schejnin. »Man hat ihnen erzählt, dass unsere Geschichte eine einzige Abfolge von Fehlern war: Durch und durch finster, durch und durch schrecklich, wir haben alles verloren und alle unterdrückt und umgebracht.« Das Problem sei nicht gewesen, dass die Informationen nicht zutrafen, sondern dass der Staat erbärmlich schlecht gerüstet war, um mit dieser Flut neuer und schockierender Fakten umzugehen. »Ja, vieles davon stimmte«, räumt Schejnin ein. »Aber eigentlich war es nur die halbe Wahrheit, denn es negierte die Wahrheit, die die Leute bis dahin gekannt hatten.« In *Die Zeit wird es zeigen* kämpfe er nun an der »vordersten Front des Informationskriegs«, um die eine Generation zuvor geführte Schlacht um das Bewusstsein des Landes erneut auszufechten. »Ich will keine neutrale Haltung einnehmen«, sagt er. »Ich habe das einmal getan, und mein Land ist zerbrochen, auseinandergerissen, mit Füßen getreten worden.«

Nachdem wir mehr als zwei Stunden gesprochen hatten, war ich beeindruckt, wie maßvoll und umsichtig Schejnin auftrat, wenn die Kamera nicht lief. Er versuchte nicht ein einziges Mal, mich zu übertönen oder zu unterbrechen. Wir führten ein langes und substanzielles Gespräch, auch wenn wir uns selten einig waren. Ich sagte ihm, dass er kaum etwas mit seinem bösen Doppelgänger auf Sendung gemein hatte. »Wenn man einem Boxer auf der Straße begegnet«, erwiderte er, »fragt man ihn doch auch nicht, warum er nicht mit den Fäusten auf einen losgeht.« Schejnin weiß sehr gut, dass die Zuschauer einen Boxkampf erwarten, wenn er in *Die Zeit wird es zeigen* auf Sendung ist – deshalb schalten sie den Ersten Kanal ein. (Das Publikum wolle »verständliche Dramatik, nachvollziehbare Emotionen und Konflikte«, sagte er mir.) Sein Job sei es, »dafür zu sorgen, dass sie ihre Dosis Faustkampf kriegen«. Nach dem Gongschlag brauche er jedoch keine Schläge mehr zu verteilen.

Ich fragte ihn, ob er wegen seiner grobschlächtigen Eskapaden jemals Schwierigkeiten mit Ernst bekommen habe, der besonderen Wert auf künstlerisches Niveau legt. (Bei einem unserer Gespräche erzählte Ernst mir, dass der Sender an diesem Tag Schadensbegrenzung betreiben musste, weil Schejnin sich live vor der Kamera einen Ausfall geleistet hatte: Er hatte dem Studiopublikum eine zotige Geschichte erzählt und dabei einen obszönen Ausdruck benutzt. »Nach so vielen Stunden Live-TV kommt es schon mal vor, dass man was Dummes sagt«, meinte er.) Schejnin erwiderte, Ernst würde ihn wahrscheinlich gern bremsen, wenn er beispielsweise einem Studiogast an die Kehle geht; er wisse aber, dass das nichts bringe: »Bei einer Sendung, deren ganzes Format sich um so etwas dreht, geht man entweder bestimmte Risiken ein oder setzt sie gar nicht erst aufs Programm. Das muss auch ihm klar sein.« Ernst ist ein Halbgott des Fernsehens; es gibt niemand anderen von seinem Kaliber und mit seinem Einfluss. Aber in einigen wichtigen Punkten ist er auch ein Gefangener seiner Stellung. Der Preis dafür, dass er mit Putins Segen Millionen für fliegende Troikas ausgeben darf, ist, dass er hier und da einen Schejnin mit seinen Eimern voll Scheiße in Kauf nehmen muss.

Es ist schwierig, Ernsts Schaffen insgesamt zu bewerten. Man müsste dazu die verschiedenen Bereiche voneinander trennen, seine Fähigkeit zur weißen wie schwarzen Magie, die große Begabung für Kunst und für Propaganda würdigen – oder, was am ehrlichsten wäre, zugestehen, dass sich die Grenze zwischen beidem oft nicht eindeutig ziehen lässt. Ernst konnte sich nicht aussuchen, was ihm lieber war: als bedeutender und einflussreicher Filmkünstler Millionen Landsleute anzusprechen und ihnen Orientierung zu geben oder in eine Position aufzusteigen, die ihm politische Reichweite und Macht einbringt, aber auch mit den entsprechenden Verpflichtungen und Konzessionen einhergeht. Das Angebot war: entweder beides oder nichts von beidem. Er hat in seiner Doppelfunktion herausragende Fähigkeiten bewiesen. Sein Können und seine Begabung sind bis zu einem gewissen Grad universal, aber letztlich ist er ein Geschöpf des heutigen Russland.

In der Inselwelt der russischen Medien gehört es zu den beliebten Gesellschaftsspielen, Ernsts bevorstehenden Sturz zu prophezeien. So hieß es etwa, die Eröffnungsfeier werde seine letzte große Show sein oder er werde die konservative Wende nach der Krim-Annexion nicht überstehen – das Ausmaß an Feindseligkeit und Aggression, das man jetzt vom Ersten Kanal erwarte, werde ihn vergraulen. Irgendwo wird immer gemunkelt, dass Ernst kurz davor sei, gefeuert zu werden, zu gehen oder sein Reich zu verlieren. Und doch hat er sich bis jetzt gehalten und steht auf dem Höhepunkt seiner Macht. Die große Verlockung des Fernsehens – die Möglichkeit, eine Vision in konkrete Bilder umzusetzen und auf den Fernsehschirm zu bringen – fasziniert ihn immer noch bis zur Besessenheit, wie schon seit mehr als drei Jahrzehnten. Die Details der visuellen Ästhetik im Ersten Kanal beschäftigen ihn so intensiv wie eh und je. Ein ehemaliger Mitarbeiter der Nachrichtenredaktion erzählte mir, dass Ernst einmal um fünf Uhr morgens von zu Hause aus im Sender anrief: Der Nachrichtensprecher solle seine Krawatte wechseln, sie gefalle ihm nicht.

Ich habe Ernst gefragt, warum er so lang dabei ist. Was motiviert ihn und treibt ihn noch an – vor allem, seit der Freiraum für eigenständige und respektlose Programme im Ersten Kanal geschrumpft und die Propaganda massiver geworden ist? Die Antwort liegt für ihn auf der Hand: »Ich kann Einfluss auf das Land nehmen, in dem ich geboren wurde, auf die Menschen, mit denen ich verbunden bin – durch eine gemeinsame Sprache, eine gemeinsame Geschichte und Sicht auf die Welt, die gleichen Gerüche, Lieder und Filmzitate. Ich kenne diese Menschen und kann sie verstehen. Ich liebe sie.«

Ein einflussreicher Moskauer Geschäftsmann erzählte mir, dass er Ernst einmal die gleiche Frage gestellt habe: ob er nicht erschöpft sei; die Anforderungen seines Jobs seien doch sicher ermüdend und unangenehm. Ernst habe daraufhin gesagt: »Sie haben keine Ahnung, was für ein Hochgefühl es ist, so viele Millionen Menschen beeinflussen zu können.« Sein alter Freund und Mitarbeiter Leonid Parfjonow sagte mir, dies sei es gewesen, was Ernst ursprünglich zum Fernsehen hingezogen habe und ihn bis zum heutigen Tag dort halte. »Er wollte schon immer ein Trendsetter sein, einflussreich genug, um eine komplette Mode, einen Stil zu kreieren. Er wollte den Menschen etwas zeigen, das sie verändert und ihnen hilft, sich einen Reim auf ihre Zeit zu machen, sich selbst zu verstehen. Das bedeutet eine ungeheure Macht, und ich bin sicher, dass Kostja daran große Freude hat.«

KAPITEL 2

Vor Drachen wird gewarnt

Als die Bomben kamen, war Heda Saratowa in ihrer Wohnung in Grosny, allein mit ihrem vier Jahre alten Sohn. Sie sah russische Flugzeuge, die lärmend am Himmel aufzogen. Sekunden später folgte ein grollender Schlag, und eine Wolke aus Staub, Rauch und Löschbeton stieg empor. In den Pausen zwischen den Bombenangriffen schlugen scheinbar wahllos Artilleriegeschosse in Wohnungen ein. Saratowa konnte das leise Knattern der Kalaschnikow-Salven hören. Der Lärm hielt unablässig an, von morgens bis abends – als ob einem jemand einen Eimer ans Ohr hält und pausenlos daraufschlägt, tagelang. *Bumm, bumm, bumm.* Sie betete um eine einzige stille Minute, die niemals kam.

Es war im Herbst 1999. Die Streitkräfte der Russischen Föderation waren gerade wieder in Tschetschenien einmarschiert. Damit war ein Konflikt, der drei Jahre zuvor ohne klares Ergebnis geendet hatte, neu entfacht worden. Als eine bewaffnete Gruppe tschetschenischer Rebellen in die benachbarte russische Republik Dagestan eingedrungen war – angeblich, um ein pankaukasisches islamisches Emirat zu errichten –, hatte Saratowa gleich gewusst, dass nichts Gutes bevorstand. Der Übergriff lieferte Moskau den Vorwand für einen neuen Feldzug. Zur gleichen Zeit gab es in mehreren russischen Städten Bombenanschläge auf Wohnhäuser, für die tschetschenische Terroristen verantwortlich gemacht wurden. Sie versetzten die russische Öffentlichkeit in Angst und lieferten dem Kreml den endgültigen Kriegsgrund. (Die Anschläge sind bis heute nicht aufgeklärt; einige vage, bisher nicht bestätigte Spuren deuten auf einen Zusammenhang mit dem russischen Geheimdienst hin.) Der Tschetschenien-Feldzug wurde von Wladimir Putin befehligt – erst als Premierminister, dann als Präsident. Putin legte den Grundstein für seine politische Autorität mit scharfen Äußerungen gegen die von ihm so genannten »Terroristen«: Zur Not werde man sie »auf dem Abtritt kaltmachen«.

Saratowa war dreiunddreißig Jahre alt, hatte ein lebhaftes Lächeln und fließendes dunkelbraunes Haar, das sie unter einem schlichten Kopftuch aus Baumwolle trug. Den ersten Tschetschenienkrieg von 1994 bis 1996 hatte sie im Heimatdorf ihrer Familie in den Bergen erlebt. Nach dem Kriegsende, in einer friedlichen Phase, die nicht von langer Dauer sein sollte, zog sie nach Grosny, um einer unglücklichen Ehe zu entfliehen. Zehn Jahre zuvor war sie von ihrer Familie widerstrebend einem Verkehrspolizisten aus dem Dorf zur Zweitfrau gegeben worden. Die Erstfrau hatte sie schlecht behandelt, und sie war froh, den beiden entkommen zu sein. In Grosny lebte sie mit ihrem Sohn Schamil in einer engen Parterrewohnung. Als die Bombenangriffe wieder begannen, flohen die Nachbarn in die Berge oder in die Flüchtlingslager von Inguschetien, einer westlich von Tschetschenien gelegenen Republik der Russischen Föderation. Wer das nötige Geld hatte, ging nach Moskau oder sogar ins Ausland. Eines Tages tauchte Saratowas Schwager auf, um Schamil abzuholen und ins Dorf zurückzubringen, wo die Lage einigermaßen sicher war. Seither hatte sie nichts mehr von ihnen gehört und wusste nicht einmal mit Bestimmtheit, ob sie es dorthin geschafft hatten.

Saratowa war jetzt als einzige Bewohnerin in ihrem Treppenaufgang des Gebäudekomplexes noch vor Ort. Die Wohnungen in den fünf Stockwerken über ihr standen leer. Wenn sie aus dem Fenster schaute, sah sie auf der einen Seite militante Kämpfer, die auf der Suche nach geschützten Stellungen über die Straße rannten. Auf der anderen Seite rollten russische Panzer vorbei, die alle paar Meter anhielten, um auf die Militanten auf der anderen Seite des Wohnhauses zu feuern.

Grosny, einst die pulsierende Hauptstadt der Sowjetrepublik Tschetschenien, war nur noch die gespenstische Hülle einer Stadt, voller brennender Ölfässer und wilder Hunde. Manchen Gebäuden fehlte eine komplette Außenwand. Sie standen da wie unheimliche Puppenhäuser; ihre zerstörten Inneneinrichtungen waren von der Straße aus sichtbar. In den Staatssendern der Russischen Föderation kam das brutale Kriegsgeschehen nur selten zur Sprache. Eine der wenigen aufrichtigen, unerschrockenen Chronistinnen dieses Krieges war Anna Politkowskaja, eine Reporterin der Zeitung *Nowaja Gaseta*, die immer wieder nach Tschetschenien reiste. Ihren Berichten war das Entsetzen über das Erlebte anzumerken, aber auch Empathie für die russischen Soldaten. Sie waren in einen Krieg geschickt worden, den sie nicht begriffen – »erschöpfte Männer mit instabiler Gemütsverfassung«, schrieb Politkowskaja. Es gab unter ihnen eindeutige Sadisten und Mörder, aber viele waren einfach Kanonenfutter, Verfügungsmasse für unfähige, zynische Generäle. Politkowskaja schilderte die Umstände, unter denen Saratowa, ihr Sohn Schamil und Tausende anderer Menschen, die in Grosny festsaßen, ihr Leben fristeten: In den wenigen Minuten, die sie täglich das Haus verließen, mussten sie dem Feuer der Scharfschützen ausweichen, und sie beteten Tag für Tag, dass die Düsenjäger am Himmel nicht ihr Haus, sondern irgendein anderes willkürlich bombardieren würden. »In Grosny auf die Straße zu gehen, ähnelt immer mehr einem Schritt auf den Abgrund zu. Und der Rückweg in die eigene Wohnung kann wie eine Reise ins Jenseits sein«, hieß es in einem von Politkowskajas Artikeln.

Nach und nach bekam Saratowa mit, dass in den anderen Treppenaufgängen nur noch gebrechliche ältere Frauen wohnten. Sie holte alle zu sich in die Wohnung, damit sie nicht für sich selbst sorgen, Wasser aus dem einzigen Brunnen im Block holen oder während der heftigen Gefechte allein auf dem kalten Boden liegen mussten. Saratowa bekochte sie und ließ sie schlafen, wo irgend Raum dafür war: in ihrem eigenen Bett, auf der Couch, auf einem Stapel Decken im Eingangsbereich. Die tägliche Jagd nach Lebensmitteln war so beängstigend, wie es Politkowskaja beschrieben hatte. Jeden Morgen huschte Saratowa über den Hof zum Brunnen und betete, dass es ihr gelingen würde, mit einem Eimer Trinkwasser zurückzukehren, ohne eine Granatensalve oder Scharfschützenfeuer auf sich zu ziehen. Einmal sah sie, wie ein 16-jähriger Junge niedergestreckt wurde, als er nach Besorgungen zurück nach Hause sprintete. In seinem Rucksack war eine Tüte Mehl. Die Kugel durchschlug den Rucksack, bevor sie in den Körper eindrang. Er lief noch ein paar Schritte weiter, und das Mehl, das aus dem Einschussloch rieselte, hinterließ eine kreideweiße Spur auf dem Boden, ehe er zusammenbrach und starb. Saratowa erkannte ihn an seinen Stiefeln, er wohnte gleich gegenüber. Zusammen mit den alten Frauen begrub sie ihn im Hof.

Im alltäglichen Schrecken des Krieges entwickelte sie Sympathien für die Rebellen. Auch die militanten tschetschenischen Separatisten konnten grausam sein und mutwillig Gewalt einsetzen. Aber wenigstens kämpften sie gegen die Truppen der Russischen Föderation, die vor Saratowas Augen eine regelrechte Terrorkampagne gegen das tschetschenische Volk entfesselten. Die Guerillakrieger kamen jetzt öfter an ihrem Haus vorbei. Saratowa buk für sie *Lepjoschka* – runde, luftige Weißbrotfladen – und gab ihnen die Schlüssel zu einer der vielen verlassenen Wohnungen, wo sie für ein oder zwei Nächte ausruhen konnten. Mit einem von ihnen, der sich »Schwarzer Wolf« nannte, unterhielt sie sich ab und zu. Er hatte eine freundliche, noble Art, die ihr nicht recht zu einem Rebellenführer zu passen schien.

Bald darauf schaute er vorbei, um sie zu warnen, dass die Kampfhandlungen immer näher kamen. Er bedeutete ihr, jetzt fortzugehen, wenn sie nicht riskieren wolle, ihr Glück einmal zu oft auf die Probe zu stellen. Sie beschloss, nach Inguschetien zu gehen, wo es relativ sicher war. Als sie ihre Sachen packte, gab ein tschetschenischer Journalist ihr eine Videokassette mit, die sie bei ihrer Ankunft der Auslandspresse übergeben sollte. Saratowa tat das gern. Sie fragte sich schon seit Langem, warum die westlichen Regierungen nicht intervenierten und versuchten, den Kämpfen ein Ende zu machen. Vielleicht konnte sie selbst dazu beitragen, sie zum Handeln zu bewegen, indem sie Dokumentaraufnahmen an westliche Medien übergab. Sie verbarg die Kassette in einer Einkaufstasche. An einem Grenzübergang, den russische Soldaten kontrollierten, zitterte sie vor Angst. Um ihre Nerven zu beruhigen, rezitierte sie im Kopf immer wieder die 99 Namen Allahs. Die Soldaten ließen sie unbehelligt passieren. In Nasran, der größten Stadt Inguschetiens, suchte sie sofort das Hotel auf, in dem die Reporter und humanitären Helfer aus dem Westen zu leben pflegten – in Tschetschenien zu übernachten, war zu gefährlich geworden –, und bot das Videoband an. Gemeinsam mit einer Rechercheurin von Amnesty International sah sie sich die Aufnahmen an. Sie waren schrecklich, aber mittlerweile vertraut: Tote, in gespenstischen Posen erstarrt; Gebäude, in denen riesige Löcher klafften, wo Dächer oder Mauern gewesen waren.

Von diesem Augenblick an hatte Saratowa ihre neue Berufung gefunden. Als eine Art Ein-Frau-Dokumentationsteam lieferte sie Beweise für die Gräueltaten und Menschenrechtsverletzungen durch russische Soldaten aus Tschetschenien nach Inguschetien und gab sie dort an humanitäre Helfer und Journalisten weiter. Sie verdiente Geld als Fixerin, die den Auslandskorrespondenten Informationen zulieferte. Schon bald knüpfte sie Kontakte zum Regionalbüro der russischen NGO Memorial. Die Gesellschaft war ursprünglich gegründet worden, um die Geschichte der Verbrechen der Stalinzeit zu erforschen und in Erinnerung zu halten. Mit Ausbruch des ersten Tschetschenienkrieges war sie zu einer der führenden Menschenrechtsorganisationen im Land geworden. Die Rechercheure von Memorial arbeiteten von Nasran aus und fuhren regelmäßig nach Tschetschenien, um Lageberichte zu erstellen. Sie sammelten Nachrichten zum jüngsten

Überfall auf ein Dorf oder Beweise für Folter und Massen-hinrichtungen.

»Es war eine schreckliche, angsterfüllte Zeit«, sagt Elisa Mussajewa, die damals das Memorial-Büro in Nasran lei-tete. »Heda war unglaublich gewandt darin, in die gefähr-lichsten Gebiete vorzudringen. Wo sonst niemand weiter-kam, fand sie immer noch einen Weg.« Saratowa selbst erinnert sich, dass sie eigentlich geschlossene Grenzüber-gänge passierte, indem sie kranke Verwandte erfand, die sie besuchen musste. Drei Monate nach ihrer Ankunft in Nasran fuhr sie in ihr Dorf, um ihren Sohn Schamil, der mit seinem Onkel unversehrt dort eingetroffen war, zu sich zu holen. Manchmal nahm sie ihn zu ihren Recherche-reisen mit und versteckte Videokassetten in seinem Kin-derrucksack.

Sie freundete sich mit Natalja Estemirowa an, die eben-falls Berichte für Memorial erstellte. Estemirowa war An-fang vierzig. Sie war als Tochter einer russischen Mutter und eines tschetschenischen Vaters in Grosny aufgewach-sen und hatte dort an einer Schule Geschichte unterrichtet. Als der zweite Tschetschenienkrieg begann und die Ge-waltexzesse einsetzten, begann sie, Beweise für Übergriffe durch russische Soldaten zu sammeln. Jeden Morgen machten sich Saratowa und Estemirowa von Nasran aus auf und passierten die Grenze nach Tschetschenien, vorbei an langen Kolonnen von Flüchtlingen, die in die Gegen-richtung unterwegs waren, um ihre Verwandten und ihren Besitz aus der Hölle zu retten, in die das Land sich ver-wandelt hatte. Wenn die beiden Frauen sich der Kampf-zone näherten, wurde der Rauch auf der Straße so un-durchdringlich wie dichter Nebel.

Estemirowa und Saratowa dokumentierten die Auswirkungen der russischen Militäroperationen: die verschollenen Ehemänner und Söhne, die Folteropfer, die Leichen, die ohne Beerdigungsfeier auf dem Dorffriedhof beigesetzt wurden. Sie konnten sich weder für die Betroffenen einsetzen noch humanitäre Hilfe leisten. Sie waren da, um die Gräuel zu dokumentieren, in der allmählich schwindenden Hoffnung, so Druck auf die Moskauer Regierung ausüben zu können, damit diese ihre »Operationen zur Bekämpfung von Terroristen« mäßigte. Das war ein gefährliches Unterfangen. Sie wurden von ruppigen und mitleidlosen russischen Offizieren schikaniert und eingeschüchtert und gerieten immer wieder unter Beschuss oder in Maschinengewehrfeuer. Andere konnten den Eindruck gewinnen, Saratowa stehe der Gefahr, der sie sich aussetzte, furchtlos und ungerührt gegenüber. In Wirklichkeit war ihr ständig bewusst, auf wie viele Arten sie ihr Leben verlieren konnte. In Grosny war sie auf dem Nachhauseweg einmal in einen Hubschrauberangriff geraten. Sie rannte zum nächsten Wohnhaus und kauerte sich in den Eingang. In die Betonwände um sie herum schlugen überall kleine Schrapnellsplitter ein. Sie schützte ihr Gesicht sorgfältig mit den Händen. Wenn ich schon sterben muss, dachte sie, dann wenigstens mit einem schönen Gesicht.

Tschetschenien, das 1600 Kilometer südlich von Moskau am Fuß des Kaukasus liegt, verbindet sich in der russischen Vorstellung mit Gewalt. Es gilt als Heimat eines Volkes, das man zwar fürchten und letztlich unterwerfen muss, dem jedoch auch der Respekt entgegengebracht wird, den man einem kühnen Feind zollt. Im 19. Jahrhundert zog die zaristische Armee jahrzehntelang gegen Guerillakrieger in den tschetschenischen Bergen zu Felde. 1818

132

errichtete der russische General Alexei Jermolow, ein jäh-
zorniger Sadist, der mehr als ein Jahrzehnt lang den Ober-
befehl über die russischen Truppen im Kaukasus hatte,
eine Festung im tschetschenischen Flachland und nannte
sie »Grosnaja« – »die Furchtgebietende«. Lew Tolstoi und
Michail Lermontow dienten als junge Militäroffiziere im
Kaukasus. In ihren Romanen und Erzählungen schufen sie
das Bild des Tschetschenen als wilder und stolzer Krieger,
der in einem unaufhörlichen, fast schicksalhaften Kampf
mit den Russen befangen ist. In der Novelle *Die Kosaken*
lässt Tolstoi einen tschetschenischen Kämpfer zu seinem
russischen Gegner sagen: »Bald schießt ihr, bald wir, heute
sind wir dran, morgen ihr.«

Nach der bolschewistischen Revolution kam die Sowjetregierung und mit ihr das Versprechen der Modernisierung. Im Lauf der Zeit übernahm eine beträchtliche Anzahl von Tschetschenen Funktionen im kommunistischen
System – als Professoren, Ärzte und Staatsfunktionäre.
Viele von ihnen behielten jedoch ihre feindliche Einstellung gegenüber Moskau bei, und bestenfalls standen sie
dem sowjetischen Kolonisierungsprojekt mit distanzier-
tem Einverständnis gegenüber. Vor allem die Kollekti-
vierung der Landwirtschaft war der tschetschenischen
Gesellschaft, die Familie und Sippe weiterhin über die
Klassenloyalität stellte, fremd und unerwünscht. Während
der Repressionen der Dreißigerjahre wurden Tausende von
Tschetschenen erschossen. Im Zweiten Weltkrieg kämpften Unzählige von ihnen aufseiten der Sowjetunion gegen
die Invasoren aus dem nationalsozialistischen Deutschland. Andere nutzten die Gelegenheit für den Versuch, die
Herrschaft Moskaus abzuschütteln.

1944, als das Ende des Krieges näher rückte, ordnete

Stalin an, 500.000 Tschetschenen – fast die gesamte Bevölkerung – zu deportieren, ebenso wie die Einwohner Inguschetiens und eine Reihe weiterer kaukasischer Nationen. Es war eine Entscheidung, wie sie nur Stalin mit seiner Mischung aus Paranoia und Grausamkeit treffen konnte. Er rechtfertigte die massive Zwangsumsiedlungsaktion mit der angeblichen Kollaboration der verschleppten Völker mit den Deutschen. Die Operation »Tschetschewiza« (russisch: Linse), wie der NKWD, die Vorgängerorganisation des KGB, sie nannte, begann in den frühen Morgenstunden des 23. Februar. Überall wurden tschetschenische Familien gefangen genommen und in offene Lastwagen und Güterzugwaggons gestopft, die mit ihrer menschlichen Fracht wochenlang in die Randbereiche des Imperiums unterwegs waren, um sie schließlich in der kasachischen oder kirgisischen Steppe abzuladen. Der Boden dort war hartgefroren und schwer zu bebauen. Seuchen und Hunger breiteten sich aus. Nach den offiziellen – wohl noch deutlich zu niedrigen – Zahlen des NKWD starb in den ersten vier Jahren ein Viertel der Deportierten.

Saratowas Mutter Sowdat war elf Jahre alt, als die Umsiedlungsaktion stattfand. Am Tag zuvor hatte sie ihre Tante in einem Nachbardorf besucht und war über Nacht dortgeblieben. Am nächsten Morgen tauchte der NKWD auf, nahm Sowdat und ihre Tante in Gewahrsam und brachte sie nach Kasachstan. Sowdat hatte ihren Vater schon als kleines Kind verloren. Ihre Mutter wurde getrennt von ihr mit einem anderen Transport verschleppt. Sie sollte sie nie mehr wiedersehen. Nach ihrer Ankunft in der zentralasiatischen Steppe verweilte Sowdat jahrelang immer wieder unter dem weiten Nachthimmel. Sie stellte sich vor, dass ihre Mutter irgendwo ganz in der Nähe war und jetzt zu denselben Sternen aufblickte. Nach fünf Jahren erfuhr sie, dass die Mutter den Transport nicht überlebt hatte. Sowdat war oft hungrig und krank, und sie fror, denn die Winter dauerten neun Monate lang, und die Temperaturen sanken regelmäßig unter vierzig Grad unter null. Der Familie von Saratowas Vater Bagai war es etwas besser ergangen: Sie hatten noch eine Tüte mit Wassermelonenkernen mitnehmen können, als sie aus dem Haus geholt wurden. In Kasachstan pflanzten sie die Kerne in ihren kleinen Garten hinter dem Haus und konnten damit ihren Lebensunterhalt verdienen.

Die Feuerprobe von Deportation und Verbannung forderte einen schrecklichen Tribut unter dem tschetschenischen Volk. Tausende starben, Familienverbände wurden auseinandergerissen und die Überlieferung von Bräuchen und Vorstellungen untergraben. Die Tschetschenen sind stolz auf ihre Würde und Unerschütterlichkeit – den edlen Stoizismus der Hochlandbewohner. Sogar in Zentralasien gelang es ihnen, einen großen Teil ihrer Traditionen am Leben zu erhalten. Gastfreundschaft hat eine fast sakrale Bedeutung. Kaum etwas ist wichtiger als die Art und Weise, wie man einen Gast im eigenen Haus empfängt. Bagai erzählte später, dass in der Zeit der Verbannung ein kleiner Bruder von ihm kurz nach der Geburt gestorben sei. Am selben Tag kam eine andere tschetschenische Familie unangekündigt zu Besuch. Bagais Eltern fühlten sich so sehr genötigt, ihren Gästen nicht die Stimmung zu verderben, dass sie den Leichnam ihres Kindes unter einem Bett verbargen. Bis tief in die Nacht hinein trugen sie Essen auf und servierten eine Kanne Tee nach der anderen. Erst als die Gäste am nächsten Morgen aufgebrochen waren, trauerte die Familie um ihren kleinen Sohn und bestattete ihn.

Alexander Solschenizyn, der nach seiner Entlassung aus dem Lager von der sowjetischen Regierung ebenfalls ins ferne Kasachstan verbannt wurde, kam in Zentralasien mit tschetschenischen Gemeinschaften in Berührung. Ihn beeindruckte, dass die Tschetschenen im Unterschied zu allen anderen Gruppen oder Völkern, denen er begegnet war, niemals der Versuchung erlagen, sich durch Konzessionen Vorteile zu verschaffen. Sie ließen sich nicht vollständig sowjetisieren. »Es gab indes eine Nation, die der Psychologie der Unterwerfung standgehalten hatte«, schreibt er im *Archipel Gulag*. »Nie und nirgendwo hat es einen Tschetschenen gegeben, der sich um die Gunst eines Natschalniks bemüht hätte; immer traten sie jeder Obrigkeit stolz, ja sogar offen feindselig entgegen.« Solschenizyn schildert, wie in einem kleinen kasachischen Dorf zwischen tschetschenischen Familien eine Blutfehde ausbrach. Die sowjetische Miliz vor Ort war zu verschreckt, um einzugreifen, doch ein aus geachteten tschetschenischen Ältesten gebildeter Rat konnte den Konflikt schließlich beilegen. »Und seht das Wunder – alle fürchteten sich vor ihnen«, schreibt Solschenizyn über die verbannten Tschetschenen. »Niemand vermochte sie daran zu hindern, auf diese Art zu leben. Und die Macht, die nunmehr dreißig Jahre über diesem Land herrschte, konnte sie nicht unter die von ihr geschaffenen Grenzen zwingen.«

1957, vier Jahre nach Stalins Tod, erlaubte Chruschtschow den Tschetschenen die Rückkehr in ihre Heimat. »Tschetschenen haben ein gutes Gedächtnis«, sagte mir der angesehene tschetschenische Chirurg Chassan Bajew.

»Wir wissen, wer wer ist. Als Stalin starb, weinte die ganze Sowjetunion, wir aber tanzten Lesginka.« Die Wunden der Deportation und der jahrelangen erzwungenen Verbannung heilten nur langsam. Saratowas Eltern kehrten 1957 nach Tschetschenien zurück und ließen sich im Heimatdorf des Vaters in den Bergen nieder. 1965 wurde die kleine Heda geboren, als zweites von fünf Kindern und einziges Mädchen. Die Eltern sprachen kaum über die Zeit, die sie in Zentralasien verbracht hatten. Nur wenn Heda oder ihre Brüder sich ungezogen oder egoistisch verhielten, deuteten sie an, welche Entbehrungen sie selbst in ihrer Kindheit hatten ertragen müssen. Der Vater besaß aus der Verbannungszeit noch einen hölzernen Webrahmen und zwei schwere Wollschals, die seine Mutter in Kasachstan getragen hatte. Heda beobachtete, dass er diese Dinge in Ehren hielt wie geschätzte Erbstücke.

Als das Sowjetimperium 1991 in sich zusammenfiel, war Saratowa sechsundzwanzig Jahre alt. Sie studierte und wollte Lehrerin werden. Die bittere Geschichte der Beziehungen zu Moskau und das Misstrauen gegenüber den dortigen Herrschern kamen in Tschetschenien sofort wieder an die Oberfläche. Der ehemalige sowjetische Luftwaffengeneral Dschochar Dudajew, eine extravagante Erscheinung mit gepflegtem Schnurrbart und einer Vorliebe für Filzhüte, kehrte heim in die Kaukasusrepublik und ergriff dort die Macht. Er nutzte den Augenblick der Schwäche und des Chaos in Moskau, um Tschetschenien für unabhängig zu erklären. Saratowa sah die Erklärung im Fernsehen. Zu einem Teil empfand sie Stolz und Hoffnung: Vielleicht konnte es wirklich gelingen, dass sich das tschetschenische Volk, unbeschwert von Moskau, endlich selbst regiert. Doch zugleich hatte sie auch Angst, und ihre Stimmung wurde durch die nervöse Vorahnung niedergedrückt, dass das alles kein gutes Ende nehmen konnte.

Jelzin war in Moskau durch unzählige andere dringliche Angelegenheiten und Krisen abgelenkt und beachtete die Vorgänge in Tschetschenien kaum. Doch 1994 überzeugten seine Militärberater ihn, dass die Kaukasusrepublik in einem »kleinen, siegreichen Krieg« zurückerobert werden könne, wie es einer von ihnen formulierte. Beide Seiten stolperten unbeholfen und planlos in diesen Krieg. Sie waren für einen bewaffneten Konflikt schlecht gerüstet, hatten aber auch wenig getan, um ihn zu vermeiden. Ende Dezember 1994 rollten russische Panzer in Grosny ein. Die Soldaten erhielten jedoch nur vage Befehle und wenige Informationen über die Stadt, die sie stürmten. Statt des versprochenen leichten Sieges gab es ein Blutbad. Die russischen Streitkräfte waren bald eingekreist. Über tausend Soldaten wurden bei dem gescheiterten Angriff getötet – ein Vorbote des Unheils, das noch kommen sollte.

Heda Saratowa lebte damals mit ihren Eltern und Geschwistern im Schatoiski-Bezirk hoch in den Bergen, zwei Autostunden von Grosny entfernt. Wenn die russischen Düsenjäger am Himmel aufheulten, sammelte die Mutter sie und ihre Brüder ein und brachte sie in einen dunklen Keller. Die Mutter ertrug die Not und den Schrecken des Krieges ohne Klagen oder sichtbare Gefühlsregungen. Mit dem Vater war es etwas anderes. Für Heda war er immer eine eindrucksvolle, sogar Furcht einflößende Erscheinung gewesen – ein harter Mann, der nicht viele Worte machte. Wenn man ihm nicht gehorchte, nahm er gewöhnlich seinen Ledergürtel ab und verpasste einem ein paar scharfe Schläge aufs Hinterteil. Doch die dauernden Bombenangriffe, das ständige Verstecken und die Angst um das Leben seiner Kinder setzten ihm schwer zu. Er war nur noch ein Schatten seiner selbst, verzehrt von einer schrecklichen Vorahnung. Der Gürtel, den Heda als Kind so gefürchtet hatte, war nun fest um seinen immer schmächtiger werdenden Körper gezurrt und hielt die Hosen fest, die seine Beine umflatterten und ihm bald ganz von den Hüften zu rutschen drohten. Der Vater lief auf dem Hof hin und her, hielt sich mit den Fingern die Ohren zu und rezitierte unablässig islamische Gebete.

Der Konflikt mündete in eine aufreibende, blutige Pattsituation. Bei den Kämpfen, die zwei Jahre lang andauerten, wurden etwa hunderttausend Tschetschenen und über fünftausend russische Soldaten getötet. Dudajew selbst starb durch einen russischen Lenkflugkörper, nachdem sein Satellitentelefon seinen Aufenthaltsort verraten hatte. Irgendwann war der Krieg für Jelzin schließlich politisch nicht mehr tragbar. Er entsandte Emissäre, die eine Lösung aushandeln sollten. 1996 wurden die Kampfhandlungen nach Vereinbarung eines Waffenstillstands eingestellt. Im nächsten Jahr einigten sich der Kreml und die selbst ernannten Führer Tschetscheniens auf ein Abkommen, das den prekären Frieden verlängerte. Eine endgültige Entscheidung über den Status Tschetscheniens erfolgte damit jedoch nicht. Die Republik erhielt eine Form der Autonomie, die ihr viele Zeichen der Eigenstaatlichkeit zugestand, ohne dass diese offiziell gewährt wurde. Es folgte eine Zeit der Instabilität und des offenen Banditentums. Entführungen mit Lösegelderpressung entwickelten sich zu einem organisierten Gewerbe. Die eher nationalistisch orientierte tschetschenische Führungsspitze aus Kriegszeiten wurde von anderen Figuren verdrängt, die unter dem Einfluss des gewalttätigen Islamismus standen – allen voran Schamil Bassajew, ein schlachterprobter Militanter, der sich mit ausländischen Kämpfern zusammentat, die aus dem Nahen Osten nach Tschetschenien strömten und Geld und extremistische Ideologie im Gepäck hatten. In Moskau verfolgte Wladimir Putin diese Ereignisse mit wachsendem Zorn. Bald nach seiner Ernennung zum Premierminister erklärte er die tschetschenische Regierung für illegitim.

Da sowohl Bassajew und sein Gefolge als auch die Kräfte um Putin einen neuen Krieg wollten, war es nur eine Frage der Zeit, bis dieser ausbrach. Während der erste Tschetschenienkrieg nach Saratowas Empfinden nicht sehr lang dauerte (»als ob ich ein paar Mal hierhin und dahin gerannt bin, und dann war alles vorbei«), fühlte der zweite sich viel härter und bösartiger an – eine lange, barbarische Zeit im Zeichen der Gewalt um der Gewalt willen. Die Streitkräfte der russischen Föderation genossen fast völlige Straffreiheit und schwelgten in allen nur denkbaren Gräueltaten. Sie betrieben das Töten von Kindern als Sport, sie vergewaltigten Frauen vor den Augen ihrer Familien, sie schleuderten Granaten in Keller voller verängstigter Zivilisten und warteten, bis sie hochgingen. »Beim zweiten Krieg kannte das russische Militär unsere Psyche. Sie wussten, welche Sprache sie mit uns sprechen mussten, was sie tun mussten, um uns wirklich tief zu verletzen«, sagt Saratowa. »Für Tschetschenen ist der Tod nicht annähernd so schlimm wie Demütigung.«

Kennzeichnend für den zweiten Tschetschenienkrieg wurden die sogenannten Säuberungsaktionen. Maskierte russische Soldaten tauchten mitten in der Nacht auf und nahmen die Söhne, Brüder und Ehemänner der unglücklichen Familie mit, die sie sich gerade ausgesucht hatten. Die Opfer landeten an »Filterpunkten«, die außerhalb der Dörfer eingerichtet wurden. Im Grunde handelte es sich dabei um mobile Folter- und Tötungslager. Anna Politkowskaja hat geschildert, was ein tschetschenisches Dorf nach der Ankunft russischer Truppen erwartete: »Razzien der föderalen Armee, nächtliche Säuberungen, Plünderungen, morgendliche Gespräche darüber, wer diesmal mitgenommen und was gestohlen wurde, regelmäßige Begräbnisse, Geschichten darüber, auf welche Weise die Überlebenden gefoltert wurden und wessen Leichnam wie aussah.«

Nachdem Saratowa nach Inguschetien gezogen war und dort Kontakte zu Mitarbeitern von Memorial und anderen Menschenrechtsorganisationen geknüpft hatte, begann sie ihre Dienste ausländischen Journalisten und humanitären Helfern anzubieten. Sie gehörten zu den wenigen Leuten, die daran interessiert waren, die russischen Kriegsverbrechen zu dokumentieren. Und die Tschetschenen gaben meist gern Informationen weiter, damit sie die Außenwelt erreichten. Journalismus, Tatsachenrecherche und Engagement verschmolzen. Es ging darum, die Menschen, die es sich etwas angehen ließen, über die nackte Wahrheit des Krieges aufzuklären, auch wenn sie das Gemetzel nicht aufhalten konnten. Timur Akijew, ein weiterer Mitarbeiter von Memorial, traf Saratowa oft am Kontrollpunkt Kawkas an, dem einzigen Grenzübergang zwischen Tschetschenien und Inguschetien. Er war im Tschetschenienkrieg ein wichtiger Umschlagplatz für Informationen, so wie »Rick's Café Américain« im Film *Casablanca*: Hier erfuhr man, welche Straße gesperrt war und welches Dorf gerade bombardiert wurde. »Heda saß nie ruhig an einem

Platz«, sagte mir Akijew. »Sie war immer voller Ideen: wohin man gehen soll, was getan werden muss und wie.«

Es war kein Zufall, dass die Menschenrechtsarbeit in Tschetschenien zum Großteil von Frauen geleistet wurde. Für einen Mann war es schwierig und sehr gefährlich, durch Tschetschenien zu reisen. Alle Männer im wehrfähigen Alter galten grundsätzlich als verdächtig, und im Netz der Kontrollpunkte konnte man leicht festgehalten werden und dann verschwinden. Frauen hatten bessere Chancen, sich einer gründlichen Überprüfung zu entziehen. Während sie nach außen hin kaukasische Sittsamkeit ausstrahlten, konnten sie eine Kamera in ihrer Tasche verstecken, mit der sie Zeugenaussagen der Angehörigen von Opfern aufnahmen. Aus Sicherheitsgründen operierten sie oft in Zweierteams. Mit Natalja Estemirowa, der ehemaligen Geschichtslehrerin, arbeitete Saratowa besonders gern zusammen. Auf ihren gemeinsamen Recherchetouren wirkte Estemirowa nicht nur furchtlos, sondern unermüdlich. Sie konnte noch weitermachen, wenn Saratowa längst eine Pause brauchte, um sich kurz hinzulegen oder eine Tasse Tee zu trinken. Beide hatten kleine Kinder, die sie in das Büro von Memorial in Nasran mitbrachten. Eine Zeit lang wohnten sie sogar zusammen in einer großen Einzimmerwohnung, in der es bis auf Papierstapel und ein paar Kinderspielzeuge keinerlei Dekoration gab. Estemirowas Tochter Lana war damals sechs Jahre alt. »Ich glaube, meine Mutter hat Heda wirklich respektiert«, sagte sie mir. »Sie waren nicht immer einer Meinung und sicher nicht eng befreundet, aber es gab ein Gefühl wechselseitiger Solidarität zwischen ihnen, weil sie zusammen wirklich Schlimmes durchgemacht haben.«

Das erschütterndste Erlebnis bei ihren gemeinsamen

Einsätzen war für Saratowa eine Fahrt in das Dorf Komsomolskoje, das in den Gebirgsausläufern vor Grosny liegt. Die Gegend war Schauplatz einiger der heftigsten Zusammenstöße des Zweiten Tschetschenienkrieges gewesen. Als die beiden Frauen eintrafen, hatten russische Soldaten nur Stunden zuvor eine »Säuberungsaktion« durchgeführt. Die Frauen fanden zahllose Leichen vor. Sie waren teilweise verstümmelt; einigen fehlten die Ohren, anderen die Köpfe. Die Dorfbewohner hatten 250 Leichname zusammengetragen, um sie auf dem örtlichen Friedhof zu begraben. Saratowa fiel die Ruhe auf. Niemand weinte; nicht der leiseste Schmerzenslaut war zu vernehmen, nur völlige Stille und Schweigen. Eine Frau hatte gerade einen ihrer Söhne begraben und wartete neben dem Leichnam eines anderen. Wenigstens seien die Leichen gefunden und identifiziert worden, sagte sie. Das war es, was damals in Tschetschenien als gute Nachricht galt.

Für die eng verwobene Gemeinschaft der in Tschetschenien tätigen Menschenrechtsaktivisten gehörte Saratowa bald dazu. Sie trat hartnäckig und mutig auf, und wie bei fast allen, die auf diesem Gebiet tätig sind, war ihr Handeln von einem ausgeprägt humanistischen Impuls motiviert. »Ich habe sie immer als ehrliche und anständige Person gekannt«, sagt Igor Kaljapin, der Leiter der russischen Rechtshilfe-NGO »Komitee gegen Folter«. »Wenn sie mit jemandem sprach, der Leid oder eine Tragödie erfahren hatte, zeigte sie nicht nur Mitgefühl, sie empfand es wirklich.« Ähnlich äußert sich auch Tanja Lokschina, stellvertretende Direktorin des Russland-Büros bei Human Rights Watch, die die Arbeit in Tschetschenien aus eigener Erfahrung gut kennt. »Heda kann sehr schnell Kontakt zu Menschen aufbauen«, sagte sie mir. »Sie ist gut darin, echte

Zuwendung zu signalisieren. Und mir scheint, in diesem Moment entspricht das auch dem, was sie fühlt. Sie kann eine Art von sofortiger Empathie abrufen. Wenn Heda schluchzt, schluchzt sie wirklich, das ist ganz und gar aufrichtig.«

Aber Saratowa gab ihren Kollegen auch Anlass zur Skepsis. Sie brachte ausländische Journalisten mehrmals in Situationen, die sich als gefährlich oder unsicher erwiesen, sodass andere notgedrungen eingreifen mussten, um zu helfen. Zudem sah es so aus, als ob sie ihr Berufsethos manchmal etwas allzu dehnbar auffasste. Sie war bereit, die Regeln zu beugen, wenn das Ergebnis es wert zu sein schien, und sie hatte immer auch ihren persönlichen Vorteil im Blick. Die angesehene Menschenrechtlerin Swetlana Gannuschkina, die oft mit Fällen befasst ist, die Bezug zu Tschetschenien haben, erzählte mir, dass sie einmal zusammen mit Saratowa eine Familie dabei unterstützte, Asyl in Europa zu beantragen. Saratowa habe einen Entwurf des Asylantrags verfasst und dabei einiges überzogen und falsch dargestellt, um die Geschichte der Familie dramatischer und schwerwiegender aussehen zu lassen. Gannuschkina weigerte sich, diese Version zu bestätigen. Saratowa war empört. »Warum willst du diesen Leuten nicht helfen?«, fragte sie. »Ich werde nicht lügen«, erwiderte Gannuschkina. »Warum Dinge erfinden, wenn es in Tschetschenien auch so schon mehr als genug furchtbare Geschichten gibt?« Von Kollegen hörte Gannuschkina auch, Saratowa habe von einigen tschetschenischen Familien, denen sie half, Geld gefordert – eine Art Beratungshonorar dafür, dass sie ihre Notlage vor die Augen der Weltöffentlichkeit brachte. Das mochte eine Vereinbarung zum beiderseitigen Vorteil sein, aber Gannuschkina und

144

den meisten anderen Menschenrechtsaktivisten war so etwas ein Dorn im Auge.

Saratowa selbst sagte mir, der Vorfall mit dem Asylantrag der tschetschenischen Familie sei ihr nicht im Gedächtnis. Sie habe mit Gannuschkina Dutzende solcher Anträge bearbeitet; zu großen Meinungsverschiedenheiten sei es dabei nicht gekommen. Die immer wieder auftauchenden Geschichten, wonach sie Geld genommen haben soll, bezeichnet sie als »Erfindung und Versuch, meinem Ruf zu schaden«. Allenfalls habe sie von Asylbewerbern symbolische Gaben aus Dankbarkeit für ihre Hilfe angenommen. Für Gannuschkina hegt sie weiterhin tiefe Bewunderung und Respekt, auch wenn sie mir sagte: »Ich habe meinerseits an ihrer Arbeit und ihrem Umgang mit bestimmten einzelnen Fällen einiges auszusetzen.« Aber, so fügte sie hinzu: »Ich sage immer wieder, dass wir nicht auf verschiedenen Seiten der Barrikade stehen sollten.«

Wie auch immer es sich im Einzelnen verhalten mochte: Saratowa und Memorial passten offenkundig zunehmend schlechter zueinander, und schließlich verließ sie die Organisation. »Sie konnte nicht unter der Leitung anderer arbeiten«, sagt Akijew. »Sie wollte sich nicht an Regeln oder Vorschriften halten. Und das konnte zu Problemen führen – nicht nur für sie selbst, sondern auch für die Organisationen, mit denen sie zu tun hatte.« Saratowa ihrerseits wünschte sich mehr Freiheit in ihrer Arbeit. Sie wollte unterschiedliche Aufträge annehmen und die Menschenrechtsarbeit mit Recherchen und Berichten für ausländische Journalisten und Interessenvereinigungen verbinden. Trotzdem, so Akijew, seien die Beziehungen zwischen ihr und Memorial auch nach ihrem offiziellen Ausscheiden »herzlich und kollegial geblieben. Wir haben danach noch lange Kontakt gehalten.« Doch auch die Skepsis ihr gegenüber verschwand nicht. Jekaterina Sokirjanskaja, die im Nordkaukasus Recherchen für Memorial durchführte, fragte Natascha Estemirowa einmal, warum sie bei der Faktenerhebung immer noch mit Saratowa zusammenarbeitete. »Ach, das ist eben Hedka, so ist sie einfach«, sagte Estemirowa. Wie Sokirjanskaja es mir gegenüber ausdrückte: »Natascha kannte Hedas Schwächen und verzieh sie ihr, weil sie anderes an ihr schätzte.«

Saratowa lotste weiter Journalisten ins Kampfgebiet und wieder hinaus und versorgte ihre Kontakte bei Memorial mit Informationen über die neueste Belagerung oder Säuberungsaktion. Nach ein oder zwei Jahren flauten die Kämpfe ab, doch der Konflikt brodelte auf kleiner Flamme weiter. Wieder und wieder kam es zu Gewaltausbrüchen. Die russischen Soldaten hatten Grosny und andere große Städte rasch einnehmen können, aber im Guerillakrieg in den Bergen starben immer noch viele von ihnen. Noch gefährlicher für Putin war, dass militante Tschetschenen Terrorangriffe in Moskau und anderen russischen Städten durchführten. Nachdem tschetschenische Terroristen 2002 bei einer Geiselnahme in einem Moskauer Theater über siebenhundert Menschen in ihre Gewalt brachten, wurde deutlich, dass der Kreml seine Strategie ändern musste. Die Lösung hieß »Tschetschenisierung«: Die Moskauer Führung übertrug einen Großteil der politischen und militärischen Verantwortung auf ihre Statthalter in Grosny. Wenn es schon Krieg gab, sollten die Tschetschenen ihn untereinander führen.

Das Gesicht dieser Politik war Achmat Kadyrow, der ehemalige Mufti von Tschetschenien. Im Ersten Tschetschenienkrieg hatte er die Partei der Separatisten ergriffen und den Aufruf zum Dschihad gegen die Russen unterstützt – nur um dann im zweiten Krieg die Seiten zu wechseln und seine Loyalität zu Moskau zu bekunden. »Er glaubte aufrichtig, dass er das tschetschenische Volk vor dem sicheren Tod bewahrte«, sagte mir Iljas Achmadow, der in der kurzlebigen separatistischen Regierung Tschetscheniens als Außenminister diente. Achmat Kadyrow war durchdrungen von der langjährigen sufistischen Tradition Tschetscheniens. Den fundamentalistischen Islam in Form des Wahhabismus, der sich in der Republik ausbreitete, sah er als ebenso große Bedrohung an wie Russland. Um ihn zu zerstören, war er bereit, ein taktisches Bündnis mit Moskau einzugehen. Achmadow erinnert sich an Achmat Kadyrow trotz seines Überlaufens als »energischen und mutigen Mann mit ausgeprägter persönlicher Courage«.

Saratowa hatte Kadyrow lange Zeit hoch geschätzt. Sein öffentlicher Bruch mit der Rebellenbewegung und seine Bereitschaft zur Zusammenarbeit mit dem Kreml überraschten sie unangenehm. In ihren Augen war der Schritt nicht nur unbedacht, sondern verräterisch – und unheilvoll für Tschetschenien. Als sie Kadyrow zusammen mit Putin bei einer inszenierten Veranstaltung im Fernsehen erblickte, war sie entsetzt. Putin verkörperte für sie eine Politik, die auf die Zerstörung des tschetschenischen Volkes zielte. Sie bedauerte die Hinwendung der Rebellen zum extremistischen Islam und stand den wahhabistischen Praktiken, die in die tschetschenische Gesellschaft vordrangen, entschieden ablehnend gegenüber. Doch diese Übel verblassten im Vergleich mit den Schrecken, die der Kreml im Lauf der Jahrzehnte über das Land gebracht hatte. Und hier stand nun Kadyrow zusammen mit Putin auf der Bühne, schüttelte ihm die Hand und lächelte. Was kann dieser Mann wirklich erreichen, fragte Saratowa sich, wenn er neben den Mördern unseres Volkes steht?

Aber Kadyrow hatte die Rückendeckung Moskaus und damit auch Zugriff auf die Militärkraft und die finanziellen Ressourcen der Russischen Föderation. 2003, nachdem Tschetschenien einmal mehr dem russischen Staat einverleibt worden war, wurde er unter militärischer Besatzung zum Präsidenten der Republik gewählt. Sieben Monate später war er tot. Er wurde im Stadion von Grosny durch einen Sprengstoffanschlag ermordet, als er einer Parade russischer Soldaten beiwohnte. Noch am selben Tag wurde sein jüngerer Sohn Ramsan zu einem Treffen mit Putin beordert. Der damals 27-Jährige hatte sich bisher vor allem für Boxen und Gewichtheben interessiert. Außerdem befehligte er die Leibgarde seines Vaters, die sogenannten Kadyrowzy. Sie waren wegen ihrer Grausamkeit nicht weniger gefürchtet als die russischen Soldaten, die jahrelang versucht hatten, die Republik zu befrieden. Bei dem Treffen mit Putin, das landesweit im Fernsehen übertragen wurde, stach Kadyrow junior in seinem blauen Nylon-Trainingsanzug aus der pompös-feierlichen Umgebung des Kreml hervor. Mit Putins Segen beanspruchte er den Thron, der seinem Vater zuerkannt worden war, für sich.

Unmittelbar nach dem Attentat suchte Anna Politkowskaja Ramsan Kadyrow in Zentoroi, dem Heimatdorf der Familie, auf, um ihn zu interviewen. Sie beschrieb den Ort als »eines der unansehnlichsten Dörfer Tschetscheniens. Es ist abweisend und hässlich, und es wimmelt dort von mörderisch aussehenden, bewaffneten Männern.« Das Treffen verlief in frostiger Atmosphäre. Kadyrow bezeichnete Politkowskaja als »Feindin des tschetschenischen Volkes« und erklärte, sie müsse »dafür zur Verantwortung gezogen werden«. In einem Artikel über die Begegnung beschrieb Politkowskaja die Situation in Tschetschenien als »uraltes Märchen, wie es in unserer Geschichte viele gegeben hat: Der Kreml hat einen Babydrachen großgezogen, der jetzt immerzu gefüttert werden muss, damit er nicht Feuer spuckt.«

In den Jahren nachdem Ramsan Kadyrow die Nachfolge seines Vaters angetreten hatte, baute er eine absolute und weitreichende Autorität in Tschetschenien auf. Den russischen Generälen und Geheimdienstoffizieren, die die Republik einst kontrolliert hatten, entwand er die Macht ebenso wie internen Rivalen aus anderen bekannten tschetschenischen Clans. Mit der Zeit avancierte er zur tschetschenischen Version eines Feudalherrn: Offiziell war er dem imperialen Zentrum untergeordnet, doch in seinem eigenen Königreich konnte er weitgehend nach Belieben schalten und walten. In den Straßen von Grosny tauchten überall Stellwände und haushohe Plakate auf, die Porträts von ihm und seinem Vater zeigten. Darauf stand zum Beispiel: »Ramsan Kadyrow ist ein Patriot Russlands!« oder »Glück heißt, dem Volk zu dienen!«

Die Truppen der Russischen Föderation verschwanden aus dem Alltag. Sie wurden an Kontrollpunkten und Außenstellen in den Bergen zusammengezogen, und auch dort sank ihre Zahl. Die uniformierten Männer mit Automatikgewehren, die jetzt in der Hauptstadt und den kleineren Städten patrouillierten, waren nicht russische, sondern tschetschenische Streitkräfte. Obwohl sie theoretisch großteils der Moskauer Zentralregierung unterstellt waren, galt ihre Loyalität letztlich Kadyrow. Zwanzig- bis dreißigtausend Mann schlossen sich Einheiten an, die unter seinem inoffiziellen Befehl standen. Viele von ihnen hatten zuvor als Rebellen Krieg gegen Russland geführt. Sie waren nicht auf den Kreml, sondern auf Kadyrow persönlich vereidigt.

Putin fand sich mit diesem Arrangement ab – vermutlich, weil er mithilfe von Kadyrows Milizen den islamistischen Aufstand in Tschetschenien niederschlagen konnte. 2008 wurden 237 Menschen bei Gewalthandlungen im Zusammenhang mit dem schwelenden Guerillakrieg getötet; 2010 waren es 127. Dann sank die Zahl der Getöteten weiter auf 82 im Jahr 2012 und nur noch 14 im Jahr 2015. Der Sieg über den islamistischen Terrorismus im Kaukasus galt als eine der herausragendsten Leistungen Wladimir Putins und trug entscheidend dazu bei, ihn in den Augen des Volkes als Präsident zu legitimieren. Laut Igor Kaljapin, dem Leiter der NGO »Komitee gegen Folter«, gehen Putin und die Sicherheitsbeamten in seiner Umgebung davon aus, dass dieser Erfolg nicht möglich gewesen wäre, wenn man sich streng an die Gesetze gehalten hätte. »Sie glauben, dass sich der Frieden mit legalen Mitteln nicht wahren lässt. Das erklärt die Existenz der ›Kadyrowzy‹, die die Bevölkerung terrorisieren, Menschen entführen und, ja, auch foltern: Sie denken, dass es nicht anders geht.«

Je mehr Macht Kadyrow anhäufte, desto geringer wurde der Einfluss Moskaus in Tschetschenien. »Die Föderationsgesetze greifen hier überhaupt nicht«, so die Menschenrechtsaktivistin Gannuschkina. »Was gilt stattdessen? Nur eines, ein einziges Gesetz, das sich mit zwei Worten wiedergeben lässt: Ramsans Befehl.« Kadyrow regiert die Republik per Diktat, inspiriert von der Scharia und seiner persönlichen Auslegung des Adat, des überlieferten tschetschenischen Gewohnheitsrechts. Frauen dürfen behördliche Einrichtungen nur mit Kopftuch betreten. Alkohol zu kaufen, ist auf legalem Weg praktisch unmöglich. Kadyrow hat den Brauch der Polygamie gelobt, er hat zugelassen, dass Bürgerwehren durch Grosny patrouillieren, um angeblich unzüchtig gekleidete Frauen mit Farbbeuteln zu bewerfen, und sich ambivalent gegenüber sogenannten Ehrenmorden verhalten – also der Ermordung von Familienmitgliedern, von denen man glaubt, sie hätten Schande über die Sippe gebracht. Er hat diese Praxis zwar verurteilt, sie aber zugleich in der tschetschenischen Tradition verortet.

Die Menschenrechtsarbeit wurde zunehmend schwieriger und hochgefährlich. Da jetzt tschetschenische Truppen die Kontrolle ausübten, konnte die Regierung die Leute ganz einfach von Dorf zu Dorf verfolgen, feststellen, wer mit wem verwandt war, und entscheiden, welche Druckmittel eingesetzt werden sollten. Die föderalen Streitkräfte waren mit roher Gewalt vorgegangen und hatten kein Gespür für die vielen gemeinschaftlichen Bindungen, die das Leben in Tschetschenien bestimmen. Die tschetschenischen Soldaten verfügen hingegen über die nötigen Ortskenntnisse und Informantennetzwerke, um ihre Opfer gezielt auszusuchen – und sie nutzen Familienbande und tschetschenische Bräuche, um mit brutaler Schlagkraft gegen sie vorzugehen. Viele tschetschenische Menschenrechtsaktivisten, die während des Krieges Übergriffe dokumentierten, befassen sich mittlerweile mit neutraleren und weniger verfänglichen Themen wie Bildung oder Frauengesundheit; andere sind gar nicht mehr auf diesem Gebiet tätig. Eine der wenigen Personen, die weiterhin Menschenrechtsverletzungen verfolgen, sagte mir, Opfer staatlicher Übergriffe ersuchten jetzt seltener um Hilfe und wollten oft nicht, dass öffentliche Aufmerksamkeit für ihren Fall hergestellt wird. Heute könne das dazu führen, dass alles noch schlimmer wird: »Das Unglück eines Menschen wird zum Unglück einer ganzen Familie.«

Im Februar 2008 signalisierten Leute aus Kadyrows Umgebung, er sei nicht erfreut über die Aktivitäten von Memorial in Tschetschenien und wünsche mit Vertretern der Organisation zu sprechen. Der Memorial-Vorsitzende Oleg Orlow, der in Moskau lebte, flog zusammen mit Swetlana Gannuschkina sofort nach Grosny. Er hoffte darauf, einen gewissen Schutz für die Mitarbeiter des Memorial-Büros vor Ort zu erwirken. Am Tag des vereinbarten Treffens wartete er mit Gannuschkina und mehreren ortsansässigen Kollegen Stunde um Stunde. Kurz vor Mitternacht wurden sie von zwei Autos abgeholt und zu einer von Kadyrows Residenzen gebracht. Mit heulenden Sirenen fuhren sie eine leere, für den übrigen Verkehr gesperrte Straße entlang. Dann passierten sie ein schmiedeeisernes, von zwei Bronzelöwen flankiertes Tor. »Es war wie eine Art Babylon«, erzählt Orlow.

Sie betraten ein riesiges Foyer, in dem lediglich ein Billardtisch und eine Vitrine mit einer Sammlung seltener Waffen standen – antike Säbel, verzierte Pistolen, ein Maschinengewehr mit Gravuren. Im Gespräch mit Kadyrow versuchte Orlow, einige der Probleme anzusprechen, an denen Memorial in Tschetschenien arbeitete – Zwangsverschleppungen, Folter, Hinrichtungen ohne Gerichtsverfahren –, ohne dabei offen in Konfrontation zu gehen. Das erwies sich als schwierig. Kadyrow gab sich als »oberster Verteidiger der Menschenrechte« in Tschetschenien. Er schien nicht zu begreifen, wozu unabhängige Organisationen wie Memorial nötig waren. »Wenn es ein Problem gibt, lassen Sie es mich wissen – ich kann alles lösen«, sagte er zu Orlow. »Er wollte als jemand erscheinen, der Freude daran hat, Tschetschenien zu helfen, der sich ernsthaft Gedanken um Tschetschenien macht und kein leichtes Leben führt«, erinnert sich dieser.

Am nächsten Tag traf sich Kadyrow noch einmal mit den Vertretern von Memorial. Dieses Treffen wurde im tschetschenischen Fernsehen übertragen. Kadyrow schlug die Einrichtung eines kommunalen Menschenrechtsrats für Grosny vor und ernannte Saratowas frühere Partnerin Natalja Estemirowa zu dessen Leiterin, eine der bekanntesten und respektiertesten Aktivistinnen, die noch in Tschetschenien tätig waren. »Er hat das einfach so entschieden und umgesetzt, wie ein Zar oder Gott«, sagt Orlow. Später wurde ihm klar, dass Kadyrow geglaubt hatte, er könne Estemirowas Aktivitäten mit diesem Schachzug unter seine Kontrolle bringen. Das Arrangement hatte jedoch nicht lange Bestand. Estemirowa ging auch weiterhin Übergriffen der tschetschenischen Sicherheitskräfte nach. Einen Monat später kritisierte sie in einem Interview im föderationsweiten Fernsehen die von Kadyrow verhängte Vorschrift, nach der Frauen in öffentlichen Gebäuden Kopftuch zu tragen hatten. Sie wurde zum Bürgermeister von Grosny bestellt, wo Kadyrow erschien, um die Auflösung des kommunalen Menschenrechtsrats zu verkünden. Wie Estemirowa später Orlow berichtete, warnte er sie: »Denken Sie an die Konsequenzen; denken Sie an sich selbst und Ihre Tochter.«

Im Juli 2009 fuhr Estemirowa in das Dorf Achkintschu-Borsoi. Dort hatten bewaffnete Polizeibeamte einen Mann, den sie verdächtigten, Beziehungen zum militanten Untergrund zu unterhalten, ins Ortszentrum geschleppt und getötet. Sie wollte mit den Dorfbewohnern über den Fall sprechen. Saratowa war unterdessen vorsichtiger geworden. Sie war nicht mehr so leicht bereit dazu, Kadyrow und die ständig wachsende Zahl seiner Gefolgsleute und Vollstrecker offen herauszufordern. »Ich sah, welche Risiken sie einging«, sagt sie über Estemirowa. »Ich selbst hatte angefangen, weniger zu riskieren.« Die beiden einstigen Gefährtinnen hatten verschiedene Richtungen eingeschlagen. Saratowa vermied nun die direkte Konfrontation mit dem Regime. Sie suchte für sich und ihre Söhne – Schamil, jetzt im Teenageralter, und den 5-jährigen Scharip – nach einer Möglichkeit der Koexistenz. Estemirowa setzte währenddessen ihre Arbeit unerschrocken fort. Sie verfolgte und veröffentlichte Rechtsverstöße durch Kadyrows Soldaten ebenso gewissenhaft wie früher die Verbrechen des russischen Militärs. Nach ihrer Reise nach Achkintschu-Borsoi sprach sie in einem Interview öffentlich über den Mord. Orlow erzählte mir, der Ombudsmann für Menschenrechte in der tschetschenischen Regierung, ein bedingungsloser Gefolgsmann Kadyrows, habe daraufhin den Leiter der Memorial-Niederlassung in Grosny einbestellt, Estemirowas Vorgesetzten. »Ist Ihnen klar, was Sie da drucken?«, habe er gesagt. »Erinnern Sie sich, was mit Anna Stepanowna [Politkowskaja] passiert ist?« Dann fuhr er fort: »Denken Sie daran: Genau dasselbe könnte Natascha Estemirowa zustoßen.«

Am Morgen des 15. Juli 2009 verließ Estemirowa gegen halb neun ihre Wohnung im Stadtzentrum von Grosny und machte sich auf den Weg zum Büro von Memorial. Auf der Straße kam eine Gruppe bewaffneter Männer auf sie zu, die sie in ein wartendes Auto verfrachteten. Laut der Aussage von Nachbarn konnte sie noch herausschreien, dass sie entführt wurde. Saratowa war an diesem Tag bei einem Picknick am Kesenoiam. Am Ufer des Bergsees, dessen tiefblaues, mild temperiertes Wasser an ein tropisches Meer erinnert, erreichte sie ein Anruf von einem Journalisten in Moskau: Natascha war verschwunden. Wie alle in Estemirowas Freundes- und Kollegenkreis fürchtete Saratowa sofort das Schlimmste. Wenn jemand auf diese Weise verschwand, ging das selten gut aus. Journalisten und Aktivisten schlugen Alarm. Sie riefen alle staatlichen Stellen und Polizeistationen in Tschetschenien an, die ihnen einfielen, in der Hoffnung, dass Estemirowa auftauchen würde – vielleicht als Gefangene, aber wenigstens unversehrt. Noch am selben Abend kurz nach sechs Uhr erfuhr Saratowa, dass man Estemirowas von Kugeln durchsiebte Leiche gefunden hatte. Sie war in einem Feld an einer Straße abgeladen worden.

Am folgenden Tag erklärte Orlow auf einer Pressekonferenz in aufgewühlter Stimmung: »Ich weiß genau, wer die Schuld an der Ermordung von Natascha Estemirowa trägt. Wir kennen ihn alle. Es ist Ramsan Kadyrow, der Präsident der Republik Tschetschenien.« Die Dreistigkeit und der Zynismus dieser Mordtat wirkten selbst für tschetschenische Verhältnisse schockierend. Saratowa bebte vor Wut und Verzweiflung. Niemand war sicher. Wenn die Mächtigen sich gegen einen wendeten, gab es keine Zuflucht und keinen Beschützer. Sie schloss sich einer spontanen Kundgebung von einigen Dutzend Leuten in Grosny an und trug ein selbst gemachtes Schild, auf dem stand: »Wer ist der Nächste?« Sie begann, auf die in Tschetschenien allgegenwärtigen Polizisten und die Sicherheitskräfte zu schauen: Mörder, überall Mörder, an jeder Straßenecke, in jedem Gebäudeeingang. Saratowa sorgte sich um sich selbst und ihre große Familie – nicht nur ihre beiden Söhne und vier Brüder, sondern Dutzende, sogar Hunderte von Verwandten, die wegen ihrer humanitären Arbeit Schwierigkeiten bekommen oder in wirkliche Gefahr geraten konnten. Wer konnte sie beschützen? Und ich, dachte sie, wo ist der schützende Flügel, unter dem ich Zuflucht finde? Zehn Monate nach Estemirowas Ermordung erhielt sie eine anonyme Textnachricht. Die Botschaft war unmissverständlich: Hör auf, sonst sorgen wir dafür, dass du aufhörst. Der Absender machte deutlich, dass er wusste, wie alt Saratowas Kinder waren und wo sie zur Schule gingen. Noch am selben Abend kaufte sie drei Tickets nach Moskau.

Saratowa blieb fast ein Jahr lang in der russischen Hauptstadt. Einige Wochen verbrachte sie auch im Rahmen eines Stipendienprogramms in der Schweiz. Sie dachte daran, endgültig umzuziehen, doch die Aussicht auf ein Leben im Exil erschien ihr unbeständig und unbefriedigend, selbst wenn es nur Moskau war. Sie vermisste ihre alte Mutter, und es zog sie heim nach Tschetschenien. Sie wünschte sich eine Position und eine Aufgabe in ihrer eigenen Gesellschaft. Sie wollte im eigenen Land nützlich sein und einen gewissen Status haben, statt sich wie so viele Exiltschetschenen in der Heimat anderer Leute durchzuschlagen. Schließlich kehrte sie nach Grosny zurück.

»Als ich endgültig wiederkam, war mir klar, dass ich den Stil meiner Arbeit ändern musste und vielleicht sogar mich selbst«, sagte sie mir. »So wie bisher würde es nicht mehr gehen.« Sie musste sich an die Gegebenheiten um sich herum anpassen: Kadyrows Macht hatte fast keine Schranken. Es war sinnlos, ja selbstmörderisch, sie herauszufordern. Vielleicht würde Saratowa mehr Menschen helfen können, wenn sie weniger auf Konfrontation mit den Machthabern und mehr auf Kooperation setzte. »Ja, das heißt, dass ich über einiges hinwegsehen muss«, gestand sie ein. »Aber das sind Probleme, bei denen ich auch dann nichts erreichen könnte, wenn ich es wollte.« Es gab jedoch noch eine ganze Reihe von Fällen, die die Interessen von Kadyrows Staat nicht so unmittelbar berührten. Hier konnte eine gewisse Nähe zu den Machthabern ihrer Arbeit vielleicht zugutekommen.

Bald zeigte sich, welche Möglichkeiten sich auftaten, wenn man innerhalb des Systems operierte. Einige ehemalige militante Kämpfer wandten sich an Saratowa, weil der tschetschenische Staat nicht bereit war, sie wieder ins zivile Leben zu integrieren. Sie wollten nicht mehr im Untergrund leben und wünschten sich eine offizielle Begnadigung, um Arbeit zu finden. Doch wo immer sie sich auch hinwandten, wurden sie verfolgt und festgenommen. Saratowa suchte einen Bekannten auf, der stellvertretender Minister in Kadyrows Regierung war, und erläuterte ihm das Problem. Er erklärte sich zu einem Treffen mit den jungen Männern bereit. Fünfzehn von ihnen nahmen daran teil. In den folgenden Tagen fuhr Saratowa zwischen der Polizei und den staatlich bestellten religiösen islamischen Führern hin und her und trug dazu bei, dass für die Gruppe eine Amnestie ausgehandelt wurde. Das Gleiche tat sie auch für einen Cousin, einen Militanten mit dem Spitznamen »Lahmer Fuchs«, der ins Zivilleben zurückkehrte und einen kleinen Landwirtschaftsbetrieb gründete. Sie habe das Gefühl, Menschen wirklich helfen zu können, statt wie all die Jahre zuvor »nur Leichen zu zählen«, sagte sie.

Zunächst wurde Saratowa an ihrer Unterstützung für Kadyrow gemessen. Sie war kein Mensch der Grundsatzerklärungen und unerschütterlichen Überzeugungen. Sie hatte ein genaues Gespür für das, was jeweils zulässig und vorteilhaft war. »Heda hat immer im Einklang mit dem Zeitgeist gehandelt und Wege gefunden, auch persönlich Vorteil daraus zu ziehen«, sagt Swetlana Gannuschkina. »Nicht sie hat sich verändert, sondern die Umstände.« Zu Übergriffen, die nach wie vor in Tschetschenien stattfanden, erklärte Saratowa jetzt, sie seien die Schuld weniger schwarzer Schafe, Polizeibeamter und Kommandeure der Kadyrowzy. Ihre Taten seien zwar verdammenswert, doch es handle sich dabei um Einzelfälle, die nicht für das System als Ganzes stünden.

Nach Estemirowas Ermordung gründete Kaljapin, der Leiter des »Komitees gegen Folter«, ein neues Menschenrechtsgremium, das es Anwälten aus ganz Russland ermöglichte, abwechselnd ein oder zwei Monate lang freiwillig Rechtshilfe in Tschetschenien zu leisten. Da keiner von ihnen dort Familie hatte und sie nur für begrenzte Zeit tätig waren, waren sie weniger leicht angreifbar. Auf Kaljapins Bitte hin übernahm Saratowa die Koordination vor Ort. Ein paar Monate später wurde sie zu einem Treffen mit dem tschetschenischen Ombudsmann für Menschenrechte beordert – demselben, der damals angedeutet hatte, in welcher Gefahr Estemirowa schwebte. Der Ombudsmann schimpfte auf die Mitglieder von Kaljapins Gremium. Er nannte sie einen Haufen Spione, die alle möglichen finsteren Pläne aushecken, um Tschetschenien und seine Führung zu schwächen. Nach dem Treffen gab Saratowa eine öffentliche Erklärung ab: Sie trete aus Kaljapins Organisation aus, weil sie mit deren Methoden nicht einverstanden sei. Als wir Jahre später über diesen Vorfall sprachen, sagte sie mir bitter, der Text sei zwar in ihrem Namen publiziert, aber vom Mitarbeiterstab des Ombudsmanns formuliert worden.

Kaljapin war enttäuscht, aber nicht wirklich schockiert gewesen – er hatte Saratowas allmähliches Umsteuern schon seit einiger Zeit registriert und bemerkt, dass die alleinige, unanfechtbare Quelle der Macht in Tschetschenien eine magnetische Anziehung auf sie ausübte. Von einer gemeinsamen Freundin hörte er, Saratowa habe geweint, als sie erzählte, wie man sie unter Druck gesetzt habe, die Mitarbeit in Kaljapins neuer Gruppe zu beenden. Einer ihrer Söhne sei bedroht worden. Kaljapin empfand ein gewisses Mitleid oder zumindest Verständnis für das, was Saratowa durchmachte. Er hatte schon bei anderen tschetschenischen Freunden und Ansprechpartnern erlebt, wie sie von Skeptikern oder sogar offenen Kritikern zu resignierten Unterstützern Kadyrows mutiert waren. »Viele von ihnen haben nie eine bewusste Entscheidung getroffen«, sagte er mir. »Es war eher ein psychologischer Prozess – sie waren es einfach müde, Angst zu haben.« Kadyrows Schatten verfolgt einen in Tschetschenien auf Schritt und Tritt. Irgendwann beschließt man – vielleicht, ohne sich darüber selbst ganz klar zu sein –, dass es einfacher ist, ihn zu lieben, als in ständiger Furcht zu leben. Das wird dadurch erleichtert, dass das Kadyrow-Regime alle, die sich zu ihm bekennen, in die Arme schließt und feiert. Wenn es ehemalige Skeptiker und Gegner auf seine Seite ziehen kann, dient ihm das als Ausweis der eigenen Rechtschaffenheit. Zugleich wird der öffentliche Raum für abweichende Meinungen so immer kleiner. »Als angesehene Persönlichkeit hast du in Tschetschenien immer die Option, dich an den Staat zu verkaufen«, so Kaljapin.

Saratowa selbst hält sich bedeckt, wenn es um die Drohungen und Verlockungen geht, denen sie ausgesetzt war. Aber ihre Bekannten können sich ungefähr vorstellen, was geschehen ist. Laut Jekaterina Sokirjanskaja, Saratowas früherer Kollegin bei Memorial, war die Alternative, vor die sie und andere tschetschenische Aktivisten gestellt wurden, von Anfang an klar: »Du kannst als Flüchtling in ein anderes Land emigrieren, aber dort bist du ein Niemand, bestimmt nicht die Persönlichkeit, die du zu Hause warst. Oder du bleibst und stellst dich auf die Seite des Staates; dann eröffnen sich dir alle Mittel und Möglichkeiten.« Dieses implizite Angebot – »Status, Einfluss und Geld« – habe letztlich den Ausschlag gegeben, vermutet sie. Saratowas öffentliche Äußerungen änderten sich. Sie verbreitete jetzt nicht nur positive Propaganda und setzte Kadyrows Herrschaft in ein vorteilhaftes Licht, sondern begann auch, die Glaubwürdigkeit ihrer früheren Partner zu untergraben. In Interviews mit tschetschenischen Fernsehreportern säte sie Zweifel an den Motiven und Praktiken der Moskauer Menschenrechtsaktivisten, auch der Mitarbeiter von Memorial.

Den schärfsten Bruch mit ihrem alten Umfeld vollzog sie im Dezember 2014. Kurz zuvor hatte eine Gruppe militanter Dschihadisten einen Terroranschlag in Grosny verübt, was inzwischen nur noch äußerst selten vorkam. Vierzehn Polizisten waren dabei ums Leben gekommen und ein Bürogebäude im Stadtzentrum in Flammen aufgegangen: Die Militanten hatten einen Kontrollpunkt der Polizei angegriffen und sich dann in dem Hochhaus verbarrikadiert, in dem die staatlichen Nachrichtenagenturen

Tschetscheniens untergebracht waren. Die Kämpfe hielten fast einen Tag lang an. Kadyrow war wütend; dieser dreiste Angriff erschütterte seinen Anspruch, Frieden und Stabilität in Tschetschenien hergestellt zu haben. In der Erregung des Augenblicks galten alle Kritiker seines Regimes, auch Journalisten und Menschenrechtsaktivisten, als gleich schändlich und feindselig. In einer politischen Talkshow im tschetschenischen Staatsfernsehen kritisierte Saratowa auf Nachhaken des Moderators ausdrücklich Kaljapin und seine Arbeit. Sie unterstellte ihm kommerzielle Interessen: »Er gehört zu denen, die im Krieg hergekommen sind, um sich Fördergelder zu sichern.« Anders als Kaljapin bitte sie nicht bei westlichen Organisationen um Mittel für ihre Arbeit. Mit dieser Aussage unterstellte sie ihm implizit, dass er nach der Pfeife seiner ausländischen Geldgeber tanze. Nach der Sendung rief sie erneut bei früheren Freunden und Kollegen in Moskau an. Sie war aufgewühlt, weinte und erklärte, sie sei genötigt worden, diese Dinge zu sagen. Sie meine das nicht wirklich; sie sollten bitte verstehen, in welcher Zwangslage sie sich befinde.

Einige von Saratowas ehemaligen Mitstreitern zeigten Mitgefühl für sie und ihre Situation. Aber ebenso viele, vor allem bei Memorial, fanden, dass sie eine moralische Grenze überschritten hatte, die es schwer machte, ihr zu verzeihen. »Am Anfang habe ich noch versucht, sie zu verstehen: Gut, ihr Verhalten war nicht in Ordnung, aber sie ist eine Gefangene der Umstände, sie macht sich Sorgen um ihre Familie, ich kann mir vorstellen, welchem Druck sie ausgesetzt ist«, sagt Timur Akijew, der 2009 die Leitung des Memorial-Büros in Nasran übernahm. »Ich fand ihre Position nicht akzeptabel, aber zumindest nachvollziehbar.« Doch ein öffentlicher Angriff auf Leute, die sie einst

161

als Kollegin aufgenommen hätten, sei etwas ganz anderes. »Es gibt Situationen, in denen man nicht die Wahrheit sagen kann«, so Akijew. »Aber man kann wenigstens schweigen, um nicht die blanke Unwahrheit zu sagen – und das hat Heda nicht getan.«

Saratowa litt sichtlich, als ich sie darauf ansprach, wie enttäuscht Menschen von ihr waren, die sie seit zwei Jahrzehnten kannten. »Es tut weh«, sagte sie. »Warum versuchen sie nicht, mich zu verstehen, statt mich zu verfluchen?« Saratowas Überzeugung nach sind viele von ihnen naiv und zu schnell bereit, sie zu verurteilen. »Sie fordern etwas von mir, das ich nicht liefern kann«, sagte sie und paraphrasierte, was die Moskauer ihrer Ansicht nach an ihr aussetzten: »Wirst du Kadyrow kritisieren? Nein? Dann mach deine Organisation zu und hör auf, dich Menschenrechtsaktivistin zu nennen.« Sie tat weder das eine noch das andere. Aber das heißt nicht, dass die Lebenswirklichkeit im heutigen Tschetschenien ihr nicht bewusst ist. »Glauben Sie mir, es gibt vieles, worüber ich hinwegsehe«, sagte sie mir. Als ich nachfragte, was das genau sei, wich sie aus. »Das wissen nur ich und der allmächtige Allah.« Dann fuhr sie fort: »Aber wie kann man behaupten, dass alles in der Republik schlecht ist? Die Stadt ist aus Ruinen wiederaufgebaut worden. Wir erhalten pünktlich unsere Renten und Gehälter. Der Alltag funktioniert. In den Kriegszeiten war das nie der Fall.« Die Alternative »Krieg oder Kadyrow« mag falsch sein, aber Kadyrow hat sie nicht nur dem Kreml erfolgreich verkauft, sondern auch vielen Tschetschenen. Allerdings bleibt ihnen auch nicht viel anderes übrig. Saratowa machte wie üblich das Beste aus der Situation. Sie nahm einen Sitz in Kadyrows Menschenrechtsrat an.

Das Stadtzentrum von Grosny war in den Tschetschenien-kriegen Ziel der schwersten Bombenangriffe, die es in Europa seit der Bombardierung Dresdens 1945 gegeben hatte. Wer die Stadt damals gesehen hat, wird sie heute nicht wiedererkennen. Die Trümmer sind verschwunden, Grosnys Straßen neu gepflastert und gut gepflegt. Die zentrale Durchfahrtsstraße wurde in »Putin-Prospekt« umbenannt, zu Ehren des Mannes, der der Republik – mit Kriegsflugzeugen und »Säuberungsaktionen« – Frieden gebracht hat, wie es jetzt heißt. Die Stadt ist still und farblos, ihre Plätze sind weit und leer und die Gehwege mit Gras gesäumt. Es liegt immer noch etwas leicht Bedrohliches in der Luft; an den Straßenecken stehen Männer in schwarzen Uniformen mit Automatikgewehren. Doch die glanzvollsten Attraktionen sind eher verspielt und familienfreundlich, etwa ein künstlich angelegter See mit Lichtinszenierung. Die Skyline wird von den Glastürmen von Grosny-City beherrscht, einer Gruppe von Wolkenkratzern, in denen Büros, Luxusapartments und ein Fünfsternehotel untergebracht sind. Die Wolkenkratzer ragen über der nach Kadyrow dem Älteren benannten Achmat-Kadyrow-Moschee empor. Der als »Herz Tschetscheniens« bekannte Bau wurde von türkischen Handwerkern errichtet und 2008 eröffnet. Seine riesige, von Kronleuchtern mit Swarovski-Kristallen erleuchtete Halle bietet zehntausend Gläubigen Platz. Er steht inmitten gepflegter Gärten und farbig illuminierter Springbrunnen.

An einem klaren Herbstmorgen, kurz nach dem zweiten Gebetsruf des Tages, ging ich durch die Gärten und an der Moschee vorbei zu einem Café am Hauptplatz, um bei einer Kanne Tee mit Timur Alijew zu sprechen. Alijew, ein Berater Kadyrows, gehörte jahrelang zu den bekanntesten unabhängigen Journalisten Tschetscheniens. Er war Chefredakteur der Wochenzeitung *Tschetschenskoje Obschtschestwo, Die tschetschenische Gesellschaft,* die Recherchen zu Menschenrechtsverletzungen und Korruption publizierte. Als er 2008 erheblichem Druck durch die Machthaber ausgesetzt war, gab er seine journalistische Tätigkeit auf und nahm eine Stelle in der Regierung Kadyrow an. »Früher glaubte ich, dass dieses Image von Kadyrow als brutalem Kerl stimmt«, sagte mir Alijew. »Aber dann hatte ich die Chance, ihn kennenzulernen.« Im Gespräch habe Kadyrow ihn beeindruckt. »Seine ausgeprägte ethische Einstellung hat mir imponiert, seine große Religiosität. Er sieht sich nicht nur als Oberhaupt der Republik Tschetschenien, sondern als jemanden, der sich um das Wohl jedes Einzelnen kümmert.«

Ich sprach Alijew auf den Persönlichkeitskult um Kadyrow an. Nachrichtensendungen machen oft mit den Besuchen auf, die er Schulen und Sporthallen abstattet. Ich habe in Grosny zahllose Geschichten von Bürgern gehört, die über die sozialen Medien an den Staatsführer appellieren. Oft taucht Kadyrow am nächsten Tag höchstpersönlich auf, um ein kleines Problem zu lösen oder einen inkompetenten Staatsbediensteten zum Handeln zu verdonnern. Alijew sah das ausschließlich positiv. »Ohne den persönlichen Aspekt wäre das System nicht mehr effektiv.« Auf die Frage, was sei, wenn Kadyrow einmal nicht mehr regiere, erwiderte er: »Ich hoffe, dieser Tag kommt nie.« Soweit ich sehen konnte, stand hinter Alijews Kehrtwende eine ähnliche Abwägung wie bei Saratowa: Auf dem einen Weg drohen Gefahr und Not für einen selbst und die Familie, der andere verspricht ein gewisses Maß an Komfort und Zugang zur Macht – und, sagt man sich womöglich, sogar ein bisschen Einfluss, ein kleiner Hebel, um das Leben in Tschetschenien hier und da ein wenig zu verbessern. Falls bei Alijew ein Unbehagen über seine Entscheidung zurückgeblieben ist, hat sich mir das nicht mitgeteilt. Seine Unterstützung für Kadyrow wirkte völlig aufrichtig.

Bei meinem Aufenthalt in Tschetschenien wurde mir klar, dass die Regierung Kadyrow – so illiberal und entfernt von der reinen islamischen oder tschetschenischen Tradition sie auch ist – einer Bevölkerung, die sich von zwanzig Jahren Trauma und Dislozierung erholt, viel zu bieten hat. In Grosny findet fast täglich eine Tanzvorstellung eines lokalen Ensembles oder ein Wettkampf mit tschetschenischen Sportlern statt. Eines Abends sprach ich mit einer typischen Vertreterin der noch verbliebenen Intelligenzija von Grosny, einer einst sehr lebendigen sozialen Schicht, die nach der Zerstörung der Stadt weitgehend verschwunden ist. »Nach zwei Kriegen waren wir in einer schwierigen Situation«, sagte sie. »Wir waren geistig und moralisch tot. Und auch wenn wir die negativen Seiten seines Charakters nicht vergessen sollten: Was das Geistige angeht, hat Kadyrow unserem Niedergang ein Ende gesetzt.« Allerdings seien die Möglichkeiten des Staates begrenzt, und es liege bei den Tschetschenen selbst, ihre Kultur wieder aufzubauen – keine leichte Aufgabe, wenn man berücksichtigt, wie sehr sich der Staat in das Alltagsleben einmischt. »Ramsan allein ist noch keine Kultur. Es ist nur eine erzwungene Wahl – man fordert dies, verbietet jenes, baut hier etwas und erklärt das dann zur Kultur.« Einige Traditionen kehrten wieder, andere gingen verloren – oft gleichzeitig. »Als ich ein junges Mädchen war, setzte mein Großvater durch, dass ich ein Kopftuch trug. Ich hatte Angst vor ihm. Er erklärte: ›Du bist ein tschetschenisches

Mädchen, also wirst du Kopftuch tragen.‹ Heute gibt es solche Großväter nicht mehr, aber ihre Rolle wird vom Ressort für geistige und moralische Erziehung übernommen.«

Kadyrows Aufstieg und die faktische Autonomie von Moskau, die er genießt, haben für viele Tschetschenen etwas Begrüßenswertes und Überzeugendes. Selbst wenn sie für ihn persönlich und die Art seiner Herrschaft nicht viel übrighaben, ist er doch wenigstens kein weiterer Abgesandter Moskaus, sondern einer von ihnen. Kaljapin zufolge lehnen selbst Opfer von Übergriffen durch tschetschenische Beamte und Sicherheitskräfte es oft ab, sich um Wiedergutmachung zu bemühen. Sie sagen ihm: »Wir klären das unter uns, eure russischen Gesetze und Gerichte brauchen wir dafür nicht.« Während meiner Zeit in Tschetschenien hatte ich immer wieder Anlass, über die Paradoxie der Situation zu staunen: Im verzweifelten Bestreben, die Separatisten der Neunziger abzuwehren, hat der Kreml es letztlich zugelassen, dass die Republik zu einer Art Ausland im Inland geworden ist, einem selbst verwalteten Gebiet, von dem die ursprünglichen Separatisten nur träumen konnten.

Nach und nach wurde Saratowa klarer, welchen Regeln und Kalkülen ihre Arbeit unterworfen war: Bei allem, was die Interessen Kadyrows und seines engen Umfelds betraf, blieb ihr nichts anderes übrig, als im Brustton der Überzeugung den offiziellen Standpunkt wiederzugeben. In Fällen, die nicht so bedeutsam und folgenschwer waren, konnte sie hingegen manches erreichen. So erwirkte sie mit ein paar Anrufen bei der Polizei die Freilassung von ein paar Teenagern, die im Verdacht standen, zum extremistischen Untergrund zu gehören, und letztlich für unschuldig befunden wurden. Oder sie half einem 25-Jährigen, der festgenommen worden war, weil er einmal einem Militanten, einem Freund seines älteren Bruders, erlaubt hatte, die Nacht in der Familienwohnung zu verbringen. Die Polizisten zogen ihm eine Tüte über den Kopf, bis er fast erstickte; dann schlugen sie ihn mit Knüppeln. Als Saratowa ihn aus der Polizeistation holte, konnte er kaum laufen. Sein Körper war schlaff und übersät mit tiefblauen Hämatomen. Ein anderer Mann verschwand acht Monate lang in Gewahrsam. Als Saratowa ihn endlich fand, so erzählt sie, »roch er faulig und feucht – als hätte ihn jemand im nassen Erdboden begraben und dort vergessen«.

Sie hält es für notwendig, Polizisten zu loben, wenn sie Gefangene widerwillig und sang- und klanglos freilassen, auch wenn sie sie vorher monatelang illegal festgehalten und gefoltert haben. »Natürlich sehe ich darüber hinweg, dass ein Mensch ein oder zwei Monate lang festgehalten wurde, wenn ich ihn da herausholen will«, sagt sie. »Ich muss Leuten schmeicheln, die die Rechte eines jungen Mannes verletzt haben, aber ihn auf meine Bitte hin schließlich gehen lassen.« Mir ist nie wirklich klar geworden, ob Saratowas unbefangener, in Respekts- und Lobbekundungen gehüllter Umgang mit tschetschenischen Strafverfolgungs- und Sicherheitsbeamten eine Taktik ist, auf die sie sich widerwillig einlässt, oder ob dieser Stil ihr liegt und sie ihn womöglich sogar vorzieht. »Ich sage ihnen: ›Vielen, vielen Dank, Sie haben geholfen, diesen Mann zu finden und ihn seiner Mutter wiederzugeben.‹«

Die tschetschenische Politik ist von Intrigen und Klientelismus geprägt. Saratowa achtet immer darauf, dass sie die Protektion einer Person hat, die in der Hierarchie ein oder zwei Stufen über ihr steht. Sie hat persönliche Beziehungen zu hochrangigen Offizieren der tschetschenischen Sicherheitskräfte aufgebaut. Dank ihrer Verbindungen hat sie einen gewissen Zugang, der es ihr ermöglicht, Informationen zu beschaffen, auch wenn sie nicht immer etwas erreicht. Selbst die Moskauer Menschenrechtsaktivisten, die ihre Nähe zur tschetschenischen Regierung mit Misstrauen, wenn nicht sogar offener Verachtung, sehen, räumen ein, dass sie oft schneller an Neuigkeiten zu einem Fall herankommt oder den Aufenthaltsort verschwundener Personen ermitteln kann. Saratowa selbst sieht dies als Rechtfertigung für ihre Nähe zur Macht. »Die Moskauer Aktivisten schreiben Briefe an die Staatsanwaltschaft und warten auf eine Antwort. In dieser Zeit kann den Betroffenen alles Mögliche zustoßen«, sagte sie mir. »Aber ich löse Probleme sofort.«

Die Beziehungen, die Saratowa zu den Leuten im Machtgefüge Kadyrows unterhält, werden von beiden Seiten genutzt. Sie gelangt darüber kaum je an Informationen, die sie aus Sicht der Machthaber nichts angehen; weit eher erhält sie Hinweise, welchen Fällen sie nachgehen kann und welche sie zu ignorieren hat. Inzwischen hat sie von selbst begriffen, wo die Grenzen verlaufen und wie sie es vermeidet, diese zu überschreiten. Sie erzählte mir von einem Mann, der sich dabei filmen ließ, wie er auf ein Plakat mit dem Abbild Kadyrows trat und sagte: »Das wäre ein guter Putzlappen.« Er stellte das Video online und wurde verhaftet. Saratowa lehnte es ab, sich für ihn einzusetzen. (Er wurde später zu Straßeninstandsetzungsarbeiten verurteilt.) Sie wurde auch in vielen Fällen um Hilfe gebeten, in denen Verwandte von tschetschenischen Sicherheitskräften festgenommen worden und nie wieder aufgetaucht waren. Bei ihren Erkundigungen stellte Saratowa dann fest, dass die verschwundenen Männer möglicherweise Verbindungen zum militanten Islam unterhielten (so erzählte sie es jedenfalls mir). Nach offizieller Darstellung waren sie bei bewaffneten Zusammenstößen ums Leben gekommen. Saratowa beschloss, es dabei zu belassen. »Tote kann man nicht zurückholen, und die Angst, Lebenden zu schaden, hält mich davon ab, das weiterzuverfolgen.« Wenn ein Tschetschene einmal im Verdacht steht, dem militanten Widerstand anzugehören, schweben so gut wie alle männlichen Mitglieder seiner Großfamilie in Gefahr. »Es gibt Augenblicke, in denen ich mich wirklich ohnmächtig fühle«, sagt sie.

Dank ihres Zugangs zu einigen Beamten in Kadyrows Machtapparat gehört Saratowa zu den wenigen Ansprechpartnerinnen, die die Arbeit der tschetschenischen Strafverfolgungsbehörden kennen und wissen, welche Personen festgenommen wurden, wo sie sich befinden und wessen sie verdächtigt werden. Tanja Lokschina, die Menschenrechtsrecheurin von Human Rights Watch, ruft Saratowa immer noch gelegentlich an und schaut in ihrem Büro vorbei, wenn sie in Grosny ist. »Informationsquellen sind wichtig«, sagte sie mir. »Früher dachte ich, Heda ist diejenige, die Konzessionen macht. Jetzt stelle ich fest, dass ich selbst welche mache, indem ich die Beziehung zu ihr aufrechterhalte.« Die Gespräche laufen ihr zufolge immer nach demselben, ihr inzwischen vertrauten Muster ab: Jemand verschwindet, mutmaßlich aufgrund einer Verhaftung durch Gefolgsleute von Kadyrow. Eine panische Suche beginnt. Lokschina ruft Saratowa an, um zu erfahren, was sie von der Sache weiß. Saratowa sagt in der Regel: »Tanja, was für eine furchtbare Geschichte. Ich spreche gleich mit der Mutter.« Sie schluchzt. »Ich tue alles, was ich kann.« Und dann kommt unweigerlich: »Nur eins muss dir klar sein: Öffentlichkeit ist jetzt gar nicht gut. Wir müssen stillhalten, wenigstens für ein paar Tage. Wenn wir Lärm schlagen, macht das die Sache nur schlimmer.« Sie werde versuchen, die betroffene Person aus dem Gewahrsam zu holen oder wenigstens dafür zu sorgen, dass sie offiziell angeklagt wird und einen Rechtsbeistand erhält – nur solle man bitte einstweilen auf große Ankündigungen oder offizielle Schritte verzichten. Manchmal kommt etwas dabei heraus. Ebenso oft ist das nicht der Fall, und Saratowa hat nur erreicht, dass die Sache vertuscht und unter den Teppich gekehrt wurde.

»Wenn sie dir irgendwie helfen kann, tut sie es«, sagt Igor Kaljapin. »Aber wenn man sie am nächsten Tag nötigt, dich zu kompromittieren, wird sie auch das tun.« Er erzählte mir, wie er im Februar 2014 von der Verhaftung des Aktivisten Ruslan Kutajew erfuhr. Kutajew war Mitorganisator einer nicht genehmigten Konferenz in Grosny zum siebzigsten Jahrestag der Deportation von 1944, die zwei Tage zuvor stattgefunden hatte. Die Regierung beansprucht das Gedenken an die Deportation für sich und bringt es ins Spiel, wo Kadyrow das nützlich findet, um sein eigenes Image und seine Machtstellung zu festigen, ansonsten wird es weitgehend ignoriert. (Bezeichnend hierfür ist, dass Kadyrow vor einigen Jahren den nationalen Gedenktag Tschetscheniens vom 23. Februar, dem Datum der Deportation, auf den 10. Mai verlegt hat, den Tag der Beisetzung seines Vaters.) Kadyrow war über die nicht genehmigte Veranstaltung anlässlich des Gedenktages verärgert und bestellte Kutajew zu sich, um ihm die Leviten zu lesen. Kutajew ignorierte die Vorladung und fand sich prompt in Polizeigewahrsam wieder. Die Anklage lautete auf Heroinbesitz.

Kaljapin flog nach Tschetschenien und suchte die Polizeistation in der Stadt Urus-Martan auf, in der Kutajew festgehalten wurde. Nachdem er eine Stunde lang gewartet hatte, sah er, wie zwei luxuriöse SUVs mit Blaulicht auf dem Dach durch die Eingangstore der Station preschten. Einem der Fahrzeuge entstieg ein berüchtigter hochrangiger Funktionär des tschetschenischen Innenministeriums, begleitet von Saratowa. Kaljapin sah, dass sie diesen Auftritt genoss – den Respekt und die Anerkennung, die die Art ihrer Ankunft hervorrief: »Ich merkte, dass es ihr ein gewisses Vergnügen bereitete, wie sie dort auftauchte, in einem teuren Wagen mit Sirene auf dem Dach, zusammen mit diesem hochgestellten General, mit dem sie unmittelbar sprechen konnte – alle sahen, wie wichtig sie war.«

Als Kaljapin endlich zu Kutajew gelassen wurde, sah er, dass dessen Körper voller Blutergüsse war und dass er große Hämatome am Oberschenkel und an der Schulter hatte. Er war offenkundig geschlagen worden, und zwar heftig. Kutajew gab an, er sei nicht misshandelt worden. Später vertraute er jedoch seinem Anwalt unter vier Augen an, dass man ihn geschlagen und mit Elektroschocks malträtiert hatte. Seine Verteidiger reichten mehrere Beschwerden bei Gericht ein, die zu nichts führten. Kutajew wurde schuldig gesprochen und zu vier Jahren Gefängnis verurteilt. Saratowa äußerte sich schockiert über das Urteil und sagte, sie persönlich halte Kutajew nicht für schuldig. Das Urteil solle »der tschetschenischen Gesellschaft zeigen, wer Herr im Haus ist«.

Zu diesem Zeitpunkt war ihr Verhalten für Kaljapin keine Überraschung mehr; was er als Tatsachenverdrehungen oder nebenbei begangene Vertrauensbrüche ihrerseits ansah, kränkte oder empörte ihn nicht mehr besonders. Manchmal war sie jedoch auch immer noch zu kleinen, edelmütigen Gesten imstande, in denen ihm ein Rest alter kollegialer Verbundenheit aufzuflackern schien – vielleicht waren es auch nur Schuldgefühle. Ein solches Signal kam im Dezember nach dem Terroranschlag in Grosny und Saratowas anschließendem Fernsehauftritt, bei dem sie Kaljapin angeschwärzt hatte. Über gemeinsame Freunde gab sie eine Warnung an ihn weiter: Eine große, vorgeblich gegen islamischen Extremismus gerichtete Kundgebung, die am nächsten Tag stattfinden sollte, werde womöglich vor den Büros seines Rechtshilfekomitees enden. Dabei könne es zu einer Provokation kommen. Kaljapin sagte seinen Mitarbeitern in Grosny, sie sollten sich in Acht nehmen und dafür sorgen, dass die Überwachungskameras funktionierten. Am nächsten Tag sprach Saratowa auf dem Achmat-Kadyrow-Platz zu den Demonstranten. Sie sagte, die Menschenrechtsaktivisten seien zu sehr damit beschäftigt, Terroristen zu schützen, und kümmerten sich nicht um die Familien der von diesen getöteten Polizisten. Die Teilnehmer hielten Schilder hoch, auf denen stand »Schluss mit den dreisten Lügen der Menschenrechtsaktivisten« und »Kaljapin go home«. Ein paar Stunden später setzte Randale ein, die offenbar planmäßig organisiert war. Einige Leute stürmten das Büro von Kaljapins Organisation, brachen die Tür auf und warfen Feuerbomben. Die Räume wurden komplett zerstört, aber niemand ernsthaft verletzt. Als Kaljapin mir diese Geschichte erzählte, fragte ich mich, was wohl aufschlussreicher war: dass Saratowa Kaljapin vorab gewarnt hatte oder dass sie an der Kundgebung mitgewirkt hatte, die dem Krawall vorausgegangen war.

Die Gefahr durch militante Untergrundorganisationen wurde mit der Zeit immer geringer, auch wenn in den schroffen, bewaldeten Bergen des Kaukasus weiterhin Sondereinsätze durchgeführt wurden. Die Anzahl der Angriffe in Grosny und anderen städtischen Zentren ging zurück. Es starben weiterhin Menschen dabei, und sie waren blamabel für Kadyrow, aber sie kamen nicht häufig genug vor, um seine Macht zu erschüttern. Stattdessen wurde ein anderes Sicherheitsrisiko immer bedrohlicher: Die Propaganda des Islamischen Staats begann, in der Republik Fuß zu fassen, vor allem bei der jüngeren Generation. Nach Schätzung der tschetschenischen Strafverfolgungsbehörden reisten viertausend Tschetschenen in den Irak oder nach Syrien, um sich dem IS anzuschließen. Die meisten kamen aus europäischen Ländern, in die sie während des Ersten oder Zweiten Tschetschenienkrieges geflohen waren. Aber schätzungsweise vier- bis fünfhundert Menschen fuhren direkt aus Tschetschenien in den Nahen Osten. (Auch der Rückgang der Gewalt in Tschetschenien selbst erklärt sich zum Teil dadurch, dass es die entschlossensten Kämpfer an ferne Schauplätze zog.)

Für Kadyrow barg der Aufstieg des IS sowohl eine Chance als auch ein Risiko: Einerseits machte die Bedrohung Russlands durch den IS einmal mehr deutlich, wie wichtig er für den Kreml war. Andererseits untergrub sie jedoch seinen Anspruch, einen idealen tschetschenischen Staat geschaffen zu haben, in den die exilierten Tschetschenen aus aller Welt zurückkehren sollten. Wenn Kadyrow von jenen sprach, die anfällig für die Propaganda des IS waren, konnte er edel und leutselig klingen. »Jeder Einzelne ist ein Verlust für uns«, sagte er. Er traf regelmäßig spätabends mit Gruppen junger Menschen zusammen, die angeblich vorhatten, sich dem IS anzuschließen. Diese im Fernsehen übertragenen Inszenierungen dienten eindeutig PR-Zwecken, doch selbst da war die Atmosphäre der drohenden Gewalt immer spürbar. Am Ende eines solchen Fernsehauftritts sagte Kadyrow über die Tschetschenen, die sich dem IS anschlossen: »Wie der Prophet sagt: ›Überall, wo sie auftauchen, ist Blut.‹ Der Prophet ruft uns auf, sie alle zu vernichten – das haben wir getan und werden es auch weiterhin tun.«

An einem grauen, regnerischen Herbsttag fuhr ich in ein Dorf im zentralen tschetschenischen Flachland, um mit einer Frau zu sprechen, deren einziger Sohn nach Syrien gegangen war. Er hatte Tschetschenien einige Jahre zuvor verlassen, um in Moskau Medizin zu studieren. In den fast allabendlichen Telefongesprächen mit seiner Mutter hatte er mehr Interesse an seinem Studium als an Religion gezeigt. Als sie zum letzten Mal miteinander sprachen, erzählte er ihr von einem bevorstehenden Examen. Sie sagte, sie werde für ihn beten und es sei Zeit, eine Frau für ihn zu finden. Am Tag darauf verschwand er. Zwei Monate später schickte er ihr eine Textnachricht aus Syrien: »Ich bin auf dem Weg Allahs.« Dann meldete er sich erneut, um ihr mitzuteilen, dass er unterwegs zur Front sei. Einige Wochen darauf schrieb ihr ein anderer Tschetschene, ihr Sohn sei in al-Baadsch, einer Stadt im Nordwesten des Irak, bei einem Raketenbeschuss ums Leben gekommen.

Sie erzählte mir, dass ihr Mann gestorben war, als ihr Sohn neun Jahre alt war, und dass die Familie während der beiden Tschetschenienkriege in Inguschetien gelebt hatte. »Er hat nie Krieg erlebt. Wir haben alles getan, um ihn davon fernzuhalten. Und dann musste er nach Syrien gehen, um zu sterben.« Was ihn dorthin zog und wie er sie selbst und seine vier Schwestern ohne einen Mann in der Familie zurücklassen konnte, war für sie unbegreiflich. »Es ist eine ansteckende Krankheit, und alle unsere jungen Leute haben sich infiziert.«

Der Strom junger Menschen, die nach Syrien fuhren, wurde zu Kadyrows Hauptsorge und damit automatisch auch zur Hauptsorge aller Stellvertreter und Befehlsempfänger in seinem Umkreis. Saratowas Arbeit war jetzt weitgehend von der Syrienfrage bestimmt. Sie erhielt regelmäßig Anrufe von Müttern, deren Söhne von der Polizei aufgegriffen worden waren, weil sie im Verdacht standen, Sympathien für den IS zu hegen, oder von Frauen, deren Söhne und Brüder bereits in Syrien verschwunden waren und die verzweifelt versuchten, an Informationen zu gelangen. Später meldeten sich auch Verwandte junger Leute, die sich dem IS angeschlossen hatten und jetzt, völlig verschreckt und hilflos, nach Hause wollten.

Mit der Zeit wurde der Strom tschetschenischer IS-Rekruten zu einem dünnen Rinnsal und versiegte schließlich ganz. Durch eine Reihe von Gegenoffensiven wurde praktisch das gesamte Gebiet, das der IS einmal kontrolliert hatte, zurückerobert. Die Organisation war auf dem Rückzug und hatte ihre mythische Anziehungskraft auf leicht zu beeindruckende junge Leute verloren. Vor allem jedoch hatten inzwischen Berichte darüber, wie gefährlich und abstoßend der IS war, ihren Weg in die tschetschenische Heimat gefunden. Die Tschetschenen, die nach Syrien gegangen waren, saßen praktisch in der Falle. Viele hatten keine Reisedokumente mehr, da sie verloren gegangen oder zerstört worden waren. Und in allen Ländern, die sie durchqueren müssten, um nach Hause zu gelangen, galten sie als verdächtig – vom Irak über die Türkei bis zu Russland selbst. Unter ihnen waren zahlreiche Frauen und Kinder, die ihren Männern in ein ehemals vom IS kontrolliertes Gebiet gefolgt waren, oft nur mit einer sehr vagen Vorstellung davon, wohin genau sie gingen und zu welchem Zweck. Wenn die Männer dann im Kampf umkamen – Fußsoldaten des IS hatten keine allzu hohen Überlebenschancen –, waren ihre Familien gestrandet und konnten nicht wieder zurück. Diejenigen, die es hinaus schafften, kamen nicht weit. Sie landeten bald in irakischen Gefangenenlagern für mutmaßliche IS-Mitglieder. Saratowa nannte mir gegenüber die Zahl von viertausend rückkehrwilligen russischen Staatsbürgern, darunter viele Tschetschenen.

Sie wurde eine der Koordinatorinnen eines von Kadyrow ins Leben gerufenen Rückkehrprogramms für tschetschenische Frauen und Kinder. Kadyrow stellt sich als Vater der Nation dar. Jede Rückkehr tschetschenischer Bürger – seien es Flüchtlinge aus Deutschland oder Witwen von IS-Kämpfern in irakischen Gefängnissen – hat Signalcharakter und ist Anlass zum Stolz. (Für Männer ist die Rückkehr aus ehemals IS-kontrollierten Gebieten schwieriger; sie müssen zumindest mit strafrechtlicher Verfolgung und wahrscheinlich mit einer Gefängnisstrafe rechnen.) Saratowa pendelte zwischen Regierungsbehörden in Grosny und Moskau hin und her. Dabei hatte sie stets eine Reihe düsterer, verzweifelter älterer Frauen im Schlepptau – Mütter, deren Töchter und Enkel irgendwo in dem Strudel zurückgeblieben waren, den der IS hinterlassen hatte. Sie befanden sich an allen möglichen Orten, von den letzten IS-kontrollierten Hochburgen in Syrien bis zu überfüllten Gefängnissen im Irak. Man nahm ihnen ihre Kinder weg und übergab sie an staatliche Waisenhäuser. Saratowa hatte natürlich keine Entscheidungsgewalt und kaum Einfluss darauf, wer wann zurückkommen konnte. Das blieb dem diplomatischen Geschick von Kadyrows Abgesandtem in Damaskus, Ziyad Sabsabi, überlassen, der vor Ort recherchierte, wo sich russische Staatsbürger aufhielten. Und auch der Kreml hatte hier mitzureden – vor allem die russischen Sicherheitsdienste, die, gelinde gesagt, misstrauisch gegen Leute waren, die aus einer gesetzlosen Terroristenhochburg zurückkehrten. Aber Saratowa durfte als eine Art öffentliche Fürsprecherin der wachsenden Anzahl von Müttern auftreten. Sie erreichte, dass sie sich als einheitliche, zusammenhängende Gruppe präsentierten, und brachte ihre Interessen dort ein, wo sie in Moskau Zugang hatte: bei der Menschenrechtskommission des Kreml, mittleren Beamten im Außenministerium und Journalisten, die an jeder Story mit IS-Bezug interessiert waren.

»Sie bekam den Auftrag, sich um all diese verängstigten, weinenden Mütter zu kümmern«, sagt Sokirjanskaja, Saratowas ehemalige Kollegin bei Memorial, die heute ein unabhängiges Zentrum für Konfliktanalyse leitet. »Und das macht sie gut. Sie hört ihnen zu, spricht mit ihnen, hat ein offenes Ohr für sie.« Wenn ich mich in Moskau oder Grosny mit Saratowa traf, war sie immer von einigen dieser Frauen umgeben, Müttern in gemusterten Kopftüchern und wogenden Kleidern, die Fotos ihrer vermissten Töchter vorzeigten. In Grosny habe ich Saratowa einmal einen Nachmittag zu verschiedenen Terminen und Veranstaltungen begleitet. Sie hatte eine Frau namens Dschanet bei sich. Dschanets Tochter Zijarat, damals sechsundzwanzig Jahre alt und Lehrerin, war ihrem Mann 2015 mit den beiden Kindern in die Türkei hinterhergereist. Er sagte, er wolle sich dort ärztlich behandeln lassen. Dann war Zijarat plötzlich verschwunden. Das Nächste, was Dschanet erfuhr, war, dass sie sich auf IS-Gebiet befand, wo ihr Mann sich an den Kämpfen beteiligte. Kurze Zeit darauf war er tot, und Zijarat saß mit den beiden Kindern in der Falle. »Ich kann gar nicht sagen, was für eine Tragödie diese Nachricht war, und lange Zeit konnte ich mit niemandem darüber reden«, sagte Dschanet bei unserem Gespräch im Jahr 2018. Zijarat landete in einem irakischen Gefängnis. Ihre Mutter sammelte indes fieberhaft alle Gerüchte oder Hinweise, die sie finden konnte: Einmal hieß es, die gefangenen Tschetscheninnen würden bald zurückgeschickt, dann wieder, die irakische Regierung blockiere ihre Freilassung. Angeblich waren sie zum Tode verurteilt worden; dann wurde gesagt, der FSB werde ihnen die Rückkehr im nächsten Jahr, im nächsten Monat, oder niemals erlauben. Dschanet fragte Saratowa immer wieder: Wann kommt meine Tochter nach Hause? Für mich klang es weniger nach einer Frage als nach einer Beschwörung. Saratowa hatte auch keine wirkliche Antwort darauf.

Bei einem Mittagessen in Moskau zog sie einmal ihr Telefon heraus und spielte mir einige Sprachnachrichten vor, die sie am Abend zuvor erhalten hatte. Tschetschenische und andere russischsprachige IS-Rekruten in Syrien sowie deren Familien geben einander ihre Telefonnummer weiter. Ein junger Mann namens Gadschimurad, der nach Syrien gegangen war und nun genug vom IS hatte, war mit seiner Frau und den beiden kleinen Töchtern aufgebrochen, um durch die Wüste zu fliehen. »Heda, bitte, helfen Sie uns«, sagte er in der ersten Nachricht. Er war mit seiner Familie nachts vom Weg abgekommen, als sie einem Konvoi irakischer Truppen und einem Bataillon kurdischer Streitkräfte ausweichen mussten. Über ihre Köpfe flogen Kampfflugzeuge hinweg. »Werden sie auf uns schießen? Ich weiß nicht«, sagte er. Auch seine Frau hatte Saratowa mehrere Nachrichten hinterlassen. Der Tonfall ihrer Stimme war klagend, und immer wieder waren ängstliche Schluchzer zu hören. »Dieser Tag wird vielleicht unser letzter sein. Heute gehen wir zu Allah«, sagte sie. Saratowa bat Gadschimurad, den Namen des Dorfs in Erfahrung zu bringen, in dem er und seine Familie sich verborgen hielten. Sie gab die Koordinaten an den tschetschenischen Emissär Sabsabi weiter, der seinerseits kurdische Miliz-kommandanten über den Aufenthaltsort der Familie informierte. Kurz nach Sonnenaufgang teilte Sabsabi Saratowa mit, dass Gadschimurad mit Frau und Kindern in Sicherheit war. »Vor zwei Minuten sind sie bei den Kurden eingetroffen«, sagte er. »Ich hoffe, Sie haben heute Nacht noch etwas schlafen können.« Das hatte sie nicht; als wir uns zum Mittagessen trafen, klang sie derangiert und erschöpft, aber sie war glücklich, dass Gadschimurad lebend herausgekommen war. Einige Wochen später landete ein Flugzeug in Moskau. Gadschimurads Vater nahm seine Enkelinnen auf dem Rollfeld in Empfang. (Gadschimurad selbst und seine Frau befinden sich weiterhin in irakischer Haft in Erbil, zusammen mit einem in Gefangenschaft geborenen Sohn.)

Ein andermal erzählte Saratowa mir vom Fall des 23-jährigen Said Maschajew. Er war nach Syrien gereist, um sich dem Kalifat anzuschließen, und hatte das, wie er sagte, sofort bereut. Während seines Aufenthalts in Syrien stand er in Kontakt mit Saratowa. Sie tauschten Sprachnachrichten aus. Maschajew verletzte sich absichtlich und erreichte so die Erlaubnis der IS-Kommandanten, zur ärztlichen Behandlung in die Türkei zu reisen. Saratowa half ihm, von dort zurück nach Tschetschenien zu gelangen. Bei seiner Ankunft wurde er festgenommen und zu zweieinhalb Jahren Haft verurteilt. Saratowa reichte beim Gericht ein Gesuch um Verkürzung der Strafe ein und schilderte darin ihre Kommunikation mit ihm. Das Urteil wurde in acht Monate Haft umgewandelt. Sie sieht dieses Ergebnis als großen Erfolg an: Maschajew hätte leicht in Syrien sterben können; stattdessen würde er in weniger als einem Jahr wieder mit seiner Familie vereint sein. »Warum können all die Moskauer Menschenrechtsaktivisten das nicht anerkennen?«, fragt sie. Es scheint sie aufrichtig zu kränken, dass ihre ehemaligen Kollegen es nicht über sich bringen, ihr ein Verdienst zuzugestehen. »Ich glaube, sie sind ganz bewusst voreingenommen gegen die tschetschenische Regierung, sie versuchen gezielt, über alles Positive hinwegzusehen, was in der Republik geschieht.«

Im Verlauf eines halben Jahres kehrten über neunzig tschetschenische Frauen und Kinder aus dem Irak und Syrien zurück. Sie wurden zur russischen Militärbasis in der syrischen Stadt Latakia geflogen und von dort mit Chartermaschinen zum Flughafen in Grosny gebracht. Saratowa stand bei jedem Flug auf dem Rollfeld, um sie in Empfang zu nehmen. Sie zeigte ein strahlendes Lächeln, während die Mütter mit ihren Kindern im Arm die Gangway herunterstiegen und den Asphalt betraten. Das sorgte für eindrucksvolle Bilder, die jedes Mal vom tschetschenischen Fernsehen ausgestrahlt wurden, um Kadyrows väterliche Fürsorge für das tschetschenische Volk zu feiern und seine Macht zu demonstrieren: Wer das Zeug hat, Hunderte von Menschen aus den Klauen des IS zurückzuholen, ist mehr als nur irgendein beliebiger Regionalherrscher der Russischen Föderation. Saratowa hielt ein Plakat in die Kamera, auf dem stand:

»Wir danken Putin für die Rückkehr unserer Kinder.«

Unter den Konzessionen, die ihre Tätigkeit ihr abverlangt, empfand Saratowa diese als besonders bedrückend. »Wenn ich sein Bild sehe oder ihn sprechen höre, muss ich daran denken, dass er Tausende tschetschenischer Leben vernichtet hat«, sagt sie. Sie erinnert sich noch gut an Putins Erklärung, »Wir werden sie auf dem Abtritt kaltmachen«, und an das, was danach kam – die entstellten Leichen, die Mütter auf dem Friedhof. Und doch meint Saratowa, sie müsse sich dabei filmen lassen, wie sie ein Schild hochhält, auf dem Putin für seine Menschenfreundlichkeit gepriesen wird. »Wenn ich das nicht täte, würden wohl keine weiteren Frauen und Kinder mehr heimkehren«, sagt sie.

Doch auch so intervenierte der FSB nach neun Flügen und überzeugte Putin, es sei gefährlich und leichtfertig, diese Leute zurück nach Russland zu holen. Das Programm wurde eingefroren. Alles, was Saratowa tun konnte, war abzuwarten. Zwar stellte sie auch weiterhin Gesuche an Moskau, traf sich mit Regierungsbeamten der mittleren Ebene und gab Pressekonferenzen für russische Journalisten, doch all diese Aktivitäten dienten nur dazu, ihre elementare Ohnmacht zu überspielen. Sie konnte versuchen, den Müttern Ruhe und Hoffnung zu vermitteln – auch wenn das mit der Zeit immer schwieriger werden würde –, aber ihre Kinder konnte sie nicht zurückholen.

Im April 2017 veröffentlichte die Zeitung *Nowaja Gaseta*, für die auch Anna Politkowskaja gearbeitet hatte, zwei Artikel, die Aufsehen erregten und Entsetzen auslösten. Demnach waren in Tschetschenien über hundert Männer wegen des Verdachts auf Homosexualität verhaftet worden. Sie wurden in Geheimgefängnissen festgehalten, wo man sie folterte und zwang, die Namen weiterer schwuler Männer preiszugeben. Mindestens drei Gefangene waren getötet worden. Je mehr Einzelheiten bekannt wurden, desto finsterer sah die Geschichte aus. Es gab Schilderungen von Misshandlungen mit Schlägen und Elektroschocks, und es hieß, einige Männer seien von Angehörigen ihrer eigenen Familie umgebracht worden. Ein solches Kesseltreiben wirkte selbst für Tschetschenien, wo Berichte über Brutalität und eklatante Menschenrechtsverletzungen an der Tagesordnung waren, besonders verabscheuungswürdig. Die Nachrichten machten rasch die Runde im Moskauer Pressecorps, und auch ausländische Medien griffen sie mit einem Interesse und einer Dringlichkeit auf, die sie seit Jahren nicht mehr gezeigt hatten, wenn es um Tschetschenien ging.

Ein Reporter eines Moskauer Radiosenders rief Saratowa in ihrem Büro in Grosny an und fragte, ob sie von den Vorwürfen gehört habe. Sie sagte, sie habe weder Berichte über solche Übergriffe noch ein Hilfeersuchen erhalten, aber: »Auch wenn ich eines bekäme, würde ich es nicht berücksichtigen.« Zum Status der Homosexualität in der tschetschenischen Gesellschaft bemerkte sie: »Ich denke, selbst wenn solche Leute die Höchststrafe erhielten, würde die Gesellschaft, in der wir leben, das nicht verurteilen.« Diese rundheraus hartherzigen, gleichgültigen Äußerungen, die womöglich sogar in verschlüsselter Form zu Gewalt aufstachelten, passten zu Kadyrows eigenen Einlassungen. »Bei uns gibt es solche Leute nicht«, hatte er einem amerikanischen Fernsehteam gesagt. »Es gibt hier keine Schwulen.« Dann fuhr er fort: »Wenn doch, holt sie nach Kanada, Gott sei gepriesen, weit weg von uns. Damit sie nicht hier sind, damit unser Blut gereinigt wird. Wenn es solche Leute gibt, soll man sie dorthin holen.« Saratowa ging mit ihrer Antwort, die einen ähnlichen Tonfall anschlug, weit über ihre übliche Taktik hinaus, zwischen beiden Seiten zu manövrieren – als Menschenrechtsaktivistin aufzutreten und zugleich die Machthaber gegen Kontrolle abzuschirmen. Sie war endgültig zum Sprachrohr der tschetschenischen Führung geworden.

Als die Geschichte zunehmend Aufsehen erregte, erwirkte Saratowa bei ihren Ansprechpartnern im engeren Umkreis Kadyrows die Erlaubnis, für ein Team des US-Online-Nachrichtenmediums *Vice News* einen Besuch in Argun bei Grosny zu arrangieren. Dort sollte sich laut Berichten eines der Geheimgefängnisse befinden. »Sie war überzeugt, dass es für die tschetschenischen Behörden vorteilhaft wäre, wenn sie ihre Sicht der Dinge darstellen«, sagt Veronika Silchenko vom *Vice*-Produktionsteam. Zugleich »merkte man, dass sie unter unglaublichem Gewissensdruck stand. All diese Menschenrechtsorganisationen machten so viel Aufhebens von der Sache. Heda wollte zeigen, dass sie persönlich keine Schuld trägt, dass sie damit nichts zu tun hat. Es war, als wolle sie ihren Namen reinwaschen.« Saratowa überredete widerstrebende Beamte, sich vor der Kamera zu zeigen. Der Polizeichef von Argun führte die Journalisten durch ein paar verlassene Gebäude, was beweisen sollte, dass dort niemand gefoltert wurde und dass die ganze Geschichte von Repressionen gegen Schwule erlogen war. Als er dann seine Polizisten auf dem Exerzierplatz des Polizeireviers aufmarschieren ließ, geriet die Szene nicht überzeugender: »Habe ich euch je befohlen, irgendwelche Schwulen zu verhaften?«, fragte er sie. »Nein!«, kam es wie aus der Pistole geschossen zurück. Der Polizeichef wandte sich der Kamera zu und zuckte mit den Achseln: Gehen Sie weiter, hier gibt es nichts zu sehen. Saratowas Plan, die Anschuldigungen durch eine Geste der Transparenz zu entkräften, rächte sich spätestens, als ein tschetschenischer Mann, dem das Reporterteam die Aufnahmen vom Polizeirevier in Argun zeigte, angab, er sei dort festgehalten und gefoltert worden. Ja, das sei der Ort, sagte er. Man habe ihn in einem jetzt leer stehenden Flügel des Gebäudes mit Elektroschocks misshandelt. Er sei auch geschlagen worden, und der Polizeichef habe sich daran beteiligt. Als das Team von *Vice News* Saratowa mit dieser Aussage konfrontierte, blieb sie ungerührt und schützte Naivität vor: »Wie soll ich bestätigen, dass es Schwule gibt, wenn ich nie einen gesehen habe und keine einzige Aussage oder mündliche Beschwerde von einem erhalten habe?«

Das wohl Makaberste daran ist die Art und Weise, wie die Machthaber sich der Familien der Opfer bedienten und sie dazu brachten, die eigenen Verwandten zu ermorden, indem sie den traditionellen gesellschaftlichen Verhaltenskodex gezielt instrumentalisierten. Homosexualität ist in der tschetschenischen Gesellschaft seit Langem verpönt. Innerhalb der Familie wird sie jedoch weniger offen bekämpft als tabuisiert – man versucht, sie totzuschweigen. Das machten sich die lokalen Sicherheitskräfte zunutze, um Familien unter Druck zu setzen und zu erpressen. »Es war nie üblich, deshalb zu töten, erst recht nicht im großen Maßstab«, erklärt die Reporterin Jelena Milaschina von der *Nowaja Gaseta*, die die Lage in Tschetschenien aus jahrelanger Erfahrung kennt und als Erste über die Repressionen gegen Homosexuelle berichtet hat. »Das wurde erst möglich, nachdem von oben, von der tschetschenischen Regierung, das Signal dazu kam.« Milaschina erfuhr von mindestens sechs Fällen, in denen die Machthaber Familien zu verstehen gegeben hatten, sie sollten männliche, mutmaßlich schwule Verwandte töten.

»Als wir erkannten, dass es um eine Kampagne gegen Homosexuelle geht, war uns von Anfang an klar, dass die Recherche sehr schwer wird, weil die Verwandten nicht bereit sein werden, irgendetwas zu bezeugen«, sagt Milaschina. Für viele tschetschenische Familien sei Homosexualität ein schlimmeres Stigma als die Anschuldigung, Terrorismus zu unterstützen. »Der Vorwurf, mit Terroristen zu sympathisieren, mit Extremismus zu tun zu haben, Verbindungen zu wahhabitischen Zellen oder sogar zum IS zu haben, ist etwas Altbekanntes«, erklärt sie. »Das gehört in gewisser Weise zum Alltag.« Mit Homosexualität hingegen verhalte es sich in der tschetschenischen Gesellschaft vollkommen anders. »Kein Angehöriger wird bereit sein, sie zu bestätigen«, so Milaschina – umso weniger, wenn er in einen Ehrenmord verstrickt sei, ob erzwungenermaßen oder nicht. »Sie wollen sich nicht selbst belasten und ihre Familie nicht noch weiter hineinziehen.« Als ich Saratowa zu der Unterdrückung Schwuler und ihrem eigenen Verhalten angesichts des Aufschreis in der Öffentlichkeit befragte, kam sie zunächst auf ihre ersten Aussagen gegenüber dem Moskauer Radiosender zurück: Sie sei damals nervös gewesen, das sei alles ein großes Missverständnis. »Ich habe irgendetwas dahergeredet und mich unglücklich ausgedrückt. Ich konnte mir einfach nicht vorstellen, dass so etwas wahr sein könnte«, sagte sie mir.

»Ich war darauf nicht gefasst.« Es ist schwer nachvollziehbar, was hier so unklar gewesen sein soll: Der Korrespondent des Senders hatte, merklich verblüfft, noch einmal nachgefragt, ob Saratowa allen Ernstes meine, die Ermordung Homosexueller werde in Tschetschenien gesellschaftlich akzeptiert. Darauf hatte sie erwidert: »Sie haben mich ganz richtig verstanden.«

Als ich mit Saratowa sprach – mehr als ein Jahr nach dem ersten Bericht der *Nowaja Gaseta* –, schien mir, es wäre ihr am liebsten, das ganze Thema würde einfach in der Versenkung verschwinden und sie müsste sich von Leuten wie den *Vice-News*-Reportern oder mir nicht weiter zu den Rechten einer Community befragen lassen, deren bloße Existenz ihr ganz offensichtlich unangenehm ist. Sie sprach sich nicht offen für Gewalt aus, sondern zog sich auf eine distanziert gleichgültige Haltung zurück. »Wenn es solche Leute gibt, ist das ihr Leben, ihr Problem«, sagte sie mir. Folter und Misshandlungen seien natürlich schlimm, aber sie könne da nichts tun. Das Thema Homosexualität sei in Tschetschenien so brisant, dass sie dazu nicht recherchieren könne – selbst wenn sie es wolle, was nicht der Fall sei. »Ich habe mich nicht sehr eingehend damit befasst, weil ich angesichts unserer Bräuche und Traditionen ohnehin nichts erreicht hätte«, sagte sie. »Ich wäre machtlos bei einem solchen Thema.« Sie wies den Gedanken zurück, der tschetschenische Staat könne irgendetwas mit den Repressionen zu tun haben, gestand jedoch die Möglichkeit zu, dass »die direkten Angehörigen das Problem gelöst haben könnten«. Letztlich bemäntelte sie ihre Gleichgültigkeit mit einem Gestus wohlmeinender Besorgnis und sagte, Schwule sollten Tschetschenien verlassen, das sei das Beste für sie. »Ich weiß nicht, ob es solche Leute gibt. Aber sicher ist, in Tschetschenien werden sie nie willkommen sein. Das wird niemals als akzeptabel gelten. Wenn es Menschen mit einer solchen Orientierung gibt, sollten sie das nicht öffentlich machen, sondern dorthin gehen, wo es erwünscht ist.«

Als ich Jelena Milaschina auf Saratowa ansprach, äußerte sie sich abschätzig und verächtlich. Saratowa sei nicht wert, dass man sich mit ihr befasse, »eine läppische Gestalt ohne jeden Einfluss«. Sie wiederhole nur die Botschaften, die sie von Kadyrow erhalte, und tue genau, was man ihr sage – ganz sicher nicht mehr. »Sie ist nur eine weitere Stimme in Tschetschenien, die dazu da ist, Kadyrows Handeln zu rechtfertigen.«

Aufschlussreicher sei, so Milaschina, was sich an der Geschichte der Repressionen und der Reaktionen darauf über Kadyrows eigene Stellung ablesen lasse: Erst hatte der Kreml versprochen, die Behauptungen zu überprüfen. Kadyrow hat nicht wenig Feinde in Moskau, vor allem in den föderalen Strafverfolgungsbehörden und Sicherheitsdiensten. Sie würden bereitwillig jeden Vorwand nutzen, um ihn in Putins Augen zu schwächen. Doch die Ermittlungen verliefen im Sand und wurden stillschweigend eingestellt. »Damit ist klar, dass er tatsächlich unabhängig ist«, so Milaschina. »Und zwar nicht nur gegenüber dem russischen Recht, sondern auch gegenüber dem Ermittlungskomitee, dem FSB und hochrangigen Beamten, die ihn in die Schranken weisen möchten. Er ist nur einem einzigen Menschen untergeordnet: Putin.«

Nach der Ermordung Natalja Estemirowas 2009 blieb das Memorial-Büro in Grosny bestehen, aber nur wenige Opfer von Übergriffen wandten sich um Unterstützung dorthin. Diejenigen, die Anträge auf Entschädigung stellten, zogen sie oft zurück, nachdem die Familie unter Druck gesetzt worden war. »Die Leute sagen uns ganz offen: ›Ihr könnt ja nicht einmal eure eigenen Mitarbeiter verteidigen‹«, sagt Oleg Orlow. »Was sollen wir darauf antworten? Es stimmt ja.« Der Büroleiter Ojub Titijew, eine angesehene Persönlichkeit mit stoischem Charakter und spürbarem Bewusstsein für die eigene Würde, tat allen Schwierigkeiten zum Trotz so viel, wie ihm irgend möglich war, und achtete stets sorgfältig darauf, die betroffenen Familien nicht zu gefährden. Ab und zu hatte er Gelegenheit, wirkliche Recherchen durchzuführen.

An einem Januarmorgen im Jahr 2018 wurde Titijews Wagen auf dem Weg von seinem Heimatdorf Kurtschaloi nach Grosny von der Verkehrspolizei angehalten. Kurz darauf befand er sich in Gewahrsam. Die Polizisten hatten angeblich auf dem Beifahrersitz einen Beutel mit ein paar Hundert Gramm Marihuana gefunden. Titijews Moskauer Kollegen von Memorial und seine Freunde aus der Menschenrechtsbewegung, die sofort von der Festnahme erfahren hatten, waren sicher, dass er einer zynischen und dreisten Inszenierung zum Opfer gefallen war. Die Umstände seiner Verhaftung erinnerten auffällig an den fingierten Tatbestand im Fall Ruslan Katajews – sie hatten sich nicht einmal die Mühe gemacht, sich einen besseren Vorwand auszudenken, dachten Titijews Kollegen.

Seine Freunde und Unterstützer baten Saratowa, sofort die Polizeistation in Kurtschaloi aufzusuchen. Das tat sie auch bereitwillig; sie ist immer bestrebt, als Erste am Schauplatz zu sein, damit alle Informationen über sie laufen. Alles, was sie in Erfahrung bringen konnte, gab sie an die unruhig und angespannt wartenden Moskauer weiter. Nachdem die Polizisten stundenlang geleugnet hatten, dass Titijew sich überhaupt in ihrem Gewahrsam befinde, ließen sie schließlich seinen Anwalt zu ihm. Auch Saratowa war bei dem Treffen dabei. »Das ist eine schlimme Geschichte«, sagte sie später zu Tanja Lokschina, der Chefberichterstatterin bei Human Rights Watch. »Aber was kann ich machen?« In den Tagen darauf deutete Saratowa an, es habe ja praktisch jeder beliebige Passant einen Beutel mit verfänglichem Inhalt auf den Beifahrersitz von Titijews angehaltenem Wagen werfen können. Anders gesagt, sie ging davon aus, dass die Drogen nicht ihm gehörten, vermied es aber auch, die Polizisten zu beschuldigen. Sie suchte nach einer Version, die dem Staat ermöglichte, das Gesicht zu wahren und die Anklage fallen zu lassen, ohne zugeben zu müssen, dass er einem Unschuldigen übel mitgespielt hatte. Als sich zeigte, dass die tschetschenische Führung an einer solchen Lösung nicht interessiert war, verstummte Saratowa. Aus ihrer Sicht bestätigt Titijews Verhaftung im Nachhinein die Besonnenheit – oder zumindest Alternativlosigkeit – ihrer eigenen Vorgehensweise. »Wenn ich nicht angefangen hätte, bei meiner Arbeit zu berücksichtigen, wo ich lebe, hätte es sehr gut sein können, dass auch mir etwas zustößt«, sagte sie mir. Während des Verfahrens gegen Titijew war Saratowa einige Male bei den Verhandlungen anwesend. Ich fragte sie, was sie dachte, als sie ihn in dem Metallkäfig sah, in dem Angeklagte in russischen Gerichtssälen sitzen. »Dass ich an seiner Stelle sein könnte«, erwiderte sie.

Obwohl es angeblich nur um einen einfachen Fall von Drogenbesitz ging, zog sich Titijews Verfahren über Monate hin. Manchmal traf Saratowa im Gericht auf Memorial-Mitarbeiter aus Moskau und andere ehemalige Kollegen. Sie flogen nach Tschetschenien, um an ein oder zwei

Verhandlungstagen teilzunehmen und Titijew von der Besucherbank aus zuzuwinken oder zuzulächeln. Alexander Tscherkassow, ein erfahrener Tschetschenien-Experte bei Memorial, erzählte mir, wie Saratowa ihm außerhalb des Gerichtssaals über den Weg lief. Er sah sie abweisend an. Als sie das merkte, brach es aus ihr heraus: »Nicht wir sind zerbrochen, sondern unser Leben« – ein bekannter Ausspruch aus einem populären russischen Gangsterfilm der frühen 2000er, in dem es um eine Gruppe eigentlich anständiger Jungs geht, die durch ihre trostlose Situation zum Verbrechen getrieben werden.

An einem anderen Tag besuchte Swetlana Gannuschkina die Verhandlung. In der Warteschlange vor dem Metalldetektor des Gerichts fand sie sich neben Saratowa wieder, die sie mit den Worten begrüßte: »Oh, Swetlana Alexejewna, wie schön, Sie zu sehen!« Sie tat, als seien sie sich zum letzten Mal während des Krieges am Grenzübergang Kawkas begegnet und würden gleich anfangen, Erinnerungen an all die brenzligen Situationen auszutauschen, die sie vor vielen Jahren zusammen durchgestanden hatten. Gannuschkina konnte daraufhin nur hell auflachen: Erst wenige Monate zuvor hatte Saratowa auf einer Kundgebung gesprochen. Die Demonstranten, die in Bussen herbeigekarrt wurden, waren angeblich zutiefst gekränkt durch die Tätigkeit russischer Journalisten und Aktivisten, die alle möglichen abstrusen Unwahrheiten über Tschetschenien unter Kadyrow fabrizierten. Saratowa hatte ein Schild gehalten, auf dem stand: »Hält Gannuschkina Klatsch und Tratsch für das kleinere Übel?« Vor den Kameras des tschetschenischen Staatsfernsehens hatte sie gesagt, Gannuschkina und ihresgleichen würden mit ihrer verleumderischen Kritik »die anschwärzen, die hier hart arbeiten, um ihr Volk zu verteidigen, um ganz Russland zu verteidigen. […] Wir werden das diesen Leuten nicht erlauben.« Gannuschkina hatte den Beitrag gesehen und konnte Saratowas Versuch, sie fröhlich zu begrüßen, nicht ernst nehmen. Sie war allerdings auch nicht wirklich überrascht und fand die Absicht dahinter recht durchschaubar: »Sie glaubt, dass es trotz allem nützlich ist, sich eine gewisse Verbindung zu mir warmzuhalten.«

Im März 2019 wurde Titijew schuldig gesprochen und zu vier Jahren Haft in einem Straflager niedriger Sicherheitsstufe verurteilt. Das Urteil fiel milder aus als erwartet. Titijew würde seine Strafe in der leichtesten Haftform absitzen und konnte bereits nach zwei Monaten Antrag auf Bewährung stellen. (Er wurde im Juni 2019 auf freien Fuß gesetzt.) Vielleicht hatte der Kreml erkannt, wie abwegig der Fall war, und die einzige Konzession gemacht, die er sich erlauben konnte. Trotzdem war die Botschaft unmissverständlich: Menschenrechtsaktivisten müssen mit Konsequenzen rechnen, wenn ihre Arbeit die Interessen des Staates gefährdet, erst recht in Tschetschenien. Saratowas Kommentar entsprach ihrem Verhalten während des Prozesses. »Ich glaube nicht, dass Titijews Verurteilung politisch motiviert war«, sagte sie. »Aber ich glaube auch nicht, dass er in das verwickelt war, was ihm vorgeworfen wurde.«

Eines Nachmittags brachen Saratowa und ich im Zentrum von Grosny auf, fuhren auf dem Putin-Prospekt stadtauswärts und nahmen dann eine engere Straße, die sich die Berge hinaufwand. Als die Sonne hinter den Gipfeln verschwand, wurde die Luft kühler, und der Weg war in blaugraues Licht getaucht. Einige Stunden später trafen wir in Urd-Juchoi ein, Saratowas Heimatdorf. Hier hatte ihr Elternhaus gestanden, hier hatte sie die Zeit des Ersten Tschetschenienkrieges verbracht, und hierhin hatte sie ihren Sohn geschickt, um den Ausgang des zweiten Krieges abzuwarten. Ihre Familie hatte das Anwesen inzwischen umgebaut und ein neues Haus aus roten Ziegeln errichtet. Entsprechend der traditionellen tschetschenischen Bauweise liegt es in einem Hof, der durch ein großes Eisentor geschützt ist. Wir tranken schwarzen Tee und aßen Hühnersuppe, garniert mit frischen Kräutern. Das Haus war groß, aber leer. Es schien nur darauf zu warten, eine ganze Großfamilie aufzunehmen, mit allen Geschwistern, Cousins und Cousinen und Enkelkindern. Ich schlief in einem der vielen freien Zimmer im Obergeschoss.

Am nächsten Morgen machten wir einen Rundgang über das Grundstück. Saratowa zeigte mir das wackelige, großteils zerfallene Fundament des Hauses, in dem ihre Familie ursprünglich gewohnt hatte. Inmitten der trockenen Erde und des wuchernden Gestrüpps sahen wir die Eingangstür des Kellers, in dem ihre Mutter bei heftigen Gefechten die ganze Familie versammelt hatte. Auf der anderen Seite des Tals ragten die grünen Hügel empor, über die jeden Morgen kurz nach sechs Uhr die ersten russischen Kampfflugzeuge gejagt waren. Sie zeigte mir die Bank, auf der sie an dem Tag gesessen hatte, an dem sie ihren 22-jährigen Cousin Magomed zum letzten Mal vorbeifahren sah, Minuten bevor er weiter oben an der Straße bei einer Explosion starb. Danach waren russische Soldaten vorbeigekommen und hatten der Familie erzählt, er sei in einen Hinterhalt von Rebellen geraten. Saratowa hatte ihre Zweifel daran.

Wir stiegen einen bewaldeten Hang hinauf und gelangten auf eine Lichtung. Vor nicht allzu langer Zeit hatte einer ihrer Brüder hier einen Fußballplatz für die Kinder im Dorf angelegt. Saratowa sagte, sie könne die Entscheidung von Ramsan Kadyrows Vater Achmat inzwischen nachvollziehen: »Es hat eine Weile gebraucht, aber ich habe darüber nachgedacht, und mir ist klar geworden, dass wir ihm dankbar sein sollten.« Achmat und Ramsan Kadyrow verkörpern für sie eine notwendige und erwünschte Kraft, die stark genug ist, die tschetschenische Gesellschaft zu vereinen und die Russen auf Distanz zu halten. Sie hat keine Illusionen über die Machtverteilung, weder zwischen den Tschetschenen und den Russen noch zwischen ihr selbst und Kadyrow. Während sie für ihre einstigen Kollegen und Weggefährten in Moskau kapituliert hat, trägt sie aus ihrer eigenen Sicht einfach der Realität Rechnung. Ob es einem gefällt oder nicht – das sind die Regeln des Überlebens, die durch den Mord an Estemirowa noch einmal bekräftigt wurden. Ich dachte an meine Gespräche mit Konstantin Ernst. Der Druck, unter dem er steht, ist längst nicht so offensichtlich und eindeutig. Seine Position an der Spitze des Ersten Kanals erlaubt ihm eine augenzwinkernde Gewandtheit, die Saratowa sich nicht leisten kann. Die Verhältnisse, in denen sie lebt, sind weit roher, und ihre Reaktion darauf ist es auch. »Sosehr wir die Machthaber auch angebrüllt, beschimpft und bekämpft haben – es war so zwecklos, wie wenn sich ein Fisch auf einem zugefrorenen Teich gegen die Eisdecke wirft. Es hat die Sache nur noch schlimmer gemacht.«

Die Aussicht von der Lichtung aus war wunderschön, sogar friedlich: ein Hain mit Apfelbäumen auf der einen, ein Gebirgszug auf der anderen Seite. Nur Saratowas Erzählungen von der Gewalt und Zerstörung, die sie genau hier erlebt hatte, störten die ländliche Idylle. Sie fährt alle paar Monate nach Urd-Juchoi und denkt immer wieder an die bitteren und erschreckenden Momente zurück, die sie hier erlebt hat – eine Erinnerung daran, so sagt sie, weshalb nur der Kurs, den sie eingeschlagen hat, ihr erlaubt, in Tschetschenien zu leben und zu arbeiten: »Alles andere funktioniert einfach nicht. Ich habe es selbst versucht.«

KAPITEL 3

Der letzte freie Priester

Im Winter 2012 war die Atmosphäre in Moskau angespannt und energiegeladen zugleich. In mehreren großen
Protestdemonstrationen entlud sich der Unmut über die
umfassenden Manipulationen bei den Parlamentswahlen
im Herbst 2011. Der tiefer liegende Grund war jedoch das
Gefühl von Überdruss und Abscheu, das die aufstreben-
den gebildeten Schichten der Hauptstadt gegenüber dem
Putin-System empfanden. Nachdem Putin sein Präsident-
schaftsamt vier Jahre lang mit dem Posten des Premierministers rochiert hatte, kündigte er an, dass er selbst wieder als Präsident kandidieren werde, statt dem amtierenden
Präsidenten Dmitri Medwedew die Chance auf eine zweite
Amtszeit zu geben. Dieser Schritt bestätigte endgültig,
dass Medwedews Präsidentschaft von Anfang an ein scha-
ler, zynischer Witz gewesen war. Es wurde nicht einmal
mehr so getan, als hätte die Gesellschaft in der russischen
Politik etwas mitzureden. Putin gab seine Erklärung ab,
und damit war die Sache beschlossen – die russische Wäh-
lerschaft hatte aus seiner Sicht nur die Aufgabe, den Willen
des Herrschers zu ratifizieren. An einer Demonstration auf
dem Sacharow-Prospekt im Dezember nahmen Zehntau-
sende von Menschen teil. Dies war die Kundgebung, auf

der auch Leonid Parfjonow, der Fernsehproduzent und einstige Freund von Konstantin Ernst, sprach. Eine andere Protestveranstaltung auf dem Bolotnaja-Platz, gegenüber dem Kreml auf der Moskwa-Insel Baltschug gelegen, zog noch mehr Leute an und erreichte die Zahl von hunderttausend Teilnehmern.

Die Präsidentschaftswahlen waren für den März angesetzt. Putins Sieg stand außer Frage – er war weiterhin sehr populär und konnte für seine Kandidatur den gesamten Staatsapparat mobilisieren. Doch die stillschweigende Übereinkunft, auf die sich seine Herrschaft in den letzten zehn Jahren gestützt hatte, war abgelaufen. Bisher hatte der Staat politische Fragen von der Gesellschaft weitgehend abgeschottet. Er hatte die Politik zu seiner Domäne erklärt, in der eine Beteiligung oder Meinungsäußerungen seitens der Bürger weder notwendig noch erwünscht waren. Im Gegenzug profitierte die Bevölkerung – vor allem die aufstrebende Mittelschicht – von der Modernisierung des Landes und den Segnungen des boomenden Erdölmarkts und genoss bei der privaten Lebensgestaltung und beim Konsum ein in der russischen Geschichte bisher nie gekanntes Ausmaß an Freiheit. Die Zeit dieses »Nichtbeteiligungspakts«, wie ihn die Redakteurin und Politikexpertin Mascha Lipman genannt hat, war eindeutig zu Ende gegangen. Aber wodurch sollte er ersetzt werden?

Diese Frage wurde zumindest teilweise in jenem Winter 2012 beantwortet, als Putin an einem Februarnachmittag im Moskauer Danilow-Kloster mit den religiösen Führern Russlands zusammentraf. Die Geschichte des Klosters reicht bis ins 13. Jahrhundert zurück. Das älteste heute noch erhaltene Gebäude ist die 1565 errichtete Kirche der Heiligen Väter, ein Labyrinth aus Kapellen, über

denen Türme mit hellgrünen Kuppeln und goldschim-
mernden, zwiebelförmigen Spitzen aufragen. Das Klostergelände am rechten Ufer der Moskwa hat über die Jahrhunderte hinweg verschiedenen Zwecken gedient. Es war
eine Stätte des Gebets und der Besinnung, fungierte bei
der Verteidigung gegen die Invasion des mongolischen
Heers als Teil der Befestigungsanlagen und wurde unter
den Bolschewiki von der sowjetischen Geheimpolizei als
Gefängnis genutzt. In den Achtzigern erhielt die Russisch-Orthodoxe Kirche das Anwesen zurück. Seither ist
es das theologische und administrative Zentrum des Patriarchats, vergleichbar dem Vatikan. 2008 kaufte ein Oligarch mit Unterstützung des Kreml die achtzehn wert-
vollen Glocken des Klosters von der Harvard-Universität,
wo sie nach der Revolution gelandet waren, zurück und
brachte sie wieder an ihre ursprüngliche Heimstatt. Damit wurde der Ort endgültig zum Symbol für die Vereinigung der beiden tragenden Säulen der Macht im modernen Russland.

Putin wurde an diesem Nachmittag von den Führern
der offiziell anerkannten Religionen in Russland begrüßt –
des russisch-orthodoxen Christentums, des Islam, des
Judentums und des Buddhismus. Die Leitung und die Ho-
heit über das Zeremoniell lagen unstrittig bei Patriarch
Kyrill, dem Oberhaupt der Russisch-Orthodoxen Kirche,
auf dessen Territorium die Teilnehmer zusammentrafen.
Er war damals fünfundsechzig Jahre alt. Sein strenges Gesicht war eingerahmt von einem silbernen Bart, der steif
wie ein Stalaktit von seinem Kinn herabhing, und dem
Koukoulion, der traditionellen Kopfbedeckung aus ge-
stärktem weißem Tuch. Politik- und Glaubensfragen waren in Russland nie getrennten Sphären zugeordnet ge-

wesen – weder unter den Zaren, die die Autorität Gottes ihrer eigenen unterstellten, noch zu Sowjetzeiten, als die Russisch-Orthodoxe Kirche erst unterdrückt und später als politisches Instrument der Sowjetregierung künstlich wiederbelebt wurde. Diese historische Erfahrung führte dazu, dass die Kirchenführung dem Kreml in den ersten Jahren nach dem Zusammenbruch der Sowjetunion misstrauisch gegenüberstand. Eine Zeit lang schien es, dass kirchliche und politische Führung sich zwar auf situationsbezogene Bündnisse einließen, aber nicht zu einem vorbehaltlosen gegenseitigen Vertrauen oder Verständnis fanden. Als Kyrill 2009 zum Patriarchen ernannt wurde, rückte er die Kirche näher an den Staat heran, der sich ihr gegenüber generös zeigte und Schutz bot. Aus den Niederungen der Politik hatte er sie jedoch herausgehalten – bis zu diesem Tag.

Kyrill sprach zunächst über die Neunzigerjahre und ließ dabei vieles anklingen, was auch Putin und seine Gefolgsleute gern hervorhoben: Er sagte, dieses Jahrzehnt sei eine Zeit des Chaos und der Entrechtung gewesen, eine moderne Zeit der Wirren – eine Anspielung auf die von Hunger, Unruhen und selbst ernannten Prätendenten auf den Zarenthron geprägten Jahre, die der Einsetzung der Romanow-Dynastie im Jahr 1613 vorausgingen. Wie damals, so der Patriarch, sei Russland auch diesmal wieder durch ein gewisses Maß an göttlicher Intervention gerettet worden – und er ließ keinen Zweifel daran, woher sie gekommen war. »Durch ein Wunder Gottes, unter aktiver Mitwirkung der Führung des Landes, ist es uns gelungen, diese furchtbare systemische Krise zu überwinden.« Er wandte sich Putin zu und blickte ihn direkt an. »Als Patriarch bin ich verpflichtet, die Wahrheit zu sagen. Deshalb sollte ich ohne Rücksicht auf Politik und Propaganda offen aussprechen: Sie persönlich, Wladimir Wladimirowitsch, haben erheblich dazu beigetragen, diese krumme Wendung, die unsere Geschichte genommen hat, wieder zu begradigen.« Dann sagte er mit Bezug auf die anstehenden Präsidentschaftswahlen, Putin habe von allen Kandidaten »die besten Chancen, tatsächlich ins Amt zu gelangen«. Nie zuvor in der modernen russischen Geschichte hatte ein Patriarch so direkt politisch Stellung bezogen.

Putin, der dringend eine neue politische Formel benötigte, die sein weiteres Festhalten an der Macht erklärte und rechtfertigte, baute diesen Segen von höchster geistlicher Stelle in eine neue, eklektische Ideologie ein, die in dieser Zeit gerade Gestalt annahm und seine damalige Wahlkampagne ebenso prägen sollte wie die folgende Amtszeit. Sie setzte sich aus einem oberflächlichen Bekenntnis zum russisch-orthodoxen Christentum, sozialem Konservatismus, Misstrauen gegen die urbanen Eliten und Antiamerikanismus zusammen – eine Mixtur, die als eine Art lindernder Balsam für die postimperiale Verwirrung und Desorientierung gedacht war, die das Land durchmachte. Der Liberalismus wurde als schädliche Ideologie, die nicht dem russischen Wesen entsprach, hingestellt. »Die Stimme der Kirche sollte uneingeschränkt Gehör finden«, sagte Putin beim Treffen im Danilow-Kloster zu Kyrill.

Die Russisch-Orthodoxe Kirche ist eine zutiefst hierarchisch geprägte und vorwiegend konservative Institution. Die meisten Priester störten sich nicht an Kyrills Ausflug in die Politik – Putin war in Kirchenkreisen sehr populär. Und sie fühlten sich erst recht nicht berufen, ihr geistliches Oberhaupt öffentlich infrage zu stellen. Die Kirche hatte sich unter Kyrill schon eine ganze Weile auf den Staat und seine Interessen zubewegt. Es war nur konsequent, dass dieser bereits seit Jahren verfolgte Kurs in den Bemerkungen im Danilow-Kloster kulminierte.

Trotzdem gab es auch einige Kirchenangehörige, die darüber bestürzt waren. Die Geistlichen und anderen Kirchenvertreter, die sich verhalten besorgt äußerten, stammten vor allem aus Moskau und Sankt Petersburg. Dort gab es liberaler orientierte Gemeinden, deren Mitglieder sich in diesem Winter zahlreich an den großen Demonstrationen gegen Putin beteiligt hatten. Dazu kam eine kleine Gruppe von Priestern, die sich offen abweichend äußerten.

Eine der wenigen oppositionellen Stimmen aus der Provinz war die des Gemeindepfarrers Pawel Adelheim aus Pskow, einer Zweihunderttausend-Einwohner-Stadt in den Wäldern Nordwestrusslands nahe der Grenze zu Estland. Pfarrer Adelheim war dreiundsiebzig Jahre alt. Mit seinen freundlich und wissend dreinblickenden blauen Augen, dem wallenden weißen Bart und dem leicht schiefen Schmunzeln, das über sein Gesicht huschen konnte, verkörperte er den Typ des jovialen, zugewandten Gemeindehirten. Zu Sowjetzeiten hatte er wegen seiner Tätigkeit als orthodoxer Priester Repressionen durch das Regime erfahren. Dieses Erlebnis und ein gründliches Studium des Evangeliums und der jahrhundertealten Kirchengeschichte hatten dazu geführt, dass er der traditionellen Lehre von der *Symphonia* – dem harmonischen Zusammenklang zwischen russisch-orthodoxer Religion und Staatsmacht – ablehnend gegenüberstand. Er nannte sie eine »verschlagene Allianz« und schrieb: »Die Kirche beteiligt sich an Staatsangelegenheiten, und der Staat nutzt ihr ideologisches Potenzial. Beide Seiten laufen dabei Gefahr, ihre Qualität zu verlieren.«

Adelheim fiel nicht nur dadurch auf, dass er den Kurs der Kirche unter Patriarch Kyrill offen infrage stellte. Er führte auch seit Langem eine erbitterte Fehde mit seinem unmittelbaren Vorgesetzten, dem Erzbischof der Diözese Pskow. Dass ein Pfarrer seinen Erzbischof herausfordert, war eigentlich undenkbar. Und doch beflügelte dieser Zwist Adelheim weit mehr als alles, was sich in Moskau ereignete. Er wollte, dass sich die Kirche völlig aus der politischen Sphäre heraushielt, und hielt sich auch selbst an diesen Grundsatz. Die Parolen der Demonstranten auf dem Sacharow-Prospekt und dem Bolotnaja-Platz waren ihm so fremd wie Discomusik, und dasselbe galt für Putins Handeln. »Mich kümmert es nicht, ob dieser Mensch auf der Welt ist oder nicht«, sagte er über ihn. »Er hat nichts mit meinem Schicksal zu tun; er ist Teil eines Apparats, der manchmal leerläuft und manchmal mit Repressionen arbeitet.«

In dem Moment, als Kyrill Putin implizit den Segen der Kirche erteilte, stand Adelheim im Zentrum eines Konflikts, der ihn direkter betraf. Nach einer unter Kyrill veranlassten Änderung des Kirchenrechts war die Zuständigkeit für die Angelegenheiten einer Gemeinde von der jeweiligen Gemeindeversammlung auf den Bischof der übergeordneten Diözese übertragen worden. Adelheim und die Mitglieder seiner Gemeinde hatten sich dieser Reform widersetzt. Sie hatten die internen kirchenrechtlichen Instanzen und sogar staatliche Gerichte in Pskow bemüht, um gegen sie vorzugehen. Die Verhandlungen hatten sich jahrelang hingezogen. »Die Leute wollen zusammenkommen und sich am kirchlichen Leben beteiligen«, sagte Adelheim. »Der Wunsch der Diözese, ganz allein zu regieren und den Menschen jede Aktivität und

Initiative zu nehmen, zerstört die Einheit der Gemeinde.« Der Patriarch übe sein Amt aus, wie es der Generalsekretär der Kommunistischen Partei zu Sowjetzeiten getan habe, und die Erzbischöfe übernähmen dabei die Rolle der örtlichen Parteivorsitzenden. 2011 hatte der Leiter der Diözese Pskow, Erzbischof Jewsewi, den Gemeinderat in Adelheims Kirchengemeinde zwangsweise umgebildet. Elf Mitglieder waren entlassen und an ihrer statt ein Dutzend andere ernannt worden.

In den Jahren von Putins Regentschaft und insbesondere unter der Führung Kyrills war die Russisch-Orthodoxe Kirche analog zur politischen Architektur des russischen Staates reorganisiert worden. So wie Putin die Politik zentral seiner persönlichen Machtvertikale unterstellte, strebte auch Kyrill danach, die Autorität des Patriarchen durch einen Prozess der bürokratischen Zentralisierung wiederherzustellen. Die Freiheit und Regellosigkeit der Neunziger mit ihrem Chaos und ihren Effizienzmängeln wichen einer klar umrissenen Hierarchie, in der die Bischöfe – und letztlich Kyrill selbst – praktisch jeden Aspekt des kirchlichen Lebens und der kirchlichen Praxis kontrollierten. Adelheim war betrübt darüber, dass die humane und private Sphäre aus seiner pastoralen Arbeit verschwand. Die Kirche, so fürchtete er, lief Gefahr, ihren Auftrag aus den Augen zu verlieren und im »bürokratischen Apparat der Russischen Föderation« aufzugehen.

Mit seiner skeptischen Haltung galt er in der Diözese Pskow als lästiger, unbotmäßiger Außenseiter. Dafür war er umso beliebter bei seinen Gemeindemitgliedern und einer großen Anhängerschaft in ganz Russland. Erzbischof Jewsewi gab sich nicht viel Mühe, seine Geringschätzung für Adelheim zu verbergen, und versäumte keine Gelegenheit, um ihn auszugrenzen und sogar zu erniedrigen. Adelheim zog Kraft aus einem Satz, den Christus im Johannesevangelium zu seinen Jüngern sagt: »In der Welt seid ihr in Bedrängnis, aber habt Mut: Ich habe die Welt besiegt.« Seine Bildung war nicht auf religiöse Texte beschränkt; er hatte auch sehr viele historische und literarische Werke gelesen, von Thomas Mann bis C. S. Lewis. Er zitierte gern einen Vers aus einem Lied von Wladimir Wyssozki, dem bekannten russischen Liedermacher der Sechziger- und Siebzigerjahre: »Doch Hellseher hat man, genau wie Augenzeugen, zu allen Zeiten auf dem Scheiterhaufen verbrannt.«

Pawel Adelheim war dreizehn, als er zum Glauben fand. Sein Großvater, ein bekannter Industrieller in der Ukraine, war zur Zeit der Repressionen unter Stalin in den 1930er-Jahren hingerichtet worden. 1942, als Pawel vier Jahre alt war, wurde sein Vater, ein Theaterschauspieler, verhaftet und als angeblicher Kriegsspion erschossen. Seine Mutter kam ins Arbeitslager, und den kleinen Pawel steckte man in ein Waisenhaus für Kinder von »Volksfeinden«. Nach ihrer Entlassung wurde der Mutter, wie es bei ehemaligen Lagerhäftlingen oft der Fall war, ein Wohnort an der Peripherie des Sowjetimperiums zugewiesen. Sie zog mit Pawel in eine Siedlung in den nördlichen Steppen Kasachstans. Dort gelangte der Heranwachsende in einen Kreis, der im Stillen Religion praktizierte, eine geheime Gesellschaft von Gläubigen, die tief in der Nacht Gottesdienste in Privatwohnungen abhielten. Er beschloss, sein Leben Gott zu widmen, obwohl er keine Illusionen darüber hatte, was das bedeutete. »Wir wussten, dass man uns verhaften, erschießen, ins Lager schicken, alles Mögliche mit uns anstellen konnte – dass wir darauf vorbereitet sein sollten«, erinnerte er sich später.

1956 schrieb Adelheim sich in das Geistliche Seminar in Kiew ein, das von der sowjetischen Führung toleriert, aber streng überwacht wurde. Während er sich auf das Priesteramt vorbereitete, fuhr er aufs Land, um eine Braut zu finden. In den sowjetischen Städten lebten vor allem Arbeiter, technische Intelligenz und Akademiker. Die Provinz war der Ort, an dem die Religion überdauern konnte. Adelheim reiste mit einem ihm bekannten Priester per Zug, Bus und Pferdewagen in das Dorf Hajworon im Herzen der Ukraine. Die Einwohner hier erhielten keine Inlandspässe. Praktisch hieß das, dass sie auf dem Land festsaßen – ohne Dokumente konnte man in der Sowjetunion nicht reisen und erst recht nicht an einen anderen Ort ziehen. Der Priester stellte Pawel, der damals einundzwanzig war, eine junge Frau vor. Sie hieß Vera, was im Russischen »Glaube« bedeutet. Sie war siebzehn, hatte ein schüchternes Lächeln und zwei dicke Zöpfe. Als Adelheim das kleine, hölzerne Bauernhaus der Familie erstmals aufsuchte, bereitete sie sich gerade auf ihre Schulprüfungen vor. Einige Tage danach kam er wieder und las ihr stundenlang aus der Bibel vor. Sie hörte zu und aß dabei grüne Aprikosen aus dem Garten. Dann gingen sie spazieren. Im Schatten eines Kirschbaums blieben sie stehen, und er machte ihr einen Heiratsantrag.

Zur Hochzeit kehrte er nach Hajworon zurück und brachte einige Freunde aus dem geistlichen Seminar mit. Die örtlichen Behörden weigerten sich, eine kirchliche Hochzeitsfeier zu genehmigen – alle im Dorf hatten nach der üblichen sowjetischen Zeremonie geheiratet. Ein Traugottesdienst, so erklärte ihnen ein strenger Provinzbeamter, würde »einen Schatten auf die Durchführung der wissenschaftlich-atheistischen Arbeit in unserem Dorf werfen«. Pawel und Vera ließen sich im Laderaum eines Lieferwagens in ein Nachbardorf bringen, wo ein Priester sie in der Ortskirche traute – in großer Eile, aber mit einer vollwertigen russisch-orthodoxen Hochzeitszeremonie. Als die Behörden davon Wind bekamen und ihnen nachstellten, mussten sie rasch wieder verschwinden. Adelheim erinnerte sich noch Jahre später an diesen nächtlichen Weg: Die Dorfgärten grenzten an morastiges Sumpfland; am Himmel leuchtete ein riesiger tief hängender Mond, und der Duft von Wildblumen lag in der warmen Luft.

Pawel wurde als Priester in die Kleinstadt Kogon entsandt, einen Vorort von Buchara in der Usbekischen Sozialistischen Sowjetrepublik. Damals, Anfang der Sechzigerjahre, ließ der offiziell atheistische Sowjetstaat der Russisch-Orthodoxen Kirche eine bescheidene Existenz, wobei er zugleich alles tat, um den Menschen die religiöse Bestätigung zu erschweren und zu verleiden. Priester konnten Gottesdienste abhalten und mit den Gläubigen die wichtigsten traditionellen Bräuche vollziehen, wie Taufen, Ostergottesdienste oder Beerdigungen. (So ließ etwa Wladimir Putins Mutter ihn nach seinen eigenen Angaben heimlich taufen, ohne seinem Vater, der ein treues Parteimitglied war, etwas davon zu sagen.) Die Kirche unterschied sich kaum von anderen gehorsamen und farblosen Institutionen der sowjetischen Bürokratie. Scherzhaft wurde sie manchmal als »Ministerium für rituelle Dienstleistungen« bezeichnet. Jegliche Aktivitäten außerhalb der Mauern der Gemeindekirchen waren verboten. Die Priester durften den religiösen Glauben in ihren Gemeinden weder vermitteln noch fördern und auch keine karitativen Tätigkeiten ausüben oder Veranstaltungen durchführen. Vor allem aber durften sie keine neuen Gebetshäuser eröffnen. Das oblag ausschließlich dem Staat, der eher geneigt war, vorhandene Kirchen zu schließen, als neue einzurichten. Am Vorabend der Revolution hatte es in Russland fünfzigtausend Kirchengemeinden gegeben. In den Fünfzigern war die Zahl der Gemeinden im Gebiet der gesamten Sowjetunion nur noch etwa ein Viertel so hoch. In Moskau, dem Zentrum des riesigen Imperiums, damals eine Stadt mit fünf Millionen Einwohnern, gab es nur einhundert Priester.

In Kogon kam Adelheim an die Sankt-Nikolai-Kirche am Stadtrand. Sie war im 19. Jahrhundert errichtet worden, aber nach der Revolution hatte man sie geschlossen und später als Station für Tuberkulosekranke genutzt. Zur Zeit von Adelheims Ankunft war der rote Ziegelbau heruntergekommen, beengt und baufällig. Zu den hässlichen Manövern des Sowjetstaats gegen die Religionsausübung gehörte es, Priester unter Druck zu setzen, damit sie öffentlich ihren Glauben widerriefen. Der KGB schikanierte die Familie des Geistlichen – so konnte etwa die Ehefrau ihre Arbeitsstelle verlieren oder ein Kind seinen Studienplatz. Das ging so lange weiter, bis er schließlich Gott und der Kirche abschwor. Der bekannteste und bedrückendste Fall dieser Art war der von Alexander Ossipow, einem renommierten Professor für alttestamentarische Theologie an der Geistlichen Akademie in Leningrad. Sein Widerruf wurde am 6. Dezember 1959 in der *Prawda* veröffentlicht. Die Überschrift lautete: »Die Lossagung von der Religion ist der einzig richtige Weg«. 1962 erschien ein ähnlicher Artikel in einer Zeitung in der usbekischen

Hauptstadt Taschkent. Diesmal ging es um den Erzdiakon Wassili Pogorelow, den Adelheim kannte und schätzte; eine Weile hatten Vera und er mit Pogorelow sogar in einer Wohnung in Taschkent gelebt. »Ich widerrufe!«, verkündete die Schlagzeile. Der Artikel enthielt alle möglichen Verleumdungen und Vorwürfe an die Adresse seiner geistlichen Kollegen der Diözese Usbekistan. Danach beobachtete Adelheim über lange Zeit, wie Pogorelow spätnachts, lange nach dem Abendgottesdienst, vor der Ikonostase der Mariä-Himmelfahrt-Kathedrale in Taschkent kniete und weinte. »Ein junger, energischer Mann, keine vierzig, und er weinte so bittere Tränen«, erinnerte er sich. Für ihn selbst war dieses Erlebnis eine Lektion: Es konnte eine Falle sein, sich den Forderungen des Staates zu beugen. Man konnte in einen Sog geraten, der einen unweigerlich immer weiter vom eigenen Gewissen fortzog.

Als Adelheim den Dienst an seiner neuen Kirche antrat, ging er daran, das Gebäude instand zu setzen. Dabei unterstützten ihn Mitglieder seiner Gemeinde und auch Muslime aus dem Viertel, die ihn liebevoll ihren »russischen Mullah« nannten. Innerhalb eines Monats erneuerten sie drei Wände, verlegten einen neuen Fußboden und stellten eine 200 Jahre alte Ikonostase auf, die sie aus Moskau hergebracht hatten. Faktisch hatten sie aus einem Trümmerhaufen eine neue Kirche erbaut.

Eben das wurde Adelheim zum Verhängnis: Er hatte gegen das ungeschriebene Gebot verstoßen, keine neuen Gotteshäuser zu errichten. Die Machthaber suchten nach einem passenden Vorwand. Schließlich wurde Adelheim nach Artikel 190 des sowjetischen Strafgesetzes angeklagt: »Verbreitung bewusst falscher Verleumdungen, die den

sowjetischen Staats- und Gesellschaftsaufbau verunglimp-
fen«. Die Vorwürfe in der Anklageschrift waren einigermaßen abstrus. So sollte Adelheim zu Hause nicht nur
verbotene Literatur gesammelt haben, sondern wurde auch
bezichtigt, der heimliche Autor von *Requiem* zu sein, einem elegischen Gedichtzyklus Anna Achmatowas, in dem
sie das qualvolle Warten auf die Rückkehr ihres Sohnes aus
dem Gulag verarbeitete. Adelheim wurde zu drei Jahren
Gefängnis in einem Straflager in der zentralasiatischen
Steppe verurteilt.

Jahre später erhielt er Zugang zu einer Reihe versiegelter
Dokumente zu seinem Fall. Darin fand er eine Aussage
von Leonid Swistun, einem Freund aus dem Geistlichen
Seminar in Kiew, der zu den Zeugen seiner heimlichen
Trauung mit Vera gehört hatte. Swistun hatte den Ermittlern gesagt, Adelheim habe »antisowjetische Einstellungen
an den Tag gelegt« und sich gegen die offizielle, sowjet-
freundliche Kirchenführung ausgesprochen. »Er hat sich
geweigert, die sowjetische Hymne zu singen«, hatte er aus-
gesagt. Dabei wurde der Hymnentext zu dieser Zeit ohnehin nicht gesungen: Seit 1956 spielte man nur die Musik,
weil die Worte als Lobgesang auf den mittlerweile in Ungnade gefallenen Stalin galten. »Adelheim gehört zum re-
aktionärsten Flügel der Geistlichkeit«, hatte Swistun be-
hauptet. Von diesem Verrat zu erfahren, schrieb Adelheim
später, sei »wie ein Blitz aus heiterem Himmel« gewesen.
Die Sache erklärte auch, warum sein Freund Leonid so
rasch Bischofswürden erlangt hatte. Unter dem geistlichen
Namen Archimandrit Makari war er auf Auslandsmissio-
nen nach Kanada, in die Schweiz und in die USA entsandt
worden. Solche Positionen erhielt man nur mit Billigung
des Staates und vor allem des KGB. »Die zuständigen Or-

gane hatten keine Zweifel an seiner Zuverlässigkeit«, stellte Adelheim fest.

Im Arbeitslager war er als Schweißer tätig. Außerdem nutzte er die Gefängnisbibliothek, um sich juristisch fortzubilden und andere Insassen beim Verfassen von Gesuchen zu unterstützen. Sein Glaube wurde nur noch stärker, und zugleich zog er immer öfter den Ärger der Lagerverwaltung auf sich. Eines Tages wurde er bei Schweißarbeiten, zu denen die Leitung ihn abgestellt hatte, von einem Brückenkran erfasst und beinahe zerquetscht. Sein rechtes Bein musste amputiert werden. Vielleicht war es ein Unfall, aber bei Pawel und Vera blieben Zweifel zurück. Nachdem er den Rest seiner Strafe abgesessen hatte, wurde er 1972 entlassen. Die verlorene Lebenszeit und die Behinderung machten ihm zu schaffen, aber er war darauf vorbereitet, seit er sich entschieden hatte, den Weg der Nachfolge Christi zu gehen. »Für ihn war es ein Kreuz, das er auf sich nehmen musste. Also hat er all das Böse, all die Sorgen, erduldet, mit Demut, Liebe und dem Gefühl, dass es so und nicht anders sein sollte«, sagt Vera. Über seine Entlassung schrieb Adelheim, der auch eine dichterische Ader hatte, die folgenden Zeilen: »Ihr Wachttürme, lebt wohl. Jetzt heißt es heimgekehrt. / Drei Jahre habt Ihr auf mich achtgegeben, / Und mich dabei über das Leben / Viel mehr als jedes Buch gelehrt.«

Der Staat kontrollierte die Aktivitäten der Kirche bis ins kleinste Detail. Dafür zuständig war der Rat für Angelegenheiten religiöser Kulte, der wiederum dem KGB nahestand. Wo ein Priester diente, und ob er es überhaupt durfte, entschieden letztlich die örtlichen Mitglieder dieses Gremiums, nicht die Diözese. Die Kirchgänger in den Gemeinden wurden von lokalen KGB-Kadern und Aktivisten des Komsomol, der Nachwuchsorganisation der Kommunistischen Partei, belästigt. Am Ostersonntag fuhren Banden junger Männer auf lauten Motorrädern vor den Kirchen auf und ab, störten die Gottesdienste und verschreckten die alten Frauen, die kamen, um ihre selbst bemalten Ostereier vom Priester segnen zu lassen. Wer zu oft in der Kirche gesehen wurde, musste mit Problemen bei der Arbeit oder beim Studium rechnen.

Die Suche nach einem Wirkungsort führte Adelheim und seine Familie zunächst ins Ferghanatal, eine lang gestreckte, fruchtbare Senke, die von zwei zentralasiatischen Flüssen versorgt wird. Anschließend gingen sie nach Lettland und von dort aus 1976 schließlich nach Pskow. Die Stadt liegt am Fluss Welikaja, der an der Außenmauer des Pskower Kreml vorbeifließt, einer weitläufigen mittelalterlichen Zitadellenanlage aus weißem Backstein. Im Stadtbild mischen sich Kaufmannshäuser aus dem 17. Jahrhundert mit säulengeschmückten neoklassizistischen Verwaltungsgebäuden aus der Sowjetzeit. Während des Zweiten Weltkriegs hatte Pskow drei Jahre lang unter deutscher Besatzung gestanden und war Schauplatz heftiger Kampfhandlungen gewesen, die erhebliche psychische und physische Auswirkungen hinterlassen hatten. Der örtliche Vorsitzende des Rates für Angelegenheiten religiöser Kulte war dagegen, dass Adelheim sich in Pskow niederließ, und ließ ihn wissen, er werde hier »nur über meine Leiche« eine Gemeinde erhalten. Doch ein ortsansässiger Priester, Wladimir Popow, setzte sich beim KGB für Adelheim ein. »Er erregte ihr Misstrauen«, erzählte mir Popow. »In ihren Augen war er ein sehr entschlossener und willensstarker Mensch.« Trotzdem gelang es Popow, sie umzustimmen. »Keine Sorge«, sagte er. »Er hat schon im Lager gesessen und wird keine Probleme mehr machen.«

Von den über dreißig Kirchen in Pskow wurden damals nur vier als Gotteshäuser genutzt. Die übrigen waren, wie in der gesamten Sowjetunion, in Museen für Atheismus oder Getreidespeicher umgewandelt worden, oder man hatte sie einfach geschlossen und dem langsamen Verfall überlassen. Adelheim half in verschiedenen Gemeinden aus, bis er 1980 eine eigene erhielt: die Apostel-Matthäus-Kirche im Dorf Piskowitschi gleich hinter den Stadtgrenzen. Sie war bei einem Brand schwer beschädigt worden; die Mauern bröckelten, und der Fußboden war schmutzig. Wie schon in Kogon machte sich Adelheim daran, sie instand zu setzen – inzwischen waren fast zwanzig Jahre vergangen, und man kam dafür nicht mehr ins Straflager. Auch schrieb er für eine kleine Zeitschrift, die sich mit Fragen des russisch-orthodoxen Glaubens befasste, Artikel zu kirchenrechtlichen Fragen. Trotz dieser entlegenen Thematik waren die lokalen Parteifunktionäre in Pskow davon alarmiert. Adelheim bot an, ihnen die Texte, die zahlreiche Bezüge zur Bibel und Erörterungen zum kanonischen Recht enthielten, vor der Veröffentlichung vorzulegen. »Er sah das nicht als Konzession an«, sagt Vera. »Er war nicht gegen die Regierung; er interessierte sich einfach für religiöse Fragen.«

1988 bereiteten die russisch-orthodoxen Gläubigen Gedenkfeiern zum 1000. Jahrestag der Einführung des Christentums in Russland vor. Der Legende nach war Großfürst Wladimir im Jahr 988 vom Heidentum zum orthodoxen Christentum konvertiert, nachdem er Kundschafter ausgesandt hatte, die die religiösen Bräuche der umliegenden

Nationen erforschen sollten. Der Islam, so heißt es, wurde verworfen, weil das russische Volk zu gern trank. Die Kundschafter, die aus Konstantinopel zurückkehrten, wo sie einem orthodoxen Gottesdienst in der Hagia Sophia beigewohnt hatten, berichteten, die Schönheit der Liturgie habe sie so ergriffen, »dass wir nicht mehr wussten, ob wir auf Erden oder im Himmel waren«.

Das Jubiläum war ein entscheidender Moment in der modernen Geschichte der Russisch-Orthodoxen Kirche. Die Perestroika war in vollem Gang, und Gorbatschow erlaubte der Kirche, den Anlass mit groß angelegten öffentlichen Festlichkeiten zu begehen. Erstmals zeigte das sowjetische Fernsehen die mystischen und prunkvollen Zeremonien des orthodoxen Gottesdiensts mit ihren Gebetsgesängen und den mit schimmernden Ikonen ausgeschmückten Kapellen, in denen Priester Weihrauchfässer schwingen. Mit dieser veränderten Haltung trug die Regierung einer realen Entwicklung Rechnung: Das Interesse am russisch-orthodoxen Glauben war in den Achtzigern deutlich gestiegen, weil er zu den wenigen Lebenssphären gehörte, die die Jahrzehnte des sowjetischen Dogmatismus vergleichsweise unbeschadet überdauert hatten. Zudem signalisierte der tolerante Umgang mit dem Jubiläum den Gläubigen und Kirchenführern, dass sie sich weiter vorwagen konnten. Priester traten jetzt öffentlich in Erscheinung und predigten den Nichteingeweihten das Evangelium. Vor langer Zeit geschlossene Kirchen durften wieder eröffnet werden.

In Pskow wie anderswo in der Sowjetunion wurden Kirchen zu Anziehungspunkten für neugierige und spirituell ausgehungerte Menschen. »Junge Leute tauchten in der Kirche auf«, erinnert sich Popow. »Die Gesellschaft entdeckte ihr Interesse an der Religion. Zugleich bekamen wir die Möglichkeit, zu den Leuten zu sprechen und mit ihnen zu reden.« Adelheim war es gewohnt, wegen seines Glaubens verfolgt zu werden. Er hatte ihn als Heranwachsender heimlich praktizieren müssen und ihm später drei Jahre seines Lebens und sein rechtes Bein geopfert. »Erst hat er es nicht begriffen«, erinnert sich Vera. »Er konnte es nicht glauben. Es war für alle wie ein Schock.« Viele Priester hatten vergessen, wie man auf menschliche und überzeugende Weise über den Glauben spricht, oder sie hatten es nie gelernt. Sie litten ebenso an der sowjetischen Krankheit wie alle anderen. Oft waren sie überfordert mit der neuen, relativ offenen Situation und den Erwartungen, die sich plötzlich an sie richteten. »Viele andere Priester waren nicht bereit, sie wussten nicht, was sie sagen sollten«, erinnert sich Vera, »aber Vater Pawel war ein echter Pastor.« Seine Predigten zogen immer mehr Menschen an. Irgendwann begann er, abends im Haus der Pioniere vorbeizuschauen, wo Vera arbeitete. Dort antwortete er auf die Fragen der jungen Leute zum orthodoxen Glauben, den Evangelien und dem, was sich in diesen unvertraut gewordenen Zeiten daraus lernen ließ.

Adelheim hatte in Piskowitschi eine beträchtliche Zahl von Anhängern gewonnen. Nun wandte er seine Aufmerksamkeit einem stillgelegten Sakralbau im Zentrum von Pskow zu: der Kirche der Heiligen Myrrheträgerinnen (Schen-Mironosiz), einer kastenförmigen weißen Kapelle aus dem 16. Jahrhundert mit einer einzigen, von einem goldenen Kreuz gekrönten Kuppel. Sie war in den 1930ern von den Bolschewiki geschlossen und später von der Post in Pskow als Lagerraum genutzt worden. Das Gotteshaus stand auf einem grünen, baumbewachsenen Friedhofsgelände. Als Adelheim die Erlaubnis erhielt, es wieder zu eröffnen, war es in einem schlimmen Zustand. Innerhalb eines halben Jahres erneuerte er zusammen mit ein paar Gemeindemitgliedern das Dach. An einem Maitag im Jahr 1989 hielt er den ersten Gottesdienst ab. Es kamen so viele Besucher, dass einige Hundert Leute vor der Kirche standen und sich über den Friedhof verteilten.

Unter den orthodoxen Geistlichen gab es viele, die Gemeinsamkeiten mit den Dissidenten der späten Sowjetunion hatten. Zwar waren ihre Vorbehalte gegen den Sowjetstaat nicht im strikten Sinn politisch, aber auch die aktiveren und öffentlich präsenteren Angehörigen des Priesterstands wollten eine neue Ethik jenseits der erdrückenden Dogmen des Marxismus-Leninismus schaffen, die es erlaubte, das eigene Dasein und die damit einhergehende Verantwortung zu begreifen. Über die offizielle Ideologie hinauszudenken, war in sich bereits ein politischer Akt. Der erste große Prediger der Sowjetzeit war Alexander Men. Seine Predigten, die erklärenden Charakter hatten, waren äußerst beliebt und führten in den letzten Jahren der Sowjetherrschaft Tausende von Menschen dem Christentum zu. Kurz vor dem Zusammenbruch der Sowjetunion im Jahr 1990 wurde er auf dem Weg zu einem Sonntagsgottesdienst von einem Attentäter ermordet, der mit einem Beil auf seinen Kopf einhieb. Bei den Wahlen zum Obersten Sowjet im selben Jahr – einem Versuch, in letzter Minute repräsentative Demokratie in der Sowjetunion zu praktizieren – wurde Gleb Jakunin, ein Priester aus einer Gemeinde bei Moskau, in die Versammlung gewählt. Auch er hatte eine große Anhängerschaft. In den Siebzigern und Achtzigern war er ein prominenter Verteidiger der Religionsfreiheit gewesen und hatte sieben

Jahre in Gefängnislagern und in der Verbannung verbracht.

Adelheim stellte seine Abneigung gegen Politik hintan und beschloss, gleichfalls für einen Sitz im Obersten Sowjet zu kandidieren. »Seine Wahlkampfreden waren wie Predigten«, erinnert sich Lew Schlosberg, einer der ersten demokratischen Vorkämpfer in Pskow. Es waren Fabeln, die für eine neue Moral warben, indem sie Lehren aus der Bibel mit der Forderung nach Gewissens- und Redefreiheit verbanden. Bei einer Kundgebung zur Unterstützung seiner Kandidatur erschienen so viele Teilnehmer, dass die Behörden in Pskow sie um einen Tag verschieben wollten, um einen größeren Ort zu finden. Die Leute waren damit nicht einverstanden und machten das lautstark deutlich. Adelheim beruhigte sie. »Wir wollen uns würdig betragen, nach dem Bilde Gottes«, sagte er. Seine Wahlkampagne wurde letztlich von örtlichen Parteifunktionären gestoppt, die sich weigerten, seine Kandidatur zu registrieren.

Mit dem Zusammenbruch der Sowjetunion fielen die letzten offiziellen Beschränkungen für die Russisch-Orthodoxe Kirche weg. Sie konnte nun ungehindert missionieren und ihren religiösen Auftrag ohne Beaufsichtigung oder Einengung durch den Staat ausweiten. Es ergab sich von selbst, dass die Kirche aufseiten der neuen Demokraten stand. In den spannungsgeladenen Tagen des August 1991, als eine Gruppe von Hardlinern einen Putschversuch unternahm – eine letzte, verzweifelte Anstrengung, die Sowjetunion zu erhalten –, sprach Patriarch Alexius sich öffentlich für diejenigen aus, die Veränderungen anstrebten. Während Panzer auf die Demonstranten in den Straßen von Moskau zurollten, hielt er im Radio eine Ansprache an seine russischen »Brüder und Schwestern«: »Wer die Waffe gegen seinen Nächsten, gegen unbewaffnete Menschen erhebt, lädt eine schwere Sünde auf seine Seele, die ihn aus der Kirche und der Gemeinschaft mit Gott exkommuniziert.«

Auf die Kirche richteten sich große Erwartungen. Wer außer ihr war imstande, den Sinn dieser neuen Realität zu erfassen? Sie konnte als eine von wenigen Institutionen eine eigenständige, in die vorsowjetische Zeit zurückreichende Legitimation für sich beanspruchen. Trotzdem war sie nicht unbedingt immer die sicherste oder verlässlichste Wegweiserin. »In der Zeit der Verbannung wurde die Kirche zu einem dekorativen Organ«, sagt Valentin Kurbatow, ein Essayist und Literaturkritiker der Sowjetzeit aus Pskow, der den russisch-orthodoxen Glauben seit den Sechzigerjahren praktiziert und zu den ersten Mitgliedern von Adelheims Kirchengemeinde gehörte. »Sie versuchte, sich als alt, stark und gesund auszugeben, aber sie war es nicht.« Ein Priester, der 1991, im letzten Jahr der Sowjetunion, in den geistlichen Stand trat, erzählte mir, wie die Kirche damals verfuhr, als sie sich für neue Zeiten neu erfinden wollte. Man habe »alle, die kamen, mit offenen Armen aufgenommen, wie einen neuen Jahrgang Wehrpflichtiger«. Es gab große Unterschiede, was die Qualität der Priester betraf, und das Gleiche galt für den Ernst und die Hingabe der Menschen, die bei ihnen spirituelle Erneuerung suchten. Die orthodoxe Kirche zeichnet sich generell nicht durch große Prediger aus. Es gibt nur wenige Geistliche, die ihre Persönlichkeit und Autorität in die Predigten einfließen lassen, und zu ihnen gehörte Adelheim. Bei aller profunden Kenntnis der Evangelien predigte er tastend und ungeschützt. Er begab sich gemeinsam mit den Hörern auf die Suche, einen unaufhörlichen Prozess des Lernens und Reflektierens. »Echter, intelligenter Glaube erfordert Arbeit, das war seine Auffassung«, so Kurbatow.

Meinungsfreiheit und Selbstbestimmung ließen das laute, chaotische, eigenständige Denken aufblühen. Allerdings kam dabei auch viel böses Blut zum Vorschein. Die Gemeinden konnten sich ganz nach ihren eigenen Vorstellungen organisieren. Das ermöglichte Adelheim, in Piskowitschi ein Kinderheim zu eröffnen und eine Kapelle für Patienten der psychiatrischen Klinik zu bauen. Es führte aber auch dazu, dass andere Pfarrgemeinden mit antisemitischen Traktaten und intoleranter, obskurantistischer Literatur überschwemmt wurden. Viele Priester, die darauf brannten, ihren Einsatz zur Schau zu stellen, tauften bereitwillig Menschen, denen es an tiefem oder echtem Glauben mangelte, und segneten auch alle möglichen leblosen Dinge, von Banken über Sportwagen bis zu Militärflugzeugen.

Patriarch Alexius widmete sich in den Neunzigerjahren vor allem der Aufgabe, Gotteshäuser wieder in den Besitz der Kirche zu bringen, aufzubauen und für die Flut neuer Kirchgänger zu öffnen. Am Ende seines Patriarchats im Jahr 2008 hatte die Kirche zwanzigtausend neue Pfarrgemeinden und etwa ebenso viele neue Priester hinzugewonnen. Der Anteil der Russen, die sich zum russisch-orthodoxen Glauben bekannten, war auf über 70 Prozent gestiegen. Alexius hatte nichts gegen Staatsnähe, wo sie taktische Vorteile brachte, aber insgesamt wahrte er dem Staat gegenüber Distanz. Swetlana Solodownik, eine Kolumnistin des unabhängigen Onlinemediums *Jeschednewnyj Schurnal (Tagesjournal)*, die sich mit kirchlichen Themen befasst, sagte mir, der Patriarch habe gegenüber dem Staat »Vorsicht walten lassen. Er wollte nicht zu eng mit ihm in Berührung kommen – er wusste, das würde nur Schaden anrichten, auch wenn die Regierung ihm und der Kirche noch so viel Wohlwollen entgegenbrachte.«

Obwohl Alexius ein offenes Bündnis mit dem Kreml vermied, bekam er von diesem immer wieder, was er wollte. 1997 bekräftigte das russische Unterhaus, die Duma, zwar den säkularen Charakter des Staates, erkannte dabei jedoch die »traditionellen« Religionen des Landes an: Buddhismus, Islam, Judentum und russisch-orthodoxes Christentum. Es war kein Zufall, dass in dieser Aufzählung alle christlichen Konfessionen fehlten, die aus dem Westen stammten – von den Katholiken über die protestantischen Kirchen bis hin zu den Mormonen. Für sie wurde es damit erheblich schwerer, sich in Russland zu betätigen. Die Russisch-Orthodoxe Kirche hatte seit Jahren auf ein solches Gesetz hingewirkt, um die konkurrierenden Konfessionen mit Rechtsmitteln außen vor zu halten. Alexius stellte das gegenüber der Duma als Maßnahme dar, die gesellschaftliche und damit auch politische Einheit zu garantieren. »Sekten und falsche Missionare«, erklärte er, seien »nicht nur für die Kirche, sondern auch für den Staat« eine Gefahr.

Im selben Jahr wurde unter Alexius' Leitung die Christ-Erlöser-Kathedrale, die wohl größte Kirche in Moskau, wieder eröffnet. Der majestätische Bau in Weiß und Gold war ursprünglich Ende des 19. Jahrhunderts zum Gedenken an den Sieg des Russischen Reiches über Napoleon errichtet worden. 1931 befahl Stalin, die Kirche zu sprengen, um Platz für den Verwaltungsbau aller Verwaltungsbauten, den Palast der Sowjets, zu schaffen. Doch während des

Zweiten Weltkriegs wurde das Riesenprojekt auf Eis gelegt. Chruschtschow gab es endgültig auf und machte aus der Baugrube das größte Freibad der Welt. Eine Initiative, die Alexius mit Unterstützung des Moskauer Bürgermeisters und einflussreicher Oligarchen ins Leben rief, führte in den Neunzigern schließlich dazu, dass am ehemaligen Standort eine exakte Replik der Kathedrale errichtet wurde. Vom Augenblick der Eröffnung an war sie – noch vor dem Danilow-Kloster – der symbolische Sitz der postsowjetischen Kirche und zugleich Sinnbild der Nähe zur politischen Macht.

Inzwischen durften orthodoxe Priester als Armeekapläne dienen und vor Soldaten predigen, und bald darauf auch vor Beamten der Polizei und des Sicherheitsdienstes. Das Bekenntnis zum russisch-orthodoxen Glauben, einst ein Hindernis für eine Karriere im Regierungsapparat, war jetzt in Mode und sogar von Vorteil. Das russisch-orthodoxe Christentum bot eine nationalistische Ideologie, die dem russischen Staat huldigte, ohne die abgedroschene, unbrauchbar gewordene Rhetorik des Kommunismus zu bemühen. Der FSB, der Nachfolger des KGB, der den orthodoxen Klerus jahrzehntelang verfolgt hatte, übernahm die Restaurierung und Wiedereröffnung einer Kapelle aus dem 17. Jahrhundert in der Nähe seines Hauptquartiers am Lubjanka-Platz. Alexius persönlich weihte die Kirche ein. Er hoffe, so sagte er, sie werde den FSB-Agenten helfen, »ihre schwierige Arbeit zu verrichten« und »im Angesicht übelwollender Kräfte – wenn nicht gar Feinde – im Aus- und Inland Russlands Sicherheit zu gewährleisten«.

Mit der Macht und den Ressourcen, die die Kirche hinzugewann, änderte sich auch ihre bis dahin recht laxe Haltung gegenüber dem Klerus. Adelheim hatte das bereits

1993 zu spüren bekommen, als die Diözese Pskow einen neuen Leiter erhielt, Erzbischof Jewsewi. Schon die erste Begegnung der beiden lief nicht gut ab, wie Adelheim Jahre später berichtete. »Ab sofort wird sich für Sie sehr viel ändern«, warnte Jewsewi ihn. Adelheim fand nie heraus, warum Jewsewi von Anfang an eine so schlechte Meinung von ihm hatte. Er hatte angedeutet, ein ihm bekannter Erzbischof habe ihm »alles« über Adelheim erzählt. Jewsewi war also gewarnt worden, aber wovor und von wem? Adelheim fragte sich, ob womöglich Makari – sein früherer Freund Leonid Swistun, der inzwischen Erzbischof der Diözese Winniza in der Ukraine geworden war – aus dem verstockten Hass heraus, den ein schlechtes Gewissen hervorbringen kann, eine gehässige Beurteilung übermittelt hatte.

Der angesehene Kirchenhistoriker Sergei Bytschkow, der sich in den Achtzigerjahren mit Adelheim anfreundete, hatte eine schlichtere Erklärung. Er sagte mir, Jewsewi sei ein »sowjetisch geprägter« Charakter, dessen Autorität in Pskow sich ausschließlich auf die Hierarchie stütze und nicht durch Charisma oder Wissen untermauert sei. Er habe seinem ganzen Wesen nach »Abscheu und Hass« gegenüber Adelheim empfinden müssen. Der Schauspieler Viktor Jakowlew vom Pskower Theater, der Adelheims Gottesdienste seit dessen Ankunft in Piskowitschi regelmäßig besuchte, meint, Jewsewi habe seine Animosität nie ganz ausformuliert oder erklärt. »Wenn der Erzbischof einfach gesagt hätte: ›Sie machen dies oder jenes falsch‹, hätte alles, was dann kam, vermieden werden können«, sagte er. »Aber in diesem Konflikt ging es um etwas anderes.« Jakowlew suchte nach dem richtigen Wort, und schließlich fiel ihm der Begriff Eifersucht ein: »Aber die Vorstellung, dass ein Erzbischof eifersüchtig auf einen gewöhnlichen Pfarrer sein soll, ist schon seltsam.«

Einige Jahre zuvor hatte Adelheim im Waisenhaus in Piskowitschi eine kleine Kerzenmanufaktur eröffnet. Damit sollte das Heim unterstützt werden, und auch die Teenager, die dort lebten, sollten die Möglichkeit erhalten, sich etwas Geld zu verdienen. Jewsewi befahl ihm, die Manufaktur an die Diözese zu übergeben. Gleichzeitig versetzte er Adelheim als Pfarrer von der Kirche in Piskowitschi an eine andere Wirkungsstätte. Damit war die Bindung an die Gemeinde verloren, in der er mehr als zwanzig Jahre gedient hatte, und er hatte keine direkte Aufsicht über das Kinderheim mehr. Als die Kapelle, die Adelheim für die psychiatrische Klinik hatte bauen lassen, fertiggestellt war, erklärte Jewsewi ihm, dass er auch dort keine Gottesdienste abhalten dürfe. Zudem wandelte er die Chorschule, die Adelheim in Pskow eröffnet hatte, in eine religiöse Schule unter Leitung der Diözese um.

Adelheim setzte Jewsewis Anweisungen um, aber sein Groll und seine Frustration nahmen zu. Er erkannte die Autorität des Erzbischofs an; er war niemand, der »die Gleichheit vergöttert«, wie er es ausdrückte. Wenn die Hierarchie, die er in der modernen Kirche sah, im orthodoxen Kanon verwurzelt gewesen wäre, hätte er gerne Folge geleistet. Aber ihm schien, dass die Autokratie hier zum Selbstzweck wurde und es nur darum ging, es dem Patriarchen und seinen Erzbischöfen bequemer zu machen und ihnen mehr Kontrolle zu geben. Adelheim begann, sich ernsthafter mit kirchlichen Lehren und Gesetzen auseinanderzusetzen und darüber nachzudenken, wo sich diese Kodizes von dem unterschieden, was er in der Praxis der Russisch-Orthodoxen Kirche beobachtete. Und er beschloss, eine philosophische Abhandlung zu diesem Thema zu schreiben. Sie erschien 2002 unter dem Titel *Das Dogma der Kirche in den Kanones und in der Praxis*. Es ist ein dichtes, teilweise undurchdringliches Werk, in dem kirchenrechtliche Texte ausgelegt werden und der Wortlaut der Evangelien zergliedert wird. Adelheim entwirft eine Theorie der Macht, die aus der Liebe hervorgeht – insbesondere der von Christus vorgelebten Liebe. Aus ihr, so schreibt er, erwächst »keine offizielle Macht, die das Große über das Kleine erhebt, sondern echte Macht, die demütig und aufopferungsvoll denen dient, die kleiner sind als sie, mit Liebe und Verantwortung«.

Adelheim befasst sich eingehend mit der *Sobornost*, einem zentralen Begriff des russisch-orthodoxen Glaubens, der die Einheit der Gemeinde evoziert. Das Wort beschreibt ein nicht hierarchisches Zusammensein, das auf Glauben und Sinnhaftigkeit beruht. *Sobornost* entsteht, wenn orthodoxe Gläubige mit »Aufgaben und Problemen zu tun haben, die gemeinsam besprochen werden müssen, die die gemeinschaftliche Teilnahme am Gebet, der Reue, dem Dank und der Liebe beim Heiligen Abendmahl und die gemeinsame Beschlussfassung erfordern«. Eine solche Kirche ist nicht unbedingt demokratisch, aber auch nicht strikt hierarchisch.

Die Abhandlung war eine unmissverständliche Kritik an der gegenwärtigen Kirche. Sie wird als eigennützige Unternehmensstruktur charakterisiert, die die Grundsätze der *Sobornost* vergessen hat und stattdessen den »Triumph des Individualismus« ausdrücke, dem nur an den eigenen Rechten liege. Ohne *Sobornost* sei die Kirche nur eine irdische Hierarchie unter anderen und ihre Führer nur »Generäle und Paten«. Adelheim macht kein Hehl aus seinem Unmut über Jewsewi. Er widmet der Dokumentation des Konflikts ein ganzes Kapitel und beschreibt, wie ihm eine Gemeinde nach der anderen genommen wurde. »Seit zehn Jahren schlägt der Erzbischof mir die Wurzeln ab und rodet mich langsam aus der Kirche aus.« Später im Buch führt Adelheim den Punkt am Beispiel eines fiktiven Erzbischofs weiter aus, aber es ist offensichtlich, an wen er dabei denkt: »Jede Art von Initiative bringt ihn auf. Sie hindert den Bischof daran, sich zu behaupten. Er ist vor allem an seinem eigenen Ruf interessiert. Er bewundert sich selbst und liebt Schmeichelei. Wieder und wieder fordert er Anerkennung, Verehrung und Bewunderung seiner Verdienste.«

Die Abhandlung erregte sofort großes Aufsehen. In der Diözese Pskow wie auch darüber hinaus fand sie Anklang bei denen, die es beunruhigte, dass die Kirche zunehmend eine starre, bürokratische Hierarchie ausbildete. Andere fanden es skandalös, dass ein Gemeindepriester es gewagt hatte, so etwas zu schreiben. Jewsewi war außer sich. Bei einer Predigt in der Pskower Dreifaltigkeitskathedrale erklärte er, Adelheim, ein »Diener Satans«, habe ihn und die Kirche diffamiert. Er berief eine offizielle Sitzung des Diözesanrats ein, die als Ritual zur öffentlichen Anprangerung gedacht war. Adelheim selbst wurde dazu nicht eingeladen. Ein Pfarrer der Diözese Pskow nach dem anderen verurteilte ihn und sein Buch. Die Veranstaltung zog sich über sieben Stunden hin, und je länger sie dauerte, desto schillernder und grotesker wurden die Formulierungen: Adelheim habe eine »große Flegelei« begangen. Sein Traktat sei ein »Sakrileg«, voll von »Verleumdungen des amtierenden Erzbischofs, Spott über unseren Glauben und seine heiligen Gesetze«. Adelheim wurde als »Verräter«, »geistlich krank« und »Spielzeug in den Händen des Teufels« bezeichnet. Eine Reihe von Priestern forderte, ihn des Amtes zu entheben.

Adelheim selbst hatte das Gefühl, dass sein Buch missverstanden worden war. Die Besorgnis, die er aus einer Haltung der Liebe heraus geäußert hatte, war zu etwas Boshaftem verzerrt worden. Und es betrübte ihn, dass die Kirche zunehmend einer »totalitären Sekte ähnelt, die sich immer mehr einigelt. Das ist schlimm«, schrieb er, »denn die Gesetze der Geschichte zeigen, dass ein solches geschlossenes System mit Sicherheit zerfallen wird.« Ein paar Priester wagten es, auf der Sitzung des Diözesanrats von der offiziellen Linie abzuweichen. Popow, der Adelheim in den Achtzigerjahren geholfen hatte, in Pskow Fuß zu fassen, warnte vor einem schleichenden »geistlichen Stalinismus«. Aber solche Stimmen waren in der Minderheit. Einige Geistliche hatten Adelheim vor der Sitzung aufgesucht. Seine Kritik sei nicht unberechtigt, räumten sie ein, und er diagnostiziere die Unzulänglichkeiten der Kirche weitgehend richtig. Doch sie könnten ihn leider nicht unterstützen, um nicht gleichfalls Jewsewis Zorn auf sich zu ziehen. Adelheim vergab ihnen. Hatte er als Christ eine andere Wahl? »Ich kann von ihnen kein Märtyrertum verlangen«, sagte er. »Das muss jeder für sich selbst entscheiden.«

Ein Gefühl der Verletztheit nagte an Adelheim. Es irritierte ihn und stand der christlichen Demut entgegen, die er anderen predigte und von sich selbst erwartete. In besonders qualvollen Momenten schien ihm, dass er von der jetzigen Kirche abgesondert war, ja sogar über ihr stand. »Er war sich gewiss, im Recht zu sein und sich diese Position durch seinen Lebensweg verdient zu haben. Die ganzen anderen Priester waren ja gerade erst auf der Bildfläche erschienen«, so Valentin Kurbatow. Als Adelheim sich im Lager abgequält und mit dem KGB Katz und Maus gespielt hatte, waren all diese jungen Geistlichen Pioniere und Jugendaktivisten beim Komsomol gewesen.

Jewsewi war noch nicht fertig mit ihm. Im Februar 2008 setzte er ihn auch als Leiter der Gemeinde Schen-Mironosiz ab und bestellte einen anderen Priester zu seinem Vorgesetzten. Der Neue, Vater Sergei Iwanow, war 28 Jahre alt und hatte erst vor Kurzem das Priesterseminar abgeschlossen. Schon der physische Gegensatz zwischen beiden fiel ins Auge: Adelheim war mindestens eine Generation älter, und sein Gesicht war von Erfahrung und Kämpfen gezeichnet. Vater Sergeis Bart war noch tiefbraun. Er bewegte sich schneller und agiler, aber weniger umsichtig. Ein russischer Journalist, der Pskow besuchte, beschrieb eine Begegnung mit ihm vor der Kirche Schen-Mironosiz: »Als Sergei Iwanow in Lederjacke und Jeans aus der Kirche kam und in seinen weißen Mazda stieg, wäre niemand darauf gekommen, dass er ein ordinierter Priester ist.«

Die Herabstufung tat Adelheim weh, und anfangs fiel es ihm schwer, sich an Iwanows Anwesenheit zu gewöhnen. Sein Pro-forma-Vorgesetzter hatte eine nachlässige Art, so stellte er etwa seine Einkäufe auf dem Altar ab. Viktor Jakowlew, der Adelheims Gemeinde seit Langem angehörte, beobachtete die beiden kurz nach der Umbildung bei einem Gottesdienst in der Kirche Schen-Mironosiz. Sie hätten nebeneinander ausgesehen wie »ein Schuljunge und ein Gelehrter«, sagt er. Adelheim habe »tief gekränkt und schockiert gewirkt; er litt ganz offensichtlich«. Aber er blieb still und beschwerte sich nicht bei der Diözese. Tief im Inneren glaubte Adelheim, dass »die Kirche das Recht hat, ihn so zu behandeln, wie ein Vater seinen Sohn behandeln kann«, so Kurbatow. Dies schloss auch Maßregelungen ein, wenn sie als notwendig erachtet wurden, und sei es nur aus Gründen der »kirchlichen Opportunität«, auf die sich der Erzbischof in diesem Fall berief. Nach und nach gelang es Adelheim, Geduld mit Iwanow aufzubringen und sogar eine Art pastorales Verständnis für ihn zu entwickeln. »Er ist kein schlechter Mensch«, dachte er, »nur schwach und leicht manipulierbar, und die Diözese nutzt ihn aus.«

Kurz nachdem Adelheim als Leiter der Gemeinde Schen-Mironosiz abgelöst wurde, starb Patriarch Alexius im Alter von neunundsiebzig Jahren. Zu Beginn seiner Amtszeit war die Kirche marginalisiert und ständigem Druck ausgesetzt gewesen. Er hatte sie durch die Zeit ihrer stockenden Wiederbelebung unter Gorbatschow in das Zeitalter des erneuten Wachstums im modernen Russland geführt. Putin war mittlerweile schon fast ein Jahrzehnt an der Macht (auch wenn zu dieser Zeit gerade Medwedew offiziell Präsident war). Wie der Staat hatte auch die Kirche zu neuem Selbstbewusstsein gefunden und verfügte über Mittel und Wege, ihren Willen durchzusetzen.

Im Februar 2009 trat der Metropolit Kyrill die Nachfolge von Alexius an, und der Titel »Seine Heiligkeit, Patriarch von Moskau und der ganzen Rus« ging auf ihn über. In den letzten Jahren der Sowjetunion war er Erzbischof von Smolensk und Leiter der Abteilung für externe Kirchenbeziehungen gewesen. Kyrills Lebenslauf ist durchaus ambivalent. Sein Großvater wie sein Vater waren Priester, die in der Sowjetzeit unter Repressionen litten. Auch seine eigene Karriere geriet in den Achtzigern kurz ins Stocken, als er sich gegen die sowjetische Invasion in Afghanistan aussprach. Doch es gab auch Gerüchte, dass er Verbindungen zum KGB unterhielt: Es scheint kaum denkbar, dass er ohne den Segen der Sicherheitsorgane die Leitung der Außenbeziehungen der Russisch-Orthodoxen Kirche hätte übernehmen können. Als in den Neunzigern für kurze Zeit ein Depot mit Akten der Geheimpolizei aus der Sowjetzeit zugänglich gemacht wurde, tauchten Indizien dafür auf, dass er beim KGB möglicherweise unter dem Decknamen »Michailow« bekannt gewesen war. Mit dem Konzept der *Symphonia* von Kirche und Staat hatte er offenkundig nicht die geringsten Probleme. In einer seiner ersten Reden als Patriarch legte er seine Gedanken zur idealen Form dieses Zusammenklangs dar: »Die *Symphonia* beinhaltet eine harmonische Verbindung der Interessen und Aufteilung der Zuständigkeiten.«

Kyrill begann die Praxis und die Aktivitäten des kirchlichen Lebens zu formalisieren und sich eine eigene Machtvertikale zu schaffen. So wie Putin die zentrale Autorität des Kreml wiederhergestellt hatte, indem er dafür sorgte, dass die meisten örtlichen Einnahmen erst in den Bundeshaushalt und von dort zurück an die Regionen fließen, ordnete Kyrill an, dass die Diözesen einen größeren Teil der gesammelten Gelder an das Patriarchat in Moskau senden sollten, das sie dann nach eigenem Ermessen auszahlte. Er veränderte auch die geografische Aufteilung der Diözesen, indem er neue einrichtete und andere zusammenlegte. Dabei setzte er eine Reihe von Erzbischöfen und Metropoliten ein, deren Loyalität ausschließlich ihm galt. Auch das Ausbildungssystem innerhalb der geistlichen Seminare wurde vereinheitlicht. Kyrill stand vor einem ähnlichen Dilemma wie Putin in den frühen 2000ern: Wie regiert man ein wucherndes, chaotisches System, dessen

Bestandteile von sehr unterschiedlicher Qualität sind? Beide wählten den Weg des Top-down-Mikromanagements. »Kyrill wollte die Kirche in einen gut geölten Mechanismus verwandeln«, so die auf Kirchenthemen spezialisierte Kolumnistin Solodownik. »Um dieses Ziel zu erreichen, hat er nicht etwa Menschen motiviert oder inspiriert, sondern furchtbar bürokratische Methoden eingeführt.«

Die geistliche Mission der Kirche wurde weitgehend in Routinearbeit transformiert. Siebentausend neue Kirchen wurden gebaut; mehr als zehntausend Männer traten dem geistlichen Stand bei. Von den Priestern wurde erwartet, dass sie Fotonachweise für Taufen schickten und die Anzahl der Teilnehmer an Osterprozessionen zählten. Jede Gemeinde wurde angewiesen, je eine Person für die Sozial- und die Jugendarbeit anzustellen. Diese Mitarbeiter sollten jeden Monat Bericht erstatten, wie viele Menschen dem Glauben zugeführt und wie viele Alkoholkranke gerettet worden waren. Ein eher liberaler Priester aus einer Gemeinde bei Moskau, mit dem ich sprach, sagte mir, er habe zwar »andere Reflexe, andere Gewohnheiten« als Kyrill, doch letztlich sehe er dessen Amtsführung positiv. »Kyrills harte Linie ist eine Antwort auf das Chaos«, sagte er. »Das ist nicht mein Stil, aber ich verstehe den Gedankengang dahinter: Die Probleme und Mängel türmen sich haushoch. Wir können sie nicht alle beheben, sonst gehen wir einfach darin unter.« Zwar hätten die Priester seit Kyrills Zentralisierungsmaßnahmen weniger Freiraum bei der Leitung ihrer Gemeinden, doch er sei froh, dass so auch die anstößigen, sektiererischen Flügel der Kirche gebändigt worden seien. »Dass meine Freiheiten beschnitten wurden, gefällt mir nicht. Aber dass die *Protokolle der*

Weisen von Zion nicht mehr vor Kirchen verteilt werden und dass mit den Schwarzhundertern [einer militanten und paranoiden antisemitischen Sekte, deren Wurzeln in die Zarenzeit zurückreichen, A. d. A.] aufgeräumt worden ist, gefällt mir sehr wohl«, sagte er. »Jeder vernünftige, denkende Mensch kann das nur begrüßen.«

Eine der verwaltungsrechtlichen Änderungen, die Kyrill einführte, war die Verabschiedung eines neuen Organisationsstatuts. Es klärte die Frage, bei wem die Leitung einer Gemeinde lag. Bisher war das offiziell der Gemeinderat gewesen, ein Gremium aus örtlichen Gemeindevertretern unter dem Vorsitz des leitenden Priesters. Dieser Rat entschied letztinstanzlich über das Eigentum und die Finanzen der jeweiligen Kirchengemeinde. Mit der neuen Regelung wurde der Erzbischof zum Oberhaupt jeder einzelnen Gemeinde in seiner Diözese. Damit war er von Amts wegen befugt, die vom Gemeinderat getroffenen Entscheidungen zu überprüfen und nach Belieben Mitglieder aus ihm zu entfernen.

Adelheim fürchtete, dass mit diesen Regeln eine innerkirchliche »Diktatur etabliert« werde. In der Gemeinde Schen-Mironosiz setzte Vater Sergei Iwanow das Statut um, ohne den Gemeinderat zu informieren, dem Adelheim und viele seiner Unterstützer angehörten. Adelheim reichte Beschwerde beim Stadtgericht Pskow ein. Der Richter entschied, dass Vater Sergei nicht korrekt gehandelt hatte – eine der wenigen Rechtsstreitigkeiten, die Adelheim jemals gewann. Danach war in Schen-Mironosiz lange nichts mehr von dem neuen Statut zu hören, bis Erzbischof Jewsewi 2011 eine Sondersitzung des Gemeinderats einberief, damit dieser die Änderung endgültig annahm. Adelheim beantragte, die Abstimmung zu verschieben, bis alle fünfunddreißig Mitglieder das Dokument gelesen hatten. Als Nächstes erfuhr er, dass elf seiner Anhänger auf Befehl der Diözese Pskow aus dem Gemeinderat ausgeschlossen worden waren. Das wurde offiziell damit begründet, dass sie sich geweigert hatten, so zu wählen, wie es der Erzbischof wünschte. Kurz darauf wurden dreizehn weitere Gemeinderatsmitglieder ausgeschlossen, bis die wenigen verbliebenen Leute das Statut endlich bestätigten.

Der Konflikt war der Auftakt zu einem langjährigen Rechtsstreit. Adelheim brachte den Fall erst vor kirchliche und dann vor weltliche Gerichte. Entscheidungen wurden aufgeschoben oder zwischen verschiedenen Teilen der Befehlshierarchie hin und her gereicht. Adelheims geistliche Mitbrüder in Pskow brachten wenig Verständnis für seine Sturheit auf. Popow, der ihm in den Achtzigern geholfen hatte, eine Gemeinde zu finden, sagte mir, das Wichtigste für einen Priester sei nicht, die »Bürgerrechte« zu schützen, sondern »die eigene Bestimmung vor Gott zu verstehen«. Bekümmert fügte er hinzu: »Ich war dafür, die Situation nicht zu politisieren, sondern sie auf tiefer gehende Fragen zu beschränken und im Rahmen des Evangeliums zu halten.«

Der Rektor der Dreifaltigkeitskathedrale von Pskow und faktische Stellvertreter von Erzbischof Jewsewi, Priester Ioann Muchanow, erhielt den Auftrag, sich des Konflikts anzunehmen. Er befragte Adelheim und andere Gemeindemitglieder, die sich gegen das neue Statut aussprachen. Bei einer meiner Reisen nach Pskow besuchte ich Muchanow in seinem Büro neben der Dreifaltigkeitskathedrale im Zentrum des Pskower Kreml. Dieser luftige, imposante Kirchenbau, dessen hoch aufragende Innenwände mit erlesenen Ikonen geschmückt sind, hat einen ganz anderen Charakter als die Schen-Mironosiz-Kirche mit ihrem eigenwilligen, eckigen Charme. Muchanow war einer der Priester, die Adelheim nach der Publikation der kirchenrechtlichen Abhandlung auf der Diözesanratssitzung öffentlich kritisiert hatten. »Wie kann Vater Pawel mit dem Kelch Christi herumgehen und im Angesicht Gottes den Namen des Erzbischofs aussprechen, den er verleumdet hat?«, hatte er dort gesagt. »Ich werfe hiermit die Frage auf, ob der Priester Adelheim vom Dienst suspendiert werden sollte.« Bei unserem Gespräch fünfzehn Jahre später stand Muchanow zu seinen Worten, aber meinem Eindruck nach eher mit kühler Abschätzigkeit als brennender Leidenschaft. »Was sollte man angesichts der glatten Lügen, und natürlich der Grobheit und der persönlichen Angriffe, denn anderes tun, als Kritik zu üben?«, sagte er. Als ich ihn auf Adelheims Meinungsverschiedenheiten mit Erzbischof Jewsewi und der gesamten Diözese ansprach, winkte er ab und sagte, die ganze Sache sei »überzeichnet«. Vater Pawel habe »einfach persönlich Groll gegen den Erzbischof gehegt, und das hat ihre Beziehung verdorben, mehr war da nicht«, sagte er. Was den Streit um die rechtliche Leitung der Gemeinde anging, wirkte Muchanow aufrichtig irritiert von Adelheims Standpunkt. »Er wollte verhindern, dass der Erzbischof das direkte Oberhaupt seiner Gemeinde wird. Wie kann man das denn tun? Ist so etwas überhaupt möglich? Das geht doch nur, wenn deine Gemeinde dann nicht mehr zur Russisch-Orthodoxen Kirche gehört.«

Auch für Muchanow dreht sich der Konflikt um das Problem der *Sobornost*. Aber aus seiner Sicht stellt es sich anders dar: Die Einheit des kirchlichen Lebens bedeutet, dass sich alle Kirchengemeinden denselben Gesetzen unterwerfen und dieselbe Autorität anerkennen müssen. Vater Pawel und andere Mitglieder der Gemeinde von Schen-Mironosiz hätten unter *Sobornost* verstanden, »dass jedes Gemeindemitglied tun kann, was es will, und das Statut nach Belieben verändern kann«. Das sei für keine Gesellschaft akzeptabel, egal ob politisch oder religiös. Die Kirche sei nun einmal von Grund auf hierarchisch organisiert, und keine noch so gute Absicht könne daran etwas ändern. Als ich Muchanows Ausführungen hörte, schien mir, dass der Dissens zwischen Adelheim und der Diözese tatsächlich eine weiterreichende symbolische Bedeutung hat: Leitet sich die Stärke der Russisch-Orthodoxen Kirche, ihr Anspruch, im Besitz der einen, einzigen Wahrheit zu sein, daraus her, dass sich ihre Mitglieder der übergreifenden Institution unterordnen? Oder liegt die erhabene, unaussprechliche Magie des Glaubens in der bewussten Entscheidung, die jeder seiner Anhänger vertrauens- und liebevoll getroffen hat – ein Weg, der nicht anders als persönlich und eigenwillig sein kann?

An einem verschneiten Abend besuchte ich Andrei Kurajew in seiner Moskauer Wohnung. Der freimütige Theologe und Diakon ist einer der wenigen verbliebenen internen Kritiker des Patriarchen Kyrill und des Kurses, den die Kirche unter seiner Führung eingeschlagen hat. »Ich muss zu meinem Leidwesen sagen, dass ich in der heutigen Kirche nirgendwo Askese beobachten kann, in keinem Sinn des Wortes, auch nicht im politischen«, sagte Kurajew. Nach einer Reihe von Lehrtätigkeiten, aus denen er immer wieder herausgedrängt wurde, führt er heute das ungewisse Leben eines ordinierten orthodoxen Priesters ohne feste Heimat in der Kirche. »Keiner unserer Bischöfe, kirchlichen Autoren und Denker – eigentlich niemand – ist fähig, zu sagen: ›Das genügt jetzt, damit bescheiden wir uns.‹ Das Patriarchat ist wie eine Art Gas, das in einen Raum eindringt und das gesamte verfügbare Volumen einnimmt. Es sickert überall ein und dringt in jede Ecke vor, die es erreichen kann.«

Der Kirche fehlte es nicht nur an Willensstärke, um die Einflussnahme der Politik abzuwehren, sie wird inzwischen auch zunehmend mit Reichtum und materiellen Annehmlichkeiten in Verbindung gebracht. Als Patriarch Kyrill mit einer Armbanduhr im Wert von 22.000 Euro gesehen wurde, stritt er ab, eine solche Uhr zu besitzen – bis seine Medienberater versuchten, sie auf plumpe und leicht erkennbare Weise aus einem Foto herauszuretuschieren. Dadurch flammte der Skandal erneut auf, kurz nachdem Kyrill öffentlich seine Unterstützung für Putin bekundet hatte. Etwa zur gleichen Zeit wurde bekannt, dass der Patriarch eine Luxuswohnung in bester Moskauer Lage besaß. Die Öffentlichkeit erlangte Kenntnis davon, weil ein Nachbar zur Zahlung von 750.000 Euro Schadenersatz verurteilt wurde: Durch Renovierungsarbeiten in der darüberliegenden Wohnung, so hieß es, seien Schäden an Kyrills Sammlung seltener Bücher entstanden. Solche Nachrichten passten weder zu dem Ordensgelübde, das er abgelegt hatte, noch zu den Grundsätzen christlicher Askese und Bescheidenheit.

Einige Geistliche, und mit Sicherheit zahlreiche Gemeindemitglieder, waren im Stillen verärgert über Kyrills Vorstoß in die Politik – darüber, dass er Putin unterstützte und die Autorität der Kirche für politische Stellungnahmen nutzte. Viele empfanden es auch als geschmacklos, dass die Kirche so offensichtlich Gefallen an Geld und Wohlstand fand. Doch die Debatte wurde allenfalls hinter vorgehaltener Hand geführt.

Das änderte sich am 21. Februar 2012, als fünf Frauen mit neonfarbenen Sturmhauben in die Christ-Erlöser-Kathedrale vordrangen und zum Altar liefen. Sie tanzten wild, warfen die Beine hoch, schüttelten die Fäuste und trugen in lautem Gesang ein Spottgebet vor: »Jungfrau, Gottesgebärerin, vertreibe Putin!« Sie geißelten überdies die Verbindungen der Kirche zu den Sicherheitsdiensten des Landes (»Schwarze Kutte, goldene Schulterklappen«), ihre Korruption (»Eine Kreuzprozession aus schwarzen Limousinen«) und Kyrills politische Betätigung (»Der Patriarch glaubt an Putin / Er sollte besser an Gott glauben, der Bastard!«).

Die Gruppe nannte sich Pussy Riot. Sie wurde recht schnell von Wachen aus der Kathedrale geführt, und der Vorfall erregte zunächst kein großes Aufsehen. Doch einen Monat darauf wurden drei der Aktivistinnen verhaftet und wegen »Rowdytums aus religiösem Hass« angeklagt, und das Musikvideo, das sie im Internet veröffentlicht hatten – »Punkgebet: Mutter Gottes, vertreibe Putin!« –, verbreitete sich wie ein Lauffeuer. Die Vorgänge um die Performance von Pussy Riot waren ein weiterer Beleg für die Fusion von Kirche und Staat in Putins Russland. In dem Lied hieß es, die Machthaber würden »Demonstranten ins Gefängnis eskortieren, um den Allerheiligsten nicht zu beleidigen«. Die Reaktion der Kirche war die Bestätigung dafür. Ihre Repräsentanten forderten, die Frauen müssten bestraft werden. Die Ausdrucksweise der Kirchenführer und die Formulierungen des bürokratischen Apparats näherten sich einander rasch an. Kyrill sagte, mit dem Auftritt von Pussy Riot in der Kirche habe »der Teufel uns ausgelacht«. Alle Appelle zu Milde gegenüber den Frauen seien ein Versuch, »dieses Sakrileg zu rechtfertigen und herunterzuspielen«. Sein Sprecher nannte die Aktion »eine Sünde, die in diesem und im nächsten Leben bestraft werden wird«. Die offizielle Anklageschrift der Staatsanwaltschaft sprach von »blasphemischen Handlungen«, die »den Personen, die ihre geistliche Heimat im Dienst orthodoxer Ideale finden, schweres Leid zufügten«. Die *Symphonia* war zum geschlossenen Kreislauf geworden: Die Kirche forderte irdische Gerechtigkeit, und der Staat berief sich auf himmlische Motive, um sie zu liefern.

Vater Pawel in Pskow war nicht glücklich über den Stil der Aktion von Pussy Riot. Eine Kathedrale war für ihn ein heiliger Ort, eine Stätte des Nachdenkens und der Gemeinschaft mit dem Ewigen, nicht der Rebellion. Aber er konnte nicht leugnen, dass die Frauen einen Punkt getroffen hatten, der zu prüfen und über den zu sprechen war. Seiner Auffassung nach hatten sie ein *Moleben* abgehalten, eine Fürbitte gegen die Vereinigung von »Staatsmaschinerie und Organismus der Kirche, Freiheit und Gewalt, Liebe und Gier«. Sie erinnerten ihn an die *Jurodiwye,* die Gottesnarren – eigentümliche Gestalten im russisch-orthodoxen Glauben, die groteske und provokative Handlungen begehen und zunächst als Wüstlinge oder Verrückte gelten, bis sich nach ihrem Tod zeigt, dass sie immer schon Heilige waren. Adelheim fand, dass kirchliche Würdenträger sich für die Freilassung der Frauen von Pussy Riot einsetzen sollten. Er fürchtete, die Kirche könne ihren gesellschaftlichen Einfluss verlieren, wenn sie einen so kleinlichen, unchristlichen Weg einschlug. Das mochte langsam und kaum merklich beginnen, aber dabei würde es nicht lange bleiben. »Feuer wird mit einem Streichholz entzündet und entfacht einen Brand«, sagte er. Und wie es seine Gewohnheit war, berief er sich auf die Heilige Schrift: »Der Apostel

235

Paulus warnt: ›Achtet also sorgfältig darauf, wie ihr euer Leben führt, nicht wie Toren, sondern wie Kluge! Nutzt die Zeit, denn die Tage sind böse.‹«

Es gab nur sehr wenige orthodoxe Priester, die sich wie Adelheim für Pussy Riot einsetzten – oder genauer, die sich gegen offene Forderungen nach einer Bestrafung der Frauen aussprachen, weil sie dies als unchristlich empfanden. Die Moskauer Kirchenfunktionäre nutzten die Gelegenheit, um abweichende Stimmen zu isolieren oder herauszusäubern und die Kirche an die zunehmend konservativen Tendenzen der Politik anzupassen. Die Kirche sah sich als moralischer Kompass und ideologisches Bollwerk des Putin-Systems. Laut Andrei Kurajew, der sich gleichfalls gegen eine strafrechtliche Verfolgung von Pussy Riot aussprach, kalkulierte Kyrill politisch ähnlich wie Putin: »Als der Patriarch merkte, dass er die Intelligenzija verloren hatte, setzte er auf die sogenannten Kosaken – rechtsextreme, ultraorthodoxe Patrioten, möglichst auch noch bewaffnet.«

Putin kam die Pussy-Riot-Affäre wie gerufen. Sie bot ihm Gelegenheit, die Gegner seiner Herrschaft als einen Haufen gottloser Exzentriker und Punks hinzustellen, die Russlands heiligste Traditionen verspotten. Genau diese Botschaft verbreitete auch die Kirche unter ihren Schäfchen. Einige Wochen nach der Aktion von Pussy Riot hielt das Patriarchat eine Massenandacht in der Christ-Erlöser-Kathedrale ab. Das Ankündigungsflugblatt warnte vor »antikirchlichen Kräften«, die »die wachsende Macht der Orthodoxie im Land fürchten« und sich mit jenen zusammentäten, die »die falschen Werte des aggressiven Liberalismus fördern«. Über sechzigtausend Menschen wurden in Bussen zu dem Gottesdienst gebracht.

»Das ist die furchtbare Sünde des Patriarchen Kyrill«, erklärt Kurajew. »Er hat das Recht auf Hass legalisiert. Vorher genierte man sich für feindselige Gesten und Äußerungen. Nach Pussy Riot hat sich das geändert. Von da an hieß es plötzlich: Dieser Hass ist heilig, er ist notwendig. Man beleidigt uns. Wir müssen uns verteidigen, zurückschlagen, die Fäuste gebrauchen.« Im August, fünf Monate nach ihrer Performance, wurden die drei Angeklagten für schuldig befunden und zu je zwei Jahren Gefängnis verurteilt. Die Botschaft war klar: Wer öffentlich gegen Putin auftritt, ist auch ein Gegner der Kirche und umgekehrt. Jede Institution verteidigt die Interessen der anderen.

Die Kirche profitierte von diesem Pakt zunächst in materieller Hinsicht. Die staatliche Unterstützung für Einrichtungen der Russisch-Orthodoxen Kirche stieg auf 2,5 Milliarden Rubel pro Jahr, etwa 35 Millionen Euro. Zudem wurde eine Reihe staatlicher Zuschüsse bevorzugt an russisch-orthodoxe Organisationen vergeben, womit weitere Millionensummen in kirchliche Aktivitäten flossen. Auch im inoffiziellen Beziehungssystem Russlands, in dem unterschwellige Signale nicht weniger wichtig sind als offizielle Dekrete, ist die Unterstützung kirchlicher Initiativen gern gesehen. Die Gouverneure geben Unternehmensführern und Investoren zu verstehen, dass sie gut beraten sind, kirchliche Projekte vor Ort zu finanzieren, wenn sie sich die Gunst der Regierung erhalten wollen. Russlands Spitzenpolitiker, von Putin und Medwedew bis zum Verteidigungsminister und dem Moskauer Bürgermeister, lassen sich immer wieder bei Gottesdiensten filmen und leihen der Kirche damit ihre Autorität und ihre symbolische Macht, so wie diese es umgekehrt für sie tut. Die Kirche kann jetzt auch direkt und offen in das gesellschaftliche Leben eingreifen. Auf ihr Drängen hin hat das Parlament nach der Pussy-Riot-Affäre ein Gesetz verabschiedet, das es unter Strafe stellt, die »religiösen Gefühle von Gläubigen« zu verletzen. In den Lehrplan der öffentlichen Schulen wurde ein Modul für Religionsunterricht aufgenommen. Adelheim erlebte die Auswirkungen solcher Maßnahmen in Pskow, wo der Erzbischof durchsetzte, dass Andrew Lloyd Webbers Musical *Jesus Christ Superstar* vom Spielplan eines staatlichen Theaters genommen wurde. Ähnlich wie bei Pussy Riot lag ihm nicht so sehr am konkreten Anlass, doch der Präzedenzfall, der damit geschaffen wurde, machte ihm Sorgen: »Mir geht es hier nicht darum, ob es gut ist, Theaterstücke über Christus aufzuführen, sondern um die Gefahr, die in einer Klerikalisierung der Regierung liegt.«

Adelheim wurde zunehmend pessimistischer. Er fürchtete, das Streben der Kirche nach Vorteilen im Hier und Jetzt werde den Glauben selbst und letztlich sogar Gott verdrängen. Die Kirchenführer forderten von den Gemeindemitgliedern immer weniger geistliche Anstrengungen. Sie hatten die Stimme der Klarheit und Wahrheit verloren und setzten stattdessen auf Rituale und Gehorsam. Die russisch-orthodoxe Religion wurde von offiziellen Schlagwörtern und symbolischen Gesten dominiert: Unterschreibe hier, und Erlösung und geistliche Integrität sind dir garantiert, so der unausgesprochene Handel. Die wahre Autorität der Kirche, die der christlichen Liebe und Praxis entsprang, würde hingegen bald erschöpft sein, fürchtete Adelheim – auch wenn dieser Mangel durch den Aufstieg der Kirche im öffentlichen Leben zumindest vorübergehend kaschiert wurde. In einem Essay warnte er vor den Gefahren von Patriarch Kyrills »Liaison« mit der imperialen Staatsmacht: »Wenn Ideologie an die Stelle des Glaubensbekenntnisses tritt, wenn Herrscher sich bekreuzigen und ihre imperiale Kirche mit Geschenken überhäufen, wird die Kirche reich an Gütern, doch arm im Geiste. Weltliche und geistliche Macht werden durch Gewalt vereint.«

Für die Mitglieder seiner Gemeinde in Pskow waren diese Manifeste und philosophischen Debatten weit weg. Die meisten – von einem kleinen Kreis abgesehen – nahmen sie allenfalls nebenbei zur Kenntnis. Aus ihrer Sicht war Vater Pawel der warmherzige, geduldige, wohlwollende Pastor von nebenan, auf den Verlass war, wenn die Mutter erkrankt war oder es Schwierigkeiten mit den Kindern gab. Er stand gewöhnlich um sieben Uhr früh auf und machte sich auf den Weg zum Morgengottesdienst in der Kirche Schen-Mironosiz. Auch Taufen und Beerdigungen mussten abgehalten werden. Einmal wöchentlich bot er für ein paar Dutzend regelmäßige Teilnehmer ein abendliches Bibelstudium an. Er antwortete auf Fragen – sowohl auf alltägliche (»Als Mann bin ich nicht bereit, die Sünde des Geschlechtsverkehrs aufzugeben, gibt es Rettung für mich?«) wie auf tiefgründige (»Wie unterscheidet man beim Beichten Wichtiges von Oberflächlichem? Was betrifft Gott wirklich?«). Der Kofferraum seines alten Wolga war stets gefüllt mit gespendeten Jacken und Spielsachen, die er an Bedürftige verteilte.

Das Haus von Pawel und Vera stand allen offen, die ein freundliches Wort, Rat bei einer Frage zur Bibel oder auch nur eine Schüssel warme Suppe brauchten. Wenn ein Alkoholkranker auf der Suche nach einer Mahlzeit vorbeischaute und Adelheim gerade zu einem Gerichtstermin aufbrechen musste, bat er ihn, später wiederzukommen.

Abends fanden sich oft Besucher ein: ein junger Mann, der einige Jahre lang im Kinderheim von Piskowitschi gelebt hatte, ein Gemeindemitglied, das sich um seine unverheiratete Tochter sorgte, oder eine Gruppe von Unterstützern aus Moskau oder St. Petersburg, die eine Audienz bei Vater Pawel wünschten.

Es war ein erfülltes Leben – frustrierend und schwierig, aber das war eben der Weg Christi, glaubte Adelheim. Obwohl er in der Diözese Pskow praktisch Persona non grata war, hatte er in Russland eine große Anhängerschaft gefunden. Viele Tausend Menschen lasen sein öffentliches Online-Tagebuch und tauschten Aufzeichnungen seiner Predigten aus. Besonders beliebt war eine Predigt über das Zusammenwirken von Wort und Tat. Wie ein Mensch sein Leben verbringt, ist eine »Wahl aus der Freiheit, dem eigenen Gewissen heraus«, sagt Adelheim. Die Handlungen eines Menschen, einschließlich des Glaubensakts, sind freie Willensentscheidungen. Doch das bloß verbale Bekenntnis zum Glauben bietet keinen Zugang zum Ewigen – dieser eröffnet sich dadurch, dass Gottes Gebote im Hier und Jetzt ausgeführt werden. Das ist die Aufgabe einer christlichen Lebensführung. »Ihr müsst das Wort Christi hören, annehmen und verstehen«, sagt er. »Aber darüber hinaus ist es notwendig, diesem Wort treu zu sein, es in eurem Leben umzusetzen und ihm durch euer Handeln zu dienen.«

Die Vorstellung des Zusammenklangs zwischen Kirche und Staat reicht bis zum römischen Kaiser Konstantin dem Großen zurück, der im 4. Jahrhundert nach Christus Ideen der *Symphonia* entwickelte. Später verknüpfte die Dynastie der russischen Zaren ihre Legitimität mit dem Willen Gottes. Anders als die westeuropäischen Monarchen, die den Entscheidungen des Papstes unterworfen waren, konnte sie in religiösen Angelegenheiten weitgehend frei schalten und walten. Staatsmacht und religiöse Autorität fielen in Russland oft in eins. Diese Regierungsphilosophie findet ihren deutlichsten Ausdruck in der Politik von Zar Nikolaus I. in den 1830er-Jahren, die sich auf die Prinzipien »Orthodoxie, Autokratie, Nationalität« *(Prawoslawie, Samoderschawie, Narodnost)* stützte. In den Kirchen wurde ein Bildnis des Zaren aufgehängt und mit wohlklingenden Gebeten bedacht. Zugleich setzte der Staat den russisch-orthodoxen Glauben per Gesetz durch und überzog Häretiker und Skeptiker mit strafrechtlicher Verfolgung.

Die Bolschewiki löschten diese besondere Form der *Symphonia* praktisch vollständig aus. Dabei fällt auf, dass weite Teile der russischen Bauernschaft dem Glauben nach der Revolution schnell und bereitwillig entsagten und damit begannen, Kirchen zu zerstören. Das wirft die Frage auf, wie tief verwurzelt ihr Glaube wirklich gewesen war. Klar ist, dass die neuen Landesherren einen militanten und aggressiven Atheismus vertraten. Unter Lenins Federführung fand eine blutige Kampagne gegen Kleriker statt. 1922 wurde Patriarch Tichon im Donskoi-Kloster unter Hausarrest gestellt. Unter Stalin ging die Verfolgung weiter, bis irgendwann 85 Prozent der orthodoxen Priester und Mönche im Land inhaftiert waren. Nur wenige von ihnen überlebten die Lager, und viele weitere wurden getötet, bevor sie sie überhaupt erreichten.

Die folgenreichsten Ereignisse fanden 1927 statt. Damals stand der Metropolit Sergius vor einer schwierigen Entscheidung: Patriarch Tichon war drei Jahre zuvor gestorben. Im Bewusstsein, dass die Kirche wachsendem

Druck ausgesetzt war, hatte dieser drei Bischöfe als Nachfolger benannt. Doch zwei von ihnen waren ins Exil geflohen, und der dritte, Metropolit Peter von Krutizy, befand sich in Haft. Damit blieb nur Sergius, der Stellvertreter Peters. Mit dessen späterer Hinrichtung wurde Sergius automatisch zum amtierenden Patriarchen. Stalin und andere Mitglieder des Politbüros sahen es als nützlich an, einen Kirchenvertreter vorweisen zu können, der die Sowjetmacht anerkannte, ihr seinen Segen gab und zugleich als Vorzeigefigur für das Ausland diente. Wenn Sergius bereit war, sich auf einen solchen Handel einzulassen, würde er sein Amt behalten können, und die Kirche hätte eine Chance, weiterzubestehen. (Ein anderer möglicher Kandidat, Metropolit Kyrill – der in keiner Verbindung zum jetzigen Patriarchen gleichen Namens steht –, hatte das Angebot abgelehnt und einem Vertreter der sowjetischen Geheimpolizei gesagt: »Sie sind keine Kanone, und ich bin nicht die Sprengkugel, mit der Sie die russische Kirche von innen heraus zerstören wollen.« Er wurde in die Verbannung geschickt und später erschossen.)

Am 29. Juli 1927 brachten die wichtigsten sowjetischen Zeitungen auf der ersten Seite eine Erklärung von Metropolit Sergius: »Wir wollten rechtgläubig sein und gleichzeitig die Sowjetunion als unsere bürgerliche Heimat anerkennen, deren Freuden und Erfolge unsere Freuden und Erfolge und deren Missgeschicke unsere Missgeschicke sind.« Das war eine unmissverständliche Loyalitäts- und Unterwerfungsgeste. Sergius beschwor die Gläubigen, sie sollten dem Sowjetstaat dafür dankbar sein, dass er sich um ihre »geistlichen Bedürfnisse« kümmere – und das zu einer Zeit, als allenthalben Kirchen geschlossen und zahlreiche Priester erschossen oder ins Straflager geschickt wurden. Sergius' Ziel war es, durch seine öffentliche Kapitulation die Russisch-Orthodoxe Kirche als zusammenhängende Institution zu erhalten. Wenn er sich nicht opferte – so seine Befürchtung –, würde sie vollständig zerstört und atomisiert werden. Es würden nur zahllose kirchliche Kleinstgemeinschaften bleiben, die im Untergrund existierten und nicht miteinander in Verbindung standen. Das wäre das Ende der *Sobornost*.

Mit dem Hereinbrechen des Zweiten Weltkriegs nahm die *Symphonia* von Kirche und Staat wieder eine neue Form an. Um das Land für den mit hohen Kosten verbundenen Waffengang zu mobilisieren, besann Stalin sich auf die russisch-orthodoxe Tradition, statt den Sozialismus in den Vordergrund zu stellen. Die Sowjetunion wurde nicht allein als Bollwerk des Marxismus, sondern als Verteidiger der gesamten christlichen Zivilisation präsentiert. Sergius spielte dabei die ihm zugedachte Rolle und forderte »rechtgläubige Krieger« auf, die Sowjetunion zu verteidigen. Er stellte »Staat«, »Glaube« und »Vaterland« als untrennbare Einheit hin und sagte, es sei Zeit, »demütig alles zu opfern, sogar das Leben selbst«. Gegen Ende des Krieges und in den Jahren danach ließ die sowjetische Führung es zu, dass einige Kirchen wieder eröffnet wurden. Ihr blieb nicht viel anderes übrig: Nachdem der Staat sich des orthodoxen Glaubens bedient hatte, um die Bevölkerung zu mobilisieren, konnte er die von ihm selbst heraufbeschworenen Kräfte nicht gleich wieder unterdrücken. Zudem war in den von NS-Truppen eroberten sowjetischen Gebieten in vielen orthodoxen Kirchen der Betrieb wieder aufgenommen worden. Es wäre heikel und politisch unhaltbar für die Sowjetregierung gewesen, sie nach der Befreiung dieser Städte ein weiteres Mal zu schließen. 1943 benötigte Stalin eine religiöse Repräsentationsfigur, die er einer britischen Besucherdelegation vorführen konnte. Er ließ die Bischöfe des Landes, soweit sie noch am Leben waren, in Flugzeugen der Roten Armee nach Moskau einfliegen, wo sie Sergius pflichtschuldig zum offiziellen Patriarchen wählten.

Nach dem Krieg hörten die Massenrepressionen gegen die Religion weitgehend auf. Die Russisch-Orthodoxe Kirche war jetzt praktisch ein Befehlsempfänger des Kreml. Während des Kalten Krieges beteiligte sie sich aktiv an der sogenannten Friedensoffensive – einer von der Sowjetunion unterstützten Initiative, die den Imperialismus und militärische Aktivitäten des Westens kritisierte. Adelheim erinnerte sich an den Metropoliten Filaret in Kiew, der bei Gottesdiensten in der Wladimirkathedrale Eltern beredete, ihre Kinder nicht taufen zu lassen – ein erstaunlicher Rat von einem Priester. Kleriker wurden zwar nicht mehr in großen Zahlen verhaftet und ermordet, aber der Staat verfolgte weiterhin Geistliche wie Adelheim, die er als unzuverlässig oder illoyal ansah. Generell war es praktisch unmöglich, aktiv als Priester zu wirken, ohne sich den Forderungen des Staates zu beugen. Einige taten mehr als das, vor allem diejenigen, die nach Höherem strebten: Die obersten Ränge der Russisch-Orthodoxen Kirche waren durchgängig von den Sicherheitsorganen infiltriert. Auch wer selbst kein verdeckter Agent war, musste Umgang mit dem KGB pflegen, um in der kirchlichen Hierarchie aufzusteigen. John und Carol Garrard beschreiben in ihrem Buch *Russian Orthodoxy Resurgent* die verschiedenen Formen dieser Zusammenarbeit: »Die Kooperation reichte von der passiven Zustimmung zu Parteientscheidungen über die Verbreitung von KGB-Propaganda [...] bis hin zur aktiven Kollaboration durch ›falsche Brüder‹, die ihre eigene Herde denunzierten.«

Die Russisch-Orthodoxe Kirche von heute hat diese Geschichte nie wirklich aufgearbeitet. Sie hat viel getan, um das Gedenken an die »neuen Märtyrer« zu ehren – Menschen, die wegen ihres Glaubens unter dem kommunistischen Regime zu leiden hatten und oft mit dem Leben bezahlten. Aber sie befasst sich nicht mit der Frage, wer genau dieses Leid verursachte – geschweige denn, ob auch Repräsentanten der Kirche selbst Verantwortung dafür trugen. Nach dem Zusammenbruch der Sowjetunion gab Patriarch Alexius eine Erklärung ab, in der er einräumte, zur Zeit der Sowjetunion seien nicht »alle Diener der Kirche der Aufgabe ihrer Berufung gewachsen« gewesen. Aber weder äußerte er sich konkreter, noch griff er das Thema jemals wieder auf. Wenig später machte der Priester und frühere sowjetische Dissident Gleb Jakunin öffentlich, dass drei orthodoxe Kirchenführer, die ihre Namen unter Alexius' Schreiben gesetzt hatten, ehemalige KGB-Offiziere waren. Die Kirche revanchierte sich, indem sie ihn des Priesteramts enthob und exkommunizierte. Jakunin schloss sich einem abtrünnigen Flügel der orthodoxen Kirche an, einer alternativen und nicht offiziell anerkannten Organisation, die in der unabhängigen Ukraine gegründet worden war.

Für Patriarch Kyrill ist die Kollaboration ein heikles Thema, da seine eigene Biografie nicht frei von KGB-Verstrickungen ist – auch wenn weder er noch das Patriarchat entsprechende Aussagen jemals bestätigt haben. Andrei Kurajew erzählte mir bei unserem Gespräch von einer anderen, erstaunlicheren Form des Zusammenspiels mit dem Staat: Die sowjetische Führung, so erklärte er, habe schwache, moralisch korrupte Priester bevorzugt, die weder Charisma hatten noch aufrichtig glaubten. Wenn der Staat schon tolerieren musste, dass es orthodoxe Geistliche gab, sollten sie möglichst wenig einnehmend sein. Wollte ein Erzbischof einen solchen Priester loswerden, erhielt er deshalb nie die erforderliche Zustimmung des Rates für Angelegenheiten religiöser Kulte – der Geistliche entsprach ja genau dem erwünschten Typ. Einige Erzbischöfe ließen in solchen Fällen gegenüber dem KGB durchblicken, der betreffende Priester sei politisch unzuverlässig. So konnten sie ihn sich auf einem Umweg vom Hals schaffen und hoffentlich durch jemand Kompetenteren ersetzen. »Das ist das Verhalten eines Informanten, einer Ratte«, so Kurajew. »Aber der Kirche nützt es und den Gemeindemitgliedern auch. Ist das ethisch vertretbar?« Wie überall in der sowjetischen Gesellschaft waren die Kompromisse auch innerhalb der Kirche so verworren und widersprüchlich, dass sie sich der schnellen Einordnung oder Beurteilung entziehen, erst recht ein oder zwei Generationen später. Nach meinem Gespräch mit Kurajew begann ich zu verstehen, weshalb die Kirche die Auseinandersetzung mit dieser verfahrenen und unerfreulichen Geschichte gern vermeiden möchte. Das mag nicht der Weg der Aufklärung und Heilung sein, aber es ist ein nur zu menschlicher Impuls.

Auch die Rolle von Sergius bleibt ungeklärt. »Es ist unmöglich, Seine Heiligkeit Patriarch Sergius ganz zu ergründen«, sagte sein Nachfolger Kyrill einmal und fuhr dann mit impliziter Billigung fort: »Er hat dem gottlosen Regime keinen Vorwand geliefert, die Kirche zu zerstören und vom Erdboden zu fegen.« Zu den hochgestellten Kirchenvertretern, die sich eingehender mit dem Erbe von

246

Sergius befasst haben, gehört Tichon Schewkunow, ein prominenter Bischof, der zugleich Prior des Sretenski-Klosters in Moskau ist. Unter seiner Leitung wurde auf dem Klostergelände eine riesige Kathedrale errichtet, die dem Gedenken an die »neuen Märtyrer« gewidmet ist. Seine wahre Bedeutung lässt sich nicht allein an seinem Titel ablesen: Er gilt als Putins »Beichtvater«, der dem Präsidenten die Praxis der russischen Orthodoxie näherbringt und seiner Herrschaft einen Unterton von Religiosität verleiht. 2017 gab Schewkunow der angesehenen russischen Journalistin Soja Swetowa ein langes und aufschlussreiches Interview. Sie fragte ihn nicht nur nach seinen Verbindungen zu Putin (worauf er nur mit der Bemerkung einging: »Ich habe das Glück, ein wenig mit ihm vertraut zu sein.«), sondern auch danach, welchen Einfluss die Kirche in Staatsdingen hat: Leidet sie bis heute unter den Folgen von Sergius' Entscheidung? Schewkunow erinnerte in seiner Antwort zunächst an die Alternative, vor der Sergius gestanden habe: entweder um den Preis »schwierigster Kompromisse« das Überleben der Kirche zu wahren oder »zusammen mit seinen Gefährten heldenhaft zu sterben«. Dabei legte er sich nicht klar fest, ob Sergius' Entscheidung zugunsten des Kompromisses richtig oder falsch war: »Ich kann nur sagen, möge Gott uns davor bewahren, in seine Lage zu geraten.« Schewkunow räumte ein, dass die Repressionen gegen die Kirche nach Sergius' Pakt mit der Sowjetregierung unvermindert fortgesetzt wurden und er nur ohnmächtig zusehen konnte. Hatte der Kompromiss damit seinen Sinn verloren? Schewkunow vermied eine klare Antwort auf diese Frage. »Das Niederträchtigste, was wir aus unserer heutigen sicheren Lage heraus tun können, ist, bestimmte Leute auf der einen oder anderen Seite zu verurteilen«, sagte er. »Die Kirche hat Metropolit Sergius nicht heiliggesprochen. Aber ich habe nicht die Absicht, ihn nach den Maßstäben unserer Zeit zu beurteilen, geschweige denn Steine auf ihn zu werfen.«

Adelheim konnte gegenüber Geistlichen, die mit der Repressionsmaschinerie kooperiert hatten, Nachsicht und Vergebung zeigen: In einem Brief an Metropolit Makari, seinen alten Freund Leonid Swistun, zeigte er sich bereit, die unerfreulichen Geschehnisse, die so lange Zeit zurücklagen, hinter sich zu lassen. »Ich rechtfertige dein Handeln nicht, aber ich verstehe es«, schrieb er. »In unserem Land sind Tausende von Menschen durch eigenen und fremden Willen zu zufälligen Rädchen in einem riesigen Fleischwolf geworden, der menschliche Schicksale zermalmt hat.« Er erhielt nie eine Antwort von Makari.

In Bezug auf die Entscheidung des Metropoliten Sergius vertrat Adelheim eine grundsätzlichere Position. Sergius' Erklärung war für ihn der »erste Schritt zur Konvergenz der Russisch-Orthodoxen Kirche mit dem sowjetischen – und dann dem postsowjetischen – Staat. Der Kompromiss war damit in der Welt und ging immer weiter über die Grenzen des Zulässigen hinaus.« In gewissem Sinn war das eine Warnung vor der Verschlagenheit der Kirche selbst – ihrem kunstvollen Tanz mit der Macht, der sie sich annäherte, wenn es von Vorteil war, und die sie subtil lenkte, wenn sie nicht aufpasste. Hinter diesem Verhalten der Kirche stand aus seiner Sicht eine Mischung aus Angst und Eigennutz, ähnlich wie bei Juri Lewadas »verschlagenem Menschen«.

Doch Adelheim ging auch selbst Kompromisse ein. Er ertrug die Demütigungen und das aus seiner Sicht kirchenrechtswidrige Verhalten Jewsewis, und endgültigen

Entscheidungen von Kirchengerichten und höheren Würdenträgern leistete er stets Folge. Nach seiner Herabstufung in der Gemeinde Schen-Mironosiz konnte er in den Gottesdiensten praktisch nicht mehr frei sprechen. Er hätte sich einer anderen kirchlichen Gemeinschaft anschließen können, etwa der von Jakunin, die, obwohl nicht offiziell anerkannt, dem Gesetz der Russisch-Orthodoxen Kirche folgte. Aber die Kirche im Stich zu lassen, und das zu einem Zeitpunkt, als sie aus seiner Sicht krankte, war ihm nicht möglich. Ein Übertritt, selbst zu einer alternativen russisch-orthodoxen Glaubensgemeinschaft wie der Jakunins, hätte Adelheim von seiner Gemeinde getrennt. Gott missbilligt die Stolzen und erhebt die Demütigen, das wusste er aus der Heiligen Schrift.

An der Anfrage, die Adelheim im Sommer 2013 erhielt, war nichts besonders Auffälliges. Immer wieder half er jungen Leuten und Menschen, die die Orientierung verloren hatten, die Anleitung und ein geistliches Fundament brauchten. Dank seiner Erfahrungen im Kinderheim in Piskowitschi kam Vater Pawel gut mit Kindern und jungen Erwachsenen zurecht, auch mit schwierigen. Er wies ihnen gern den Weg bei der Bewältigung ihrer Probleme. Diesmal rief ein Bekannter an und bat ihn, mit einem 27-jährigen Mann namens Sergei Pschelinzew zu sprechen, der offenbar eine schwere Nervenkrise durchmachte. Ein paar Tage später stand Serjoscha am hölzernen Tor vor dem Haus der Adelheims in Pskow.

Er war in zittriger, nervöser Verfassung und sagte, er habe seit drei Tagen nicht gegessen oder geschlafen. Vera brachte ihn dazu, sich etwas hinzulegen. Adelheim nahm ihn mit zu einem Treffen mit anderen jungen Leuten, die aus Moskau zu Besuch gekommen waren, aber Serjoscha lief weg und wälzte sich im Gras herum. Adelheim und Vera brachten ihn nach Hause, damit er sich ausruhen konnte, doch er war sofort wieder auf den Beinen. Schließlich kam Serjoschas Vater, um nach ihm zu sehen, und sagte, er werde ihn abends mit dem Zug nach Moskau zurückbringen. Vor der Abreise sagte Serjoscha zu Adelheim, er habe »alles verstanden«, ohne zu erklären, was. Dann bat er Adelheim, ihn bei sich aufzunehmen oder ihm einen Platz in einem Kloster zu suchen. »Wir sollten erst ein wenig über den orthodoxen Glauben sprechen«, sagte Adelheim. »Das können wir nächstes Mal tun. Fahr jetzt erst einmal nach Hause. Über das Kloster denken wir später nach.«

Am nächsten Tag erhielten Adelheim und Vera einen Anruf: Serjoscha war seinem Vater davongelaufen und noch immer in Pskow, im Stadtkrankenhaus, ohne Geld oder Telefon. Adelheim ging hin, um ihn abzuholen. Im Pfarrhaus aß Serjoscha eine Schüssel Suppe und verschwand dann erneut. Diesmal kehrte er nach ein oder zwei Stunden zurück. Auf Vera wirkte er »ruhelos, ängstlich, unnatürlich, reizbar. Er konnte sich nicht entschließen, was er wollte: sich setzen oder aufstehen, fortlaufen oder zurückkommen.« Als Vera das Abendessen vorbereitete, bat sie ihren Mann, im Garten hinter dem Haus einen Kürbis zu schneiden, und gab ihm dafür ein Messer. Er saß mit Serjoscha auf der senffarbenen Couch in der Küchenecke und sprach mit ihm über den heiligen Lukas von der Krim, einen orthodoxen Bischof und Chirurgen, der sich in den Jahren nach der Revolution den Bolschewiki widersetzt hatte. Vera bekam das Gespräch mit, als sie zum Herd ging.

Eine Minute später hörte sie einen furchtbaren Schrei. Sie eilte zurück zur Couch. Ihr Mann saß in einer dunklen Blutlache, reglos und stumm, über den Tisch gebeugt. Serjoscha schrie: »Dämon! Dämon! Dämon!«, ließ das Messer fallen und rannte hinaus auf die Straße. Vera rief einen Krankenwagen. Beim Warten hörte sie, wie Serjoscha vor dem Haus auf und ab lief, immer noch wie umnachtet, und herausschrie: »Ich habe gesündigt! Ich habe einen heiligen Mann getötet!« Ein Polizeiwagen raste herbei, und mehrere Polizisten warfen ihn zu Boden. Dann tauchten die Sanitäter auf und gingen in die Küche. Einer beugte sich über Adelheim, untersuchte ihn und wandte sich dann Vera zu: »Direkt ins Herz. Nichts zu machen. Er war auf der Stelle tot.«

Vater Pawel Adelheim schied vier Tage nach seinem fünfundsiebzigsten Geburtstag aus dem Leben. Er wurde auf dem Friedhof von Schen-Mironosiz an einem Hang im Schatten einer Erle beigesetzt. Zu seiner Beerdigung kamen mehrere Hundert Trauergäste aus ganz Russland. Es erinnerte an die Menschenmenge, die sich fast dreißig Jahre zuvor versammelt hatte, als Adelheim den ersten Gottesdienst nach der Wiedereröffnung der Kirche abhielt, nur waren es jetzt noch mehr Leute. Sie drängten sich dicht auf den Grasflächen zwischen den Gräbern und bildeten eine Schlange, die bis zum Parkplatz der Kirche reichte. Erzbischof Jewsewi kam nicht; er ließ ausrichten, dass er krank sei. Vater Sergei Iwanow war unter denen, die Adelheims Sarg emporhielten und in die Erde senkten – ein Bild, das sich Vera einprägte: Beide waren im Leben aneinandergeraten und hatten im Tod eine Art Frieden geschlossen. Einige teilnahmsvolle Priester aus Moskau und St. Petersburg hielten Totenreden. Vater Pawel sei als Märtyrer gestorben, sagten sie, und das könne nur gottgewollt sein. Einer, der ihn seit drei Jahrzehnten kannte, sprach von seinem »schwierigen, ja unerträglichen Lebensweg«.

In den Tagen danach erklärte Kurajew, der kirchenkritische Priester aus Moskau: »Der letzte freie Priester des Moskauer Patriarchats ist ermordet worden.« Ich fragte ihn später, was er damit gemeint hatte. Er erwiderte, Adelheim sei der einzige verbliebene Priester innerhalb der Russisch-Orthodoxen Kirche gewesen, der noch »imstande war, etwas Kritisches über das Patriarchat zu sagen, einer, der noch etwas zu verlieren hatte und selbst dann fortfuhr, offen zu sprechen, als den Geistlichen bedeutet worden war, sie sollten ›weitermachen und den Mund halten‹. Solche Leute gibt es jetzt gar nicht mehr.« Schon die Umstände von Adelheims Tod zeigten, dass er ein echter Pastor gewesen sei, der getreu seinem Glauben und seiner Mission lebte. »Er öffnete sein Haus und sein Leben, wie es das Evangelium lehrt. Er lief nicht davon und war nicht auf bequeme Gespräche aus. Er starb in Ausübung seines Pastorenamts.«

Serjoscha wurde aus psychischen Gründen für verhandlungsunfähig erklärt. Vor Gericht stand Vera auf und erklärte, sie vergebe ihm aus christlicher Liebe. Aber sie war sich nicht völlig sicher, ob sich alles wirklich so verhielt, wie es schien, und einige in Vater Pawels Gemeinde teilten diese Zweifel. Wie konnte es sein, dass dieser junge Mann aus dem Nichts aufgetaucht war und Adelheim mit einem Schlag getötet hatte? Es kursierten Gerüchte, das Ganze sei ein Komplott gewesen; Feinde hatte Adelheim in der Diözese ja zur Genüge. Vera erinnert sich, dass ein Polizeiermittler ihr einmal sagte, das mit dem Mord an ihrem

Mann sei in der Tat keine so einfache Geschichte. Aber Näheres erfuhr sie nie. In gewisser Weise war es egal, oder es hätte jedenfalls nichts geändert: Als echter Pastor hätte Adelheim jeden in seinem Haus willkommen geheißen, selbst seinen zukünftigen Mörder. Er war auf dem Posten gestorben, ganz wie Kurajew gesagt hatte. Serjoscha wurde nach Abschluss des Gerichtsverfahrens in eine Psychiatriestation eingewiesen, und von seinem weiteren Schicksal war nichts mehr zu hören.

Vera kam mir am Tor entgegen und hielt einen großen Hund mit goldgelbem Fell zurück, der vor lauter Aufregung wild herumsprang. Ihre ältere Tochter Mascha, die geistig behindert ist, seit sie als kleines Kind eine Meningitis durchstand, gesellte sich im Hof zu uns. Mascha ist jetzt in ihren Fünfzigern und völlig abhängig von Vera, die allerdings sagen würde, dass sie ihrerseits inzwischen nicht weniger auf Maschas Gesellschaft angewiesen ist. Vera hat ihr Leben einmal als »schwierig, aber glücklich« beschrieben, und das kommt in ihrer ganzen Art zum Ausdruck: Sie ist charmant und humorvoll und strahlt zugleich die Ernsthaftigkeit eines Menschen aus, der Schweres durchgemacht hat. Was sie erzählt, ist oft lustig, doch nie banal. Wir gingen über den Hof, durch einen beeindruckenden Garten, wo sie Tomaten, Auberginen und Kräuter anbaut, in die Küche. Eine neue Eckcouch nahm einen großen Teil des Raums ein. Die alte, immer noch blutbefleckte Couch hatte Vera ins Obergeschoss schaffen lassen. Als wir dort waren, zeigte Mascha darauf und sagte: »Da ist Papa umgebracht worden.« Adelheims Arbeitszimmer ist so erhalten geblieben, wie es am Tag seines Todes war: mit gemalten Ikonen in der Ecke, einer dünnen, spartanischen

Matratze auf einem Drahtbettrahmen und der gegen die Wand gelehnten hölzernen Beinprothese.

Das Haus der Adelheims steht Freunden und Gemeindemitgliedern weiter offen. Allerdings sei in all den Jahren nicht ein einziger Geistlicher aus der Diözese Pskow zu Besuch gewesen, sagt Vera – für den Erzbischof bleibt Vater Pawel auch im Tod ein unerwünschtes und tabuisiertes Thema. Aber viele andere gehen ein und aus. Ich habe stundenlang mit dem Schauspieler Viktor Jakowlew gesprochen, der eine Art posthumes Faktotum für Vater Pawel geworden ist: Er erzählt von dessen Lebensarbeit und erläutert seine Haltung zu allen möglichen Fragen – vom Lokalkonzil der orthodoxen Kirche von 1917 (als zum letzten Mal ein Patriarch in einem offenen Verfahren ins Amt gewählt wurde) bis zum Gebrauch des modernen Russischen statt des Altkirchenslawischen in der Liturgie (Vater Pawel war für die Reform; er sagte, Gebete sollten verstanden werden und mehr sein als eine Art musikalische Untermalung für Gottesdienstbesucher). Eines Tages erhielten wir Besuch von Pjotr Gusew, einem gesprächigen und sympathischen Mann in seinen Siebzigern. Wie sich herausstellte, war er früher Oberstleutnant beim KGB gewesen und bei Adelheims Ankunft in Pskow mit dessen Überwachung beauftragt worden. »Ich habe viel über diesen Menschen gehört«, sagte Gusew. »Es gab da gewisse Differenzen zwischen ihm und der Regierung, aber es hieß auch, er sei belesen und intelligent. Das hat mich interessiert, ich wollte mir selbst ein Bild machen.« Gusew suchte Adelheim auf, um mit ihm zu sprechen. Danach war er oft bei ihm zu Gast und brachte manchmal auch seine Frau mit. Ihre Gesprächsthemen reichten vom Evangelium bis zu Adelheims Haftzeit. In den 2000er-

Jahren wurde Gusew Mitglied der Gemeinde in Schen-Mironosiz.

Ende 2016, drei Jahre nach dem Mord an Adelheim, durchsuchten FSB-Agenten die Wohnung von Vater Sergei Iwanow, dem Leiter der Gemeinde Schen-Mironosiz. Sie fanden ein paar Dutzend Gramm Methamphetamin in seinem Kühlschrank und eine Pistole mit Schalldämpfer im Kleiderschrank. In Pskow hatte man sich hinter vorgehaltener Hand erzählt, er unterhalte Verbindungen zu örtlichen Kriminellen. Offensichtlich war etwas daran. Der Prozess ging schnell und unter Ausschluss der Öffentlichkeit über die Bühne. Iwanow wurde zu drei Jahren Haft auf Bewährung verurteilt. Die Diözese versuchte erst, so zu tun, als sei nichts geschehen. Jewsewi sagte, man solle verleumderischen Gerüchten keinen Glauben schenken, die »der Feind Satan durch Menschen verbreitet«. Dann ernannte er unauffällig einen neuen Priester zum Leiter der Gemeinde Schen-Mironosiz, und man hörte nie wieder etwas von Vater Sergei. Dass der Priester, der Adelheim verdrängte, durch eine Drogenrazzia zu Fall kam, kam mir erbärmlich und lächerlich vor, wie ein trauriges Nachspiel zu Vater Pawels Arbeit in der Gemeinde.

Ioann Muchanow, der faktische Stellvertreter von Erzbischof Jewsewi, vermied im Gespräch mit mir jedes Urteil über Adelheims Vermächtnis oder den Umgang der Kirche mit ihm. Das Thema war ihm merklich unangenehm: Als Adelheim noch am Leben war, hatte er nichts für ihn übriggehabt und war mit kräftigen Worten über ihn hergezogen, doch jetzt war ihm weniger wohl dabei. »Er war ein guter Prediger, belesen und eloquent«, sagte er. »Es ist ein großes Unglück, dass er dieser Tragödie zum Opfer fiel.« Dann fuhr er fort: »Der Herr wird ermessen, warum dies geschehen ist. War es eine Strafe, oder war es Verklärung, ein Märtyrertod? Kann es eine Strafe gewesen sein? Es ist nicht an uns, das zu beurteilen.« Zur Rolle der Kirche in der Gesellschaft und ihrer Beziehung zum Staat sagte Muchanow: »Wir können uns glücklich schätzen.« Der jetzige russische Staat verstehe, »dass der orthodoxe Glaube jeder Gemeinschaft, jeder Organisation oder Ordnung, nur Gutes bringt. Wir versorgen den Staat mit ethischen Bürgern« – das heißt patriotischen und treuen.

Ein Dreivierteljahr nach Adelheims Tod annektierte Russland die Krim. Im Sommer darauf begann der Krieg im Donbass. Der Staat und auch die Russisch-Orthodoxe Kirche äußerten sich öffentlich jetzt noch kriegerischer und igelten sich noch weiter ein: Russland war auf dem rechten Weg. Die Versuche der USA und anderer, es zu isolieren, waren nur ein weiterer Beweis dafür, dass der Konflikt mit dem Westen, auf den das Land – im direkten Sinn wie ideell – zusteuerte, moralisch gerechtfertigt war. 2015 griff Russland in den Krieg in Syrien ein und unterstützte das Assad-Regime mittels Luftangriffen und Einsätzen von Spezialeinheiten. Das Staatsfernsehen brachte ständig Action-Aufnahmen von Starts russischer Kampfbomber, deren Ziele durchweg als Stützpunkte von »Terroristen« dargestellt wurden. Patriarch Kyrill, der in den Achtzigerjahren eine Resolution unterzeichnet hatte, in der der sowjetische Krieg in Afghanistan verurteilt wurde, unterstützte die militärische Intervention Russlands in Syrien. Der Feldzug habe »Defensivcharakter« und sei daher »gerechtfertigt«, erklärte er. Sein Sprecher ging noch weiter: »Der Kampf gegen den Terrorismus ist eine heilige Schlacht.«

In einem Essay, der weite Verbreitung fand, beklagte

Sergei Tschapnin, der Chefredakteur der offiziellen Zeitschrift des Patriarchats, die Russisch-Orthodoxe Kirche sei zu einer »Kirche des Imperiums« geworden, einer »postsowjetischen Zivilreligion, die dem Staat als ideologische Stütze dient«. Während der Kreml die neoimperialen Muskeln anspanne, um eine Art landesweite Selbstverwirklichung zu betreiben, liefere die Kirche die nötige geistliche und ideologische Sprache und entwickle dabei selbst immer mehr Appetit. Tschapnin sprach von einer »Orthodoxie ohne Christus«, in der die offizielle kirchliche Rhetorik »russische Heilige und russische Größe« in den Vordergrund stelle; »es kommt darauf an, patriotisch zu sein«. Dabei werde »irgendwie das Evangelium vergessen, und auch Christus selbst wird nicht unbedingt gebraucht«. Einige Wochen darauf verlor Tschapnin seinen Posten.

Heute nimmt die Orthodoxie eine wichtige Rolle in der russischen Gesellschaft ein: 70 bis 80 Prozent der Bevölkerung geben an, gläubig zu sein. Umfragen zeigen, dass der Kirche als Institution fast ebenso viel Vertrauen entgegengebracht wird wie Putin – und ganz klar mehr als den restlichen Mitgliedern der russischen Regierung, die regelmäßig deutlich schlechtere Umfragewerte erzielen. Russland ist eines der wenigen Länder in Europa, in denen die sichtbare Präsenz des christlichen Glaubens nicht schwindet, sondern zunimmt. Der Kreml und das Patriarchat haben ein Narrativ in Umlauf gesetzt, nach dem der Westen nicht nur ein geopolitischer, sondern auch ein spiritueller Feind ist, die Heimstätte einer dekadenten und perfiden Kultur der Toleranz, der es zu widerstehen gilt. Ein besonders bizarres Beispiel für diese Tendenz ist ein dystopischer Roman, den der Sprecher des Patriarchen unter Pseudonym veröffentlicht hat und der vor den Schrecken des Liberalismus warnen soll. Er schildert ein Moskau im Jahr 2043, das von Ukrainern, Islamisten und Homosexuellen überschwemmt ist. Dem Westen in politischen Konflikten wie der Krim-Annexion oder bei Sanktionen Paroli zu bieten, gilt teils als Geste des moralischen Widerstands, nach dem Motto: Wo die NATO auftaucht, folgen bald auch Gay-Pride-Paraden.

Die russische Gesellschaft ist bei Themen wie Homosexualität in der Tat konservativ. Aber bezeichnenderweise war sie das nie auf aggressive oder lautstarke Weise, bis es von ihr erwartet wurde. Das 2012 verabschiedete gesetzliche Verbot sogenannter homosexueller Propaganda war kein Ausdruck des Wählerwillens, sondern ein Versuch, ihn zu manipulieren – leider mit Erfolg: Als das Gesetz verabschiedet war und im Staatsfernsehen über die Gefahren der Homosexualität diskutiert wurde, folgten Angriffe auf Schwule und Lesben. Doch die konservative Rhetorik der Kirche und die entsprechenden Einstellungen in der Bevölkerung haben wenig mit den realen Verhältnissen zu tun. Die Scheidungsraten in Russland sind doppelt so hoch wie in den meisten westeuropäischen Ländern. Das Gleiche gilt für die Zahl der Abtreibungen pro Kopf. Das Etikett »russisch-orthodox« dient oft nur der Selbstverortung. Für viele ist es austauschbar mit dem Wort »russischstämmig« und soll vor allem bekunden, was sie *nicht* sein wollen: kosmopolitische und liberale westliche Individualisten, das Feindbild der Saison. *Wofür* die Orthodoxie steht, welches Menschenbild sie vertritt, ist hingegen weniger klar, als es einmal war. Adelheims Warnung hat sich erfüllt: Der »Glaube an die Starken« – ob im Kreml oder in der Kirche – hat »die göttliche Vorsehung ersetzt«.

Die Kirche hat für ihre Nähe zum Kreml bezahlen müssen, vor allem infolge der russischen Politik gegenüber der Ukraine: Dort hat sie Tausende von Anhängern verloren. Die ukrainischen Gläubigen wollten die Autorität einer religiösen Institution nicht anerkennen, die dem Staat, den sie als Aggressor betrachten, so nahesteht. Kyrill hat versucht, die Beziehungen nach allen Seiten hin zu wahren, und sich zeitweise sogar von Putin distanziert – so lehnte er es etwa ab, nach der Annexion Gemeinden auf der Krim einzugliedern. Trotzdem wird er im In- und Ausland eindeutig als politischer Akteur wahrgenommen. Die Nachwirkungen zeigten sich am schärfsten im Oktober 2018, als Patriarch Bartholomäus von Konstantinopel, die höchste Autorität der orthodoxen Kirchen weltweit, den *Tomos* unterzeichnete – ein Dokument, das der ukrainischen Kirche die offizielle Unabhängigkeit von der Russisch-Orthodoxen Kirche unter Patriarch Kyrill gewährt. Das war ein schmerzlicher Schlag und eine Beschämung für Kyrill, der große Anstrengungen unternommen hatte, um die Russisch-Orthodoxe Kirche als geistige Autorität für alle orthodoxen Christen weltweit oder zumindest in der ehemaligen Sowjetunion und in Osteuropa zu etablieren. Er sorgte dafür, dass die Russisch-Orthodoxe Kirche der Autorität von Patriarch Bartholomäus die Anerkennung entzog, und führte damit ein heftiges Zerwürfnis innerhalb des Christentums herbei – das vielleicht erbittertste Schisma seit der Trennung der katholischen und orthodoxen Kirche im 11. Jahrhundert.

Jedes Jahr am 5. August, Adelheims Todestag, kommen seine Freunde, Unterstützer und alte Gemeindemitglieder in Pskow zu einem Gedenkgottesdienst zusammen, um sich an ihn zu erinnern und ihn zu würdigen. Die tödliche Messerattacke war fünf Jahre her, als ich mich um neun Uhr morgens in die untere Kapelle von Schen-Mironosiz zwängte. Dicht an dicht mit anderen Gottesdienstbesuchern stehend, lauschte ich den hypnotischen, mystischen Klängen des orthodoxen Gebetsgottesdienstes. Anschließend gelangten wir nach und nach durch die enge Tür hinaus auf den Friedhof. Das warme Licht des Spätsommers brach in gelben und grünen Streifen durch die Bäume. Vielstimmiges Glockengeläut hallte über das Gelände. Weitere Menschen schlossen sich der Menge an, und wir stiegen hinauf zu Adelheims Grabstätte. Sie ist mit einem geschnitzten Holzkreuz, einem schweren grauen Stein und einem Bildnis seines bärtigen, lächelnden Gesichts gekennzeichnet. Am Grab liegen immer ein paar Blumensträuße, doch an diesem Tag quoll es über davon; eine Flut von Tulpen, Nelken und Gänseblümchen ergoss sich auf das Gras.

Ein Priester namens Viktor Grigorenko sprach zu der Menge. Er ist der Neffe von Alexander Men, dem charismatischen Prediger, der 1990 ermordet wurde. Heute dient er in einer Kirche bei Moskau, die an der Stelle errichtet wurde, an der sein Onkel starb. »Wie kommt es, dass Priester getötet werden?«, fragte Grigorenko. »Das Böse ergreift die Waffen gegen die Wahrheit. Es stellt sich gegen die, die das Wort Gottes in diese Welt bringen und von Christus und dem Evangelium sprechen.« Seine Stimme drang über den Friedhofshang; ich stand auf einem Fleckchen Erde, das teilweise von demselben Erlenbaum beschattet wurde, der über Adelheims Grab steht. »Heute ist der Tag, an dem wir uns an Vater Pawel erinnern. Der Tag, an dem wir nicht nur an seinem Grabstein trauern, sondern uns auch darüber freuen, dass ein solcher Mensch, ein solcher Priester, unter uns gelebt hat«, sagte Grigorenko. »Vater Pawel schaut heute auf uns und erwartet, dass wir seine Fackel ergreifen, diese Fackel der Wahrheit, und die Verantwortung auf uns nehmen, zu predigen und unser Leben zu einer Predigt zu machen. Mögen wir alle heute diesen Ruf vernehmen, dass wir für unseren Herrn Jesus Christus Zeugnis ablegen müssen, so wie er es getan hat.«

KAPITEL 4

Der König des Rudels

In den Neujahrsferien 2014 machte Oleg Subkow mit seiner Familie Skiurlaub in Avoriaz in den französischen Alpen. Der quirlige, schalkhafte Unternehmer, damals Mitte vierzig, ist Gründer und Direktor zweier privat geführter Tierparks auf der Krim und weithin bekannt für seine fast schon familiäre Zuneigung zu den riesigen, um die 200 Kilo schweren Löwen, die seinen Safaripark durchstreifen. Er neckt sie wie ein Vater seine kleinen Kinder, springt ins Gehege, zieht sie an den Ohren oder verpasst ihnen einen scherzhaften Klaps, um sie gleich darauf fest zu umarmen und ihnen einen Kuss auf die Stirn zu geben. Subkow hat keine Ausbildung in Veterinärmedizin oder Tierkunde, doch er bewegt sich mit instinktiver Sicherheit unter den Tigern, Pavianen und Giraffen in seinen Zoos. Seine Liebe zu den vielfältigen Geschöpfen des Tierreichs ist offenkundig und wirkt ansteckend.

Als er mit seiner Familie in den Skiurlaub fuhr, betrieb Subkow seine Parks schon seit über zehn Jahren. Er war eine erfolgreiche und prominente Persönlichkeit auf der Krim-Halbinsel, die mit ihren grünen Hügeln und Steinstränden in das dunkle Wasser des Schwarzen Meers ragt. Für die russische Psyche ist die Krim seit Jahrhunderten ein magischer Ort. Sie weckt Erinnerungen an militärischen Ruhm und wohlig-träge, romantische Ferien am Meer. In den 1850er-Jahren war die Halbinsel Schauplatz des Krimkriegs, einer blutigen und langwierigen Auseinandersetzung zwischen dem russischen Zarenreich und einer alliierten Streitmacht aus britischen, französischen und osmanischen Truppen. Die russischen Verteidiger in der Hafenstadt Sewastopol an der Südküste der Krim hielten dem unausgesetzten Kanonenfeuer länger stand als erwartet. Daraus entstand eine heroische Legende, auch wenn die Stadt letztlich fiel.

Die Region war bereits in der Zarenzeit ein beliebter Ort für Erholungsheime und Kurbäder. Tolstoi kam als Artillerieoffizier durch Sewastopol, und Tschechow schrieb in Jalta zwei seiner bekanntesten Stücke: *Drei Schwestern* und *Der Kirschgarten*. Nach der bolschewistischen Revolution, als der sozialistische Staat ausgewählten Mitgliedern des Proletariats Urlaubsprivilegien zuteilte, erlangte die Krim Popularität als Stätte des Massentourismus. 1920 erließ Lenin ein Dekret mit dem Titel »Über die Nutzung der Krim für die Heilung der Werktätigen«. Seither verbrachten Generationen von sowjetischen Fabrikarbeitern, Eisenbahningenieuren und Angehörigen der Intelligenzija lange Sommerferien auf der Halbinsel. Im Zweiten Weltkrieg war die Krim heftig umkämpft. Sewastopol wurde erneut belagert und verteidigte sich auch diesmal tapfer. Als das Land nach dem Krieg wieder aufgebaut wurde, wuchs an langen Abschnitten der Küste eine neue Generation von Sanatorien empor – kantige Betontürme mit Treppen, die zum steinigen Strand hinabführten. Und jedes sowjetische Kind träumte von einem Aufenthalt im Sommerlager Artek in den Hügeln mit Blick auf die Südküste.

1954 ordnete Chruschtschow an, die Krim aus der Russischen Sozialistischen Sowjetrepublik auszugliedern und in die Ukrainische Sozialistische Sowjetrepublik zu integrieren. Diese damals rein rechtliche, formale Änderung hatte Folgen, als die Krim nach dem Zusammenbruch der Sowjetunion 1991 Teil des neuen, unabhängigen ukrainischen Staates wurde. Über die Hälfte der Bevölkerung auf der Halbinsel war russischstämmig, mehr als irgendwo sonst in der Ukraine. Und viele bewahrten, soweit sie überhaupt über so etwas nachdachten, eine habituelle Neigung zu Russland – vor allem, weil das historische Erbe der Sowjetunion hauptsächlich dort verortet wurde. Das Gedenken an den Großen Vaterländischen Krieg, die Sanatorienbauten, die Lieder beim Lagerfeuer am Strand – all diese Überbleibsel aus Sowjetzeiten gehörten gefühlt in den Moskauer Herrschaftsbereich.

Subkow ist in einer Provinzstadt in Zentralrussland geboren und zog 1983 erstmals auf die Krim. In der unabhängigen Ukraine hat er sich auf der Halbinsel eine angenehme Existenz aufgebaut. Auch er betrachtete sich als Russen, aber Grenzen, Geschichte, Sprache und alles, was damit zu tun hatte, kümmerten ihn nicht besonders – diese Themen schienen nicht unmittelbar relevant zu sein. Dann kam der turbulente Herbst 2013.

Präsident der Ukraine war damals Viktor Janukowytsch, ein raubeiniger Politiker alten Schlags. Er stammte aus dem Donbass, der russischsprachigen Industrieregion im Südosten des Landes. Sein Sieg bei der Präsidentschaftswahl 2004, die sofort für manipuliert erklärt wurde, war Auslöser der sogenannten Orangen Revolution. Nach wochenlangen Protesten wurde schließlich sein Herausforderer Viktor Juschtschenko zum Präsidenten ernannt. Janukowytsch verschwand in der Versenkung, aus der er ein paar Jahre später wieder auftauchte. Er hatte sich ein neues Image zugelegt – als Managertyp, der vielleicht nicht unbedingt sympathisch wirkte, aber im Vergleich zu dem katastrophalen politischen Zirkus, der sich nach der Orangen Revolution unter Juschtschenko abgespielt hatte, als bessere Alternative erschien. Janukowytsch machte sich auch die geografischen und sprachlichen Trennlinien der Ukraine zunutze und instrumentalisierte den Unmut in der Donbass-Region. 2010 hatte sich Juschtschenkos Präsidentschaft so ineffektiv und skandalträchtig entwickelt, dass Janukowytsch erneut kandidierte und diesmal gewann.

Subkow hielt nichts von Janukowytsch, vor allem, weil dieser als junger Mann wegen Diebstahls und Körperverletzung verurteilt worden war. Ein solches Vergehen disqualifizierte ihn in den Augen Subkows, dessen Moralverständnis vom Weltverbesserungsgeist der sowjetischen Jugendorganisationen geprägt ist, automatisch für die Aufgabe des Staatsoberhaupts. Trotzdem fand Subkow sich mit Janukowytsch ab oder war zumindest bereit, bis zur nächsten Präsidentschaftswahl zu warten. Unterdessen stieg die Abschöpfung von Vermögenswerten, die in der ukrainischen Politik seit Langem gang und gäbe war, in Janukowytschs Amtszeit auf ein aberwitziges Niveau. Die Zoll- und Steuerbehörden des Landes wurden zu feudalen Tributeintreibern umgewandelt. Janukowytsch leitete mittels umfangreicher staatlicher Beschaffungsverträge Geld in die Taschen seiner Verwandten und Freunde. Er baute eine korrupte Maschinerie auf, die ausschließlich der »Familie« unterstellt war – sprich: ihm selbst und seinen beiden Söhnen. Sein älterer Sohn Oleksandr, ein ehemaliger

Zahnarzt, leitete bald ein Geschäftsimperium im Wert von 375 Millionen Euro. Subkow fand das alles verachtenswert, aber erträglich. Seine beiden Parks florierten, sowohl der ursprüngliche Zoo an der Küste in Jalta als auch der große Safaripark in der Binnensteppe bei Belogorsk. Und er plante, fünf weitere Parks auf der ganzen Krim zu eröffnen. Um zwischen seinen vielen zukünftigen Projekten schnell hin- und herfliegen zu können, schaffte er sich einen viersitzigen Helikopter an.

Im Herbst 2013 gingen fast alle Beobachter in der Ukraine – Journalisten, Politiker und sogar Leute aus Janukowytschs direktem Umfeld – davon aus, dass dieser nach vielen gescheiterten Anläufen und ausgedehnten Verhandlungen ein lang erwartetes Assoziierungsabkommen mit der Europäischen Union unterzeichnen würde. Es war ein technisches Dokument, das der Ukraine bestimmte Handelspräferenzen im Geschäftsverkehr mit EU-Mitgliedstaaten gewährte. Für die Brüsseler EU-Beamten war es eine dröge und selbstverständliche Routinesache. In der Ukraine hatte das Abkommen jedoch ein größeres symbolisches Gewicht. Es wurde dort praktisch zu einem Referendum über die Zukunft des Landes. Dazu trug entscheidend bei, dass das Abkommen ein Dorn im Auge Russlands – und ganz besonders Putins – war. Wenn Janukowytsch es unterzeichnete, würde Putins Vision, die Staaten der ehemaligen Sowjetunion in einer eigenen Handelsunion unter Russlands Führung zu vereinen, hinfällig. Wie schon frühere ukrainische Präsidenten spielte Janukowytsch den Westen und Russland geschickt gegeneinander aus, um Zeit zu gewinnen und beiden Seiten Zugeständnisse zu entlocken. Auch wenn die USA und die EU beharrlich abstritten, einen Überbietungswettstreit mit

Putin zu führen, hatten sich die Verhandlungen genau dazu entwickelt. Russland bot der Ukraine seinerseits Hilfeleistungen und Erdgasrabatte im Wert von 11 Milliarden Euro an – offenbar mit Erfolg: Am 21. November gab Janukowytsch bekannt, er werde das Assoziierungsabkommen nicht unterzeichnen.

Daraufhin kam es in Kiew zu Protestkundgebungen auf dem Platz der Unabhängigkeit. Der Majdan Nesaleschnosti – der dem Protest seinen Namen gab – wurde zunächst von Studenten und jungen Leuten besetzt. Für sie hatte Janukowytsch der Ukraine mit diesem Schritt die europäische Zukunft verwehrt, die sie sich vorgestellt hatten, und das rief ihren Zorn hervor. Das Protestcamp war nicht sehr groß. Ende November wies Janukowytsch jedoch eines Nachts die Bereitschaftspolizei an, den Platz zu räumen. Das tat sie und ging dabei sehr grob und gewaltsam vor. Am nächsten Tag kamen Hunderttausende Menschen auf den Maidan. Die Demonstrationen zogen sich über Wochen hin, und auf allen Seiten bauten sich immer mehr Spannungen auf. Der Konflikt nahm eine grundsätzliche Bedeutung an. Es ging jetzt nicht mehr nur um die Kündigung des EU-Abkommens; die Proteste richteten sich auch gegen die außer Kontrolle geratene Korruption und den plump-autoritären Charakter von Janukowytschs Herrschaft. Putin und der Kreml waren in den Augen der Demonstranten bösartige Akteure. Die Protestschilder auf dem Maidan nahmen sukzessive einen nationalistischen, antirussischen Beiklang an: »Ukraine über alles« stand auf einem Plakat; »Putin, raus aus unserer Heimat« auf einem anderen. Auf einem Graffito prangte der schroffere Slogan: »Fuck the Russians.«

Für Subkow auf der Krim stellte sich die Lage genau

umgekehrt dar: Es bestand die Gefahr, dass die Ukraine durch das EU-Abkommen von Russland abgeschnitten werden würde. Eine jahrhundertelange gemeinsame Geschichte und gemeinsame kulturelle Werte würden preisgegeben, und das ohne klaren Vorteil. Was waren engere Beziehungen zu Brüssel wert, wenn dafür tiefer sitzende, gefühlsbehaftete Interessen aufgegeben werden mussten? Dazu kam, dass der russische Markt für viele auf der Krim näher und wirtschaftlich wichtiger war. Die Vorteile des Handels mit der EU erschienen von hier aus weiter entfernt und wenig konkret. Unter den ausländischen Touristen, die Subkows Tierparks besuchten, waren mehr Russen als Besucher aus EU-Ländern. Die Anliegen der Leute, die gegen Janukowytsch demonstrierten, waren nicht seine, auch wenn er selbst den Präsidenten für einen Gauner und kompletten Idioten hielt.

Subkow sah die Fernsehübertragungen vom Maidan mit wachsender Unruhe, vor allem, als er feststellte, dass sich eine Aversion gegen alles Russische einschlich: nicht nur gegen den Staat, sondern auch gegen die Sprache, das kulturelle Erbe, die anerkannten historischen Vorbilder. Für die Anführer der Proteste auf dem Maidan und ihre Anhänger, so schien ihm, waren Leute wie er verdächtig und verdammenswert – und das nur, weil sie sich einen Rest Zuneigung zu Russland bewahrt hatten und bei einem Sieg der Maidan-Demonstranten Nachteile für die russische Bevölkerung auf der Krim befürchteten.

Auf dem Flug zum Familienurlaub in den Alpen hatte Subkow einen Zwischenstopp in Kiew. Er machte sich mit seiner Frau Oksana und dem 13-jährigen Jaroslaw auf den Weg ins Stadtzentrum. Der Maidan ähnelte einem Guerillerolager. Der zentrale Platz war mit Zelten gesäumt, und über offenen Flammen kochten in riesigen Kesseln Suppe und Brei. Die Demonstranten hatten Barrikaden aus Eisen und Holz gebaut, um sich vor der Bereitschaftspolizei zu schützen. In Metallfässern brannten Feuer, von denen öligschwarzer Rauch aufstieg. Als ich Subkow bat, seinen Besuch auf dem Maidan zu beschreiben, erzählte er mir von aggressiven Leuten auf dem Platz, von »Pennern« und »aus den Dörfern herbeigekarrten Leuten«, die dort herumgestreift seien. Oksana sagt, es habe ein »kriegsähnlicher Hass in der Luft gelegen«. Sie sahen eine lebensgroße Janukowytsch-Puppe, die in einem Käfig auf einer goldenen Toilette saß. Sowenig Subkow für Janukowytsch übrighatte, eine solche karikierende Bloßstellung ging ihm zu weit: Janukowytsch war gewählter Präsident, und wenn man ihn nicht mochte, musste man ihn eben abwählen, das waren die Regeln.

Auf dem Bessarabska-Platz im Kiewer Stadtzentrum sah die Familie eine drei Meter hohe Lenin-Statue aus Granit, die die Demonstranten einige Wochen zuvor niedergerissen und mit Vorschlaghämmern bearbeitet hatten. Lenin lag auf dem Boden, geschlagen und wehrlos. Für die Demonstranten auf dem Maidan, vor allem die ukrainischen Nationalisten jeglicher Couleur, symbolisierte er eine Geschichte kolonialer Unterdrückung, ein fremdes System und eine Ideologie, die Russland der Ukraine aufgezwängt hatte. Die Parallele zur aktuellen Situation war für alle, die sie sehen wollten, offenkundig. In den kommenden Monaten folgte ein »Leninopad« (»Leninfall«) nach dem anderen: Hunderte von Statuen in der ganzen Ukraine wurden zu Fall gebracht und zerstört.

Subkow und Oksana waren von dem Anblick zutiefst betrübt – nicht weil sie eine besondere Beziehung zu diesem Protagonisten einer längst vergangenen Geschichte hatten, sondern weil das Abbild Lenins »eine ganze Epoche verkörperte«, wie Subkow es ausdrückte. Beide waren keine Kommunisten, aber Lenin repräsentierte für sie eine mythologische Vergangenheit – eine Zeit der Brüderlichkeit und Gleichheit, die es so zwar nie gegeben hatte, gleichwohl war sie dennoch in ihrem Bewusstsein präsent und Gegenstand einer liebevollen Nostalgie. Der Umbruch, den die Maidan-Proteste in Gang gesetzt hatten, bedrohte ihre Erinnerungen und ihr Bild der eigenen Geschichte. Ihre Angst war vielleicht persönlich und subjektiv, aber deshalb nicht weniger real. Sie standen neben der Statue, deren Bruchstücke sich auf dem gefrorenen Bürgersteig verteilten, und weinten. Subkow umarmte seine Frau und seinen Sohn. »Wir weinten um das Erbe der Sowjetunion, um die Veteranen, die Alten, die so viel durchgemacht haben und noch leben«, sagte er. »Wir waren nicht bereit, zu akzeptieren, was da geschah.«

Subkow ist 1968 geboren und wuchs in Prochorowka, einer kleinen Siedlung unweit der westrussischen Stadt Kursk, in ärmlichen Verhältnissen auf. Im Zweiten Weltkrieg war der Ort Schauplatz der größten Panzerschlacht aller Zeiten. Einer von Subkows Großvätern kam aus diesem Krieg nie mehr zurück. Oleg wurde von seiner Mutter Maria großgezogen. Seinen Vater lernte er nie kennen. Zu dieser Zeit stieg der Lebensstandard in der gesamten Sowjetunion langsam, wenn auch minimal, an. Die Familie Subkow merkte davon jedoch nichts. Sie lebte in einer Holzhütte mit Wänden aus alten, morschen Baumstämmen, die notdürftig mit Ästen und schlammigem Lehm geflickt waren. Wenn das Haus überschwemmt wurde, was häufig vorkam, packten sie ihre paar Habseligkeiten schnell auf den einzigen Tisch. Umso schöner war die Umgebung: dichte Kiefern- und Birkenwälder mit Wiesenausläufern, die in den Grünschattierungen fein geschliffener Smaragde schimmerten. Jeden Morgen lief Oleg drei Kilometer bis zur Schule, am Fluss entlang, durch einen Eichenhain, vorbei an einem längst verlassenen Gutshof aus vorrevolutionären Zeiten.

Als er in der 5. Klasse war, heiratete seine Mutter wieder, und die bescheidene Idylle hatte ein Ende. Der Stiefvater trank und zog mit der Familie von einem Ort zum nächsten, um neue Arbeit zu finden. Subkow wollte dieses von Armut, Alkohol und Unglück gezeichnete Leben so schnell wie möglich hinter sich lassen. Mit fünfzehn Jahren schrieb er sich in einer Marineschule in Kertsch ein, einer Hafenstadt am östlichen Ausläufer der Krim-Halbinsel. Er war ein Musterschüler der damaligen Sowjetunion: Schülervertreter, Mitglied der Komsomol-Ortsgruppe und Teilnehmer an verschiedenen Sportwettkämpfen. Subkows Bericht über die Ergebnisse des 27. Parteitags der KPdSU – des ersten unter Michail Gorbatschows Leitung – wurde bei einem ukraineweiten Wettbewerb für junge Menschen mit einem Hauptpreis ausgezeichnet.

Dank seiner guten Noten und seinem verheißungsvollen sowjetischen Lebenslauf konnte Subkow eine Offiziersausbildung an der Kiewer Marineakademie beginnen. Im Frühjahr nahm er an Schulungsmissionen teil, segelte auf dem Patrouillenschiff *Chasan* durch den Ärmelkanal und sah zu, wie Flugzeuge von der *Kiew*, dem ersten sowjetischen Flugzeugträger, starteten. Ziel des Studiengangs war die Qualifizierung zum Politoffizier – einem Militärkommissar, der dafür zuständig ist, die ideologische Reife einer

Einheit zu überwachen. Auch wenn Subkows Ausbilder große Stücke auf ihn hielten, regten sich bei ihm Zweifel an dem System, für das er geschult wurde. Er sah, dass nichts funktionierte und das Land auseinanderfiel. Dabei bekam er an der Marineakademie täglich zu hören, wie großartig die Sowjetunion sei. Damals hatte er gerade Oksana kennengelernt, die Medizin studierte. Ihr Vater arbeitete in einem Museum in Kiew. Den 70. Jahrestag der bolschewistischen Revolution beging die Familie mit einem gemeinsamen Abendessen. Oksanas Vater brachte einen Trinkspruch aus: »Genossen, auf den Fehler, der vor siebzig Jahren gemacht wurde!« Subkow hatte noch nie erlebt, dass jemand so etwas offen sagte und offenbar sogar davon ausging, dass alle in der Runde ähnlich dachten.

Die Kluft zwischen der sichtbaren Realität und den Darstellungen im Fernsehen und in den Hörsälen wurde immer größer. Wie sollte Subkow unter diesen Umständen seine Arbeit als Politoffizier angehen? Soweit er sah, gab es zwei Möglichkeiten: »Entweder du erzählst deinen Vorgesetzten ständig, wie großartig der Kommunismus ist, und hast keine Autorität bei denen, die dir unterstellt sind. Oder du sagst, wie es ist, und hast keine Chance auf einen beruflichen Aufstieg.« Im Frühjahr 1991, als die Sowjetmacht in den letzten Zügen lag, bot die Marineakademie einen Ausweg an. Alle Studenten, die es wollten, konnten ihre Diplomprüfung machen und sich vom Dienst in der Marine freistellen lassen. Subkow und sechzehn seiner Kommilitonen nahmen das Angebot an. »Ich wusste, dass ich bei allem Idealismus das Militärsystem nicht aufbrechen, sondern sehr wahrscheinlich an ihm zerbrechen würde«, sagt er.

Subkow fand eine untergeordnete Stellung im Ministerium für Leichtindustrie in Kiew. Sein Ansehen stieg rasch, als er sich auf einer Dienstreise ins Ausland einen Ford Granada kaufte. Die Minister in Kiew nutzten Wolga-Limousinen aus sowjetischer Produktion, und Subkow wurde mit seinem Ford über Nacht populär. Doch dann kam die Umbruchszeit der Neunzigerjahre, und es galt, sich irgendwie über Wasser zu halten und neu anzufangen. Subkow eröffnete ein Reisebüro und war damit recht erfolgreich. Aber er und Oksana, die inzwischen seine Frau war, wollten im Grünen leben, und er vermisste die klare, salzige Seeluft in Kertsch. Sie zogen in den Kurort Jalta, der sich an der Schwarzmeerküste zwischen einer malerischen Bucht und grünen Weinhängen erstreckt. Jalta ist eine Stadt, die man einfach lieben muss – das subtropische Klima, die Fülle an Trauben, Pfirsichen und prallen Zwiebeln, sogar die Cafés an der Promenade, die Kebabspieße und sirupsüßen Weinbrand anbieten. Aber Subkow war erschüttert darüber, wie unterfinanziert der Ort war. Er ging langsam dem Verfall entgegen und wurde von den neuen Geschäftsleuten – russisch *bisnesmeny* – ausgeweidet, die ihn so schnell wieder verließen, wie sie gekommen waren. Die seit Kurzem unabhängige Ukraine hatte mit der Krim eine »wunderschöne Perle« geerbt, so sah er es. Sie musste nur etwas aufpoliert werden. Aber dafür fehlte es an Zeit, Geld oder Aufmerksamkeit.

1995 übernahm Subkow einen kleinen Zoo bei Jalta, der unterhalb eines viel besuchten bewaldeten Parks an einem Hang lag. Er hieß Skaska oder »Märchen« und war erst vor wenigen Jahren entstanden. Damals hatte ein Filmteam, das einen Low-Budget-Film drehte, einige Tiere nach Jalta gebracht und sie anschließend zurückgelassen. Mit der Unterschrift unter den Kaufvertrag wurde Subkow Besitzer eines 4000 Quadratmeter großen Grundstücks mit vier Frettchen, drei Kamerunziegen, einem halben Dutzend Hirschen, jeder Menge Eichhörnchen und einem Yak. Er erwarb ein paar Silberfüchse und Emus, baute neue Gehege und reparierte die Wege. Es gab niemanden, der wusste, wie man einen modernen Zoo anlegt. Die einzige Informationsquelle, die Subkow auftreiben konnte, war ein staubiger Band aus Sowjetzeiten mit dem Titel *Richtlinien für grundlegende Sicherheits- und Hygieneregeln für zoologische Gärten der UdSSR.*

Er hatte mit den üblichen Problemen zu kämpfen. Die erforderlichen Genehmigungen für die Renovierung des Geländes ließen sich nur schwer beschaffen, und dann war da natürlich die Korruption. Als kommunale Steuerinspektoren auftauchten und ihm eine Geldstrafe in Höhe eines Monatsgewinns androhten, suchte er sie am nächsten Tag mit einem kleinen Trupp Makaken und Pavianen in ihren Büros auf. Die Affen hielten Schilder in der Hand, die Subkow für sie gemalt hatte. Auf einem stand: »Nieder mit der bestialischen Steuerverwaltung!« Die Angestellten der Steueraufsichtsbehörde waren überrumpelt und hingerissen zugleich. Die Geldbuße wurde aufgehoben. Später wurde bei einer Bauinspektion bemängelt, der Ofen, mit dem das Primatengehege im Winter beheizt wurde, verstoße gegen die rechtlichen Vorgaben. Einer der Bauinspektoren sagte Subkow, das Problem könne gegen Zahlung von 600 ukrainischen Griwna gelöst werden. Bald wurden daraus sechshundert Dollar, fast das Doppelte. (Er selbst würde davon nur fünfzig Dollar erhalten, sagte der Inspektor; der Rest ginge an den Leiter seines Büros, einen Richter in der Stadt, das örtliche Polizeirevier, und so weiter.) Subkow zeichnete das Gespräch mit einem in der Hosentasche versteckten Diktiergerät auf. Als er es zum Vorschein brachte, lief der Inspektor schreiend davon. Später ließ er durch einen Untergebenen anfragen, ob er die Audioaufnahme zur sicheren Verwahrung erhalten könne. »Danach haben sich korrupte Beamte zehn Jahre lang nicht mehr in mein Büro getraut«, sagt Subkow.

Der Zoo wurde nach und nach immer beliebter, und es kehrte Routine ein. Bald war der kleine Fleck schattenspendender Bäume mit ein paar Tieren in den Hügeln über einem Ferienort zu klein für Subkows Ambitionen. Er bewarb sich erfolgreich um einen Sitz im Stadtrat von Jalta. Dann kandidierte er als Bürgermeister, erzielte aber nur das zweitbeste Ergebnis. »Ich musste irgendwohin mit meiner Energie«, sagte er mir. Subkow suchte ein Gelände, auf dem er einen neuen Park errichten konnte. Schließlich fand er eine alte verlassene sowjetische Militärbasis in Belogorsk, einem flachen, farblosen Steppenareal abseits der Küste, das von ehemaligen Kolchosen geprägt ist. Er kaufte das riesige, über dreißig Hektar große Areal und begann, Pläne für einen offenen Safaripark zu erarbeiten – kein Labyrinth aus Käfigen und Gehegen, sondern ein Streifen Savannenland mitten auf der Krim. Von überallher trafen Löwen und Tiger ein: aus China, Südafrika, den sibirischen Wäldern und Zirkusbetrieben in ganz Europa. Die Gehege wurden mit Affen, Giraffen und Pfauen bevölkert. Den unterirdischen Luftschutzbunker der Militärbasis baute Subkow zu einem Karaokesaal um. Die gepanzerten Türen, die darauf ausgelegt waren, einer Nuklearexplosion standzuhalten, schirmten Gesangsversuche verlässlich ab. Noch vor der Eröffnung des Parks leiteten Kommunalbeamte in Belogorsk eine strafrechtliche Ermittlung wegen illegaler Bauarbeiten gegen Subkow ein. Für 40.000 Dollar, so deuteten sie an, werde sich die Sache schon beilegen lassen. Er weigerte sich zu zahlen, und das Verfahren verlief irgendwann im Sand. Im April 2012, sechs Jahre nachdem Subkow das Land erworben hatte, öffnete der Safaripark Taigan seine Pforten. Im ersten Jahr kamen eine halbe Million Besucher.

Unterdessen störte sich Subkow an der – so sah er es – aufgezwungenen und unerwünschten Ukrainisierung seiner Umgebung. Die Lebensmittel in den Geschäften waren nicht auf Russisch, sondern auf Ukrainisch beschriftet (Brot hieß *chlib*, nicht *chleb*). Auch die offizielle Kommunikation mit Behörden und Ämtern, das Ausfüllen von Genehmigungsformularen und -anträgen und ähnliche Dinge mussten auf Ukrainisch erledigt werden – einer Sprache, die Subkow kannte, aber die ihm zugleich auch fremd war und blieb. In den von der Kiewer Regierung zugelassenen Schulbüchern lag der Schwerpunkt auf den historischen Tragödien der Ukraine wie dem Holodomor, einer Hungersnot, die durch Stalins Politik zu Beginn der Dreißigerjahre ausgelöst wurde. Der Heldenmut und die Opfer der Sowjetunion im Großen Vaterländischen Krieg wurden aus Subkows Sicht hingegen kleingeredet. Trotz seiner Ernüchterung über die sowjetische Ideologie hing er an der Vorstellung von der Sowjetunion als großem, mächtigem und aufnahmebereitem Mutterland. Der Sieg im Zweiten Weltkrieg war ein zentraler Bestandteil dieses Narrativs, und die Krim spielte darin eine besondere Rolle. Hier waren bei einem achtmonatigen Eroberungsfeldzug NS-deutscher Wehrmachttruppen einige der blutigsten Schlachten an der gesamten Ostfront geschlagen worden. Sewastopol, das ständigem Beschuss und Bombenangriffen ausgesetzt war, hielt am längsten stand. Sowjetische

Truppen kämpften aus unterirdischen Artilleriestellungen, die in den Klippen verborgen waren. Nach dem Krieg erhielt Sewastopol als eine von insgesamt zwölf sowjetischen Städten den Ehrentitel »Heldenstadt«.

Die Vorstellungen darüber, wer im Chaos und der Gewalt der Kriegsjahre Held und wer Bösewicht war, gingen auseinander. Jemand, den die einen als nationalistischen Freiheitskämpfer verehrten, galt den anderen als NS-Kollaborateur. Die wohl umstrittenste Gestalt war Stepan Bandera. Als leidenschaftlicher Verfechter eines unabhängigen ukrainischen Staates führte er in den Dreißiger- und Vierzigerjahren einen radikalen und militanten Flügel der nationalistischen Bewegung an, die sich auf ukrainischem Gebiet gebildet hatte. Er verbrachte einen Großteil des Krieges in deutscher Gefangenschaft: Das NS-Regime war zwar durchaus interessiert daran, den antisowjetischen Nationalismus für seine Zwecke zu nutzen, dachte jedoch nicht daran, ihn sich wirklich entfalten zu lassen. Dabei bediente sich seine Bewegung einer Sprache mit eindeutig faschistischen Untertönen, und seine Anhänger beteiligten sich in den von den Nazis kontrollierten Gebieten der Ukraine an der Ermordung von Juden. Bandera wurde 1959 von einem KGB-Attentäter getötet und von der Sowjetunion als Faschist gebrandmarkt – nicht wegen seiner Haltung gegenüber Juden und anderen Bevölkerungsgruppen, sondern wegen seiner Opposition gegen die Sowjetmacht.

Die postsowjetische Ukraine hat ihr Verhältnis zu Bandera nie eindeutig geklärt. Einige überhöhten, andere verdammten ihn, und viele wahrten eine diffuse Indifferenz. Die Politiker der Ukraine gedachten seiner gelegentlich, um schnell und einfach politisch zu punkten, an nationalistische Stimmungen zu appellieren und rückwirkend ein

Gefühl gemeinsamer Geschichte und Identität zu schaffen. Im Jahr 2010 verlieh der damalige Präsident Juschtschenko Bandera für die »Verteidigung nationaler Ideen und den Kampf für einen unabhängigen ukrainischen Staat« posthum die Auszeichnung »Held der Ukraine«, um politische Angriffe von nationalistischer Seite abzufedern. Wie viele Krimbewohner sah Subkow diese Idealisierung Banderas mit Unbehagen, auch wenn ihr eigentliches Ausmaß hinter dem zurückblieb, was er befürchtete. Dass er sich nicht wohl damit fühlte, ein Bürger der unabhängigen Ukraine zu sein, war eher eine Gefühlsangelegenheit als objektiv begründbar. Für sich genommen ging es um Kleinigkeiten, die keine schwerwiegende Kränkung darstellten – wer stört sich schon an Lebensmitteletiketten in ukrainischer Sprache? Aber alles zusammengenommen machte ihm Sorgen. Er fühlte sich zurückgelassen: Zur Herausbildung einer neuen nationalen Identität in der Ukraine gehörte die Ablehnung der sowjetischen Vergangenheit. Das schloss zwangsläufig auch die Abgrenzung von Russland ein – dem Land, das die Nachfolge der Sowjetunion angetreten hatte und ihre Sprache und Geschichte bewahrte. Mit vielen russischstämmigen Bürgern der Krim einte Subkow das Gefühl, von den aufeinanderfolgenden Regierungen in Kiew nicht anerkannt oder wertgeschätzt zu werden. Er engagierte sich zunächst in verschiedenen prorussischen Bewegungen, die sich für die Förderung der russischen Geschichte und Sprache auf der Krim einsetzten.

Nach dem Euromaidan reichte das nicht mehr aus. Der Bruch in der Ukraine, den die Proteste ausgelöst hatten, betraf nicht nur die Politik, sondern auch Kultur und Gesellschaft. Der Zwiespalt zwischen den ukrainischsprachi-

gen Regionen im Westen des Landes, die einst zum Habs-
burgerreich gehört hatten, und dem russischsprachigen
Osten mit seinen Kohlegruben und Metallurgiebetrieben
aus sowjetischer Zeit gewann auf einmal neue Bedeutung.
Dabei schien die Krim mit ihren historischen Verbindungen zu Russland und der russischen Bevölkerungsmehr-
heit automatisch im Anti-Maidan-Lager zu stehen. Das
war zwar nur eine unbegründete Annahme, aber die Führer des Maidan taten wenig, um sie zu zerstreuen. Sie reagierten auch nicht auf die Ängste von Krim-Bewohnern
wie Subkow, für die die Proteste eher beunruhigend als
ermutigend waren. »Mit dem Maidan schien die Ukraine
uns vergessen zu haben. Es war, als ob das Land seine eigenen Probleme löst, die mit uns nichts zu tun haben«, sagt
Subkow. »Wir waren einfach nur irgendwo draußen an der
Peripherie.«

Der Tag, an dem Subkow, Oksana und Jaroslaw am Maidan vorbeikamen, fiel eigentlich in eine eher ruhigere Zeit,
eine Pause zwischen den Wellen der Konfrontation von
Demonstranten und Bereitschaftspolizei. Einige Wochen
später eskalierte die Situation. Im Eilverfahren wurden
drakonische Antiprotestgesetze verabschiedet. Es folgten
gewaltsame Gegendemonstrationen und der Tod mehrerer
Demonstranten. Ende Februar erreichte die Maidan-Re-
volution ihren Höhepunkt. Über Tage hinweg kam es immer wieder zu Scharfschützenangriffen und Straßen-
schlachten. Mehr als siebzig Menschen wurden getötet.
Viele der Vorgänge in dieser Kulminationsphase, die das
Ende der Proteste und der Regierung Janukowytsch her-
beiführte, sind bis heute nicht geklärt. Der Maidan war ein
Sturm, der mit der Zeit immer mächtiger wurde und diejenigen hinwegfegte, die versuchten, ihn zu beherrschen –

Janukowytsch und Putin ebenso wie die westlichen Regierungen. In der Geschichte dieser Revolution findet sich Unangenehmes für alle Seiten – von der Rolle rechtsextremer Kräfte im Kampf gegen Janukowytschs Polizei bis zu Putins Versuchen, durch die Bestechung Janukowytschs die gewünschte Ordnung restaurieren zu können. Die Repräsentanten des Westens waren zurückhaltender als Putin. Sie mochten Janukowytsch nicht und sympathisierten mit der liberalen Opposition, die zum öffentlichen Gesicht des Euromaidan geworden war. Aber sie waren nicht darauf vorbereitet, was passieren würde, wenn ihre Seite tatsächlich gewinnen sollte.

Am Morgen des 22. Februar, nur Stunden nachdem er sich bereit erklärt hatte, im Rahmen eines von drei europäischen Außenministern vermittelten Abkommens vorgezogene Präsidentschaftswahlen abzuhalten, floh Janukowytsch aus der Hauptstadt. Die Demonstranten machten sich auf nach Meschihyrja, der weitläufigen Residenz, die Janukowytsch sich bei Kiew auf illegal privatisiertem Land errichtet hatte. Hunderte von Menschen versammelten sich dort, um sich an dem prätentiösen Kitsch zu ergötzen, den sie auf dem Gelände vorfanden: Golfschläger mit Monogramm, Wodkaflaschen im Janukowytsch-Markendesign, ein Goldbarren in Form eines Brotlaibs. Aktivisten trockneten in der Sauna Dokumente, die Janukowytschs Wachen vor ihrer Flucht in den Fluss geworfen hatten. In Kiew wich die anfängliche Ungläubigkeit rasch der Euphorie. Janukowytsch war weg, einfach so. Für die Maidan-Aktivisten war das ein Sieg über Korruption und Autokratie – und über Russland.

Auf der Krim verfolgten Subkow und Oksana die Ereignisse voller Angst. Sie fürchteten, die russische Mehrheitsbevölkerung auf der Krim würde nun von aggressiven Nationalisten terrorisiert werden. So war Subkow überzeugt, dass ein ganzer Zug mit gewaltbereiten und rachsüchtigen *Banderowzy* – das Schmähwort für angeblich vom Vorbild Banderas inspirierte Möchtegernfaschisten – zur Krim unterwegs sei, um dort Verheerungen anzurichten. Oksana sagte mir später: »Es schien unvorstellbar, dass ein solcher Machtwechsel in Kiew für die Krim ohne Folgen bleiben würde.« Diese Gewissheit verstärkte sich bei ihr und Subkow noch, als die Übergangsregierung in Kiew die Aufhebung eines Gesetzes vorschlug, das der russischen Sprache in den überwiegend russischsprachigen Regionen im Osten, einschließlich der Krim, einen Sonderstatus einräumte. Der amtierende Präsident der Ukraine wies den Vorschlag umgehend zurück, doch der Schaden war angerichtet: Die Bewohner der Krim und der Donbass-Region waren sich jetzt ganz sicher, dass die Sieger des Maidan grundsätzlich antirussische Ziele verfolgten.

Für Putin war Janukowytschs Sturz eine potenzielle geopolitische Katastrophe. Er musste erleben, dass Russland fast jeden Einfluss auf das Nachbarland verlor. Auch wenn er Janukowytsch nie gemocht hatte, war dieser zumindest ein gefügiger Klient gewesen, der sich kaufen und manipulieren ließ. Jetzt sah Putin düstere Visionen heraufziehen: Die Maidan-Führer würden an die Macht kommen und die Ukraine in die NATO führen. Sie würden die im Hafen von Sewastopol stationierten russischen U-Boote und Zerstörer von dort verweisen und durch amerikanische Schiffe ersetzen. Putin hatte noch nie geglaubt, dass Straßenproteste spontan entstehen und authentisch sind. Aus seiner Sicht wurden solche Demonstrationen immer von übergeordneten Mächten ins Werk gesetzt, vor allem von den USA. Das galt auch für den Maidan. Er war überzeugt, dass Janukowytsch von Washington gestürzt worden war. Wenn er nichts dagegen unternahm, bestand die Gefahr, dass die so in Gang gesetzte Kette von Ereignissen irgendwann seine eigene Herrschaft bedrohen würde. Innerhalb weniger Tage tauchten auf der Krim »kleine grüne Männer« – russische Soldaten in Tarnuniformen ohne Hoheitszeichen – auf, die den Flughafen und das Regionalparlament umstellten. Subkow sah sie am Gebäude des Obersten Rats im Stadtzentrum von Simferopol. Sie wirkten höflich und diszipliniert.

Die ukrainischen Militäreinheiten auf der Krim wurden im Zuge dieser Machtdemonstration faktisch eingeschlossen, bevor sie oder der Westen begriffen hatten, was da vor sich ging. Zugleich begann eine Informationskampagne, die nicht weniger wichtig war. Die lokalen Fernsehsender der Krim wurden abgeschaltet und durch russische Programme ersetzt, die die neue Regierung in Kiew und den Westen unablässig diskreditierten, während Moskau als Retter und Beschützer aufgebaut wurde. Die Übertreibungen und Unwahrheiten der von Russland gesteuerten Propagandakampagne trafen auf den ängstlichen Klatsch, der in der Bevölkerung zirkulierte. So entstand eine Schleife, in der sich die Gerüchte von selbst verstärkten. Auf Subkow hatte dieses Gebräu eine starke Wirkung: »Wir haben die Ereignisse in Kiew nicht als Sieg des Volkes betrachtet, sondern als bewaffneten Staatsstreich«, sagte er mir. »Die Wahrheit ist, dass wir nicht viel über die Vorgänge wussten. Es war unmöglich, die Situation nüchtern zu beurteilen. Aber wenn uns eines klar war, dann, dass wir jemand brauchen, der unsere Sicherheit garantiert.«

Dieser Garant war Russland. Den Erfüllungsgehilfen für seine Strategie fand der Kreml rasch in dem vierzigjährigen Sergei Aksjonow, einem völlig unbekannten Politiker, der bis dahin Chef einer prorussischen Splitterpartei auf der Krim gewesen war und angeblich Verbindungen zu Gangstern aus den Neunzigern unterhielt. Es hieß, dass er in der Mafia den Spitznamen »Goblin« trug. Aksjonow wurde als Oberhaupt der Republik Krim eingesetzt. Einmal an der Macht, tat er so, als würde er nur den Willen des Volkes umsetzen. Sein Handeln entsprach teilweise der aufgewühlten Stimmung dieser Zeit, aber es war offensichtlich, dass er letztlich seine Befehle aus Moskau erhielt. Er erzwang im Parlament der Krim eine Abstimmung über ein Referendum, bei dem die Krim-Bewohner darüber befinden sollten, ob sie sich von der Ukraine trennen und an Russland anschließen wollten. Zum Zeitpunkt der Ankündigung schien das eine reine Formsache zu sein: Moskau würde kaum Schwierigkeiten haben, das gewünschte Resultat zu erzielen. Allerdings ließen die Organisatoren des Referendums gar nicht erst Raum für Abwägungen. Eine große Plakattafel an der Hauptstraße zwischen Simferopol und Sewastopol konfrontierte die Krim-Bewohner mit der Frage, zu welchem Land sie lieber gehören wollten: zu Russland, das durch seine dreifarbige Flagge repräsentiert war, oder zur Ukraine, für die ein großes schwarzes Hakenkreuz stand.

Subkow begrüßte die Idee des Referendums. Mit dem Beitritt zu Russland würden sich viele Frustrationen und Bedrohungen, die sich angehäuft hatten, von selbst erledigen – langfristige, wie die Frage der Sprachregelungen, und akute, wie die angeblich im Anmarsch befindlichen Banderowzy aus Kiew. Er dachte an die von Schlaglöchern übersäten Straßen auf der Krim, die geschlossenen und verfallenden Fabriken und all die korrupten Regierungsbeamten, die nur die Hand aufgehalten hatten, statt ihn beim Aufbau seiner Parks zu unterstützen. Der neue ukrainische Staat war zu einem Ort geworden, wo »Bürokraten nicht wissen, wie man etwas erschafft, sondern nur stehlen können, und wo Präsidenten meinen, sie könnten ihre privaten Datschen in Nationalparks bauen«. Subkow hielt das naiverweise für ein spezifisch ukrainisches Problem und war überzeugt, dass in Russland andere Zustände herrschten. Geld gab es dort dank der Erdöleinnahmen schließlich mehr als genug. Außerdem war Russland gerade Gastgeber der Olympischen Winterspiele gewesen und versprach der Krim nicht nur Protektion, sondern auch Investitionen sowie höhere Löhne und Renten.

Subkow wurde von einem Gefühlsrausch ergriffen. Der Zoodirektor ist ein geborener Entertainer. Mit der Sicherheit eines Marktschreiers spürt er, wie man die Aufmerksamkeit der Menschen auf sich zieht. Während seiner kurzen politischen Laufbahn in Jalta hatte er vor einigen Jahren einen ausgemusterten Panzerwagen der Roten Armee erworben, den er für seine Wahlkampagne nutzte: Er fuhr damit durch die Straßen von Jalta und verkündete per Lautsprecher seine Wahlversprechen als Bürgermeisterkandidat. Jetzt holte er das Fahrzeug aus dem Depot, befestigte die Flaggen der Krim und Russlands an der Karosserie des Panzerwagens und brachte an den Seiten Schilder an, auf denen stand: »Geht alle zum Referendum!« und »Die Krim ist an Russlands Seite!« Er versprach, den Panzerwagen bei Bedarf einem der zusammengewürfelten Selbstverteidigungsbataillone zu überlassen, die überall auf der Krim aufgetaucht waren. Eines Nachmittags, wenige Tage vor dem angekündigten Referendum, besuchte ein Korrespondent eines kremlfreundlichen Fernsehsenders den Safaripark Taigan. Subkow war in aufgekratzter Stimmung und wollte eine gute Show bieten. Er posierte mit einem seiner Löwen im Gras. »Wir haben Kampflöwen«, sagte er – ganz als seien die Löwen und Tiger des Parks eine paramilitärische Reserveeinheit, die dabei helfen könnte, Angreifer aus Kiew abzuwehren. Wie ernst das gemeint war, ließ sich schwer sagen; auf der Krim schien in diesen Tagen alles möglich zu sein. »Wir werden die Wahl der Krim-Bewohner mit allen Kräften und Mitteln verteidigen«, erklärte er und rang spielerisch mit einem sich windenden Löwen, während der Fernsehreporter sich hinter die Kamera zurückzog. Subkow streichelte die buschige Mähne des Löwen und umarmte ihn liebevoll. »Wenn unser Mutterland es verlangt, werden alle aufbrechen, um die Grenzen und Interessen der Menschen auf der Krim zu verteidigen«, sagte er und winkte in Richtung eines Löwenrudels, das sich auf der Wiese eingefunden hatte. Er zog den Kiefer eines Löwen herunter und enthüllte vier scharfe Fangzähne, jeder vom Umfang eines Zeigefingers. »Schauen Sie sich diese Zähne an!«

Am Morgen des Referendums suchten Subkow und Oksana in Jalta ein improvisiertes Wahllokal auf, das an einer örtlichen Musikschule eingerichtet worden war. Sie stimmten voll Euphorie und Genugtuung für den Beitritt zu Russland. Das Ergebnis des Referendums fiel so aus, wie es zu erwarten gewesen war, nachdem sich die Krim seit Wochen fest im Griff des Kreml befand und entsprechende Vorbereitungen gelaufen waren. Nach Angaben der selbst ernannten Krim-Führung unter Aksjonow lag die Wahlbeteiligung bei 83 Prozent, von denen 97 Prozent für den

Beitritt zu Russland gestimmt hatten. Das korrekte Ergebnis wird sich angesichts des damaligen Chaos auf der Krim und des von Anfang bis Ende inszenierten Ablaufs vielleicht niemals ermitteln lassen. Der Menschenrechtsrat des Kreml veröffentlichte ein Jahr später einen Bericht, in dem die Wahlbeteiligung auf 30 bis 50 Prozent und der Anteil der Stimmen für den Beitritt zu Russland auf 50 bis 60 Prozent geschätzt wird. US-Präsident Obama erklärte, das Referendum verstoße »klar gegen das ukrainische Verfassungsrecht und das Völkerrecht«, und warnte, es werde »von der internationalen Gemeinschaft nicht anerkannt werden«. Für die Befürworter des Beitritts, wie Subkow und Oksana, fegte das rauschhafte Hochgefühl des Augenblicks jegliche Bedenken wegen Unregelmäßigkeiten bei der Abstimmung oder der Legalität des Referendums hinweg.

Einige Tage später veranstaltete Subkow eine Feier im Safaripark Taigan. Er lud Leute aus der örtlichen Verwaltung ein und gewährte Hunderten von Menschen freien Eintritt. Sie wandelten durch den Park, umarmten und beglückwünschten einander, während aus den Lautsprechern klassische sowjetische Lieder erklangen. Subkow preschte in seinem Panzerwagen über das Gelände und brachte die Menge in Stimmung. Im ganzen Park erscholl »Der Heilige Krieg«, ein Kampflied aus dem Zweiten Weltkrieg, dessen Text in Russland wahrscheinlich bekannter ist als der der Nationalhymne: *Steh auf, steh auf, du Riesenland! / Heraus zur großen Schlacht! / Den Nazihorden Widerstand! / Tod der Faschistenmacht!* Im Refrain steigert sich das martialische Pathos noch einmal: *Es breche über sie der Zorn / wie finstre Flut herein. Das soll der Krieg des Volkes, / Der Krieg der Menschheit sein.* Subkow war rundherum glücklich, als er in seinem Militärfahrzeug durch den Park kreuzte. Er freute sich darauf, zusammen mit der ganzen Krim endlich nach Russland »heimzukehren«. Das Fest dauerte bis spät in die Nacht. Wie sich zeigte, gab es noch einen weiteren Grund zu feiern: Am frühen Morgen der Abstimmung war ein junger Tiger geboren worden. Zu Ehren des Anlasses taufte Subkow ihn auf den Namen »Referendum«.

Zwei Tage nach der Abstimmung versammelte Putin die politische Elite Russlands im Georgssaal des Kreml, um die Annexion der Krim offiziell bekannt zu geben. Er sprach über die historischen Beziehungen der Halbinsel zu Russland und sagte, es sei ein Fehler Chruschtschows gewesen, sie der Ukraine zuzuschlagen. »In den Herzen und Köpfen der Menschen ist die Krim immer ein untrennbarer Bestandteil Russlands gewesen«, erklärte er. Dort habe Wladimir der Große sich taufen lassen, der erste russische Herrscher, der zum orthodoxen Christentum übertrat. Putins Rede wurde alle paar Sekunden vom stürmischen Applaus des Publikums unterbrochen, das aus Ministern, Abgeordneten, Regionalgouverneuren und anderen Adepten bestand. Sie bediente die Ängste von Krim-Bewohnern wie Subkow, die sich von Propagandanebel und Gerüchten hatten überzeugen lassen, dass Faschisten auf die Krim zumarschierten und ihnen Schlimmes zugefügt hätten, wenn Russland nicht eingeschritten wäre, um sie vor den »Absichten dieser ideologischen Erben von Bandera, Hitlers Komplizen im Zweiten Weltkrieg« – so Putin –, zu retten.

Die Rede enthielt kaum konkrete Aussagen in Bezug auf die Krim. Sie legte eher die Regeln und Themen dar, die Putins Präsidentschaft künftig maßgeblich prägen würden, und war sowohl ein Zeugnis des Grolls als auch des Triumphs. Putin war aufgebracht, aber zugleich erfüllte ihn die Einverleibung der Krim mit Stolz und Genugtuung. Mit diesem erfolgreichen Beutezug war es ihm endlich gelungen, eine Art historische Vergeltung für die Ungerechtigkeiten zu üben, die Russland in den Jahren seit dem Zusammenbruch der Sowjetunion erlitten hatte. »Wenn man eine Feder bis zum Anschlag zusammendrückt, springt sie irgendwann mit Gewalt auf«, sagte er. In den folgenden Tagen erreichte die Zustimmung Putins in der russischen Öffentlichkeit mit 86 Prozent ein Allzeithoch. Er hatte der Verwirrung und Frustration eines ganzen Landes Ausdruck verliehen, und die Annexion der Krim kam einem massenpsychologischen Therapeutikum gleich. Oleg und Oksana versicherten einander, wie gut es sich anfühlte, unter einem friedlichen Himmel zu schlafen und wieder Bürger eines großen und mächtigen Staates zu sein.

Selbst als die Krim von der internationalen Gemeinschaft mit einem Bann belegt wurde und westliche Banken oder Firmen dort keine Geschäfte mehr tätigten, tat das Subkows Begeisterung keinen Abbruch. Sogar einige große russische Unternehmen hatten aufgrund der Sanktionen Bedenken, auf der Krim präsent zu bleiben, weil sie ihre weltweiten Aktivitäten nicht gefährden wollten. In den ersten Tagen war es nicht möglich, Bargeld von einem Bankautomaten abzuheben oder Lieferanten außerhalb der Krim zu bezahlen. Subkow hatte die Gelder für den Safaripark Taigan bei einer ukrainischen Bank deponiert, die ihren Kunden auf der Krim nach der Annexion den Zugang sperrte. Er konnte nicht genügend Fleisch kaufen, um die Tiere im Park zu füttern. Seine Löwen und Tiger verbrauchen täglich insgesamt fast eine halbe Tonne davon. Als er nicht an sein Geld kam und die Tiere zu hungern begannen, schlachtete Subkow Schweine und Ziegen von dem kleinen angegliederten Bauernhof. Doch der Kreml machte große Versprechungen. Allein im Jahr 2014 wurden Haushaltmittel in Höhe von über fünf Milliarden Euro für die Krim vorgesehen. Außerdem, so hieß es, würden in diesem Jahr drei Millionen russische Touristen die Halbinsel besuchen. Subkow hatte das Gefühl, Teil eines historischen Prozesses zu sein: »Wir wollten etwas erreichen. Wir hatten große Ambitionen, und all die neuen Möglichkeiten haben mich inspiriert.«

Sechs Monate nach der Annexion der Krim beschloss Subkow, sich um einen Sitz im Regionalparlament zu bewerben. Aksjonow versprach ihm bei einem Treffen einen Platz auf der Kandidatenliste der Kreml-Partei Geeintes Russland, unter deren Dach sich fast alle Funktionäre und Bürokraten der Krim versammelt hatten – sie wussten sehr gut, wo jetzt die Macht konzentriert war. Doch wenige Wochen später erfuhr Subkow auf dem Parteitag von Geeintes Russland, dass sein Name nicht auf der Liste stand. Er fand dort nur einige Freunde und Verwandte von Aksjonow. Personen, die auf der Krim bekannt oder geachtet waren, fehlten, soweit er sehen konnte, ganz. Enttäuscht versuchte er, sich für eine andere Partei aufstellen zu lassen, doch Geeintes Russland hielt die Unterlagen zurück, die er für die Registrierung brauchte. Die Wahl fand statt, ohne dass er kandidieren konnte – ein erstes Anzeichen dafür, dass das neue Russland nicht der Ort war, den er sich ausgemalt hatte.

Die eigentlichen Schwierigkeiten begannen für Subkow Ende 2015, als die Krim von großflächigen Stromausfällen heimgesucht wurde. Sabotagegruppen unter der Leitung von Krimtataren, die in die Ukraine geflohen waren, und ukrainischen Nationalisten zerstörten alle vier Stromleitungen, die vom ukrainischen Festland auf die Halbinsel führten. Die Grundversorgung der Krim, einschließlich Wasser und Energie, erfolgte immer noch weitgehend über die Ukraine. Durch die Angriffe auf das Stromnetz fiel der Strom auf der gesamten Halbinsel aus. In weiten Gebieten blieb es nachts dunkel, gerade zu der Zeit, als der erste Frost einsetzte. Subkow hatte schon früher zwei Notstromaggregate aus China gekauft, eines für jeden Park. Sie funktionierten einige Tage lang, dann kamen sie zum Erliegen. Im Zoo Skaska rollte Oksana einen kleinen Stromgenerator zwischen den Gehegen hin und her, um den tropischen Fischen, Leguanen und Alligatoren vorübergehend etwas Wärme zu verschaffen. Taigan blieb komplett ohne Strom.

Einige einflussreiche Funktionäre in Moskau intervenierten zu Subkows Gunsten. Ein hochrangiger Politiker spielte auf Putins Liebe zu Wildtieren an, die der russische Präsident gern öffentlich zelebriert. Im Laufe der Jahre hat er unter anderem seltene Amur-Tiger aufgespürt und in einem Ultraleichtflugzeug eine Schar gefährdeter sibirischer Kraniche angeführt. Es gebe da jemanden, sagte der Amtsträger augenzwinkernd zu Subkow, der »Tiger, Löwen und andere schutzbedürftige Tiere liebt«. Deshalb sei die Rettung von Taigan eine »Staatsangelegenheit«. Subkows hochgestellte Moskauer Freunde veranlassten, dass die Regierung der Krim dem Safaripark Taigan ein dieselbetriebenes Notstromaggregat lieferte.

Am nächsten Tag übte Aksjonow bei einer Notsitzung seines Kabinetts gezielt Kritik an Subkow: Taigan bringe genug ein, also solle er seine Probleme gefälligst selbst lösen. Man müsse schließlich an die Krankenhäuser und Schulen denken. »Wenn ich wählen soll, ob ich Löwen füttere oder die Stromversorgung für Kinder sicherstelle, entscheide ich mich für die Kinder«, sagte er. Aksjonow wies die Generalstaatsanwältin der Krim, Natalja Poklonskaja, an, zu prüfen, ob Subkow gegen das Gesetz verstoße. Diese erklärte, dass Subkow wegen Diebstahls von Staatseigentum angeklagt werden könne, wenn er das Aggregat nicht zurückgebe. Damit begann ein absurdes Pingpong-Spiel: Am Sonntagabend beschlagnahmten Aksjonows Beamte das Aggregat und ließen Taigan und seine zweitausend Tiere in der Dunkelheit zurück. Subkow wandte sich erneut an die russischen Medien und seine einflussreichen Freunde in Moskau. Schließlich wurde der russische Energieminister eingeschaltet. Er erteilte Anweisung, das Aggregat nach Taigan zurückzubringen. Am nächsten Tag um zehn Uhr abends tauchten erneut Beamte dort auf und schlossen es wieder an. Im Zoo Skaska in Jalta starben zehn Tage darauf dennoch drei seltene Amur-Tigerbabys durch die Folgen des Stromausfalls. Sie hatten an einer Virusinfektion gelitten, die sich durch die Kälte verschlimmert hatte. Poklonskaja erhob daraufhin Anklage gegen Subkow wegen Verletzung der Sorgfaltspflicht. Er nannte sie eine Idiotin. Aksjonow warnte: »Wenn Subkow die Sprache der Erpressung benutzt, erreicht er gar nichts beim Staat.«

Von da an folgte eine Ermittlung auf die andere. Subkow wurden alle möglichen Gesetzesverstöße zur Last gelegt. Er erhielt eine Geldstrafe wegen des angeblich illegalen Imports von Tieren – Affen, Jaguaren und einem Känguru. Sie waren nach der Annexion und vor Inkrafttreten des russischen Rechts gemäß den ukrainischen Zollbestimmungen auf die Krim eingeführt worden. Ein Jahr später wurden diese Bestimmungen rückwirkend für nichtig erklärt. Eine große Werbetafel, die Subkow an der Hauptverkehrsstraße aufgestellt hatte, wurde von den Behörden als illegaler Bau deklariert, der abgerissen werden müsse. Die Steueraufsichtsbehörde der Krim erklärte, die Eintrittskarten für den Zoo Skaska seien nicht mit dem korrekten Stempel versehen und der Zoo müsse womöglich drei Monate lang schließen, um neue zu drucken.

Einige von Subkows juristischen Problemen waren tragikomisch, andere einfach nur tragisch. Sein hemdsärmelig-verschlagener Führungsstil bot den gezielten Machenschaften Poklonskajas und ihrer Hinterleute genügend Angriffsfläche. Ein fünfjähriger Junge warf im Safaripark Taigan beim Spielen eine Steinfigur um, die auf ihn fiel. Ein Zeh musste amputiert werden. Poklonskaja erhob Anklage gegen Subkow. Im Personalwohnheim des Parks wurde ein Mitarbeiter tot aufgefunden, der dort in Teilzeit als Wachmann tätig gewesen war. Subkow sagte, der Mann habe ein Alkoholproblem gehabt; Poklonskajas Behörde deutete an, er sei von einem bösartigen Tiger angegriffen worden. Eines Nachmittags verfolgte ich eine Berufungsverhandlung, in der Subkow eine Verurteilung wegen eines angeblichen Angriffs auf einen anderen Angestellten in Taigan anfocht. Ein Wartungsarbeiter hatte sich eines Nachts betrunken ans Steuer eines parkeigenen Transporters gesetzt, um an der Südküste der Krim junge Frauen zu treffen. Auf dem Weg dorthin hatte er einen Unfall verursacht – so viel schien zwischen den Parteien unstrittig zu sein. Als die Polizei den Arbeiter und den ramponierten Transporter frühmorgens nach Taigan zurückbrachte, ver setzte Subkow dem Mann einen Schlag auf den Kopf – oder, so die Darstellung in der später von dem Arbeiter und Poklonskaja erhobenen Klage, schlug ihn krankenhausreif. Subkow wurde zu drei Jahren Haft auf Bewährung verurteilt. Die Schuldfrage lag bei diesem Vorfall in einer Grauzone: Subkow ist ein Hitzkopf; es ist ihm durchaus zuzutrauen, dass er einem Untergebenen einen Schlag versetzt. Aber Poklonskaja war auch eindeutig darauf aus, ihm und seinen Parks so viel Ärger wie möglich zu bereiten. Die schwelende Fehde zwischen ihnen nahm bald persönliche Züge an. Als Subkow drohte, Skaska und Taigan aus Protest zu schließen, kommentierte Poklonskaja: »Bitte sehr – soll er sich doch selbst in den Käfig hocken.«

Subkow vermutete, dass beim Feldzug der Krim-Regierung gegen ihn Privatinteressen im Spiel waren. Ihm war zu Ohren gekommen, dass der stellvertretende Ministerpräsident der Krim, Nikolai Janaki, die Regierungsbehörden der Krim angeblich inoffiziell angewiesen hatte, gegen Subkow vorzugehen, wo immer sich die Gelegenheit dazu bot. Janaki besitzt einige Freizeitparks, die als Konkurrenz zu Skaska und Taigan angesehen werden könnten, unter anderem ein Delfinarium in der Nähe von Jalta. Allen Hoffnungen auf der Krim und Versprechungen aus Moskau zum Trotz waren die Einnahmen aus dem Tourismus nach der Annexion zurückgegangen. Die viel beschworene neue Besucherwelle aus Russland konnte die fehlenden Touristen aus der Ukraine nicht ersetzen. Um Gewinne zu erzielen, musste man andere Wege gehen, zum Beispiel Konkurrenten aus dem Geschäft drängen oder übernehmen.

Subkow war nicht der einzige Tierparkbesitzer, der zu leiden hatte. Ein Unternehmer, der vier Delfinarien an verschiedenen Orten auf der Krim betrieb, musste erleben, wie sein Geschäft von zwei Seiten ruiniert wurde: Erst stellten die Behörden der Krim einen Gesetzesverstoß nach dem anderen fest und legten den Betrieb der Parks zwei Jahre lang still. Als der Besitzer sie schließen und die Delfine an einen Standort außerhalb der Krim verlegen wollte, um seine Verluste zu begrenzen, verhinderte Poklonskajas Behörde den Umzug. So wurden die Delfinarien in die Insolvenz getrieben. Jetzt blieb dem verzweifelten Besitzer nichts mehr, als sie zum ermäßigten Preis abzugeben, soweit sie nicht gleich in Staatseigentum übergingen. Auch unter ukrainischer Verwaltung hatten gierige Beamte viele Möglichkeiten gehabt, sich zu bereichern. Aber der Staat selbst war schwach gewesen, es gab überall Ineffizienzen und interne Konflikte. Das hatte Geschäftsleuten wie Subkow Manövrierraum gelassen. In Russland ist die bürokratische Maschinerie viel besser abgestimmt und weniger flexibel. Beamte, Gerichte und die verschiedenen Aufsichtsbehörden, die Bußgelder verhängen, verhalten sich wie Parasiten und spielen einander dabei in die Hände.

Ab und zu ließ ein wohlmeinender Vermittler Subkow wissen, dass Aksjonow bereit sei, Frieden zu schließen. Aber Subkow konnte sich denken, zu welchen Bedingungen: »Wenn du auf Knien angekrochen kommst, bereit zu gehorchen, möglichst noch mit einem Koffer voll Bargeld, dann bist du sein Kumpel.« Seine Erweiterungspläne konnte Subkow jetzt vergessen. Der Erfolg bemaß sich daran, dass es gelang, die beiden bestehenden Parks vor der Schließung zu bewahren. Die Veterinärbehörden der Krim führten immer neue Inspektionen wegen angeblicher Verstöße gegen die Hygienebestimmungen oder gefährlicher Krankheiten durch. Einmal, als sie einer anonymen Beschwerde wegen Tuberkuloseverdachts nachgingen, schossen sie mehrere Paviane mit Taserpfeilen bewusstlos und drohten, den Zoo für zwei Monate zu schließen. Aus Subkows Sicht war die Krim-Regierung nur zu einem fähig: »Druck ausüben, anderen etwas wegnehmen und unter sich aufteilen«.

Er fürchtete jetzt, dass der Beitritt der Krim zu Russland womöglich ein Fehler gewesen war, an dem auch er selbst Schuld trug. Er hatte zu denen gehört, die im emotionalen Aufruhr des Augenblicks vorschnell und töricht gehandelt hatten. In seiner Verängstigung und Naivität hatte er glauben wollen, dass sich mit dem Anschluss der Krim vieles verbessern würde, wie es das russische Fernsehen versprochen und die Leute einander erzählt hatten. »Vier Jahre später weiß ich, wie es tatsächlich ist: Das Russland im Fernsehen hat nichts mit dem wirklichen Russland gemein«, sagte er mir. Er hatte für das eine Land gestimmt und war in dem anderen gelandet.

Die Abzweigung zum Safaripark Taigan ist schwer zu finden. Seit Subkows Werbetafel abgebaut wurde, zeigt kein Wegweiser mehr an, wo man rechts von der Schnellstraße auf die schmale Landstraße einbiegen muss, die sich zwischen Mohn- und Salbeifeldern hindurchwindet. Doch dann zeichnet sich in der Steppenlandschaft der Krim plötzlich ein Reich aus pastellfarbenen Gebäuden ab. Ich traf an einem hellen Frühlingsmorgen im Park ein, während der kurzen und herrlichen Zeit im Jahresablauf der Krim, in der der Wind schon warm weht und leicht nach Meer duftet, aber die Horden von Touristen und Rentnern, die ihre zwanzigtägigen Ferienaufenthalte in den Sanatorien verbringen, noch nicht eingefallen sind.

Die Anreise war nicht leicht gewesen. Nach der Annexion hat die Ukraine die Halbinsel abgeriegelt, die einzige Straße für den Geschäftsverkehr gesperrt und die Eisenbahnlinien stillgelegt. Bis 2018, als Russland eine Brücke vom russischen Festland fertigstellte, deren Bau 3,3 Milliarden Euro gekostet hatte, konnten russische Touristen nur auf zwei Wegen auf die Krim gelangen (seither sind es nicht viel mehr geworden): entweder mit der Fähre über die Straße von Kertsch, die selten verkehrt und überfüllt ist, oder mit dem Flugzeug. Der Flug von Moskau aus dauert zwei Stunden. Nach 2014 wurden Flüge aus russischen Städten vom Kreml großzügig subventioniert, um angesichts der internationalen Sanktionen und der allgemeinen Isolation den Tourismus auf der Krim anzukurbeln. Da die Ukraine die Krim jedoch offiziell als ihr Staatsgebiet betrachtet, das nur vorübergehend besetzt ist, hat die Regierung in Kiew die Einreise auf dem See- oder Luftweg für illegal erklärt, weil sie nicht über ukrainisches Gebiet führt. Um sich an ukrainisches Recht zu halten, muss man bei der ukrainischen Migrationsbehörde eine Sondergenehmigung für die Einreise auf die Krim beantragen und dann über das ukrainische Festland hinreisen.

Ich reiste erst nach Kiew, um meine Einreisegenehmigung abzuholen. Abends fuhr ich mit einem Nachtzug weiter zu einem Provinzknotenpunkt in der Südukraine, nicht weit von der Stelle, wo das ukrainische Festland auf den dünnen Landstreifen im Norden der Krim-Halbinsel trifft. Nach einer halbstündigen Taxifahrt war ich am Grenzübergang. Misstrauische ukrainische Grenzschutzbeamte fragten nach dem Zweck meines Besuchs und rätselten, was ich in einem Gebiet zu suchen hatte, das sie als feindlich besetzt ansahen. Nachdem meine Einreisegenehmigung mit dem ukrainischen Ausreisestempel versehen worden war, schleppte ich meine Reisetasche etwa anderthalb Kilometer durch Niemandsland. Die einzige Straße war von Schlaglöchern übersät und im Verfall begriffen. Rechts und links lagen schlammige, laut den Warnschildern an beiden Straßenrändern mit Landminen gespickte Felder. Schließlich gelangte ich zum russischen Kontrollpunkt, der besser befestigt und technisch besser ausgestattet war. Der Verkehr wurde von Kameras überwacht, die an Masten angebracht waren. Zwischen den Reihen derer, die auf die Einreise in die Krim warteten, liefen Grenzschützer mit deutschen Schäferhunden herum. Mit meinem amerikanischen Pass erregte ich zwangsläufig Aufsehen bei den russischen Beamten am Kontrollpunkt. Es kommt nicht alle Tage vor, dass US-Bürger vom ukrainischen Festland aus zu Fuß auf die Krim reisen. Sie unterzogen mich einer ähnlichen Befragung wie ihre ukrainischen Kollegen: was ich auf der Krim vorhätte, wen ich treffen und was ich schreiben wolle. Ich antwortete ausweichend, aber offenbar zufriedenstellend, und konnte meines Weges gehen. Auf der anderen Seite wartete ein weiteres Taxi auf mich. Es war mit einem Nummernschild der Krim versehen, also einem russischen. Die Fahrt zum Safaripark Taigan dauerte drei Stunden.

Subkow empfing mich am Haupteingang in einem Golfcart, dem er ein rotes Drehlicht aufgesetzt hatte, sodass es aussah wie ein drolliges Mini-Polizeiauto. Er war in beschwingter Stimmung. Am Morgen war er bei Gericht gewesen; es ging wieder um den ehemaligen Angestellten, den er verprügelt haben sollte. Es sah so aus, als ob der Richter bereit war, Subkows Berufungsantrag wenigstens zu prüfen. Subkow hatte den stahlblauen Anzug, in dem er vor Gericht auftrat, schon gegen die gewohnte Tarnkleidung getauscht. »Hier fühle ich mich viel sicherer als da draußen unter Menschen«, sagte er, als ich mich zu ihm setzte. »Hier gibt es kein Doppelspiel. Die Regeln sind klar: Du fütterst die Tiere und kümmerst dich um sie, und sie zeigen dir dafür Liebe, Hingabe und Respekt.« Wir brausten los zu den Löwen, der größten Attraktion des Safariparks. Sie sind es, denen Subkow die größte Zuneigung, sogar väterliche Wärme entgegenbringt. Es war später Nachmittag. Das erste Löwenrudel, auf das wir trafen, lag im Schatten hochgewachsener Gräser. Subkow hielt das Fahrzeug an und sprang hinaus. Er umhalste und drückte einen 200 Kilo schweren Löwen, als sei er ein Labrador, rieb seine Wange an der des Tiers und versetzte ihm mit dem Finger einen leichten Nasenstüber. Der Löwe drehte den Kopf und öffnete gähnend den Rachen. Ich rechnete damit, dass er Subkow jeden Moment den Arm abbeißen würde. Das Ganze wirkte so bedrohlich auf mich, dass es schon wieder etwas Beruhigendes hatte: Wer sich traut, einem Löwen einen Klaps zu geben, wenn auch einen noch so leichten, muss sich seiner Sache schon sehr sicher sein. Wir stiegen wieder in das Golfcart und kurvten mit einem Affenzahn durch den Park, wie Kinder im Geschwindigkeitsrausch. Subkow sprang immer wieder aus dem Wagen, balgte sich mit einem Löwen, gab ihm einen Kuss und jagte dem nächsten mit imitiertem Gebrüll hinterher. Eine Löwenfamilie, die sich gerade über ein Knäuel blutiger Schafsknochen mit Fellresten hermachte, fragte er mit Kleinkinderstimme, ob das Mittagessen denn schmeckte.

Wir gingen zu einem Rudel weißer Löwen hinüber, das in der Nähe eines Außenzauns lagerte. Das größte Tier der Gruppe, ein königliches Exemplar mit schlohfarbenem Fell, schien uns etwas skeptisch anzusehen. Ich wies Subkow darauf hin. »Natürlich«, erwiderte er. »Sie ist eine echte Löwin und will uns auffressen. Sie ist gar nicht nett.« Die Löwin knurrte und erhob sich auf die Hinterbeine. Ich wich langsam zurück. Subkow streifte sich einen Gummilatschen vom Fuß und winkte damit in ihre Richtung. »Ich ziehe den Schuh aus, das wird dir noch leidtun«, schrie er. Die Löwin blickte ihn mit einem Ausdruck resignierter Folgsamkeit an und trollte sich. »Hier«, sagte Subkow und präsentierte seinen Treter. »Das ist die geheime Wunderwaffe gegen Löwen: Mit einem Gummilatschen bist du auf der sicheren Seite.« (Subkows magische Gummisandale sorgt bei den Stammbesuchern des Safariparks für Belustigung und Faszination und hat sogar eigene Memes im Internet angeregt.) Wir fuhren weiter, bis wir auf ein anderes Rudel stießen. Auf Subkows Drängen hin stieg ich, zunächst widerwillig, aus dem Fahrzeug und ging hinüber zu einer Löwin mit goldschimmerndem Fell, die unter einer Akazie saß. Subkow wollte unbedingt ein Foto machen. »Umarmen Sie sie, gehen Sie richtig nah ran!«, rief er. Ich mache Trippelschrittchen nach vorn und versuchte so auszusehen, als ob ich auf das Tier zugehe, ohne es wirklich zu tun. Subkow nötigte mich, näher heranzugehen. Schließlich kniete ich bei den Hinterbeinen der Löwin und rang mir ein verzerrtes Lächeln ab. Für einen Sekundenbruchteil legte ich meine Arme unbeholfen um das Tier, ohne sie ganz zu schließen. Subkow machte sein Foto.

Die Tour endete wieder am Eingang. In der Nähe parkte der Panzerwagen auf dem Asphalt, immer noch mit patriotischen, prorussischen Flaggen geschmückt. Ich fragte Subkow, was dieser Anblick jetzt bei ihm auslöse. »Gemischte Gefühle«, sagte er. »Der Wagen ist ein Denkmal meiner Begeisterung – der Hoffnung, dass die Rückkehr der Krim nach Russland mir ermöglichen würde, mehr Projekte zu verwirklichen und neue Ideen zu entwickeln.« Aber er erinnere ihn auch daran, dass »all diese rosigen Träume und patriotischen Gefühle im Laufe der Jahre barbarisch zerstört worden sind«. Trotzdem lässt er den Panzerwagen stehen – zum einen für die paar Besucher, die auch heute noch ein Foto mit dieser Kreation des »Krim-Frühlings« machen möchten, zum anderen, weil er »zur Geschichte gehört, auch zu meiner eigenen«. So wie ihn der Anblick des gestürzten Lenin-Denkmals in Kiew schmerzte, erscheint es ihm auch hier falsch, ein solches historisches Überbleibsel zu beseitigen. »Schließlich hat es diesen strahlenden Augenblick für kurze Zeit wirklich gegeben.«

Allen Enttäuschungen zum Trotz vertraute Subkow lange auf den Staat und vor allem auf Putin. Als seine Probleme begannen, schrieb er Brief um Brief an den russischen Präsidenten, um seinen Konflikt mit den neuen, von Moskau unterstützten Behörden zu schildern. Der Appell an den Zaren hat in Russland eine lange Tradition. Doch der Kreml leitete seine Briefe an Aksjonows Regierung weiter, wo sie bald in der Versenkung verschwanden. Einmal stellte ein Journalist von der Krim Putin bei der jährlichen Pressekonferenz im Ersten Kanal eine Frage zum Schicksal des Safariparks Taigan. Subkow war stolz, und seine Hoffnung flammte wieder auf. »Wenn so eine Frage das Ohr des Präsidenten erreicht, sollte sich jemand um das Problem kümmern und es lösen – wenn nicht er selbst, dann jemand anders auf seine Anweisung hin«, meinte er. Subkow hatte schon erlebt, dass ein solcher Wortwechsel Wunder wirken konnte. »Wenn jemand sagte, ›Genosse Präsident, schenken Sie mir doch einen Welpen, ich hätte so gern einen Mops‹, dann tauchte am nächsten Tag ein Stadtratsverordneter mit einem Hund auf und sagte: ›Hier ist Ihr Geschenk vom Präsidenten.‹« Doch nichts geschah; weder am folgenden Tag noch in den Monaten darauf. Subkow erklärte sich das damit, dass eine Unterstützung Putins für ihn implizit als Kritik an Aksjonow verstanden werden könnte, dem vom Kreml eingesetzten Gouverneur. Er wusste, dass der Präsident eine Erschütterung der Machtbalance auf der Krim nicht brauchen und kein Risiko eingehen konnte. Die Krim war das Emblem von Putins dritter Amtszeit als Präsident. Der Eindruck, dass dort stabile Verhältnisse und eine friedliche, heitere Atmosphäre herrschen, war wichtiger als die Frage, ob der Besitzer eines Safariparks irgendwo in der Pampa gerecht behandelt wird. »Ich habe die Hoffnung aufgegeben«, sagte Subkow. (Ich musste bei seinen Ausführungen an das stillschweigende Abkommen zwischen Putin und Kadyrow denken: Solange es ihm gelingt, mit seiner Regierung den Anschein einer oberflächlichen Ruhe in Tschetschenien zu wahren, kann Kadyrow dort nach Belieben schalten und walten.)

Trotzdem konnte Subkow nicht ganz von dem Glauben lassen, er müsse seinen Fall nur der richtigen Person zu Gehör bringen, damit sich jemand der Sache annähme. Als ich einmal mit ihm unterwegs war, erhielt er die Nachricht, dass Maria Sacharowa, die Sprecherin des russischen Außenministeriums, mit ihrer sechsjährigen Tochter den Skaska-Zoo in Jalta besucht hatte. Sacharowa ist aktive Social-Media-Nutzerin – ihre häufigen Selfies im Fitnessstudio haben Kultstatus bei den politischen Journalisten Russlands –, und sie hatte eine positive Bewertung für den Zoo geschrieben. Subkow konnte nicht widerstehen, sich auszumalen, dass Sacharowa ihrem Chef, Außenminister Sergei Lawrow, erzählt, wie gut ihr seine Tierparks gefallen haben, und dieser dann bei einem Treffen mit Putin im Kreml womöglich Subkows Namen positiv erwähnt. Es mag albern klingen, aber in Putins Russland entscheiden solche zufälligen persönlichen Begegnungen tatsächlich über Karrieren, Vermögen, den Aufstieg und Niedergang von Geschäftsimperien. Subkow beschloss, Sacharowa anzurufen, um sie mit ihrer Tochter in den Safaripark Taigan einzuladen. »Das wird ein unvergessliches Erlebnis, so etwas kriegen Sie sonst nirgendwo auf der Welt zu sehen«, sagte er aufgekratzt. »Tanken Sie bei uns auf der Krim frische Kraft und lassen Sie sich inspirieren!« Er bereitete ihren Besuch sorgfältig vor, aber es kam nicht dazu. Am nächsten Tag wurde Sacharowas Tochter in Sewastopol von einem Straßenhund gebissen, und die beiden flogen zurück nach Moskau.

Ich übernachtete in dem Hotel, das Subkow auf dem Gelände des Parks errichtet hatte. In der Raumgestaltung verband sich die Atmosphäre eines Safaricamps in der afrikanischen Savanne mit der Aufmachung eines Motels irgendwo bei Reno. Über dem Kopfende meines Betts hing das Porträt eines Löwen. Das Bettlaken hatte ein Leopardenmuster, ebenso wie das Kissen, unter dem es festgesteckt war. Draußen untermalte fernes Löwengebrüll wie eine Basslinie den melodischen Gesang der Vögel. Am nächsten Morgen frühstückte ich im Restaurant des Parks, dem »Weißen Löwen«. Die Staatsanwaltschaft von Belogorsk hatte es erst kurz zuvor zu einem illegalen Bau erklärt, weil Subkow 2012, als die Krim noch ukrainischem Recht unterlag, angeblich die erforderlichen Unterlagen nicht ordnungsgemäß eingereicht hatte. Aufgrund der Anklageerhebung durfte er das Land nicht verlassen. Er reise trotzdem ins Ausland, sagte er mir – er fuhr zunächst nach Weißrussland, wo russische Bürger ohne Grenzkontrollen einreisen können, und flog dann von Minsk aus weiter.

Während der Tage im Safaripark Taigan wurde mir klar, dass nicht nur die Behörden der Krim Subkow das Leben schwer machen. Mindestens ebenso groß sind die allgemeinen Komplikationen, die es mit sich bringt, wenn man ein größeres Unternehmen in einem Gebiet betreibt, das in weiten Teilen der Welt als unrechtmäßig besetzt gilt. Als ich auf unserer Tour durch den Park einen Löwen sah, der sich an einem Schafskadaver gütlich tat, fragte ich Subkow, woher er die Tiere für die Fütterung beziehe. Er sagte, vor 2014 habe er sie auf dem Landweg aus der Ukraine hergebracht. Da dieser Versorgungsweg jetzt gesperrt ist, holt er sie nun über die Straße von Kertsch von einem russischen Landwirtschaftsbetrieb im Kaukasus. Doch im Winter fällt die Fähre manchmal zwei Wochen lang aus. Möbel, Dekorationen und Geschirr für den Park kommen aus China. Früher konnten Waren von Guangzhou aus in die ukrainische Hafenstadt Odessa verschifft werden. Jetzt werden sie nach Wladiwostok gebracht, von dort nach Moskau transportiert, mit dem Lastwagen nach Süden gebracht und dann mit der Fähre über die Meerenge befördert. Die Kosten für die Beschaffung von Bedarfsgütern sind um das Fünffache gestiegen.

Wenn das Referendum jetzt stattfinden würde, würde Subkow für den Verbleib in der Ukraine stimmen. Doch dafür ist es zu spät. »Die Geschichte kennt keinen Konjunktiv, kein ›was hätte ich getan, wenn‹«, sagt er. »Was passiert ist, ist passiert, und ich habe dazu beigetragen.« Er bekennt sich zu seiner persönlichen Mitverantwortung.

Unterdessen hat ihn eine nationalistische Gruppe in Kiew mit Verbindungen zu den ukrainischen Sicherheitsdiensten wegen seiner skurrilen öffentlichen Drohung, die Ergebnisse des Referendums mithilfe seiner Löwen zu verteidigen, auf eine inoffizielle Feindesliste gesetzt. Selbst wenn er sich vielleicht wünscht, er hätte die Ukraine nie verlassen, kann er jetzt nicht mehr riskieren, dorthin zu reisen. Er vergleicht seine Situation mit einer unglücklichen Ehe: »Du hast das Gefühl, einen Fehler gemacht zu haben, aber du musst die Suppe auslöffeln. Auch wenn die Liebe dahin ist, wenn du eine Familie und Kinder hast, fühlst du dich verpflichtet, zu bleiben.« Oksana bekräftigte mit einer russischen Redensart: »Du hast das sehenden Auges gekauft, also iss es jetzt auch auf, selbst wenn du würgen musst.«

Eines Morgens fuhr ich von Taigan in die nächstgelegene Stadt, Belogorsk. Die Taxifahrt dauert etwa zehn Minuten. Die ruhige und unauffällige Sechzehntausend-Einwohner-Stadt ist ein typisches Provinzzentrum. Sie hat einen Hauptplatz mit Kulturhaus, umgeben von Wohnblockreihen aus Beton, wie sie auf dem Gebiet des ehemaligen Imperiums überall zu finden sind. Zu Sowjetzeiten gab es in der Region eine große Zahl landwirtschaftlicher Kollektivbetriebe, die Steinobst, Trauben und Getreide anbauten. In den letzten Jahren haben die Einheimischen die landwirtschaftliche Produktion aufrechterhalten, so gut es ging, aber viel ist in Belogorsk nicht los. Auf einem schattigen Plätzchen neben der örtlichen Schule steht die Standardausführung einer Leninstatue, den Arm in einer leutseligen Führungsgeste nach vorn gestreckt. In Belogorsk hat kein »Leninopad« stattgefunden, ebenso wenig wie anderswo auf der Krim. Dass die Krim-Bewohner sich Respekt vor dem Bildnis Lenins bewahrt haben, hat nichts mit dem tatsächlichen Verständnis seiner Ideen oder gar ihrer desaströsen Umsetzung zu tun. Es ging vor allem darum, sich von den Revolutionären auf dem Maidan abzusetzen. Lenin war zur Galionsfigur für eine bestimmte Lesart der Vergangenheit geworden, die nach den Ereignissen in Kiew unweigerlich Konsequenzen für die Gegenwart hatte: Er war das Symbol dafür, dass das Sowjetimperium mächtig und gerecht war, und damit auch dessen Nachfolgestaat, die Russische Föderation.

In Belogorsk blieb nicht nur die Leninstatue an Ort und Stelle, sondern es kamen auch neue Statuen hinzu, nachdem die Krim russisch wurde. Vor dem regionalen Verwaltungsgebäude stehen jetzt ein Monument für den russischen Militärführer Alexander Suworow, der im 18. Jahrhundert lebte und vor Stalin den Titel »Generalissimus« trug, sowie Denkmäler für sowjetische Helden des Zweiten Weltkriegs – Bomberpiloten, Panzerkommandanten und Partisanenkämpfer. Ich war mit Galina Perelowitsch verabredet, der Bezirksvorsteherin des Rajons Belogorsk. Perelowitsch ist eine der wichtigsten Gegenspielerinnen Subkows. Sie gab die Anweisung, jene Werbetafel am Straßenrand abzubauen, und schickte die Steuer- und Veterinärinspektoren des Rajons immer wieder in den Park, damit sie auch kleinste Regelverstöße aufspüren sollten. Ihre Laufbahn ähnelt der vieler anderer Regierungsbeamter auf der Krim: Sie stand lange Jahre im Dienst der ukrainischen Staatsverwaltung, erklärte dann jedoch 2014 öffentlich ihre Unterstützung für Russland und nahm einen Posten unter der neuen Regierung an. Zuvor war sie Bürgermeisterin des Dorfs Aromatnoje gewesen. Der

Name, der so viel wie »aromatisch« bedeutet, stammt daher, dass dort zu Sowjetzeiten Lavendel und Salbei zu Duftöl verarbeitet wurden. Nach der Annexion bot Aksjonow ihr an, Leiterin des Rajons Belogorsk zu werden. Damit stieg sie von der Dorfbürgermeisterin zur Vorsteherin eines großen Landkreises auf.

Perelowitsch ist fünfundfünfzig, trägt ihr feines blondes Haar als Bobfrisur und hat das Auftreten einer tatkräftigen Kolchosenleiterin. Sie empfing mich in ihrem Büro, einem spartanischen Kasten mit einer Reihe grüner Zimmerpflanzen und dem obligatorischen Putin-Porträt an der Wand. Auf mich wirkte sie wie jemand, der leicht zu überzeugen ist und zugleich mit Begeisterung andere überzeugt. Zu Beginn unseres Gesprächs erzählte sie mir von ihren ukrainischen Wurzeln: Beide Seiten ihrer Familie stammen ursprünglich aus der Westukraine, aus Gebieten, die abwechselnd von Polen und Russland regiert wurden und in denen seit einigen Jahren der ukrainische Nationalismus wieder aufgelebt ist. Aber Perelowitsch war misstrauisch gegenüber dem Maidan. Wie Oksana und Oleg Subkow sah auch sie in den Protesten ein erschreckendes, unheilvolles Vorzeichen für die Krim. Die revolutionären Ereignisse in Kiew erreichten ihren Höhepunkt während der letzten Tage der Olympischen Winterspiele in Sotschi. Zwei Tage vor Ende der Spiele floh Janukowytsch aus der ukrainischen Hauptstadt. Perelowitsch verfolgte die Fernsehübertragung der Abschlusszeremonie zu Hause in Belogorsk. Als die Kamera auf Putin schwenkte, der im Publikum saß, lebte sie auf. »Ich saß vor dem Fernseher und richtete als Frau, Gattin, Mutter und Großmutter meine Gedanken auf ihn: ›Wladimir Wladimirowitsch, beschützen Sie uns.‹«

Sie war für den Beitritt zu Russland. »Im Herzen tat mir die Ukraine leid«, sagte sie in unserem Gespräch. »Aber mein Kopf sagte mir, dass nur Russland helfen konnte.« Nach dem Referendum und der darauf folgenden Annexion führte sie einige schwierige Telefongespräche mit ihren Verwandten in der Westukraine. »Natürlich haben wir einander nicht verstanden«, sagte sie. »Für sie ergab das keinen Sinn. Sie begriffen nicht, wie wir plötzlich einen solchen Verrat begehen, unsere Sachen packen und gehen konnten.« Sie zog den Schluss, dass jede Seite ihre eigene Wahrheit hat, und versucht schon seit Langem nicht mehr, ihre Angehörigen von irgendetwas zu überzeugen: »Sie hatten ihre Sicht und wir unsere. Wir haben unsere Entscheidung getroffen.«

Perelowitschs Zufriedenheit mit dem Beitritt der Krim zu Russland hat teils auch rationale und materielle Gründe. Sie war Janukowytschs Partei, der Partei der Regionen, beigetreten, als diese im Aufwind war. »Ich habe vor langer Zeit gelernt: Ein Schlag mit der flachen Hand ist nichts gegen einen Schlag mit der Faust«, sagte sie mir. Wer einen entscheidenden Schlag landen will, muss sich mit anderen zusammentun – zu einer Gruppe, deren Kraft größer ist als die eigene. Sie schätzte das Gefühl der Sicherheit – die einfache, durch die Zugehörigkeit zur Regierungspartei von vornherein gegebene Einheit. Aber der ukrainische Staat war nicht in der Lage, für den Rajon Belogorsk zu sorgen. Perelowitsch hatte immer mehr das Gefühl, übergangen zu werden. Vor jeder Wahl, so erzählte sie, habe sie ihren Wählern versprochen, dass die ukrainischen Behörden eine Gasleitung verlegen würden. Und jedes Mal sei sie von diesen Behörden im Stich gelassen worden. Belogorsk war der letzte Rajon auf der Krim ohne Gasversor-

gung: Seit Jahrzehnten heizten die Menschen ihre Wohnungen mit Kelleröfen, die mit Holz und Kohle betrieben
wurden. Nach der Annexion wurde Belogorsk erstmals
ans Gasnetz angeschlossen – ein wichtiges Ereignis für die
Region. Ich konnte mir gut vorstellen, dass die Einwohner
von Belogorsk allein schon aus diesem Grund für den Beitritt zu Russland waren: Stellen Sie sich vor, Sie hätten ohne
Gasversorgung gelebt, solang Sie zurückdenken können.
Und die Regierung, die das ändern könnte, hat fast zwei
Jahrzehnte lang nicht die Mittel oder den Willen dazu aufgebracht – vielleicht fehlte ihr auch schlicht das Geld. Als
dann jemand auftauchte, der offenbar über genügend Ressourcen verfügte – Putin –, brauchte es nicht viel, um all
die Kraft und Entschlossenheit auf ihn zu projizieren, an
der es der früheren, ebenso weit entfernten wie ohnmächtigen Regierung offenbar gefehlt hatte. (Dass die neuen
Herren der Krim mit dem Plan zur Verlegung neuer Gas-
leitungen im Rajon Belogorsk mittlerweile im Rückstand
waren, war dabei für Perelowitsch eine Nebensache, mit
der sie sich nicht groß aufhielt.)

Perelowitsch war ganz offensichtlich auch vom Sog der
Geschichte ergriffen, oder dem, was sie dafür hielt. Sie
wollte die Version der Ereignisse sehen, die ihr am ange-
nehmsten und vertrautesten erschien. Ich fand ihre Ausführungen schwammig und im Einzelnen schwer nachvollziehbar. Sie schien eher von einer Stimmung bewegt zu
sein als von Anliegen, die sich klar formulieren ließen. Zu
Sowjetzeiten, so erklärte sie, habe das Land sich »ein Ziel
und eine Aufgabe gesetzt, wir konnten ein Lied in einer
Sprache singen und brauchten uns keine Sorgen zu machen«. Was ihr Trost und Orientierung gegeben hatte, verschwand in der nachsowjetischen Ukraine. Für sie hing

das Verlorene auf immer mit Russland zusammen, dem »einzigen starken Halt« in ihrem Leben. Durch das Referendum »sind wir dorthin zurückgekehrt, wo das Leben gut für uns war«, so Perelowitsch. Mir schien, dass sie damit weniger einen physischen oder geografischen Raum meinte als einen mentalen und emotionalen.

Die logistischen Schwierigkeiten, die die Annexion mit sich brachte, wurden durch ein Gefühl der Befriedigung aufgewogen. Sie erzählte mir vom Winter der Stromausfälle, als Belogorsk wochenlang im Dunkeln saß. In den Tagen vor Neujahr, als die Stromversorgung auf der gesamten Halbinsel immer wieder unterbrochen wurde, habe sie alle Einwohner der Stadt aufgefordert, ihren Energieverbrauch auf das absolute Minimum zu senken. Niemand sollte schwere Maschinen oder Geräte mit hohem Energieverbrauch benutzen. Sie wollte, dass genug Strom übrig blieb, damit die Leute um Mitternacht Putins Neujahrsansprache sehen konnten. Das klappte auch: In ganz Belogorsk erhellte das blaue Licht von Hunderten Fernsehbildschirmen aus den Betonwohnblöcken die schwarze Nacht der Steppe. Kurz nach Mitternacht, als Putins Rede vorbei war, fiel der Strom wieder aus. »Ich weiß noch, dass alle sagten: ›Egal, wenigstens haben wir den Präsidenten gesehen.‹ Alle waren geduldig; sie wussten, irgendwann kommt die Zeit, in der es besser wird.« Die Geschichte hatte mehr von einer moralischen Fabel als von einem sachlichen Ereignisbericht, aber sie glaubte offensichtlich daran.

Perelowitschs Konflikt mit Subkow hatte teils strukturelle Gründe: Ihre Chefs hatten ihn zum Feind erklärt, und sie ist nicht die Art von Person, die die Parteilinie infrage stellt. Aber es ging auch um die Tugend der Geduld. Subkow war – um bei dem Bild zu bleiben – nicht bereit, im Dunkeln zu hocken, um Putin im Fernsehen zu sehen. Er musste sich um seine Parks kümmern und hatte jede Menge persönlicher Pläne und Ambitionen. Er wollte nicht als Teil eines Kollektivs Opfer für Ziele bringen, die er persönlich nicht akzeptierte. Verschlagen genug war Subkow allemal – das hatte er unter ukrainischer Herrschaft beim Betrieb seiner Parks zur Genüge bewiesen. Aber er hielt sich nicht an die besonderen Gegebenheiten der Verschlagenheit *à la russe* oder zumindest nicht an die Regeln, die in der Putin-Ära gelten. »Er erwartet, dass alles schnell passiert, und nur für ihn allein«, so Perelowitsch. Sie verfiel in einen Tonfall, wie ihn eine Generation zuvor die Vorsitzende des regionalen Parteikomitees von Aromatnoje benutzt haben könnte, wenn sie jemandem gut zureden wollte. »Taigan ist ein sehr schöner Park, wo es viel zu sehen gibt. Er zieht die Leute an. Aber Subkow muss verstehen, dass die Weiterentwicklung nicht auf Kosten der anderen gehen kann. Es kann nicht alles nach seinen Vorstellungen laufen. Das ist unmöglich.« Sie frage sich, weshalb er nicht ein bisschen mehr Geduld und Entgegenkommen gegenüber dem Staat zeigen könne, der ja nur das Beste für Belogorsk wolle.

Zu einem Zeitpunkt, als die Beziehungen zwischen Subkow und der Krimregierung gerade besonders angespannt waren, hielt Aksjonow ein Treffen seines Ministerrates in Belogorsk ab. Dabei erklärte er, Subkow brauche vor allem einen guten Psychiater. Perelowitsch, ganz die loyale Funktionärin, setzte noch einen drauf. »Ich glaube, der ziemlich spezielle Charakter des Parkdirektors ist allen bekannt«, sagte sie. Taigan habe der Krim »nichts als Tränen« gebracht. »Es klingt vielleicht grob, aber ich wäre sehr froh, wenn er in die Türkei zieht.« (Subkow drohte damals gelegentlich damit, den Park in ein Gebiet bei Istanbul zu verlegen, falls seine Probleme auf der Krim anhalten sollten.) Als ich sie an diese Äußerungen erinnerte, sagte sie, sie habe sich unglücklich ausgedrückt oder sei missverstanden worden. »Ich kannte Oleg Alexandrowitschs Pläne. Ich wusste, dass der Belogorsker Safaripark nicht zur Debatte steht, sondern er in der Türkei einen neuen eröffnen will. Also habe ich gesagt: ›Ja, einverstanden, soll er in die Türkei gehen.‹« Nach dem Abbau der Werbetafel und Perelowitschs Bemerkungen nahmen die Spannungen zwischen ihr und Subkow zu. Ihre Behörde leitete neue Verfahren ein: Subkow wurde mit einem Bußgeld belegt, weil eines der Gebäude des Parks einen Schatten auf ein benachbartes Grundstück wirft. Aus einem spontanen Vergeltungsbedürfnis heraus strich Subkow die Eintrittspreisermäßigung für die Einwohner von Belogorsk. Im Gespräch mit mir war Perelowitsch bemüht, den Konflikt herunterzuspielen. Sie sagte, sobald die neue Bundesstraße über die Krim fertiggestellt sei, die der Kreml für 2,5 Milliarden Dollar baut, könne Subkow seine Werbetafel wieder aufstellen. »Lassen Sie mich als Frau sprechen, nicht nur als Leiterin der Rajonsverwaltung«, sagte sie. »Jeder von uns hat seinen Wunschzettel, Dinge, die wir gerne verwirklicht sehen wollen. Aber es ist wichtig, sich adäquat auszudrücken, das eigene Handeln abzuwägen und andere Faktoren zu berücksichtigen.«

Unter den Bewohnern der Krim gibt es eine Gruppe, die sich über die Moskauer Herrschaft nie Illusionen gemacht hat: die Krimtataren. Zum Zeitpunkt der Annexion stellten sie etwas mehr als 10 Prozent der Bevölkerung auf der

Halbinsel. Sie stammen von der mongolischen Horde, die im 13. Jahrhundert auf die Krim gelangte, und verschiedenen indigenen Völkern ab. Die Krimtataren wurden über Jahrhunderte von einem lokalen, vom Adel gewählten Khan regiert und praktizierten eine eher lockere, gemäßigte Form des Islam. Wenn eine Nation weitreichende historische Ansprüche auf das Land der Krim erheben könnte, dann die Tataren, deren Khane die Halbinsel jahrhundertelang vom reich verzierten Palast in Bachtschyssaraj im Landesinneren aus regierten.

Ihr Verhältnis zum russischen Staat war seit jeher schwierig. Als Katharina die Große 1783 die Krim annektierte, die zuvor ein Vasallenstaat des Osmanischen Reichs gewesen war, brachte sie den letzten tatarischen Khan durch Juwelengeschenke und Entgegenkommen auf ihre Seite. Doch schon bald verschlechterten sich die Beziehungen zwischen den neu eintreffenden Russen und den Krimtataren. Es brach Streit darüber aus, wem das Land gehörte und wessen Interessen Vorrang hatten. Zahlreiche Geschichten künden von Misstrauen und Respektlosigkeit. Um die umfassenden Bauprojekte unter den Zaren voranzubringen, verwendeten russische Arbeiter Grabsteine von den Friedhöfen der Krim als Baumaterial. Als 1853 der Krimkrieg ausbrach, unterstützten deshalb viele Tataren das britisch-französisch-osmanische Bündnis, das gegen Russland kämpfte. Nach Kriegsende hatten sie aus diesem Grund schwer zu leiden. Über die Hälfte der krimtatarischen Bevölkerung, fast zweihunderttausend Menschen, flüchtete in die Türkei. Nach der Oktoberrevolution 1917 versprach die Sowjetregierung den Krimtataren zunächst eine gewisse Autonomie. Sie nahm diese begrenzten Freiheiten jedoch schon bald wieder zurück, schloss Moscheen und ließ viele politische Führer der Krimtataren erschießen.

Die Erinnerung an Hungersnot und Terror veranlasste einige Krimtataren, sich während des Zweiten Weltkriegs auf die Seite des nationalsozialistischen Deutschland zu schlagen. Ähnlich wie in Tschetschenien ist die tatsächliche Geschichte der Kollaboration undurchsichtig, widersprüchlich und von so vielen Schichten von Mythen und Legenden überdeckt, dass es unmöglich scheint, ein klares Bild von dem zu gewinnen, was sich vor über siebzig Jahren ereignet hat. Sicher ist jedoch, dass sich einige Krimtataren Einheiten unter Führung der Deutschen anschlossen, wobei viele zuvor gefangen genommen worden waren und zum Kämpfen gezwungen wurden. Zugleich traten nicht wenige Tataren unterirdischen Widerstandskommandos auf der Halbinsel bei. Eine noch größere Zahl wurde eingezogen und kämpfte in den Reihen der Roten Armee an der Front gegen die deutsche Wehrmacht. Stalin kümmerten diese komplexen Verhältnisse nicht. Wie im Fall der Tschetschenen ging es ihm darum, unter dem Vorwand der Kollaboration eine Politik der ethnischen Säuberung umzusetzen. Am 18. Mai 1944 weckten NKWD-Agenten mitten in der Nacht tatarische Familien und forderten sie auf, sich auf eine lange Reise vorzubereiten. Fast die gesamte krimtatarische Bevölkerung, damals etwa 240.000 Menschen, wurde zusammengetrieben, in Eisenbahnwaggons gepfercht und in entlegene Gebiete Zentralasiens deportiert.

Abdureschit Dschepparow ist in einem kleinen Dorf in Usbekistan geboren. 1969, als er neun Jahre alt war, kehrte seine Familie auf die Krim zurück. Sie ließ sich in den Ebenen um Belogorsk nieder, das vor der Deportation Karasubar geheißen hatte – danach waren alle Ortsnamen russifiziert worden. Der Landstreifen, auf dem jetzt der Safaripark Taigan steht, ist etwa zehn Autominuten entfernt. Ich verließ mein mit Leopardenfellmuster tapeziertes Hotelzimmer, stieg in ein Taxi und war nach einer kurzen Fahrt bei Dschepparow. Der heute 60-Jährige mit zerfurchtem Gesicht und silbernem Bart erzählte mir von seiner Jugend. Er war krimtatarischer Aktivist gewesen, was zu Sowjetzeiten vor allem hieß, dass er Appelle an Beamte in Moskau schrieb und Artikel ins Ausland schickte. Das brachte ihm die Verfolgung durch die sowjetischen Behörden ein. Sie luden ihn immer wieder zum Verhör vor und eröffneten ein Strafrechtsverfahren gegen ihn. 1987, als im Vorfeld von Verhandlungen zwischen Gorbatschow und Reagan guter Wille bekundet werden sollte, wurden die Ermittlungen gegen ihn eingestellt. Wie vielen Gruppen im zerfallenden Imperium eröffnete der schleichende Niedergang der sowjetischen Autorität auch den Krimtataren neue Möglichkeiten. Sie eigneten sich Land wieder an, das sie während der Deportationszeit verloren hatten, gründeten neue Siedlungen und bauten Häuser. Dschepparow gehörte zu den Organisatoren der Bewegung. Sie setzte ihre Tätigkeit auch nach dem Zusammenbruch der Sowjetunion unverändert fort. Die ukrainischen Gerichte zeigten oft Verständnis dafür oder waren einfach machtlos. So konnten sich Tausende von tatarischen Familien als Eigentümer von Grundstücken eintragen lassen, die sie irgendwann einmal faktisch besetzt hatten. Dschepparow hatte das Haus, in dem ich mit ihm sprach, Anfang der Neunzigerjahre auf einem offenen Feld gebaut. Wir saßen auf dem Teppichboden, tranken Kaffee und aßen Datteln dazu. Dschepparows Auftreten hat etwas Ruhiges und Vornehmes. Es vermittelt den Eindruck tiefer Traurigkeit, die von Würde und Selbstbeherrschung getragen wird.

»Wenn ich über meine Söhne spreche, bin ich am Boden zerstört und zu nichts mehr fähig«, sagte er. Trotzdem war es ihm wichtig, mir von ihnen zu erzählen. Sein älterer Sohn Abdullah war ein begeisterter Sportler gewesen, ein Ringkämpfer, der immer Lust auf Entdeckungen und Abenteuer hatte. Als Junge hatte er gern den stoischen und edlen Soldaten gespielt. Sogar sein Essen nahm er mit in einen Graben, den er auf dem Familiengrundstück ausgehoben hatte, um es dort allein zu verzehren. 2013, als er zwanzig Jahre alt war, erklärte er, dass er in die Türkei fahren werde, um dort sein Studium fortzusetzen und nebenbei zu arbeiten. (Das Tatarische und das Türkische sind verwandte Sprachen, wie auch die Tataren durch Geschichte und Religion mit der Türkei verbunden sind; es gibt dort eine beträchtliche krimtatarische Diaspora.) Als er nach einem halben Jahr noch nicht zurückgekehrt war, obwohl sein türkisches Visum inzwischen abgelaufen sein musste, begann Dschepparow, sich Sorgen zu machen. Er zog Erkundigungen ein und erfuhr irgendwann, dass sein Sohn nicht mehr lebte. Er war in Syrien gestorben. Soweit Dschepparow es aus dem, was er durch Hörensagen erfahren hatte, rekonstruieren konnte, war Abdullah dem Aufruf, an einem heiligen Kampf mitzuwirken, gefolgt und hatte sich einer militanten Gruppe angeschlossen, die gegen Assad-treue Truppen ins Feld zog.

Im Jahr darauf – im Herbst 2014, sechs Monate nach der Annexion der Krim – erhielt Dschepparow Besuch von einem Freund. Damals wurden viele Angehörige der krimtatarischen Gemeinschaft verhaftet. Die Tataren hatten die

Übernahme der Krim durch Russland überwiegend mit Skepsis betrachtet. Viele hatten sich offen und vernehmlich dagegen ausgesprochen. Nach der Annexion war es praktisch nicht mehr möglich, solche abweichenden Meinungen zu äußern. Die vom Kreml unterstützte Regierung schloss den angesehenen tatarischsprachigen Fernsehsender. Weitaus bedrohlicher war, dass einige junge tatarische Männer verschwanden und später tot aufgefunden wurden. Ihre Körper wiesen Spuren von Folter auf. Einem hatte man eine Tasche über den Kopf gezogen, ein anderer wurde erhängt in einem verlassenen Gebäude gefunden. Viele weitere waren aufgrund vager Anschuldigungen wegen »Extremismus« festgenommen worden. An dem Abend, als Dschepparow seinen Freund empfing, trat sein jüngerer Sohn Isljam, damals achtzehn, ins Wohnzimmer, um ihnen Kaffee zu servieren. Er neigte dazu, penibel und übergenau zu sein; so reinigte er etwa die Schnürsenkel seiner Turnschuhe mit der Zahnbürste. Dschepparow erinnert sich, dass Isljam den Kaffee an diesem Abend »besonders elegant« einschenkte. Er ließ sich vor dem Vater und seinem Gast auf einem Knie nieder und goss das dunkle sämige Getränk in schwungvollem Strahl in die kleinen Tassen. Dann verließ er das Haus, um seine Cousins zu besuchen, die in der Nähe wohnten. »Er ging, und ich habe ihn nie wiedergesehen.«

Später am Abend kam ein Nachbar vorbei. Er sagte, er habe gerade beobachtet, wie Isljam und einer seiner Cousins, der 23-jährige Dschewdet, zusammengeschnürt und in einen blauen Minivan mit getönten Scheiben gestoßen worden seien. Die Männer, die sie verschleppten, hätten schwarze Uniformen getragen und seien »schnell und professionell« vorgegangen. Er vermutete, dass es sich um russische Sicherheitsdienste oder Leute mit undurchsichtigen Verbindungen zu diesen Diensten handelte. Und er nahm an, dass die Sache etwas mit Dschepparow selbst zu tun haben musste – womöglich mit seinem früheren Aktivismus oder den Versuchen, das Schicksal seines älteren Sohnes in Syrien aufzuklären. Am nächsten Tag kamen über hundert Krimtataren zu Dschepparows Haus, um der Krim-Regierung zu zeigen, dass der Fall nicht einfach hingenommen werden würde. Tags darauf waren es vierhundert. Dschepparow erhielt Besuch von einem krimtatarischen Beamten, der nach der Annexion eine hochrangige Position in der russischen Regierung eingenommen hatte. Er gab ihm eine Nachricht mit: »Sagen Sie Aksjonow, er soll sich mit mir treffen, mich anhören und auf unser Problem reagieren.« Er meinte damit nicht nur das Verschwinden seines eigenen Sohnes, sondern auch Dutzende ähnlicher Fälle, die es seit der Annexion durch Russland einige Monate zuvor gegeben hatte. »Wenn er nicht reagiert, werde ich es tun – und ich werde nicht allein kommen, sondern Tausende werden mich begleiten.«

Aksjonow, der Angst vor Tausenden wütender Tataren auf den Straßen hatte, erklärte sich zu einem Treffen bereit. Er empfing Dschepparow in seinem Büro im Parlamentsgebäude in Simferopol, einem brutalistischen Baudenkmal aus den Achtzigerjahren, das wirkt, als sei ein riesiges außerirdisches Raumschiff im Zentrum der Stadt gelandet. Er versprach, für die Suche nach Isljam und Dschewdet unbegrenzt Ressourcen zur Verfügung zu stellen. »Ich bin nicht nur wegen meines Sohnes gekommen«, erwiderte Dschepparow. »Auf der Krim werden jetzt regelmäßig Moscheen, Schulen und die Häuser von Menschen durchsucht. Junge Männer werden festgenommen und verschwinden. Die Leute machen sich Sorgen, und das kann einen Sturm auslösen.« Sie vereinbarten, dass Aksjonow nach Belogorsk kommen würde.

Drei Tage später tauchte er dort auf. Die Straßen waren mit Tausenden von Krimtataren bevölkert, die von der ganzen Halbinsel angereist waren. Aksjonows Sicherheitsleute zeigten demonstrativ, wer die Macht hatte. Sie postierten gepanzerte Mannschaftswagen entlang der Straße und säumten die Dächer mit Scharfschützen. Aksjonow begann mit seinen üblichen Versprechungen, den Durchsuchungen und Verhaftungen ein Ende zu setzen. Da machte Dschepparow einen Vorschlag: »Wir haben Fragen«, sagte er. »Wir brauchen eine Möglichkeit, sie Ihnen vorzulegen und Antworten zu erhalten.« Er schlug vor, eine Gruppe aus Aktivisten und Führern der Krimtataren zu bilden, die sich regelmäßig mit Aksjonow treffen sollten. Viele von Dschepparows Verbündeten und Freunden in der tatarischen Gemeinschaft waren skeptisch. Von Moskau eingesetzte Herrscher hatten aus ihrer Sicht nichts Gutes, und es war nichts von ihnen zu erhoffen, egal in welchem Jahrhundert und welchem Zusammenhang. Dschepparow hielt jedoch einen Kompromiss für nötig – nicht nur, um seinem Sohn zu helfen und mehr über sein Schicksal zu erfahren, sondern auch um der Lebensfähigkeit und Sicherheit der tatarischen Bevölkerung willen. »Verhandlungen sind immer nötig, mit jedem Menschen, dem Sie begegnen«, sagte er mir. Selbst wenn sie ansonsten nichts brächten, erlaubten sie es, Zeit zu gewinnen, mehr über das Gegenüber zu erfahren und dabei den schlimmsten Übergriffen vorzubeugen. »Man darf nur seine Grundprinzipien nicht aufgeben.«

Im Jahr darauf kam die Kontaktgruppe viermal zusammen. Dschepparow und die anderen erzielten einige greifbare Erfolge. Sie überzeugten Aksjonow, Strafverfahren gegen mehrere Imame einzustellen, denen Extremismus vorgeworfen worden war. Es war ein aufschlussreicher Einblick in das, was in Russland als »Telefonjustiz« bekannt ist. Aksjonow griff in Gegenwart von Dschepparow und den anderen zum Hörer und rief den zuständigen Richter an, um ihm zu sagen, er solle den Fall einstellen. Ein Dutzend Krimtataren wurden aus dem Gefängnis entlassen. Die Gruppe begann Probleme zu lösen, die nicht direkt mit Menschenrechten zu tun hatten. So gelang es ihnen, eine urologische Klinik, die von einem angesehenen krimtatarischen Arzt geleitet wurde, vor der Schließung zu bewahren und neues Land für die Ausweitung eines tatarischen Friedhofs zu finden. Ich fragte Dschepparow, ob er diese Nähe zu Aksjonow und seinem Kreis als unangenehm empfand, weil er Leuten die Hand geben und mit ihnen kollegial zusammenarbeiten musste, die einen Großteil der Verantwortung für die zahllosen Schwierigkeiten trugen, mit denen die Krimtataren nach der Annexion konfrontiert waren – nicht zuletzt für das Verschwinden seines eigenen Sohns. »Es ist meine Entscheidung, dieser Person die Hand zu schütteln – natürlich ohne Freude dabei zu empfinden. Vielleicht kommt dabei heraus, dass, sagen wir, mehr Menschen aus den Gefängnissen entlassen werden und das Leben für unsere Bevölkerung etwas einfacher wird«, erwiderte er. »Wenn es von Nutzen ist, bin ich bereit, den Preis dafür zu zahlen.« Er musste sich viel Kritik von anderen Tataren anhören. Sie warfen ihm vor, er legitimiere eine illegale Besatzung und bezahle ein paar kleine Siege mit der stillschweigenden Zustimmung zu schwerwiegenderen und anhaltenden Übergriffen. Doch Dschepparow war überzeugt, dass es seine moralische Pflicht war, Menschen zu helfen, wo er es konnte: Wenn seine Gruppe dazu beitrug, dass diese oder jene bestimmte Person freikam, dann war das für ihn moralisch richtig.

Dschepparow erfuhr nie, was mit seinem Sohn geschehen war. Und nach einigen Monaten verlor Aksjonow allmählich das Interesse daran, auch nur so zu tun, als würde er die Probleme ernst nehmen, die die Kontaktgruppe ansprach. Ihr Einfluss schwand. Dann wurde eines ihrer Mitglieder Opfer eines Entführungsversuchs. Kurz darauf durchsuchten die Sicherheitskräfte der Krim das Haus dieses Mitglieds und ließen es verwüstet zurück. Die Ermittler bezichtigten den Mann, einer muslimischen Organisation anzugehören, die in Russland offiziell verboten war. Beamte von Aksjonows Regierung forderten die anderen Mitglieder der Gruppe auf, sich öffentlich von ihm zu distanzieren und ihn praktisch dem Gutdünken der Regierung zu überlassen. Sie weigerten sich. »Daraufhin hieß es, es werde keine Treffen mehr geben«, erinnert sich Dschepparow. »Gut, wenn es so ist, dann eben nicht.«

Die Kontaktgruppe löste sich auf. Irgendwann verschwanden keine Leute mehr, aber es werden weiterhin Krimtataren festgenommen. Die Machthaber haben ihre Taktik geändert. Nach den chaotischen Anfängen, als in den Tagen nach der Annexion selbst ernannte Milizen durch die Straßen streiften, hat sich auf der Krim mittlerweile ein routiniertes Strafverfolgungssystem etabliert, wie es andere Regionen in Russland längst kennen. Eine Dampfwalze mit nur einem Gang. Tatarische Aktivisten und sogar ihre Unterstützer werden wegen Extremismus oder Separatismus verhaftet. Um im Gefängnis zu landen, genügt es, bestimmte religiöse Texte zu besitzen oder einfach die Rechtmäßigkeit der Annexion infrage zu stellen. FSB-Beamte und Bereitschaftspolizisten tauchen regelmäßig in tatarischen Cafés, Moscheen, Schulen und Wohnhäusern auf, um Razzien durchzuführen und Verhaftungen vorzunehmen. Dabei nehmen sie in der Regel gleich mehrere junge tatarische Männer mit.

Dschepparow drängt weiterhin auf Zurückhaltung. Er versucht, die Tataren zu überzeugen, dass jetzt nicht der richtige Zeitpunkt für offenen, direkten Widerstand ist. Angesichts der Größe der tatarischen Familienclans und der engen Beziehungen innerhalb der Gemeinschaft könnte ein lokal begrenzter Zwist leicht zu einer größeren bewaffneten Auseinandersetzung führen. Dann wäre die Katastrophe nicht mehr zu vermeiden, befürchtet Dschepparow: »Wenn die Situation plötzlich wirklich konfrontativ wird, würden sie alle unsere Leute innerhalb weniger Wochen erledigen.« Manchmal taucht er am Ort einer Verhaftung oder eines Konflikts mit der Polizei auf und versucht, die Gemüter zu beruhigen. »Ich habe mehr verloren als irgendwer sonst«, erzählt er den Menschen. Das gibt ihm eine gewisse Autorität. Er sagt dem Bruder, Cousin oder der Mutter eines verhafteten Tataren, dass er ihren Schmerz und ihre Wut versteht. Aber sie sollten seinem Beispiel folgen und darauf verzichten, Gewalt anzuwenden oder sich einer unterirdischen Miliz anzuschließen. »Auch ihr müsst ausharren und euer Leid ertragen.« Andernfalls, warnt er, »kommt es zu einem totalen Desaster«.

Über einen Freund beim Sicherheitsdienst konnte Dschepparow Telefonabrechnungen einsehen, aus denen hervorgeht, dass Isljams Mobiltelefon nach seinem Verschwinden mit Telefonnetzen auf dem russischen Festland verbunden war. Wenn er nach Russland gelangt ist, denkt

Dschepparow, hält man ihn vielleicht gefangen. »Vielleicht ist er dort am Leben. Das ist jedenfalls das, was ich glauben möchte.« Vor einiger Zeit hat er sich informiert, wie lange es nach Stalins Tod im Jahr 1953 dauerte, bis politische Gefangene die Lager verlassen konnten. Es waren manchmal Monate, oft auch Jahre. Dschepparow bleibt nur die Hoffnung auf ein Ende des Systems Putin – nicht nur seiner persönlichen Präsidentschaft, sondern des gesamten Herrschaftsgefüges. Dann könnten die politischen Gefangenen des Landes freikommen, auch die Krimtataren und vielleicht sogar sein eigener Sohn. In der Zwischenzeit müssen er und die anderen Tataren vorsichtig handeln, um dem Staat keinen Vorwand zu liefern, ihr Volk endgültig zu zerstören. Das wichtigste Ziel ist es, zu überleben, bis bessere Tage kommen – nicht nur als Einzelne, sondern als Nation. »Die Jahre bis dahin müssen wir so überstehen, dass wir deshalb nicht rot zu werden und uns nicht dafür zu schämen brauchen«, so Dschepparow.

Eines Tages verabredete ich mich mit Subkow an einer Straßenecke in der Krim-Hauptstadt Simferopol, einem tristen Ort mit sozialistischen Standardwohnkästen und Verwaltungsgebäuden aus der Sowjetzeit – retro-futuristische Zement- und Glasbauten, die unter der Sonne der Krim langsam bröckeln und ausbleichen. Für die Touristen ist die Stadt meist nur Durchgangsstation auf dem Weg zu den Ferienorten an der Südküste. Subkow musste wieder einmal zu einer Gerichtsverhandlung. Der Veterinärdienst der Krim hatte eines seiner Tigerbabys beschlagnahmt, und er hatte Beschwerde eingereicht, um es zurückzuerhalten. Auf dem Weg zum Gerichtsgebäude erläuterte er mir den Hintergrund des Falls.

Einige Monate zuvor hatte er sich bereit erklärt, einem Zirkusbesitzer in Krasnodar, einer russischen Stadt am anderen Ufer des Schwarzen Meers, ein sieben Wochen altes Tigerbaby zu übergeben. Es war nicht das erste Geschäft dieser Art zwischen den beiden, sie hatten im Lauf der Jahre immer wieder einmal mit Tieren gehandelt. Ein Kurier holte den Tiger, der Altai hieß, aus Taigan ab und brachte ihn mit der Fähre zum russischen Festland. Dabei wurde er von Inspektoren des Veterinärdienstes angehalten, die feststellten, dass der Tiger ohne elektronischen Identifikationschip befördert wurde. Subkow räumte ein, dass er sich den Zeitaufwand für die Implantierung des Chips hatte ersparen wollen; es kann bis zu zwei Monate dauern, die erforderlichen Genehmigungen und Registrierungen einzuholen. Aber alle anderen Dokumente waren in Ordnung, und er war bereit, das fällige Bußgeld zu zahlen. Doch statt eine Geldstrafe zu verhängen und Altai zurückzugeben, beschlagnahmte der Veterinärdienst den Tiger und behauptete, nicht sicher klären zu können, wem er gehöre. Ein Subkow wohlgesinnter Mitarbeiter des Veterinärdienstes teilte ihm mit, Altai sei im Keller des Hauptsitzes untergebracht gewesen. Die Beamten und ihre Freunde seien gern heruntergekommen, um sich mit dem Raubtier fotografieren zu lassen. Als es größer geworden war und offenbar jemanden gebissen hatte, gaben sie es an den kleinen Stadtzoo in Simferopol weiter. Subkow legte Beschwerde ein, um Altai zurückzuerhalten.

Die Richterin, eine nüchterne Mittvierzigerin, erteilte ihm das Wort. Er zitierte eine Zeile aus dem Brief, den er vom Veterinärdienst der Krim erhalten hatte. Dort stand, die gesamte »Fauna auf dem Territorium der Russischen Föderation« sei »Staatseigentum«. Subkow zeigte sich konsterniert. »Soll das heißen, dass jetzt alle Tiere dem Staat gehören?«, fragte er. Subkows Anwalt fragte den Vertreter des Veterinärdienstes, wie dieser in den Besitz des Tigers gekommen sei. »Ich verstehe die Frage nicht. Ich kann sie nicht beantworten«, erwiderte dieser. Er wisse nur, dass der Tiger jetzt im Besitz des Staates sei. Subkow explodierte. »Ein Tiger ist beschlagnahmt worden, und niemand kann herausfinden, was hier passiert?«, fragte er. »Der Staat sagt, der Tiger gehört nicht mir, aber er kann nicht sagen, wem er gehört – als ob Tigerjunge überall auf der Krim herumspazieren würden wie junge Küken.« Die Richterin, die der Streit sowohl zu belustigen als auch zu ermüden schien, vertagte die Anhörung. Für Subkow ist das inzwischen Alltag: Ein Gerichtstermin folgt auf den nächsten, allein innerhalb eines Jahres waren es 157.

Nach der Anhörung schlug er mir vor, einen Spaziergang zum Zoo von Simferopol zu machen, wo Altai gehalten wurde. Wir schlenderten durch einen grünen Park und kauften zwei Eintrittskarten. Der Zoo war eng und heruntergekommen. In den Siebziger- und Achtzigerjahren hatten sowjetische Urlauber hier wahrscheinlich heitere Ausflugstage verbringen können, aber dreißig Jahre später wirkte er nur noch öde. Ein paar Familien gingen von einem Gehege zum nächsten und zeigten auf die Tiere, die allesamt in einem anscheinend chronischen Zustand lustloser Untätigkeit auf dem Beton lagen. Der Direktor des Zoos, Alexander Schabanow, ist ein Mann von Mitte dreißig. Subkow mag und respektiert ihn. Schabanow hat sich bei Subkow im Laufe der Jahre immer wieder Rat zur Tierpflege geholt, etwa bei der Fütterung neugeborener Jungtiere und ähnlichen Fragen. Er versucht, unter den alles andere als idealen Bedingungen im Zoo möglichst gute Arbeit zu leisten. Jetzt war er für die Betreuung von Altai zuständig. Als Subkow und ich auftauchten, lag der Tiger in einem rechteckigen Käfig von der Größe eines Lastenaufzugs. »Es ist klar, dass er hier traurig ist«, sagte Subkow.

Auf Schabanow war er nicht böse. »Er ist ein junger Bursche und sehr abhängig von den Machthabern auf der Krim. Für ihn ist es ein Balanceakt, freundschaftliche Beziehungen zu mir zu pflegen, ohne seine eigene Stellung zu gefährden.« Der Zoo ist vollständig in Staatsbesitz. Als dort ein höherer Beamter mit dem Tiger aufkreuzte und Schabanow anwies, diesen aufzunehmen, tat er das natürlich. »Er ist kein Revolutionär«, sagte Subkow. Der Fall sei es ohnehin nicht wert, demonstrativ auf Prinzipien zu beharren. Schabanow solle seinen Posten und seine Zukunft im Zoo von Simferopol behalten. »Ich finde nicht, dass ich von jemandem erwarten kann, sein Schicksal aufs Spiel zu setzen, um sich an meine Seite zu stellen und Parolen zu skandieren.«

Etwas später suchte ich den Zoo noch einmal auf, um mit Schabanow zu sprechen. Nach meinem Eindruck ist er mindestens ebenso sehr Kommunalverwaltungsbeamter wie Zoodirektor. Ich traf ihn in seinem Büro, wo er einer kleinen Armee von Angestellten und Buchhaltern Anweisungen gab: Lassen Sie mich hier unterschreiben; setzen Sie dort einen Stempel und schicken Sie es an diesen Stadtratsverordneten; sagen Sie, der Bericht wird bis Montag fertig. Wir setzten uns auf eine Bank in der Nähe von Altais Käfig. »Wir haben nicht geplant, ihn hier aufzunehmen«, sagte er. »Wir haben nicht um ihn gebeten, man hat ihn uns hergebracht.« Subkows Unterstützer hatten eine kleine Mahnwache organisiert, um die Krim-Regierung zur Rückgabe des Tigers aufzufordern. Auch in verschiedenen politischen Onlineforen der Region hatte der Fall heftige Diskussionen ausgelöst. (Einer der Unterstützer, die sich an der Mahnwache für Subkow beteiligt hatten, erhielt eine Geldbuße von umgerechnet fast tausend Euro, ein anderer wurde wegen eines geringfügigen Vergehens angeklagt und saß fünfzehn Tage im Gefängnis.) Schabanow schien die ganze Affäre zu irritieren; seine eigene Rolle war ihm unangenehm, aber er hatte das Gefühl, nichts ausrichten zu können. »Ich bin nur ein Glied in der Kette, weit weg vom wirklichen Zentrum.«

Schabanow leitet den Zoo seit 2011. Ich fragte ihn, wie sich der Wechsel von der Ukraine zu Russland ausgewirkt habe. Er sagte, als die Krim zur Ukraine gehörte, sei es leichter gewesen, den Zoo zu leiten – allerdings hauptsächlich deshalb, weil sich vieles inoffiziell und aus dem Handgelenk habe regeln lassen. Mit einem Augenzwinkern und einem Schulterklopfen sei es immer möglich gewesen, sich zu einigen – bei manchen (er legte Wert darauf, dass er selbst nicht dazugehörte) habe auch eine Handvoll Bargeld geholfen. Schabanow zeigte auf ein Riesenrad, das zu Sowjetzeiten gebaut worden war und in einer Ecke des Zoos gefährlich hin und her schwankte. Als die Krim zur Ukraine gehörte, sei es immer in Betrieb gewesen, selbst wenn Probleme auftraten. »Ein Mechaniker kam, machte ein paar Handgriffe mit seinem Schraubenschlüssel, und nach ein paar Minuten funktionierte es wieder«, sagte er. Nach der Annexion änderte sich das. Unter russischer Herrschaft war das Rad monatelang geschlossen und außer Betrieb. »Wir mussten die Stangen in den Kabinen auswechseln, verrostete Metallteile austauschen, an der Eingrenzung ein Videoüberwachungssystem installieren, die Anlage an die Brandschutzvorschriften anpassen, Maßnahmen zur Terrorismusbekämpfung befolgen und die Ladegewichte noch einmal komplett überprüfen lassen. Das hat alles viel Zeit, Geld und bürokratischen Aufwand gekostet«, sagte er mir. Dann schwang er die Arme und wies auf den Rest des Zoos. »Und so ist es mit allem.«

Subkow habe sich schwergetan, sich auf die neuen Verhältnisse einzustellen. Sie passten nicht zu seiner Persönlichkeit und seinem Führungsstil. Er habe eine feste Vorstellung davon, wie die Dinge sein sollten, und ihm fehle die Geduld oder die nötige Mentalität, um diese Vorstellung an eine willkürliche Liste von Regierungsauflagen anzupassen. Schabanow bewundert Subkow für seinen Mut; er nennt ihn »einen der größten Draufgänger, die mir je untergekommen sind«. Aber er sieht auch seine schwierigen Seiten: »Mit so einem Rebellen befreundet zu sein, ist nicht immer leicht.« Im Streit um den Tiger Altai habe Subkow nicht begreifen wollen, warum die Logik des gesunden Menschenverstandes sich nicht gegen ein lästiges Dickicht von Regeln und Verfahren behaupten könne. »Er denkt, es müsste genügen, wenn er sagt: ›Kommt schon, wir wissen alle, dass der Tiger mir gehört, gebt ihn einfach zurück.‹« Aber so funktioniert das russische System nicht: Wenn jemand die richtigen politischen Beziehungen hat, lassen sich auch die härtesten gesetzlichen Auflagen aushebeln oder geschickt umgehen. Für alle anderen werden sie ohne menschliche Rücksichtnahme oder Empathie angewandt, und oft genug stellt sich heraus, dass sie erdrückend wirken.

Wir saßen auf unserer Bank gegenüber dem Tigerkäfig. Altai trottete langsam über den Zementboden. Als Schabanow über Subkow sprach, äußerte er sich ausführlicher über das russische System mit seinem komplexen Geflecht aus Vorschriften, Gesetzen und Geldstrafen, an das er sich hatte anpassen müssen. »Warum ist der Staat so, wie er ist?«, fragte er sich laut. »Zum Teil liegt das an uns.« Er meinte die russische Bevölkerung. »Wir sind immer auf der Suche nach Schlupflöchern, um das Gesetz zu umgehen.« Schabanow verglich den Kreislauf der Umgehung und Durchsetzung von Gesetzen mit einem Wettrüsten: »Sie sagen uns, dies und jenes dürfen wir nicht. Also finden wir einen Weg, es etwas anders zu machen. Der Staat reagiert darauf und erklärt ihn für illegal, wir finden einen neuen Weg, und so geht es immer weiter.« Die Bürger versuchten ständig, den Staat zu täuschen, und das führe zu einem immer dichteren Wust von Regeln, die sie davon abhalten sollen. »Wir sind selbst schuld, dass die Gesetze so kompliziert sind.«

Seinen fünfzigsten Geburtstag feierte Oleg Subkow im großen Stil im Safaripark Taigan. Seine kitschigen, schrägen geschmacklichen Vorlieben gehen mit einer aufrichtigen Begeisterung einher, die ansteckend sein kann. Bei meiner persönlichen Inneneinrichtung würde ich auf Ölgemälde von Löwen an allen Wänden und hüfthohe Elefantenstatuen aus Mahagoniholz wohl eher verzichten. Aber in Taigan, wo Subkow seine überschäumende Gastfreundschaft verströmt, wirkt das alles irgendwie stimmig; es passt zum *Terroir* und der Atmosphäre des Ortes. Unter seiner und Oksanas Aufsicht war über Monate hinweg ein riesiger neuer Bankettsaal mit den Abmessungen eines Flugzeughangars errichtet worden. Alle Flächen waren mit Trompe-l'œil-Tapeten verkleidet, und glitzernde Kronleuchter aus falschem Kristall erhellten die Szenerie.

Am Abend der Geburtstagsfeier versammelten sich einige Hundert Gäste um den Brunnen auf dem kleinen Platz vor dem Hotel und dem neuen Saal. Von Weitem erklang das schneidende Schlagen von Rotorblättern und schwoll zu einem tiefen Dröhnen an. Der Hubschrauber landete und wirbelte Geburtstagskarten, Servietten und Frisuren durcheinander. Dann entstieg ihm Subkow im weißen Smoking. »Ich freue mich, dass alle, mit denen ich mein Leben geteilt habe, heute Abend hier sind«, sagte er. »Amüsiert euch gut!« Wir fanden uns nach und nach im Saal ein. Auf einer riesigen Projektionswand prangte das Motto des Abends: »Oleg Subkow, König des Rudels, fünfzig Jahre«. Mein Tischnachbar, ein Mann mittleren Alters, hieß Viktor. Auch er hatte den Beitritt der Krim zu Russland unterstützt. Nach dem Referendum wollte er sich politisch engagieren. Er war Kommunalbeamter in Jalta gewesen und hatte Subkow dort zu ukrainischen Zeiten im Stadtrat kennengelernt. Ebenso wie dieser wollte er nach der Annexion bei den Wahlen unter russischer Herrschaft wieder als Abgeordneter kandidieren. Aber niemand hatte Verwendung für ihn. »Nach dem Beitritt der Krim zu Russland dachten wir, jetzt sind wir an der Reihe«, sagte Viktor. »Stattdessen sind wir im Abseits gelandet, und alle unsere Einflussmöglichkeiten sind blockiert. So komisch und verrückt das ist, so sieht es aus.«

In den nächsten sechs Stunden aßen wir Krim-Austern, Berge von Shrimps und ein halbes Röstlamm, heruntergespült mit saccharinsüßem Krimsekt, sirupartigem Cognac und – so hoffte ich – genug Mineralwasser, um bis zum nächsten Morgen durchzuhalten. Die Moderatoren des Abends waren Edgard Sapaschny, Spross einer russischen Zirkusartistendynastie, die vier Generationen zurückreicht, und Jelena Jurtschenko, die in ukrainischen Tagen Ministerin auf der Krim war. Sapaschny eröffnete den Abend mit der Bemerkung, Subkow habe seinen Erfolg »nicht gestohlen, sondern verdient«, worauf Jurtschenko erwiderte: »Ganz richtig!« Im heutigen Russland versteht sich das offenbar nicht von selbst. Ein Film zeigte das verfallene Holzhaus, in dem Subkow aufwuchs. Ein orthodoxer Priester mit langem, zum Pferdeschwanz gebundenem Haar stand auf, um einen Segen zu erteilen, der in eine schwungvolle Varieté-Show zum Mitsingen mündete. Später kam eine Magierin im Abendkleid auf die Bühne und präsentierte eine Nummer mit einer weißen Taube, die im Bankettsaal herumflog. Einige andere ehemalige Abgeordnete aus Jalta standen auf und erzählten, wie sie Subkow in den Neunzigern bei seinen Anfängen mit dem Skaska-Zoo unterstützt hatten. Mein Nachbar Viktor lachte auf und beugte sich zu mir herüber: »Diese Kerle stricken Legenden«, sagte er. Sie hätten damals kein Land für den Zoo hergeben wollen, weil sie es für 5 Millionen Dollar pro Hektar schwarz hätten verkaufen können. Ich fragte ihn, wie er und Subkow sie dann dazu gebracht hätten, das Land dem Zoo zu geben. Viktor deutete einen Würgegriff um den Hals an.

Kurz darauf erhob sich die staatliche Menschenrechtsbeauftragte der Krim, die offiziell Aksjonow unterstellt ist, um einen Toast auf Subkow auszubringen. In ihrer Lobrede deutete sie zugleich an, dass er ihr ziemliche Kopfschmerzen macht. »Mit Oleg gibt es ständig Krieg«, sagte sie. »Aber ich respektiere ihn und versuche immer, ihm zu helfen, so gut ich kann, ohne die Chefs zu verärgern.«

KAPITEL 5

Anmerkungen zum Lager

Die Annexion der Krim weckte in Russland eine verschüttete Sehnsucht nach imperialer Größe – das Gefühl einer nationalen Aufgabe und Bestimmung, das durch den Zusammenbruch der Sowjetunion zunichtegemacht worden war. Die Rückkehr der Krim hatte etwas unmittelbar und greifbar Physisches, und zugleich brachte sie die nationale Psyche der Russen zum Schwingen. In gewissem Sinn war es eine Vergeltung für all die Herabsetzungen und Kränkungen, die sie in der postsowjetischen Ära erfahren hatten. Die Feder war mit Gewalt aufgesprungen, wie Putin es in seiner triumphalen Rede ausgedrückt hatte. Russland änderte Grenzen, stellte ihren historisch gerechten Verlauf wieder her, und der Westen konnte nichts dagegen tun. Die Sanktionen und Schmähungen, mit denen die westlichen Hauptstädte reagierten, wurden als Bekräftigung der eigenen Tugend angesehen: Die Isolation Russlands war Beweis für den Heldenmut des Landes und die Richtigkeit seiner Politik.

Der Ausbruch des Konflikts in der Ostukraine einige Monate darauf verstärkte diese Stimmung noch. Russische Infiltratoren und patriotisch gesinnte Freiwillige begannen, berauscht vom Erfolg der Krim-Operation, die gegen

Kiew gerichtete, separatistische Bewegung im Donbass zu schüren. Die von Kohlengruben und tristen Industriestädten geprägte Region hat seit Langem kulturelle und wirtschaftliche Verbindungen zu Russland. Der so entfesselte Krieg war nur eine weitere Front in einem Konflikt, der seit den Tagen des Kalten Krieges geruht hatte, aber nie wirklich beigelegt worden war: der große Wettbewerb mit den USA und im weiteren Sinn mit dem gesamten Westen.

Es ging nicht mehr darum, westliche Regierungen und Institutionen auf subtile Weise zu hemmen und auszumanövrieren. Russland ging jetzt auf direkten Konfrontationskurs, illusionslos und ohne freundlich zu tun. Diese Wende verschaffte der konservativen, ja aggressiven Tendenz in der politischen Kultur Auftrieb, was sich unweigerlich auch im Inneren auswirkte. Russlands Bürger sollten mobilisiert und wachsam sein und sich vor feindlichen Elementen im In- und Ausland in Acht nehmen. In seiner Rede anlässlich der Krim-Annexion beschwor Putin das Gespenst einer »fünften Kolonne« – einer »disparaten Gruppe nationaler Verräter«, die Zwietracht innerhalb Russlands säten. Diese Vorstellung kursierte seit Jahren in reaktionären Kreisen, doch jetzt verlieh Putin ihr mit seiner Rede neuen Schwung oder – so drückte es der Fernsehmoderator Dmitri Kisseljow aus – »legalisierte den Ausdruck in der politischen Sprache Russlands«. Die politische Stimmung im Land verdüsterte sich, und es wurde mit neuer Energie Jagd auf innere Feinde gemacht.

Im Juni 2014 strahlte NTW, einer der wichtigsten staatlich kontrollierten russischen Fernsehsender, zwei infame, von verschwörerischem Unterton getragene Dokumentationen über Perm-36 aus, ein einzigartiges historisches Museum auf dem Gelände eines ehemaligen Gefangenen-

lagers. Das Museum war in Perm, einer Industriestadt östlich des Uralgebirges, von einer Gruppe lokaler Historiker
und freiwilliger Unterstützer gegründet worden. Sie hatten
es zu einer Gedenkstätte und einer Plattform für die Zivilgesellschaft gemacht. Hier wurde nicht nur über die Geschichte des Gulag und politische Repressionen der Vergangenheit diskutiert, sondern auch darüber, welche
Lehren und Folgerungen sich aus diesen Ereignissen für
die Gegenwart ziehen ließen.

Der Film auf NTW appellierte an die Stimmung des
Augenblicks, derzufolge die Proteste auf dem Kiewer Mai-
dan eine gewalttätige, von nationalistischen NS-Kollaborateuren aus der ukrainischen Vergangenheit inspirierte
Bewegung darstellten. Als Symbolfigur dafür diente den
russischen Staatsmedien jener schillernde ukrainische
Partisanenführer Stepan Bandera. Sein Name wurde zum
Inbegriff der dunklen Mächte, die im Zweiten Weltkrieg
in Erscheinung getreten und jetzt angeblich wieder auf
dem Marsch waren. Unter Stalin waren im Lager Perm-36
Dutzende Menschen aus der Ukraine und den baltischen
Staaten unter dem Vorwurf der Kollaboration mit den Na-
tionalsozialisten inhaftiert gewesen. Die Wahrheit war
natürlich komplizierter. Einige hatten sich an Verhaftungen und Morden beteiligt, andere waren nationalistische
Ideologen, die die Sowjetunion als imperiale Macht ansahen, und viele waren einfach in die unüberschaubare Gewalt jener Jahre verstrickt gewesen. Für die russische Propaganda spielten solche Differenzierungen keine Rolle.
»Bei fast jeder Führung durch dieses Lager werden Nazi-
Verbündete, Henker und Terroristen gegenüber den Schülern als Helden ausgegeben«, sagte der Erzähler im NTW-
Film. Es wurden grausame Aufnahmen von aktuellen

Kämpfen in der Ukraine gezeigt. Während ukrainische Truppen »Krankenhäuser bombardieren und Zivilisten erschießen, werden Schulkinder in der Region in die Ursprünge dieser Bewegung eingeführt«, heißt es im Sprecherkommentar. Den Museumsgründern wurde vorgeworfen, Geld vom US-Außenministerium angenommen zu haben, das für kremlfreundliche Ideologen die Zentrale des »Regime Change« ist.

In der Folge wurde das Museum vom Staat übernommen und seine Gründer vertrieben. Das war die lokale Auswirkung eines Trends, der sich über das ganze Land ausbreitete. So wurde etwa die Leiterin einer Bibliothek für ukrainische Literatur in Moskau beschuldigt, »extremistische« Materialien zusammengetragen zu haben. »Der ukrainische Nationalismus ging Hand in Hand mit dem deutschen Faschismus, und er hat heute wieder seinen Kopf erhoben«, sagte der Staatsanwalt bei der Gerichtsverhandlung. »Und die Angeklagte ist eines der Instrumente, über die er seine Ideen verbreitet.« (Die Bibliothekarin wurde zu vier Jahren Gefängnis auf Bewährung verurteilt.) Diese Ereignisse spiegelten die neue Stimmung wider. Sie waren nicht unbedingt immer die Folge genauer Anweisungen aus dem Kreml – im ganzen Land versuchten Untergebene und Funktionäre, sich in Pflichteifer zu überbieten oder die Gunst der Stunde zu nutzen, um eigene Ziele zu verfolgen.

Das Museum hatte schon zuvor unter Druck gestanden und ständige Angriffe rückwärtsgewandter Kommunisten und feindlich gesinnter Bürokraten abwehren müssen. Aber nach der Krim-Annexion war die endgültige Abrechnung unausweichlich. Die Kämpfe der Gegenwart waren zu eng mit denen aus der Vergangenheit verflochten, als dass man es einer Einrichtung wie Perm-36 hätte erlauben können, zu eigenen Interpretationen und Schlussfolgerungen zu gelangen. Liberale Kreise in Perm, aber auch in Moskau und St. Petersburg, waren entsetzt: Würde das Museum ganz schließen? Oder würde es gar zu einem Gulag-Museum werden, in dem die Verdienste Stalins und seiner Gefangenenlager gerühmt würden?

Niemand sagte Sergei Kowaljow, wohin er unterwegs war; Gefangenen wurde das nicht mitgeteilt. Trotzdem fand er es ziemlich bald heraus. Es war im Winter 1976. Kowaljow war gerade wegen »antisowjetischer Agitation und Propaganda« zu sieben Jahren Haft in einer sowjetischen Strafkolonie verurteilt worden. Er war fünfundvierzig Jahre alt. Eigentlich war er ein vielversprechender Forscher an einem Institut für Biophysik in Moskau gewesen und hatte über sechzig wissenschaftliche Publikationen veröffentlicht. Aber wie der Atomphysiker Andrei Sacharow, der zum moralischen Zentrum des Widerstands gegen das Sowjetsystem wurde, hatte Kowaljow die relativ komfortable Existenz als Angehöriger des sowjetischen Wissenschaftsestablishments gegen die undankbare Rolle eines Menschenrechtsaktivisten eingetauscht.

Er war Mitherausgeber der *Chronik der laufenden Ereignisse (Chronika tekuschtschich sobyti),* einer Samisdat-Zeitschrift, die in der Sowjetunion über verborgene Netzwerke zusammengestellt und im Ausland gedruckt wurde. Ziel dieser Publikation war es, die Unterdrückung von Dissidenten durch die Sowjetunion und die Bedingungen in den Gefängniskolonien zu benennen und zu beschreiben. Für die sowjetische Regierung, die behauptete, es gebe in der UdSSR keine politischen Gefangenen, stellte selbst ein so trockenes, sachliches Bulletin eine unerhörte Provokation dar. Kowaljow wurde verhaftet und vor Gericht gestellt, was pflichtschuldig auf den Seiten der *Chronik* vermerkt wurde, die nach seiner Verhaftung weiterhin erschien. Andrei Sacharow nahm an dem Tag, an dem ihm selbst in Oslo in Abwesenheit der Friedensnobelpreis verliehen wurde, an der Verhandlung gegen Kowaljow teil, was von dem Ruf zeugt, den dieser in Menschenrechtskreisen genoss.

Dank seiner Arbeit an der *Chronik*, in der die Demütigungen und Entbehrungen, unter denen die Gefangenen litten, detailliert festgehalten wurden, war Kowaljow auf die Einzelheiten des Lagerlebens vorbereitet. Als er in einem verschlossenen Waggon unterwegs war, um seine Strafe anzutreten, konnte er sich vorstellen, was ihn erwartete. Er war gefasst auf die Lügen, den ständigen Druck, das Androhen von Strafen – die endlosen Versuche, Menschen zu brechen und gefügsam zu machen. Es war, als ob ein Autor dystopischer Literatur sich plötzlich selbst in der grausamen, verkehrten Welt wiederfände, die er zuvor nur auf dem Papier gekannt hatte. Der Zug fuhr nach Osten und überquerte den Ural. Obwohl die Haltestellen des Bahnhofs nicht laut angesagt wurden, war Kowaljow klar, wohin es ging: ins sogenannte Permer Dreieck, eine Formation von drei Gefängniskolonien in den Wäldern bei Perm, einer trostlosen Industriestadt etwa 1150 Kilometer östlich von Moskau. Sie beherbergte damals eine wichtige Munitionsfabrik und war deshalb eine geschlossene Stadt, zu der Ausländer keinen Zutritt hatten.

Die Lager bei Perm waren vor nicht allzu langer Zeit entstanden, als die sowjetischen Behörden nach einer Alternative zu den Gefängniskolonien in der näher bei Moskau gelegenen Region Mordwinien suchten. Damals, um die Mitte der Siebzigerjahre, waren die massiven Säuberungen der Stalin-Ära längst vorbei. Repressionen wurden jetzt gezielter und in kleinerem Maßstab durchgeführt. Diejenigen, die aufgrund sogenannter »politischer« Paragrafen inhaftiert waren, mehrere Hundert Menschen etwa, konnten in einem engen Lagerkomplex konzentriert werden. Aber die Kolonien in Mordwinien lagen zu nahe an den Ballungsräumen in der Umgebung. Die Gefangenen konnten Verbindungen zur Außenwelt unterhalten, und immer wieder sickerten Informationen durch. Außerdem standen die Olympischen Spiele 1980 in Moskau vor der Tür. Politische Gefangene unweit der Hauptstadt hätten leicht Anlass zu unangenehmen Fragen ausländischer Repräsentanten und Medien geben können, und das wollte die UdSSR gern vermeiden. Kowaljow sollte seine Strafe in der Arbeitsbesserungskolonie VS 389/36 – kurz »Perm-36« – verbüßen.

Die Geschichte dieser Kolonie reichte damals bereits lange zurück. 1943 war sie als Lager für diejenigen gegründet worden, die in den letzten Jahren der Repressionen unter Stalin verhaftet wurden. In den Jahren nach dem Zweiten Weltkrieg fällten die Gefangenen Bäume und flößten das Holz den Fluss hinab, um die zerstörten sowjetischen Städte wieder aufzubauen. Nach Stalins Tod fungierte die Einrichtung als Gefängnis für Täter aus den sowjetischen Strafverfolgungsbehörden. Zumeist waren dies Beamte der mittleren Ebene, die in den Dreißiger- und Vierzigerjahren die Säuberungen durchgeführt hatten – nur um jetzt, nachdem der Sowjetstaat beschlossen hatte, diese Geschichte unter den Teppich zu kehren, dafür verantwortlich gemacht zu werden. 1972 wurde der Ort auf

Befehl des damaligen KGB-Chefs Juri Andropow zu einem Gefängnis für Menschen umgebaut, die wegen Hochverrats, antisowjetischer Aktivitäten und anderer politischer Straftaten verurteilt wurden. Damals herrschte in den sowjetischen Strafkolonien nicht mehr die Barbarei des Gulag. Die Grausamkeit war eher psychischer als unmittelbar physischer Art – obwohl auch Letztere zur Genüge vorkam, wenn die Lagerleiter es wollten.

Kowaljow hatte geglaubt, dass er über das Leben in der »Zone« – so die inoffizielle Bezeichnung der Lager – so gut wie alles wusste. Doch mit der Zeit merkte er, dass es »einiges gab, was ich nicht verstanden hatte«. Als er noch von außen Berichte aus sowjetischen Gefängnissen für die *Chronik* zusammenstellte, hatte ihn ein bestimmter Punkt seit Langem beschäftigt. Er hörte immer wieder von politischen Gefangenen, die wegen lächerlicher Verstöße in die Strafzelle des Lagers, den gefürchteten »Isolator«, geschickt wurden – etwa, weil sie außerhalb der Kaserne Hausschuhe getragen oder den oberen Knopf ihres Arbeitshemdes offen gelassen hatten. Kowaljow konnte begreifen, dass man sich gegen ungerechte Bedingungen wehrte oder um eines wichtigen politischen Ziels willen in Hungerstreik trat – aber für das Recht, Hausschuhe zu tragen, wo man will? »Was für einen Sinn hat es, darum zu streiten?«, fragte er sich. »Das ist es doch nicht wert, sich in die Strafzelle schicken zu lassen! Es ist einfach albern.« Sollte man seine Kräfte nicht besser für wichtigere Kämpfe mit der Gefängnisverwaltung aufsparen?

Aber jetzt wurden ihm die Hintergründe klar. Die Hausschuhe und Hemdknöpfe dienten nur als Vorwand. Es waren formelle Verstöße, die die Wächter monatelang fröhlich übersahen. Und eines Tages, wenn sie es für nötig hielten, gegen diesen oder jenen Gefangenen vorzugehen – genauer, wenn sie aus der Gefängnisverwaltung die Anweisung dazu erhielten –, machten sie ihn in Hausschuhen vor den Baracken dingfest und schrieben einen Bericht. Niemand scherte sich um die Regeln – bis sie dann plötzlich doch galten und es ab in die Strafzelle ging. Kowaljow war seit drei Monaten in Perm-36, als er an die Reihe kam. Er hatte sich für einen anderen Gefangenen eingesetzt, und zur Vergeltung hielt ihm die Lagerleitung einen absurden Regelverstoß vor. Er erhielt sieben Tage Arrest in der Strafzelle. Um das Maß vollzumachen, verlängerten die Wachleute den Zeitraum auf 15 Tage.

Leute wie Kowaljow – Dissidenten oder »Politische«, wie sie genannt wurden – waren in Perm-36 in der Minderheit, etwa zehn oder fünfzehn von insgesamt etwa 250 Insassen. Die anderen Gefangenen hatten verwickelte Lebenswege, und ihre angeblichen Verbrechen waren noch undurchsichtiger. Oft reichten sie in die Zeit des Zweiten Weltkriegs zurück und hingen vor allem mit den Kämpfen in den westlichen Grenzgebieten der Sowjetunion zusammen. Der Zusammenstoß der nationalsozialistischen und sowjetischen Armeen und Ideologien in der Ukraine, den baltischen Staaten und anderen Gegenden hatte zu grauenhaftem Blutvergießen geführt, und es wurde heftig darum gestritten, wer als Held oder als Verräter anzusehen war. Für verschiedene Bevölkerungsgruppen am Rand des Sowjetimperiums war die Rote Armee ebenso sehr Besatzungsmacht gewesen wie die Nazis. Beim Einmarsch der Deutschen sahen einige die Chance auf nationale Selbstbestimmung, andere beteiligten sich an den grausamsten Verbrechen des Nationalsozialismus.

Aus Sicht des Sowjetstaates war die Verbreitung antisowjetischer Literatur ein ähnliches Verbrechen wie der Kampf aufseiten von NS-Truppen. So kam es, dass man für beide Vergehen auf dem Gefängnisgelände von Perm-36 landete. Mit der Zeit begriff Kowaljow, dass sich auch die Motive und Situationen derjenigen, die im Krieg bewaffnet gegen den Sowjetstaat gekämpft hatten, nicht ohne Weiteres verallgemeinern ließen. Jeder Fall hatte seine eigene Hintergrundgeschichte und moralische Bedingtheit. Unter den Gefangenen gab es Sadisten und ausgemachte Mörder, aber auch aufrichtige Nationalisten und Menschen, die einfach schwach und verwirrt waren. Doch die Sowjetunion hatte keinerlei Interesse daran, über solche Dinge zu debattieren. Deshalb kam es nie wirklich zu einer Klärung über das Vermächtnis dieser historischen Periode, und das hat sich bis heute nicht geändert.

Mitte der Siebzigerjahre erreichten die ältesten Gefangenen das Ende der fünfundzwanzigjährigen Haftzeit, die sie verbüßten, weil sie in den von der Sowjetunion nach dem Krieg annektierten Gebieten gegen sowjetische Streitkräfte gekämpft hatten. In den baltischen Staaten hatten sich diese lokalen Milizen »Waldbrüder« genannt; in der Ukraine »Aufständische Armee«. Sie waren ein ständiges Ärgernis für die Sowjetregierung und verfolgten oft eine nicht minder brutale Taktik als diese. Doch schon bald schlugen rabiate sowjetische Militäroperationen diese nationalistischen Bewegungen nieder. So waren in den Fünfzigerjahren Tausende selbst ernannter Freiheitskämpfer gefangen genommen und hingerichtet worden. Andere kamen nach Perm-36. Zu der Zeit, als Kowaljow dort eintraf, fielen sie dort nicht weiter auf und blieben unter sich. Neben den Nationalisten traf Kowaljow auf ein versprengtes Häuflein von Gefangenen, die offensichtlich und unbestreitbar in NS-Verbrechen verstrickt gewesen waren. Manche gaben sich nicht einmal große Mühe, das abzustreiten. Da war Sagrebajew, der eine verblasste SS-Tätowierung unter der Achsel trug; Potemin, der als Übersetzer für die NS-Militärführung auf besetztem sowjetischem Territorium gearbeitet hatte und von dem es hieß, er habe während des Krieges eine Gefangene vergewaltigt; und Katok, der unter den Nazis als Hilfspolizist gedient hatte. Er hatte sich zwei Partisanenkämpferinnen als Geliebte genommen, beide geschwängert und sie später in den Wald geführt und erschossen. Wie viele der Insassen von Perm-36, die in Kriegsverbrechen verstrickt waren, war er eine zerrüttete, hohle Existenz. Für die Lagerverwaltung war es ein Leichtes, ihn zu manipulieren und als Zuträger – russisch *Stukatsch* – einzusetzen. Um sich das Vertrauen anderer Gefangener zu erschleichen, damit er sie später bei den Wachen denunzieren konnte, griff er zu einem ziemlich durchschaubaren Trick: Er bot ihnen eine Zigarette an – ein Luxus, der in der »Zone« so selten ist wie ein reifer Pfirsich. Allerdings gab er einem nie ein Streichholz dazu, womit er seine falschen Versuche, sich als großzügig zu erweisen, auf sadistische Weise vereitelte und seine wahre Persönlichkeit zeigte. »Wir haben es allerdings trotzdem geschafft, die Zigaretten anzuzünden«, so Kowaljow.

Im Laufe der Jahre begegnete Kowaljow auch vielen anderen angeblichen Kriegsverbrechern und NS-Kollaborateuren, deren Vergehen weniger schwerwiegend schienen. Der Sowjetstaat leitete eine Welle neuer Strafverfolgungsmaßnahmen wegen Kriegsvergehen ein und grub alte wieder aus. So wurde Perm-36 von neuen Gefangenen bevölkert. Es waren alte Männer, die für die angeblichen Verbrechen ihrer Jugend bestraft wurden. Kowaljow lernte

Michail Tarachowitsch kennen, einen Mann von Anfang fünfzig, der auf einem Kollektivbauernhof in Weißrussland aufgewachsen war. Zu Beginn des Krieges wurde sein Dorf von NS-Truppen erobert. 1944, als er siebzehn war, zogen ihn die Deutschen zwangsweise zum Militärdienst ein. Doch bevor Tarachowitsch auch nur einen Schuss abfeuern konnte, wurde sein Dorf von der Roten Armee zurückerobert, die ihn nach der Befreiung in ihre Reihen aufnahm, um auf sowjetischer Seite zu kämpfen. Im nächsten Jahr war er bei der Eroberung Berlins dabei, dem heroischen Abschluss des sowjetischen Sieges. Nach dem Krieg nahm er sein Leben als Bauer in Weißrussland wieder auf. Drei Jahrzehnte später wurde er dort von Ermittlern geholt, die auf seinen kurzen, erzwungenen Dienst in den Reihen der deutschen Armee aufmerksam geworden waren.

Wohl am bezeichnendsten war der Fall von Pawel Boguk. In den Siebzigerjahren war er in mehreren Prozessen als Zeuge der Anklage gegen Beschuldigte aufgetreten, die wegen mutmaßlicher Kriegsverbrechen nach Perm-36 geschickt wurden. Er sagte aus, dass er als Teenager gesehen habe, wie jemand ein Haus niederbrannte und jemand anders in eine Menschenmenge schoss. Nach drei oder vier solcher Prozesse trat ein staatlicher Ermittler an Boguk heran. Er sagte, es wirke doch seltsam, dass Boguk sich immer in der Nähe befunden haben und Zeuge all dieser Verbrechen gewesen sein wolle, aber selbst immer noch frei sei. Um das zu klären, solle Boguk doch einige Kriegsverbrechen gestehen. Er werde dafür eine geringe, rein symbolische Strafe erhalten. Das war eine Finte. Er wurde schließlich zu zehn Jahren Haft verurteilt und nach Perm-36 geschickt, wo er zusammen mit denen einsaß, zu deren Verurteilung er selbst beigetragen hatte. »Er war die ganze Zeit verschreckt und rechnete in jedem Moment mit Rache«, sagt Kowaljow. Boguk flehte darum, die Nacht in der Krankenstation verbringen zu dürfen, sogar im Heizungsraum – überall, nur nicht mit allen zusammen in der Baracke. Aber seine Mithäftlinge reagierten nicht mit Gewalt oder Hass. »Es sind die Intellektuellen, die jede Beleidigung und jede Herabsetzung im Gedächtnis behalten«, so Kowaljow. »Einfache, weniger gebildete Leute können die Gemeinheiten anderer ganz gut einordnen. Sie wissen, dass sie sich selbst genauso verhalten hätten.«

Dissidenten und Menschen, die in den Siebziger- und Achtzigerjahren wegen politischer Verbrechen angeklagt wurden, kamen fast ausnahmslos in die Lager von Perm – die einzigen Strafkolonien in der Sowjetunion, die darauf ausgelegt waren, solche Insassen aufzunehmen. Unter den Häftlingen waren Wladimir Bukowski, ein prominenter Dissident, der die missbräuchliche Praxis der psychiatrischen Zwangsbehandlung in der Sowjetunion enthüllte, und Wassyl Stus, ein überragend begabter ukrainischer Dichter, der 1985 bei einem Hungerstreik während einer lang andauernden Einzelhaft starb, ohne je zu erfahren, dass er von Unterstützern und Literaturkritikern für den Literaturnobelpreis nominiert worden war.

Zu dieser Zeit fürchteten die Behörden, dass die Misshandlung von Gefangenen die Aufmerksamkeit auf ihre Sache lenken oder zu Druck vonseiten westlicher Regierungen führen könnte. Damit hatten die Gefangenen einen Hebel in der Hand. Sie drohten regelmäßig mit Hungerstreik, was die Lagerverwaltung in Verlegenheit und Schrecken versetzte: Wie sollte sie es den Vorgesetzten erklären, wenn ein Gefangener verhungerte? Zudem schrieben sie unaufhörlich offizielle Beschwerden, mit denen die sowjetische Bürokratie sich zumindest pro forma befassen musste.

Die Beziehungen nahmen den Charakter eines Kampfrituals an. Die Insassen versuchten dabei nicht zu gewinnen, sondern ihre Gefängniswärter zu frustrieren und zu verärgern; und diese wiederum versuchten vor allem, zumindest den Anschein von Ordnung zu bewahren und für Ruhe zu sorgen, um sich keine Probleme mit der Obrigkeit einzuhandeln. Wie es Bukowski in seinen Memoiren schildert, scherte sich damals niemand mehr um den Marxismus oder sprach von einer »strahlenden Zukunft«. Die Wachen von Perm-36 wollten einfach nur, dass ihre Macht anerkannt wird. »Als sie versuchten, uns in den Lagern auszuhungern oder in den Strafzellen verrotten zu lassen, forderten sie von uns nicht, an den Kommunismus zu glauben. Es ging ihnen schlicht um Unterwerfung oder wenigstens die Bereitschaft zu Konzessionen.«

Kowaljow gehörte zu denen, die keine Zugeständnisse machen wollten. Diese Sturheit führte dazu, dass er immer wieder in die Strafzelle gesperrt wurde. Er verbrachte dort insgesamt drei seiner sieben Jahre Haft. Fortlaufend gab er Informationen über die Haftbedingungen an die *Chronik* weiter, was die Verwaltung zur Weißglut brachte. Sie konnte nicht herausfinden, wie es ihm gelang, die Nachrichten hinauszuschmuggeln, und erhielt regelmäßig wütende Telefonanrufe von höheren Stellen. Kowaljow nutzte eine »unappetitliche« Methode, wie er es dezent nannte. Wenn seine Frau und sein Sohn ihn in Perm-36 besuchten, schrieb er zuvor in kleiner Schrift Texte auf winzige gefaltete Papierstreifen und wickelte sie in zwei Lagen Plastikfolie ein. Bevor er seine Besucher sehen durfte, wurde er gefilzt. Deshalb bestand die einzige Möglichkeit, die Papiere weiterzugeben, darin, sie zu schlucken – und zwar rechtzeitig, um während des Familienbesuchs auf die Toilette zu gehen. Seine Frau und sein Sohn, die beim Verlassen des Lagers gleichfalls durchsucht wurden, entfernten eine Lage der Kunststoffumhüllung, schluckten die Papiere erneut und schieden sie einige Tage später außerhalb des Lagers wieder aus. Bei der umfangreichsten Operation dieser Art schluckte Kowaljow acht eingewickelte Notizen, von denen sieben ihren endgültigen Empfänger erreichten – eine gute Quote, wie er fand. Nach seiner Freilassung im Jahr 1981 sagten ihm die Kollegen von der *Chronik,* die die geschmuggelten Nachrichten abtippten, der Gestank sei unerträglich gewesen. Aber das war ein geringer Preis für die Möglichkeit, Nachrichten aus einem sowjetischen Gefangenenlager an die Außenwelt weiterzugeben.

Zu den letzten Sträflingen, die nach Perm-36 geschickt wurden, gehört Michail Mejlach, der eher ein Opfer der Umstände war, als dass er gezielt Widerstand geleistet hätte. Mejlach war zum Zeitpunkt seiner Verhaftung 1983 achtunddreißig Jahre alt und als Linguist und Literaturwissenschaftler in Leningrad tätig. Er und seine Freunde lehnten das Sowjetsystem zwar ab, waren aber keine Dissidenten, was in ihren Köpfen einen größeren Unterschied machte als in den Augen des Staates. »In meinem Freundeskreis war es undenkbar, dass jemand irgendwelche, sagen wir, sowjetische Ideen vertrat«, erinnerte Mejlach sich Jahre später. »Alle hassten die Sowjetmacht, aber wir haben uns nicht erlaubt, gegen sie vorzugehen.«

Mejlach hatte eine Sammlung von Samisdat-Literatur – Solschenizyns *Archipel Gulag*, die Romane Vladimir Nabokovs sowie verschiedene Gedichte und Essays. Er bewahrte sie in der Wohnung einer ihm vertrauenswürdigen älteren Frau auf. Niemand würde sie jemals verdächtigen. Deshalb konnte Mejlach gelegentlich vorbeikommen, um etwa einen Gedichtband von Achmatowa gegen einen von Mandelstam einzutauschen. Er konnte ihn lesen, vielleicht an einen Freund weitergeben, und dann erneut eintauschen. Als die Frau erkrankte und sich abzeichnete, dass sie bald sterben würde, bat sie Mejlach, die Sammlung abzuholen. Das tat er, aber er wusste nicht, wo er sie nun unterbringen sollte. Eine Möglichkeit wäre die Familiendatscha außerhalb der Stadt gewesen. Doch Mejlach wollte seinem Vater, einem angesehenen Literaturhistoriker, keine Probleme bereiten. Schließlich ließ er die Sammlung in der Wohnung eines nicht sehr engen Freundes, der sich, wie Mejlach später bitter sagte, als »ziemlich verantwortungslos« erwies: Er gab die Bücher allen zu lesen, die bei ihm auftauchten. So dauerte es nicht lang, bis der KGB von dem Literaturversteck erfuhr. Mejlachs Freund zeigte sich sofort reumütig und bekam eine geringe Strafe. Mejlach selbst wurde zu sieben Jahren Haft verurteilt.

Er kam 1984 nach Perm-36. Man konnte ihn schwerlich als Kämpfer gegen den Sowjetstaat bezeichnen. Ganz gewiss hatte er keinen militanten Widerstand geleistet und auch keinen bewussten und offenen ideologischen Kampf geführt wie Kowaljow. Was ihn Jahre seines Lebens kostete, war lediglich eine Sammlung von Prosa und Gedichten, die er mit seinen Freunden ausgetauscht hatte. Er tat sich schwer mit der Isolation in Perm-36, den willkürlichen Regeln und Bestrafungen und mit den Launen der

Wachen, die jederzeit in die Baracke kommen und einen in die Strafzelle schicken konnten, weil die Bettlaken nicht vorschriftsgemäß eingesteckt waren.

Mejlach praktizierte seit vielen Jahren Yoga. Abends machte er oft eine Übung, bei der er eine Kopfstandhaltung einnahm und die Füße in die Luft ragten. Dieses Verhalten brachte die Gefängnisverwaltung außer Fassung. Es konnte doch nicht einfach erlaubt sein, auf dem Kopf zu stehen – auch wenn das nirgendwo ausdrücklich untersagt wurde. Schließlich beschloss sie, Mejlach habe die Vorschrift verletzt, dass Gefangene aufzustehen haben, wenn ein Gefängniswärter oder Lagerangestellter den Raum betrat. Er versuchte einzuwenden, dass er ja gestanden habe, nur eben auf dem Kopf, was ihm mehr als genug Zeit einbrachte, in der Strafzelle darüber nachzusinnen. 1987, als im Zuge der Perestroika eine Reihe von Urteilen umgewandelt wurden, kam er frei. Ein Jahr darauf verließ der letzte Gefangene Perm-36.

1992, ein Jahr nach dem Zusammenbruch der Sowjetunion, unternahm eine Gruppe von etwa zwanzig Historikern und Aktivisten aus Perm die mehrstündige Fahrt in das Gebiet, das bis kurz zuvor das »Permer Dreieck« gewesen war. Im ganzen Land waren die Menschen neugierig auf die Seiten der russischen Geschichte, die die sowjetischen Machthaber vor ihnen verborgen hatten. Über Generationen hinweg war nichts so sehr im Dunkeln gehalten worden wie die Repressionsmaßnahmen und die politischen Gefangenen der Sowjetunion. Die meisten Einwohner von Perm wussten nicht einmal von der Existenz der drei Lager im Wald vor ihrer Stadt. Wie in vielen russischen Städten wurde auch in Perm ein örtliches Büro der

NGO Memorial eingerichtet. Diese Ende der Achtziger-jahre gegründete Menschenrechtsorganisation dokumen-tierte unter anderem die Misshandlung der Bürger durch den Staat und begann, die Geschichten der Repressions-maßnahmen in der Region zu recherchieren.

Das Ziel der Memorial-Mitglieder und ihrer Unterstüt-zer war die »Zone«. Im Lager Perm-35 suchten sie die Krankenstation auf, wo sie auf eine Reihe älterer, bettläge-riger Gefangener trafen – die Letzten von denen, die einst verurteilt worden waren, weil sie nach dem Krieg in Ost-europa die Sowjetunion bekämpft hatten. Perm-37 war nicht zugänglich. Es war zu einem regulären Gefängnis für Häftlinge umgebaut worden, die Urteile wegen normaler Straftaten verbüßten. Die Gruppe fuhr schließlich noch anderthalb Stunden weiter bis zum Lager Perm-36. Die Holzbaracken, in denen die Gefangenen gehaust hatten, befanden sich im Verfall. Die Dächer waren eingebrochen, und die Fundamente begannen zu faulen. Über ein dickes Schlammfeld gelangten die Besucher ins »Sonderbehand-lungsgebiet«, eine noch restriktivere Zone. Die Gebäude waren von den Bäumen und der feuchten Erde zur Hälfte verschluckt worden. Es war, als ob man auf einer Dschun-gellichtung auf Maya-Ruinen stieße. Die Gruppe ging hi-nunter zu einem hinter dem Gefängnis gelegenen Sumpf. Sie fand dort ein rostiges Gewirr aus Stacheldraht und Eisentoren. Die letzten verbliebenen Wachen hatten vor ihrem Abzug die Reste des Grenzzauns niedergewalzt und die verknäuelten Überbleibsel hier abgeladen, um sie im braunen Schlamm versinken zu lassen.

Unter den Teilnehmern war auch Viktor Schmyrow, der Leiter der historischen Fakultät an einer Permer Hoch-schule. Bei weiteren Besuchen in Perm-36 fand er heraus, dass die Geschichte des Lagers bis in die 1940er-Jahre zurückreichte. Damit war es die einzige physisch erhaltene Anlage aus der Zeit des stalinschen Gulag-Systems, was es zu einem erstaunlich seltenen und wichtigen historischen Forschungsobjekt machte: In ganz Russland, wo es solche Lager einst zuhauf gegeben hatte, war dies der einzige Ort, an dem die Erinnerungen aus der Vergangenheit unmittelbar greifbar wurden. Schmyrow, seine Frau Tatjana Kursina und andere Mitglieder von Memorial begannen, sich für die Erhaltung der Stätte zu engagieren. Mit eigenen Ersparnissen und Darlehen von Freunden reparierten sie die Sägemühle des Lagers und nutzten sie zur Holzverarbeitung. Die Hälfte des fertigen Holzes verkauften sie und bezahlten mit den Gewinnen Material und Ausrüstung. Mit der anderen Hälfte restaurierten sie die Baracken und Verwaltungsgebäude des Lagers. Da sie nicht genug Nägel hatten, zog Schmyrow alte, verbogene Nägel aus kaputten Holzteilen und richtete sie gerade, sodass sie wiederverwendet werden konnten. »Zunächst wollten wir diesen Ort als Denkmal erhalten«, sagt er. »Und wenn wir das schaffen würden, mussten wir ihn irgendwie nutzen, das war sonnenklar.«

1995, acht Jahre nachdem der letzte Häftling das Straflager Perm-36 verlassen hatte, wurde es als Museum wieder eröffnet. Die erste Ausstellung war den prominenten Dissidenten gewidmet, die dort inhaftiert gewesen waren: Bukowski, Stus und Kowaljow, der in den Neunzigerjahren ein bekannter Menschenrechtsaktivist geworden war und eine Zeit lang sogar als Abgeordneter in der Duma saß und Präsident Jelzin beriet. Als Nächstes begann Schmyrow mit der Arbeit an einer Ausstellung, die die Geschichte der stalinschen Säuberungen und des riesigen Netzes der Gulag-Lager erzählte, das sich weit über die schneebedeckten Wälder von Perm hinaus erstreckt hatte.

Der Permer Historiker Leonid Obuchow, ein Mitbegründer des Museums Perm-36, stellte fest, dass bei Menschen der älteren Generation, die die schlimmsten und grausamsten Jahre des Stalin-Terrors durchlebt hatten, die Angst immer noch nicht völlig ausgelöscht war. Sie waren kaum in der Lage, über das Erlebte zu sprechen. Besorgniserregender war, was er bei den nachfolgenden Generationen beobachtete, den Kindern und Enkeln: »Sie hatten diese Angst nicht, aber sie wussten auch nichts.« Obuchow beobachtete, wie die Besucher durch das Museum gingen. »Sie liefen durch die Baracken, sahen sich die Zellen an, aber für sie war das Geschichte, sie stellten keinen Bezug zu sich selbst oder der gegenwärtigen Situation her.«

Bei Perm-36 drängt sich unweigerlich der Vergleich mit einem Ort wie Auschwitz auf: Beides sind Gedenkstätten und Museen, die sich direkt auf dem Gelände von Lagern totalitärer Regime befinden. Auschwitz hatte letztlich dazu gedient, die dort Inhaftierten zu ermorden. In Perm-36 sollten Staatsfeinde oder diejenigen, die der Staat dafür hielt, isoliert und bestraft werden, doch im Unterschied zu den sowjetischen Lagern der Dreißigerjahre strebte er nicht mehr danach, sie physisch zu vernichten. In Bezug auf das historische Gedenken ist ein anderer Unterschied von Bedeutung: Die Gedenkstätte Auschwitz steht heute für einen breiten gesellschaftlichen Konsens in Europa; sie ist Teil einer kollektiven Anstrengung, sich an die jüngste Vergangenheit zu erinnern und daraus zu lernen, ein Mahnmal. Perm-36 war umstrittener. Es war nicht eine unter vielen solcher Gedenkstätten in Russland. Es wurde auch nicht in landesweite Programme zur Bildung und staatsbürgerlichen Information aufgenommen, da solche Programme nicht existierten. Perm-36 war ein Sonderfall – und dazu noch ein verborgener, da es einige Stunden von der nächsten Stadt entfernt in einem Wald lag.

Die Art und Weise, wie Nachkriegsdeutschland und das postsowjetische Russland mit den Dämonen ihrer jeweiligen Geschichte umgingen und versuchten, sie auszutreiben oder zu begraben, hätte nicht gegensätzlicher sein können. Die Gründe dafür sind vielfältig. Die Sowjetunion bestand Jahrzehnte länger als das NS-Regime, und seit ihrem Zusammenbruch ist viel weniger Zeit vergangen. Nachkriegsdeutschland war militärisch besiegt worden und befand sich unter ausländischer Besatzung. Das erleichterte die strafrechtliche Verfolgung ehemaliger NS-Funktionäre, die für Massenverbrechen verantwortlich waren. Russland stand in seiner Übergangsphase nicht unter Verwaltung einer externen Macht, und Funktionäre der Kommunistischen Partei, des KGB und anderer staatlicher Organe sind dort nie gerichtlich zur Verantwortung gezogen worden.

Der vielleicht wichtigste Faktor ist jedoch die Art der sowjetischen Repressionen: Sie richteten sich gegen »innere Feinde« – angebliche Verräter und Spione in der Kommunistischen Partei oder Saboteure und »Schädlinge« in Fabriken. »Während es beim Holocaust um die Ausrottung der ›anderen‹ ging, war der sowjetische Terror selbstmörderisch«, schreibt der Kulturhistoriker Alexander Etkind von der Universität Cambridge in seinem Buch *Warped Mourning* (»Verzerrte Trauer«), in dem er untersucht, wie die nicht abgeschlossene Auseinandersetzung mit der Vergangenheit das heutige Russland immer wieder verfolgt. Der Selbstvernichtungscharakter des sowjetischen Terrors trat 1992 in all seiner Absurdität offen zutage, als einmalig der Versuch unternommen wurde, die Kommunistische Partei für verfassungswidrig zu erklären. Die Anwälte der Partei argumentierten bei dem Verfahren, sie sei bereits genügend bestraft, da unter den Repressionen überdurchschnittlich viele Parteimitglieder gelitten hätten. Diese Argumentation lief auf die Behauptung hinaus, es sei eine Art ausgleichende Gerechtigkeit wiederhergestellt worden, weil sowohl Täter als auch Opfer dieses historischen Geschehens in der Partei gewesen waren. Etkind beschreibt, wie der »gegen sich selbst gerichtete« Charakter des sowjetischen Terrors die Impulse hemmt, die in der Regel nach katastrophalen Gewalterfahrungen in einer Gesellschaft aufkommen: das Bedürfnis, das Desaster zu verstehen, die Trauer um die Opfer und die Sehnsucht nach Gerechtigkeit.

In der Sowjetunion wurden Menschen aus Gründen getötet oder inhaftiert, die mit der beobachtbaren Realität nicht in Einklang zu bringen waren. Ein Jude, der während der NS-Zeit verfolgt wurde – so Etkind –, verstand sich als Jude. Er erkannte an, dass es diese Kategorie gab und er dazugehörte, auch wenn er darin selbstverständlich keinen Grund sah, ihn zu vernichten. Aber wer war ein »Kulak«, ein »Volksfeind«, ein »konterrevolutionäres Element«? Das waren paranoide Fiktionen, die es im wirklichen Leben nicht gab und die gleichwohl den Tod bedeuten konnten. Etkind zitiert den Historiker Michail Geller: »Der Unterschied ist, dass die Opfer in Hitlers Lagern wussten, warum sie getötet wurden.« Wer im Gulag umkam, sei hingegen »perplex gestorben«. Diese Perplexität, die Unmöglichkeit, erklären zu können, wer leben und wer sterben würde, bedeutete, dass alle, die am sowjetischen Projekt teilnahmen, in irgendeiner Weise verstrickt waren. 1956, als Stalin gestorben und der Gulag geräumt worden war, sagte die Dichterin Anna Achmatowa: »Jetzt schauen zwei Russlands einander ins Auge – das eine war eingesperrt, das andere hat eingesperrt.«

Mitte der Neunzigerjahre kam eine Gruppe deutscher Studierender als Freiwillige nach Perm-36, um bei Reparatur- und Bauprojekten zu helfen. Sie waren motiviert und begeistert, hatten beste Absichten und idealistische Vorstellungen von Gedenken und historischer Gerechtigkeit. Auch Kowaljow war dort. Er kam häufig, um gemeinsam mit Schmyrow und Kursina Ideen zu erarbeiten und Erinnerungen mitzuteilen. Die deutschen Studierenden fragten ihn nach seiner Zeit als Gefangener in Perm-36, und er erzählte ihnen, wie er wegen eines offenen Hemdknopfs in die Strafzelle geschickt worden war. Er rief einen anderen Mitarbeiter des Museums hinzu, Iwan Kukuschkin, einen bärtigen, schwerfälligen Mann um die fünfzig. Die beiden begrüßten sich mit einem herzlichen Handschlag. »Erzählen Sie ihnen, wie das war, Kukuschkin«, sagte Kowaljow.

Kukuschkin war früher Wächter in Perm-36 gewesen. Er hatte auch Kowaljow beaufsichtigt und ihn oft in die Strafzelle geschickt. Er wohnte immer noch in dem Dorf in der Nähe von Perm-36, arbeitete jetzt als Wachmann im Museum und verrichtete verschiedene Arbeiten auf dem Gelände. Mit seiner Hilfe rekonstruierte Schmyrow den Raum, in dem die Gefangenen auf Schmuggelware und verbotene Materialien durchsucht worden waren. Kukuschkin war ehrlich und arbeitete hart. Schmyrow und Kursina respektierten ihn, und sogar Kowaljow tat das. Auf dessen Aufforderung hin erwiderte Kukuschkin, er habe ihn nur aus gutem Grund in die Strafzelle gesteckt, genauer gesagt der »Disziplin« halber. Das hieß nicht unbedingt, dass Kowaljow gegen eine Vorschrift verstoßen hatte – vielleicht hatte er das, vielleicht auch nicht. Die Lagerleitung sagte Kukuschkin, Kowaljow solle in die Strafzelle, also schickte Kukuschkin ihn dorthin.

Die Deutschen waren sprachlos. Sie wirkten zutiefst aufgewühlt und wollten auf der Stelle aus Perm-36 abreisen. Was sie so verstörte, war nicht Kukuschkins Bericht darüber, wie er gehorsam seine Befehle ausgeführt hatte. Es war der Handschlag zwischen ihm und Kowaljow, der joviale Umgang zwischen den beiden. Kowaljow versuchte zu erklären, dass Kukuschkin kein Sadist, Folterer oder Wachmann in Auschwitz gewesen war. »Er hat Menschen nicht in tödliche Gaskammern gejagt oder auf dem Gefängnishof erschossen.« Er sei einfach als junger Mann den Verhältnissen und der sowjetischen Propaganda erlegen. Kowaljow empfand für Kukuschkin eher Mitgefühl als irgendetwas anderes. Bei Licht besehen »stand er in der Hierarchie nicht sehr weit über uns. Er war nicht wirklich frei, sondern den Launen der Lagerverwaltung ausgeliefert, genau wie wir.« Die Baracke, in der er wohnte, unterschied sich kaum von denen der Gefangenen, und er aß das gleiche miserable Essen, so wie damals fast alle in der Sowjetunion. »In gewissem Sinne hatten wir ein ähnliches Schicksal«, sagte Kowaljow. Die Deutschen waren nicht überzeugt. Sie waren strengen, kategorischen Normen verpflichtet. Ihre ethischen Prinzipien waren geprägt von der bewundernswerten, wenn auch oft unflexiblen Einstellung Deutschlands zum Totalitarismus und denen, die ihm dienen: Ein politischer Gefangener sollte seinem Wächter nicht die Hand geben – das ist ein Grundsatz, aus dem eine ganze Weltsicht folgt.

Kowaljow versuchte es mit einem letzten Argument. Er erzählte den deutschen Studierenden von der Zeit vor seiner Verhaftung, als er an einem Biophysik-Institut in Moskau wissenschaftliche Forschung betrieben hatte. Für seine Experimente brauchte er Mikroelektroden, die in der hauseigenen Werkstatt des Instituts gefertigt wurden. Die Wartezeit dauerte mehrere Monate und konnte sich endlos hinziehen. Doch sie ließ sich verkürzen, indem man den Männern in der Werkstatt etwas Alkohol zukommen ließ. Also erteilte Kowaljow Beschaffungsaufträge für Experimente, die er nie durchzuführen beabsichtigte, für die jedoch mehrere Liter Alkohol in Laborqualität benötigt wurden. Er füllte ihn in kleinere Flaschen ab und bestach damit die Mitarbeiter der Werkstatt, um die Teile zu bekommen, die er wirklich brauchte. »Wenn das Leben so eingerichtet ist, dass ich meine wissenschaftliche Arbeit nicht machen kann, ohne zu stehlen, wie kann ich dann Kukuschkin verurteilen?«, fragte er die Deutschen. »Ich kann nicht von oben auf ihn herabschauen, wenn ich Teil desselben Systems bin. Ich bin genauso in Lügen verstrickt wie er.«

Nach Schmyrows und Kursinas Auffassung hatte sich die russische Gesellschaft mit den unzähligen Erkenntnissen aus dieser Vergangenheit und mit ihrer Komplexität nicht wirklich auseinandergesetzt. Die Freiheit hatte sich nach dem Zusammenbruch der Sowjetunion zu mühelos eingestellt; sie wurde weder geschätzt noch verstanden. Die meisten Menschen, so Kursina, wiesen noch »alle Krankheitssymptome« der sowjetischen Lebensverhältnisse auf: Angst, Unwissenheit, Ohnmacht, Verantwortungslosigkeit, Aggression. Hier war ein systematischer Therapieplan nötig. »Das Wissen über die wahre Natur des Sowjetregimes ist eine bittere Medizin«, so Kursina. Diese Geschichte mit wissenschaftlicher Distanz zu erzählen und etwa die Leiden der Opfer gegen die Bedürfnisse eines sich rasch modernisierenden Landes oder dringende Kriegsmaßnahmen abzuwägen, schien ihr ein Ding der Unmöglichkeit. »Ich soll mich neutral dazu verhalten? Wenn ich über diese schrecklichen Dinge spreche, dramatisiere ich doch nichts.«

Schmyrow und Kursina wollten Perm-36 zu einer gesellschaftlichen Plattform machen, einem Ort der Auseinandersetzung mit der unbewältigten Geschichte Russlands und ihrer Bedeutung für die Gegenwart. Es genügte nicht, zu zeigen, wie die Gefangenen untergebracht waren, was sie gegessen und wo sie Bauteile für sowjetische Bügeleisen gefertigt hatten. Die grundlegenden Fragen durften nicht übergangen werden: Wie kam es, dass der Staat Menschen verhaftete, weil sie ein Buch besaßen oder Fakten zum Justizsystem des Landes weitergaben? Warum war das so bedrohlich, und was sagte es über das System selbst aus? »Das Museum soll kein Spukschloss sein, in dem vorgeführt wird, wie unheimlich es war«, so Schmyrow. Sein Auftrag sollte vielmehr darin bestehen, die Geschichte des »Widerstands gegen die Unfreiheit« zu erzählen.

2005 war Perm-36 erstmals Schauplatz der Veranstaltung »Pilorama«, deutsch »Gattersäge«, benannt nach der Maschine, mit der die Gefangenen und später die Museumsgründer Holz geschnitten hatten. Die von da an jährlich stattfindende Pilorama entwickelte sich im Laufe von sieben Jahren zu einem mehrtägigen Festival mit Konferenz. Bekannte Dichter und Musiker traten dort auf, und es gab Podiumsdiskussionen zu politischen Repressionen. Die Teilnehmer schliefen in Zelten, die auf freiem Feld auf dem Gefängnisgelände aufgestellt waren. Die Pilorama verband die Atmosphäre eines Rockfestivals – Schmutz, Alkohol, Verruchtheit, Skepsis gegenüber Autoritäten – mit dem Eifer und der ideologischen Hartnäckigkeit eines studentischen Debattierklubs.

Einmal inszenierte der britische Theaterregisseur Michael Hunt dort eine Aufführung von *Fidelio,* Beethovens einziger Oper. Das Libretto erzählt die Geschichte von Leonore, die sich als Wächter verkleidet, um ihren Ehemann Florestan aus dem Gefängnis zu retten, wo er wegen falscher, politisch motivierter Anschuldigungen festgehalten wird. Die Oper klagt Grausamkeit, Ungerechtigkeit und Machtmissbrauch an und zelebriert im Finale den Triumph von Freiheit und Liebe. Die moralische Botschaft ist klar und vernehmlich; in der Sowjetunion wurde *Fidelio* bis nach Stalins Tod nicht gespielt. Bei der Inszenierung in Perm-36 verzichtete Hunt auf Bühne und Publikumssitze und nutzte stattdessen die gesamte Umgebung. Das Publikum durchstreifte das Lagergelände, umgeben von Darstellern, die als Gefangene und Wächter verkleidet waren und mit Gesang und Spiel die Rituale des Gefängnislebens reproduzierten. In der Pause erhielten die Zuschauer eine Schüssel zerkochter Buchweizengrütze. Der zweite Akt fand in den engen, dunklen Korridoren der »Sonderbehandlungszone« statt, wo Leonore suchend nach Florestan rief. Für die Zuschauer, die nur wenige Zentimeter von ihr entfernt standen, während sie sich von Zelle zu Zelle bewegte, war das ein unmittelbar berührendes Erlebnis.

In den Anfangsjahren wurde das Museum Perm-36 von den örtlichen Behörden hoch gelobt. Sie begrüßten es als touristischen Anziehungspunkt für die Region wie als gesellschaftliche Institution. Der Gouverneur der Region

Perm verlieh Schmyrow eine Auszeichnung für »Verdienste um das Vaterland«. Er erhielt eine Medaille und eine von Jelzin unterzeichnete Gratulationsurkunde. Kursina wurde von einem pensionierten KGB-Offizier angesprochen, der wiederholt und hartnäckig um ein Gespräch mit Kowaljow bat. Wie sich herausstellte, war der Mann in den Siebzigerjahren für Kowaljows Fall zuständig gewesen. Sie arrangierte ein Treffen. Der Offizier, inzwischen betagt und kränklich, lud Kowaljow und Kursina zu sich in die Wohnung ein. Sie lernten seine Frau und seine erwachsenen Kinder kennen und wurden mit einer Flasche feinem Cognac bewirtet, begleitet von einem reichen Vorrat an *Sakuski* – mit Dill gewürzten Salaten, Aufschnitt und sauren Gurken. »Heute bin ich sicher, dass er eine Art päpstlichen Ablassbrief brauchte«, sagte mir Kursina. »Mit der Begegnung und dem Händedruck hat er all den Unrat und Dreck abgewaschen.« Anschließend schenkte der Mann dem Archiv in Perm-36 seine privaten Erinnerungen an die Zeit beim KGB.

Nach Putins Amtsantritt als Präsident änderte sich zunächst nichts, doch es war von Anfang an klar, dass der Staat nur noch beschränkt Interesse daran hatte, die unschönen und unangenehmen Aspekte der Vergangenheit zu thematisieren. Neue Werte wurden auf den Schild gehoben. Die Unsicherheit und Selbstgeißelung der Neunziger sollte durch Selbstvertrauen und patriotischen Prunk ersetzt werden, das galt auch für die Beschäftigung mit der russischen Geschichte. Die Neuauflagen der Schulbücher gingen über die schlimmsten Repressionen der Stalinzeit rasch hinweg. Sie wurden entweder als Auswüchse oder als notwendige Opfer für die Modernisierung des Landes und den Sieg über NS-Deutschland dargestellt.

Die Patchwork-Ideologie, die Putins Herrschaft untermauert, sieht Russland als Erben des sowjetischen Groß-
machtstatus. Der sowjetische Sieg im Zweiten Weltkrieg
steht in dieser Weltsicht in direkter Kontinuität mit der
Erkundung des Weltraums und der Rivalität mit den USA
im Kalten Krieg: Was zählt, ist die Geschichte des Imperiums und die Macht des Staates. Nach Marx und Warte-
schlangen für Brot sehnt sich niemand zurück, doch die
Nation ist sakrosankt, ganz gleich in welcher geschichtli-
chen Epoche. Mit der Zeit breitete sich diese Einstellung
auf die politische Bürokratie in ganz Russland aus – von
Moskau nach Perm und in weit dahinterliegende Regionen. »Erst kam der Regierungswechsel im Kreml«, sagte
Schmyrow. »Und dann begannen sich die Dinge auch hier
zu ändern, allerdings langsam und stiller.«

Eines Tages stürmte der ehemalige KGB-Offizier aufgebracht in das Büro des Museums und verlangte seine
Dokumente zurück: Er wolle nicht, dass sie im Museum
blieben und breche alle Beziehungen zu Kursina und
Schmyrow ab. Kursina sieht ihn im Nachhinein als »Seis-
mografen«: Als er davon ausging, dass der Aufbruch in den
Neunzigern »ernsthaft und von Dauer war, hatte ich ihn
ständig am Hals«. Doch dann änderte sich die Situation
allmählich. »Er spürte, dass sich der Wind drehte. Er hat
das vor allen anderen gemerkt.« Unter Putin, der selbst aus
dem Sicherheitsapparat kam, gewannen die *Silowiki* – die
»Machtleute« aus Geheimdiensten, Militär und Strafverfolgungsbehörden – Einfluss auf die Führung des Landes.
Bezeichnend ist der Aufstieg Viktor Tscherkessows, der
mehrere hochrangige Positionen innehatte – so war er
unter anderem Leiter der russischen Anti-Drogen-Behörde
mit weitreichenden inoffiziellen Befugnissen. Tscherkes-

sows Karriere begann in den Siebzigerjahren in Leningrad, wo er als junger KBG-Offizier Jagd auf Dissidenten und Händler von Samisdat-Literatur gemacht hatte. Einer seiner ersten Fälle war die Verfolgung Michail Mejlachs gewesen.

Auch wenn Putin allzu kategorische Aussagen zur Geschichte der sowjetischen Repressionen möglichst vermeidet, zeichnet sich eine gewisse Haltung ab. Die Gesellschaft kann der Opfer politischer Repressionen gedenken und sie betrauern, solange die Legitimität des Staates selbst dabei nicht infrage gestellt wird. Jede Diskussion über die Täter ist jedoch tabu, denn bei genauerer Betrachtung würde sich zeigen, dass die Kette der Schuld beim Staat und seinen Dienern endet. Es ist ein Gedenken, das keine Akteure kennt. 2017 erklärte Putin anlässlich der Eröffnung eines Denkmals für die Opfer des Staatsterrors in Moskau: »Wir und unsere Nachkommen müssen uns an die Tragödie der Unterdrückung erinnern und an die Gründe, die zu ihr geführt haben. Aber das heißt nicht, dass wir dazu aufrufen sollten, alte Rechnungen zu begleichen. Wir dürfen die Gesellschaft nicht an einen gefährlichen Punkt der Konfrontation zurückdrängen.« Arseni Roginski, einer der Gründer von Memorial, hat dieses Phänomen als das »Stalin-Paradox« bezeichnet: Die stalinistische Maschinerie hat es irgendwie geschafft, zwar Millionen von Opfern zu produzieren, aber keine Täter.

Alexander Kalich, der die Memorial-Niederlassung in Perm gegründet hat und zu jenen gehört, die den verlassenen Komplex Perm-36 entdeckten und das Museum errichteten, erwähnte im Gespräch mit mir den Solowezki-Stein in Moskau. Der gewaltige, etwa vier bis fünf Tonnen schwere Findling stammt von den Solowezki-Inseln im

Weißen Meer, wo 1923 das erste Lager des Gulag-Systems eingerichtet wurde. Der Stein wurde 1990 nach Moskau gebracht und steht jetzt als Mahnmal an einer Ecke des Lubjanka-Platzes, gegenüber der ehemaligen Zentrale des sowjetischen Geheimdienstes KGB, die heute den russischen Nachfolgedienst FSB beherbergt. Eine Inschrift unter dem Stein erklärt, dass er »zum Gedenken an die Millionen Opfer des totalitären Regimes« aufgestellt wurde. Dank dieser Botschaft und seinem Aufstellungsort ist der Solowezki-Stein ein wichtiges Symbol. Was fehlt, sind jedoch kontextuelle Bezüge oder Deutungen. Der Stein ist ein Denkmal der Vergangenheit, einer abgeschlossenen und versiegelten Geschichte. Man kann daraus Rückschlüsse auf die Gegenwart ziehen oder auch nicht. Es ist die Art von historischem Erinnerungszeichen, mit der der russische Staat gut zurechtkommt. Aber das Projekt Perm-36 verfolgte andere Ziele. »Wir haben nicht einfach nur einen Stein aufgestellt – so wichtig das ist –, sondern den Staat und die Gesellschaft insgesamt direkt angesprochen.«

Es genüge nicht, so Kalich, über politische Repressionen als Phänomen einer bestimmten Epoche zu sprechen. Man könne nicht »nur das Unglück und die Tragödien der Vergangenheit thematisieren. Wir wollen das System verstehen, das diesen Terror erzeugt hat. Wir wollen die Gründe dafür begreifen, dass das geschehen konnte. Und ja, das könnte man als politisch bezeichnen.« Kalich weiß sehr gut, dass der Begriff »politisch« aufgeladen ist und sich unterschiedliche Vorstellungen damit verbinden. Doch dort, wo es keine etablierte, von allen Seiten akzeptierte Version der Geschichte des Landes gibt, ist jeder Versuch, eine solche zu finden, per definitionem ein politischer Akt.

In Wahrheit, so Kalich, gebe es »keine klaren Grenzen zwischen gesellschaftlichen und politischen Aktivitäten«. Doch für die Feinde des Museums spielte dieser Unterschied ohnehin keine Rolle. »Dass unsere Tätigkeit eine politische Dimension hatte, wurde fälschlich als krimineller Tatbestand hingestellt und diente als Vorwand, um uns zu zerstören.«

2012 kehrte Putin nach vier Jahren als Premierminister ins Präsidentenamt zurück, und in der Region Perm wurde der relativ modernisierungsfreundliche langjährige Gouverneur durch einen Funktionär klassischen Zuschnitts ersetzt. Die Administration des neuen Gouverneurs setzte eine staatliche Einrichtung ein, die sich parallel zu einer von Schmyrow und Kursina gegründeten NGO um die Verwaltung des Museums Perm-36 kümmern sollte. Die erzwungene Kooperation dieser beiden Strukturen ähnelte einer zunehmend unglücklichen, von beiderseitigem Misstrauen bestimmten arrangierten Ehe. Die Spannungen verschärften sich noch einmal, als die Organisation von Schmyrow und Kursina zum »ausländischen Agenten« erklärt wurde. Dieser Ausdruck aus der Stalin-Ära war im Zusammenhang mit einem neuen, repressiven Gesetz aus der Versenkung geholt worden, das ausländische Geldmittel für NGOs im Bereich Politik und öffentliche Meinung sanktionierte.

Zur selben Zeit wurde die finanzielle Situation des Museums, die nie besonders rosig gewesen war, prekärer: Erstmals seit einem Jahrzehnt zogen die Machthaber der Region Perm die weitere Unterstützung in Zweifel. Ein Abgeordneter des Regionalparlaments fragte, warum die Regierung eine Institution fördere, die Schulkindern beibringe, Hitler habe im Zweiten Weltkrieg auf der richtigen Seite gestanden und der Faschismus sei eine anständigere Ideologie als der Kommunismus. »Früher war allen klar, dass das Unsinn ist, dass es beschämend ist, solche Dinge zu sagen«, sagte Schmyrow. »Aber plötzlich gab es keinen Grund mehr, sich dafür zu schämen; es galt ganz und gar nicht mehr als Unsinn.« Die Finanzierung des Museums wurde um 80 Prozent gekürzt.

Außerdem wurde Perm-36 von Mitgliedern der Gruppe »Essenz der Zeit«, russisch: *Sut Wremeni*, angegriffen, einer russisch-nationalistischen Bewegung mit pseudophilosophischem Anspruch, die den Kreml manchmal an neosowjetischem Eifer übertraf. Ihr Gründer war ein in der Sowjetunion ausgebildeter Wissenschaftler, der erst sein Interesse am Experimentaltheater entdeckt und sich später zu einem politischen Plagegeist entwickelt hatte. Die Gruppe war im ganzen Land präsent. Aktivisten von *Essenz der Zeit* nahmen an Pilorama teil und brüllten die Teilnehmer der Podiumsdiskussionen nieder. Sie publizierten Interviews mit ehemaligen Wächtern des Lagers Perm-36, die die Ehre ihrer Arbeit im Gefängnis verteidigten und die angeblichen Manipulationen Schmyrows und Kursinas zurückwiesen.

Eines Nachmittags schaute ich in der Permer Zentrale von *Essenz der Zeit* vorbei. Sie besteht aus einem einzigen Raum in einem Bürogebäude aus Sowjetzeiten, das außerhalb des Stadtzentrums liegt. Dort empfing mich der 34-jährige Vorsitzende der Gruppe, Pawel Gurjanow, der außerdem an der pharmazeutischen Lehranstalt der Stadt unterrichtet. Er hat ein glattes, jungenhaftes Gesicht, und obwohl er sehr lebhaft sprach, war seine Stimme ruhig, sogar sanft. Er habe sich schon immer für Geschichte und

Politik interessiert, so Gurjanow, und sei seit dem Gründungsjahr 2011 Mitglied von *Essenz der Zeit.* »Andere Parteien und Bewegungen arbeiten daran, die Dinge zu vereinfachen. Wir versuchen hier, tief gehende Fragen zu beantworten«, sagte er. Die Anziehungskraft der Gruppe liegt darin, dass sie dem stalinistischen Revanchismus einen intellektuellen Anstrich verleiht. Sie vermittelt ihren Mitgliedern das Gefühl, sie allein seien kühn genug, wirklich zum »Wesen« der Dinge vorzudringen.

Unter Schmyrow und Kursina, so Gurjanow, sei in Perm-36 »die Geschichte komplett auf den Kopf gestellt worden, als seien die siebzig Jahre der sowjetischen Epoche ein einziger dunkler Fleck«. Seine Argumente folgten den gängigen Vorwürfen: Am meisten habe ihn bekümmert, wie das Museum die Gefangenen aus der Ukraine und dem Baltikum dargestellt habe, denen Kriegsverbrechen zur Last gelegt wurden. Das seien keine Aktivisten oder Freiheitskämpfer gewesen, sondern NS-Kollaborateure und Henker. In der verdrehten Geschichtsdarstellung von Perm-36 würden »die Faschisten als Helden gelten, und die Leute im Dienst des Staates, der den Faschismus besiegt hat, werden zu Antihelden, die sich für ihr Handeln entschuldigen sollten«.

Ohne auf die heiklen Fragen der Kriegsschuld näher einzugehen, fragte ich Gurjanow, wie das heutige Russland seiner Meinung nach an die Geschichte des Gulag und die politischen Repressionen erinnern sollte. Der Wirbelsturm des sowjetischen Projekts habe einige unschuldige Opfer erfasst, und das sei eine Tragödie, erwiderte er. Entscheidend sei jedoch, dass dieses Projekt, der sowjetische Kommunismus, durch gute und gerechte Ziele motiviert gewesen sei. »Gut, die Einführung dieses Systems hat einige

Opfer gefordert«, räumte er ein, um sofort wieder abzulenken: »Gab es bei der Französischen Revolution etwa keine Opfer? Sollten wir deshalb die Französische Revolution als ein durch und durch schreckliches Ereignis betrachten?« Über die rein politischen Gefangenen in Perm-36, also Menschen wie Kowaljow, sagte er leichthin: »Diese Leute haben auf den Sturz des Staates hingearbeitet. Das lässt sich keine Regierung gefallen.« Die historischen Abirrungen in der Darstellung des Museums wären vielleicht weniger verwerflich gewesen, so Gurjanow, wenn sie nicht ein bestimmtes Ziel verfolgt hätten: »Eine Vereinigung liberaler Gruppen wollte den Präsidenten absetzen, um über Proteste einen Putsch zu organisieren. Dafür haben sie agitiert«, erklärte er mir. »Das Museum wurde eindeutig als Deckmantel genutzt, um eine Basis für den Regimewechsel zu schaffen – vor den Augen der Regierung und auf ihre Kosten.« Eine Zeit lang sei die Regionalverwaltung in Perm sich dieser Gefahr nicht bewusst gewesen oder habe sie für unerheblich befunden und toleriert. Mit dem Stimmungsumschwung habe sie ihre Sicht geändert. »Die Ereignisse haben dazu geführt, dass unsere Ideen Gehör fanden.«

Gemeint waren die Annexion der Krim und der Ausbruch des Krieges im Donbass. Sie setzten den Rahmen für die endgültigen und entscheidenden Angriffe auf das Museum. Die russische Politik gerann zu einem ätzenden Gemenge aus anmaßendem Patriotismus und stolzer, gegen den Westen und seine Werte gerichteter Xenophobie. Die Feinde von Perm-36 spürten, dass sich die Dinge in ihrem Sinn entwickelten: *Essenz der Zeit* verstärkte seine Attacken, NTW sendete den Dokumentarfilm, der das Museum diskreditieren sollte, und die Regierung in Perm kürzte erst die Fördermittel weiter zusammen und erklärte dann, das Museum schulde ihr Rückzahlungen für unsachgemäß verwendete Subventionen. Wasser und Strom wurden abgeschaltet, und bald hatte das Museum kein Geld mehr, um die laufenden Kosten oder Gehälter zu bezahlen. Es musste den Ausstellungsbetrieb für Besucher schließen. Schließlich wurde Kursina in die Rajonsverwaltung bestellt und entlassen. Ihr wurde der Zutritt zu den Archiven des Museums gesperrt – der Sammlung, die sie und Schmyrow über Jahre hinweg selbst zusammengetragen hatten.

Noch am selben Tag stellte die Regierung in Perm Kursinas Nachfolgerin als Direktorin des Museums vor, das nun eine rein staatliche Einrichtung war. Natalja Semakowa war eine 38-jährige Verwaltungsbeamtin der mittleren Ebene aus der Provinzstadt Kirow. Sie hatte sich in jungen Jahren als Opernsängerin versucht und dann neun Jahre lang in staatlichen Kulturgremien verschiedene Projekte geleitet, darunter Kindertheater und Kunstfestivals. Zuletzt war sie Stellvertreterin des Kulturministers der Region Perm gewesen – eines groben, ungehobelten Reaktionärs, der die staatliche Inbesitznahme des Museums mit in die Wege geleitet hatte. Als Semakowa erfuhr, dass sie ab sofort die Leitung von Perm-36 innehatte, kam sie gerade aus dem Krankenhaus, wo sie wegen Herzbeschwerden behandelt worden war. Sie besaß weder Fachwissen noch besondere Kenntnisse über das Gulag-System oder die politischen Repressionen der Sowjetzeit. Aus Sicht derjenigen, die sie auf diesen Posten berufen hatten, war das vermutlich ein Vorzug. Semakowa sah ihre Aufgabe vor allem darin, sich »um die Rohrleitungen zu kümmern« – die physische Infrastruktur des Museums in Schuss zu halten –, während die Behörden sich einfallen ließen, was sie mit dem Ort anfangen wollten.

Schmyrow, Kursina und ihre Unterstützer in Perm und ganz Russland wussten nicht, welche Aussicht schlimmer war: dass die Regionalregierung das Museum komplett schließt oder – wie es einige durchsickernde Informationen nahelegten – dass sie es weiter betreibt, aber in sein Gegenteil verkehrt: einen Ort, an dem die Geschichte aus Sicht der Wächter des Lagers und des Staates selbst erzählt wird, eine Gedenkstätte für Stalin und die Sicherheitstruppen, die hier Aufsicht geführt hatten. Einem verwandten Gerücht zufolge sollte Perm-36 den föderativen Strafvollzugsbehörden angegliedert werden und die Geschichte des russischen Strafvollzugssystems präsentieren – von den Anfängen im 18. Jahrhundert über die Zarenzeit und die Sowjetära, voller Stolz auf die Errungenschaften der staatlichen Verwaltungsbürokratie.

Die ersten Tage im neuen Leben des Museums verliefen durchwachsen. Es wurden weder Stalin-Plakate aufgehängt noch Texte zu politischen Repressionen entfernt. Aber die Mitarbeiter des Museums bauten eine Ausstellung ab, in der es um Kowaljow und verschiedene Gefangene aus der Ukraine und den baltischen Staaten ging. Zu diesem Zeitpunkt, als auf allen Kanälen des Staatsfernsehens von Faschisten in Kiew die Rede war, galten ihre Lebensläufe als zu brisant. Semakowa erwies sich als unsichere, ängstliche Leiterin. Als Kursina einmal mit einer Besuchergruppe auftauchte, die aus Mitarbeitern des Museums im ehemaligen Konzentrationslager Bergen-Belsen bestand, rief sie die Polizei.

Ein Jahr nach Semakowas Ernennung eröffnete das Museum eine neue Ausstellung, die den Einsatz von Gefangenen in der Holzwirtschaft der Region thematisierte. In den 1940er-Jahren waren die Insassen von Perm-36 als Zwangsarbeiter in den umliegenden Wäldern eingesetzt worden. Diese Geschichte wurde mit vergrößerten Schwarz-Weiß-Fotos und über die Räume verteilten Originalgegenständen erzählt. In dieser Ausstellung wurde das Gulag-System nicht geradezu als verdienstvoll gepriesen, aber ebenso wenig wurde es moralisch verurteilt. Sie zeigte einfach nur, wie die Gefangenen mithilfe von Sägen und Kanus Holz gewonnen und dorthin geschickt hatten, wo es in der Sowjetunion benötigt wurde. Die sorgsam gewahrte Neutralität nach dem Motto »ja, die Verhältnisse waren brutal, aber das Lager erfüllte auch eine wichtige Funktion bei der Deckung des Holzbedarfs im Land« war allein schon ein schroffer Bruch mit dem Ansatz von Schmyrow und Kursina, der offen ideologisch Stellung bezog.

Am Eröffnungstag der Ausstellung hielt Semakowas ehemaliger Vorgesetzter – der Kulturminister der Region Perm und Mitinitiator der Kampagne gegen das Museum – eine Rede. »In Zeiten großer Bedrängnis, in Zeiten tief greifender Entscheidungen für das Land und das Schicksal des Volkes, blieb niemand unbeteiligt«, verkündete er. In seiner Darstellung erschien das Gulag-System vor allem als Einrichtung, die den Sieg im Zweiten Weltkrieg mit ermöglicht hatte. Seine Rede schloss mit der Formel »Ehre den Helden«. Das bezog sich unterschiedslos auf die Aufopferung sowjetischer Soldaten im Kampf und das Schicksal von Gefangenen, die letztlich Sklavenarbeit verrichtet hatten. Ein Lokaljournalist aus Perm erzählte mir, ein Museumsführer habe bei einem Besuch gesagt, weibliche Gefangene hätten bessere Arbeit geleistet, weil sie disziplinierter und belastbarer gewesen seien. (Und, so habe er hinzugefügt, »als Quell des Lebens auf Erden sind sie auch umsichtiger«.) Eine Texttafel erinnerte stolz daran, dass die Insassen des Lagers in den Jahren nach dem Krieg Tausende Kubikmeter Holz nach Stalingrad geschickt hatten, um die zerstörte Stadt wiederaufzubauen.

Haben die Gefangenen in Perm-36 zu den Kriegsanstrengungen und damit zum Sieg beigetragen? Vermutlich ja. Rechtfertigt das die Existenz dieses Lagers und Hunderter ähnlicher Orte? Das kommt ganz darauf an, wen man fragt. Im April 2016, am jährlichen Feiertag zu Ehren der russischen Kosmonauten, wurde ein Beitrag auf der Website des Museums veröffentlicht. Darin ging es um die Errungenschaften der *Scharaschki* in der Region Perm. Mit diesem Ausdruck werden geschlossene wissenschaftliche Einrichtungen bezeichnet, die in den Dreißiger- und Vierzigerjahren unter gefängnisähnlichen Bedingungen als eine Art Forschungscluster arbeiteten. Technische Fachleute und Wissenschaftler, die dem Land Nutzen bringen konnten, hatten die Möglichkeit, ihre Haftzeit nicht im Lager, sondern in einem solchen Spezialgefängnis zu verbringen. »Unter dem Gesichtspunkt der Effektivität haben sich die *Scharaschki* als sinnvoll erwiesen«, hieß es in dem Beitrag. »Die Konzentration begabter Menschen an einem Ort« habe zu »glänzenden Ergebnissen« geführt. Mit dieser Haltung zu den *Scharaschki*, die faktisch Gefangenenlager gewesen waren, auch wenn sie nicht so genannt wurden, schien das Museum in der Diskussion um die historische Bestimmung, Bedeutung und Verantwortung des heutigen Russland klar Position zu beziehen.

Die Probleme rund um Perm-36 erregten die Aufmerksamkeit der führenden Historiker und Kulturschaffenden des Landes. Die wichtigste russische Einrichtung für das Gedenken an die politischen Gefangenen des Gulag und der Sowjetzeit drohte zu einem Zentrum des historischen Revanchismus zu werden. Man wandte sich an Michail Piotrowski, den Direktor der St. Petersburger Eremitage, der in Kreisen der Intelligenzija geachtet wird und zugleich Zugang zu mächtigen Amtsträgern hat. Piotrowski stattete Perm-36 einen Besuch ab. Anschließend bat er seine Kollegin Julia Kantor, eine Historikerin und Expertin für politische Repressionen, als externe Kuratorin für das Museum tätig zu werden. Diese Position musste erst geschaffen werden, und sie gewann weit größere Bedeutung, als die Bezeichnung vermuten lässt. Kantor war für die neue Belegschaft des Museums zugleich Krisenmanagerin, Mentorin und Vermittlerin nach außen. Sie brachte eine gewisse Seriosität und Professionalität ein, als viele befürchteten, dass Perm-36 diese endgültig verlieren könnte.

Als sie nach Perm fuhr, so erzählte mir Kantor, habe sie weder große Sympathie noch viel Optimismus verspürt. Wie viele ihrer Freunde und Kollegen in St. Petersburg stand sie der Neuausrichtung des Museums skeptisch gegenüber und war auf das Schlimmste gefasst. Trotzdem wollte sie der Einrichtung und Semakowa eine Chance geben. Die Lage war kritisch, und ihr blieb nichts, als ihr Möglichstes zu tun, um das Museum und seinen Ruf zu retten. Bei der ersten Begegnung erschien ihr Semakowa überfordert, »völlig unvorbereitet auf die Thematik und die Aufgabe, die ihr anvertraut war«. Wenn es zutreffe, dass die lokalen Behörden eine komplette Schließung des Museums in Erwägung gezogen hätten, sei sie »buchstäblich als Liquidatorin auf den Posten bestellt worden«.

Semakowa war eine bürokratische Übergangsfigur. Vor

ihrer Ernennung zur Museumsleiterin hatte sie sich, wie sie selbst einräumte, nicht groß mit dem Gulag und politischen Repressionen beschäftigt. »Das Thema war ihr fremd und vielleicht sogar unangenehm«, so Kantor. Die neue Direktorin befasste sich mit anderen Dingen: »Sie hat sich blind durchgeschlagen und wie eine Hausmeisterin agiert: Rohre verlegt, das Dach repariert, die Stromrechnung bezahlt.«

Aber Kantor registrierte auch, dass das Museum sich weder in eine Stalin-Gedenkstätte verwandelt hatte noch Verrenkungen anstellte, um eine ausgewogene Sicht des Gulag zu präsentieren. Die meisten alten Exponate waren erhalten, und mit staatlicher Finanzierung und offiziellem Status bestand die Möglichkeit, dass aus Perm-36 etwas Neues werden konnte – eine anders geartete, aber ebenfalls nützliche und wichtige Einrichtung: keine Bürgerplattform, sondern ein historisches Museum, das in der Lage war, seine Funktion kompetent und aufrichtig wahrzunehmen, wenn auch weniger ehrgeizig und kühn als zuvor.

Mit der Zeit wuchs Semakowa in ihre Rolle hinein. Sie entließ den Angestellten, der den Beitrag zu den Permer *Scharaschki* verfasst hatte, und engagierte einen qualifizierten lokalen Historiker als neuen Stellvertreter. Kantor sprach mit Semakowa darüber, wie wichtig das Museum war – wie nötig, um die russische Gesellschaft zu »immunisieren«. Sie lud sie nach St. Petersburg ein, vermittelte ihr Kontakte und besuchte mit ihr das Museum für die politische Geschichte Russlands. Dort blieb Semakowa vor einer Tafel stehen, auf der es um die vielen Kinder ging, die in den Dreißiger- und Vierzigerjahren in den Sog des Gulag geraten waren. Sie weinte. Sie dachte an ihre eigene Tochter, die in die zweite Klasse ging, und daran, dass in

den Dreißigerjahren alle Schüler in der Klasse Neujahrs-
geschenke bekamen, außer den Kindern von »Volksfeinden«. Bis zu diesem Augenblick hatte Semakowa sich nie
wirklich die Zeit genommen, über diese Geschichte nachzudenken. Aber jetzt, als sie es tat, fand sie sie bewegend
und anregend, und das wirkte sich auf ihre Motivation und
Berufsauffassung aus. Kantor war beeindruckt von dieser
Entwicklung: Sie fand es belustigend und paradox, dass die
Funktionäre, die das Ende des Museums gewollt hatten
– die »Drahtzieher des ganzen Desasters« –, das Gegenteil
erreicht hatten. »Sie sind in eine komische Situation geraten: Sie wollten das Schlechteste und haben etwas Besseres
bekommen.«

Im Innersten blieb Semakowa jedoch die Staatsdienerin,
die zuallererst daran denkt, wie sich das Museum am besten an den jeweils aktuellen Kurs anpasst. Staatliche Einrichtungen waren das, womit sie sich auskannte. Zugleich
schien ihr, dass dieser Status für Perm-36 mehr Sicherheit
und Verlässlichkeit bot: »Was ist denn schon eine NGO?
Heute gibt es sie noch, morgen nicht mehr. Einmal ist Geld
da, dann wieder nicht.« Eine staatliche Organisation hingegen steht »unter Schutz«. Diesen garantiert aus Semakowas Sicht eine 2015 erlassene föderale Richtlinie, die ein
offizielles Gerüst für die Erinnerung an die Opfer politischer Repressionen vorgab. Die Nationalisten aus der Ukraine und den baltischen Staaten würden in den Hintergrund treten, genau wie alle anderen unangemessen
kontroversen Themen. Das Museum sollte unter ihrer
Leitung kompetent und professionell sein, und dabei verhalten und neutral. Sie war dafür, Perm-36 zu »entpoliti-
sieren«. »Dieses ganze unstrukturierte Herumgebrülle
führt zu nichts Gutem«, fand sie.

Es war ein grauer und windiger Märztag, als ich das Museum erstmals besuchte. Im Zentrum von Perm lag eine dünne, langsam schmelzende Eisschicht auf den Straßen. Aber als ich die Stadt in Richtung des ehemaligen Gefängnislagers verließ, wich der Matsch bewaldeten Hängen, die mit winterlich reinweißem Schnee bedeckt waren. Die Monotonie der russischen Landschaft macht es schwer, sich zu orientieren, aber sie hat etwas Hypnotisches, Beruhigendes, zutiefst Meditatives: Der Weg durch den Schnee, vorbei an den Bäumen und den Holzhäusern, aus denen sich schwarze Rauchschwaden in den schweren Himmel emporschlängeln, hätte mich an jeden Ort in dem Tausende von Kilometern weiten Land zwischen Smolensk und Chabarowsk führen können. Die Fahrt dauerte zwei Stunden. Schmyrow und Kursina hatten bei ihrem ersten Besuch in Perm-36 über vier Stunden gebraucht. Erst 2016 wurde eine direktere Straße gebaut, die den Weg um 130 Kilometer verkürzte.

Genau wie Besucher in den Siebziger- und Achtzigerjahren das damalige Gefängnis, betrat ich jetzt das Museum durch eine schwere Tür. Sie führt in einen mit Eisenstäben abgeschotteten Gang, in dem die Menschen durchsucht wurden, die im Lager eintrafen oder es verließen. Nachdem ich die Metalltore passiert hatte, ging ich hinaus auf den Gefängnishof, eine offene Fläche mit flachen Gebäuden, die von mehreren Zaunreihen umschlossen war. Hinter einem schäbigen, von rostigem Stacheldraht gekrönten Holzzaun stand ein größerer, viel stabilerer Zaun aus Metall (wie die Museumsführer gern erwähnen, gab es in Perm-36 keinen einzigen Fall einer geglückten Flucht). Ein leerer Wachturm überblickte das Gelände, das an diesem Morgen still und menschenleer war. Nur Semakowa, ihr neuer Stellvertreter Maxim und ich waren anwesend.

Wir machten uns auf den Weg zu den Wohnbaracken, in denen die Gefangenen gelebt und geschlafen hatten. Maxim, ein ausgebildeter Historiker, erzählte ausholend und sachorientiert. Er ließ nichts aus und beschönigte nichts – weder die Gräuel der sowjetischen Repressionen noch die Willkür und den Horror der stalinschen Säuberungen, weder die Bedingungen in den Lagern, die einem Todesurteil gleichkamen, noch die banale Grausamkeit des Gefängnisses in der Spätzeit der Siebziger und Achtziger. Er zeigte mir eine dunkle Zementhöhle – die Strafzelle, in der Kowaljow fast die Hälfte seiner Haftzeit verbracht hatte. Wir sprachen auch über den litauischen Nationalisten und Dissidenten Balys Gajauskas, der zu zehn Jahren Haft verurteilt worden war, unter anderem, weil er Solschenizyns *Archipel Gulag* ins Litauische übersetzt hatte. Er saß sieben Jahre seiner Haftzeit in Perm-36 ab und wurde nach seiner Entlassung ein prominenter Politiker im unabhängigen postkommunistischen Litauen. Wir suchten die dunkle Zelle auf, in der der ukrainische Dichter Wasyl Stus tot aufgefunden worden war. Semakowa begleitete uns, blieb jedoch die meiste Zeit über stumm und klärte nur ab und zu Verwaltungsangelegenheiten über ihr Handy. Es war offensichtlich, dass sie Maxims historisches Fachwissen respektierte und es für sinnvoller hielt, ihm die Führung durch das Lager zu überlassen.

Nach mehreren Stunden, als ich vor Kälte meine Füße in den Stiefeln nicht mehr spüren konnte, suchten wir den sogenannten »Club« auf, ein restauriertes Gebäude, in dem früher der kleine Erholungsraum und die Cafeteria des Gefängnisses untergebracht waren. Die Köchin des Museums, eine freundliche, muntere Frau in den Fünfzigern namens Lidija, hatte hier schon gearbeitet, als Perm-36 noch ein Gefängnis gewesen war. Sie servierte uns Kascha, gekochten Brei, mit Dosenfleischstückchen. Der Speiseplan sei über die Jahrzehnte hinweg recht konstant geblieben, sagte sie. (Ich blieb die Nacht über und erhielt das gleiche Gericht zum Abendessen und dann noch einmal am nächsten Morgen zum Frühstück.) Semakowa brachte eine Flasche Wodka zum Vorschein und öffnete ein Glas selbst eingelegte Gurken aus ihrem Garten. Ihre Gastfreundschaft war liebenswert und hatte zugleich etwas Deplatziertes: Sie empfing mich herzlich und großzügig, doch die Geschichte, die dazu geführt hatte, dass sie überhaupt für diesen Ort zuständig war, mich herumführen und mit Essen und Alkohol bewirten konnte, blieb dabei immer gegenwärtig.

Ich fragte sie, worin ihrer Meinung nach ihr Auftrag bestehe – die Staatsrepräsentanten, die sie auf diesen Posten berufen hatten, mussten schließlich eine Vorstellung davon haben, was sie von ihr erwarteten. Sie sprach von der Aufgabe, Perm-36 zu »museifizieren«, eine »staatliche Einrichtung« zu schaffen, die sich an die Normen und Erwartungen anpassen würde, die diese Definition impliziert. Zuvor sei Perm-36 eine Stätte gewesen, an der sich »viele Dinge abspielten, die vielleicht zu kompliziert waren: Das Museum war zu einem Ort für Vorträge, Debatten und Podiumsdiskussionen geworden. [...] Wir mussten die Basis neu überdenken und uns ein Stück weit auf das Wesentliche besinnen.«

Semakowa vermied es, sich direkt zu Schmyrow und Kursina zu äußern und zu sagen, wo genau der gewagte Kurs der beiden ihrer Meinung nach in die Irre geführt hatte. Aber es wurde doch deutlich, dass sie deren Art, ein Museum zu leiten, für verstiegen und teils verschwenderisch hielt. Kursina habe mehrere Millionen Rubel an Staatsmitteln für Pilorama ausgegeben, aber weniger Interesse daran gezeigt, Mittel für die Instandhaltung und den Betrieb des Museumskomplexes zurückzustellen. »Als Verwaltungsmensch begreife ich einfach nicht, was das soll«, sagte Semakowa. »Du willst die Regierung mit Dreck beschmeißen? Bitte sehr, besorg dir das Geld und tu es. Aber nicht auf staatlichem Boden und mit staatlichen Mitteln.« Sie stehe zwischen zwei konträren Vorstellungen: »Der liberale Standpunkt ist, dass das Museum wieder zu einem politischen Forum werden soll, wo man alles sagt, was man denkt, und alles tut, was man will. Der andere ist, dass dieser Ort geschlossen und plattgemacht werden sollte, um die Ehre Stalins nicht zu beschmutzen. Beides wird zu nichts Gutem führen.«

Aus Semakowas Sicht ist es nur vorteilhaft, dass sie in der speziellen Welt der russischen Bürokratie heimisch ist, deren Sprache spricht und ihre Gepflogenheiten kennt. So könne sie dafür sorgen, dass der Staatsapparat das Museum unterstützt, und dabei unnötige Risiken und Fallen vermeiden. »Ich weiß, wohin ich mich wann wenden muss, wie ich erreiche, dass wir bei unserer Arbeit nicht behindert werden«, sagt sie. »Wenn ich gleich explodiere und bei jedem Hüsteln an die Decke gehe, werde ich mich nicht lange halten. Und es ist unklar, was hier passieren würde, wenn ich ginge. Meine Vorgänger werden nicht wiederkommen, und wer weiß schon, welche Ziele meine Nachfolger hätten.« Ich verspürte plötzlich Sympathie für Semakowa – oder genauer gesagt: Ich hatte das Gefühl, dass mir nichts anderes übrig blieb, als Partei für sie zu ergreifen, wenn ich wollte, dass das Museum überlebt und dieser Ort als lebendiges Sinnbild der historischen Erinnerung erhalten bleibt. Dabei war mir bewusst, dass dahinter letztlich ein schmutziger und unfairer Trick des Staates steckte. Faktisch applaudierte ich den neuen Verwaltern von entwendetem Eigentum. Ich brachte einen Toast auf das Museum aus. Wir tranken das nächste Glas Wodka und bissen in eine eingelegte Gurke, um dem bitteren Nachgeschmack entgegenzuwirken.

Einige Tage darauf besuchte ich Schmyrow und Kursina. Sie wohnen in einem Hochhaus auf einer Anhöhe mit Blick auf das von Beton und Ziegeln geprägte Stadtbild von Perm. Schmyrows Verfassung ist schlecht; er wurde in den letzten Jahren vier Mal am Herzen operiert. Kursina war bei ihm im Krankenhaus, als sie von ihrer Entlassung als Museumsdirektorin erfuhr. Auch bei unserem Treffen kamen die beiden gerade von einem Arzttermin. »Sie haben ein Riesenglück – erstens, dass Viktor nicht im Krankenhaus ist, und zweitens, dass er überhaupt noch lebt«, sagte mir Kursina. Wir saßen bei einer Kanne schwarzem Tee und einem Stück Honigkuchen zusammen. Kurz bevor ihnen das Museum entrissen worden sei, erzählten Schmyrow und Kursina, sei die Regionalregierung daran interessiert gewesen, den UNESCO-Welterbestatus für den Komplex zu beantragen. Man habe mit einem angesehenen amerikanischen Architekturbüro über eine umfassende Neugestaltung des Ausstellungsgeländes gesprochen. Alle diese Pläne waren jetzt Makulatur.

Ich gab zu bedenken, dass das Museum vielleicht in jedem Fall gut beraten gewesen sei, eine Form der Koexistenz mit dem Staat zu finden. Schmyrow betonte, er und

Kursina seien dazu sehr wohl in der Lage gewesen. Er erzählte mir von seinen stundenlangen Gesprächen mit den Vertretern der regionalen Administration. »Sie erläuterten ihre Vorstellungen und wir unsere. Nach ein paar Tagen Pause haben wir uns dann noch einmal zusammengesetzt und beschlossen, hier etwas zu überarbeiten, da etwas schriftlich festzuhalten …« Doch es gab eine Grenze dabei, und Schmyrow sagte oft Nein. Eine Zeit lang schien das zu funktionieren. »Sie wussten genau, dass es ein paar Punkte gab, bei denen wir nie zurückrudern würden.« Es habe nicht an Pilorama, einer bestimmten Ausstellung oder einem bestimmten Programm gelegen, dass das Museum in seiner ursprünglichen Form geschlossen wurde und er und Kursina hinausgedrängt wurden. Die Sache liege grundsätzlicher: Perm-36, oder jedenfalls ihr Konzept für den Ort, sei immer mehr zur Anomalie geworden, zu einer Insel der Wissbegier und kritischen Reflexion inmitten steigender Fluten. »Was immer wir uns auch ausdachten, was immer wir taten, war für dieses Regime unverdaulich.«

Ich fragte Alexander Kalich, den Leiter von Memorial in Perm, ob seine alten Freunde Viktor Schmyrow und Tatiana Kursina, mit denen er das Museum vor Jahren gegründet hatte, die Einrichtung und ihre eigenen Posten hätten retten können, wenn sie etwas mehr Entgegenkommen gezeigt hätten. »Vielleicht wäre ich in einigen Fällen cleverer gewesen, hätte Konzessionen gemacht und den direkten Clinch mit den Feinden des Museums vermieden«, sagte er. »Ich wäre flexibler vorgegangen.« Doch dann fügte er hinzu: »Wenn Viktor Alexandrowitsch mich jetzt hören könnte, würde er laut lachen.« Kalich wusste sehr gut, dass das alte Perm-36 so oder so nicht zu retten gewesen war. Keine Konzession und kein Nachgeben hätten ausgereicht, um dem Museum den Staat vom Leibe zu halten. Seinen Worten war die Trauer darüber anzumerken, dass verloren war, was er und seine Mitstreiter gemeinsam aufgebaut hatten. Er hat seine Zweifel an der sturen Haltung von Schmyrow und Kursina, aber er hegt auch tiefe Bewunderung für die beiden: »Sie sind radikaler als ich, aber Radikalität hat ihre eigene Wahrheit.«

Die Geschichte von Perm-36 ist aufs Engste mit dem Aufstieg und Niedergang dessen verbunden, was als kulturelle Revolution von Perm bezeichnet wurde. Einige Jahre lang erlebte die Stadt eine Explosion an Experimentierfreude und kreativer Energie, bis eine reaktionäre Wende dem ein Ende setzte. Zum Teil hatte das mit dem Wandel des kulturellen Klimas im Kreml zu tun. Auf die gemäßigte, schrittweise Modernisierung unter der Ägide Medwedews folgte nach Putins Rückkehr ins Präsidentenamt eine konservative Revanche. Eine mindestens ebenso große Rolle spielte jedoch die Ablösung des Gouverneurs der Region. Für die kurze Zeit des kulturellen Aufbruchs steht vor allem das Permer Museum für zeitgenössische Kunst PERMM. Es wurde 2009 in einem stillgelegten Flussbahnhof, einem Juwel des stalinistischen Empirestils, am Ufer der Kama eröffnet. Gründungsdirektor war Marat Gelman, ein bekannter Moskauer Galerist. Als er nach Perm kam, trug er maßgeblich dazu bei, aus der Stadt das »Bilbao am Rande Sibiriens« zu machen, wie es die New York Times nannte. Seine Amtszeit sollte nicht lange dauern. Anlässlich der Olympischen Spiele 2014 in Sotschi zeigte das Museum eine respektlose Ausstellung. Sie spielte mit der olympischen Symbolik und ästhetischen Motiven der

Sowjetzeit und nahm die Zustände in Russland satirisch aufs Korn – von der Korruption bis zum Alkoholkonsum. Gelman wurde entlassen, und das Museum musste aus dem Flussbahnhof ausziehen. In die Räumlichkeiten hielt eine patriotische historische Ausstellung Einzug, die mit großzügigem Budget ausgestattet und zum Teil von der orthodoxen Kirche finanziert wurde. Das PERMM ist heute in einem umgebauten dreistöckigen Einkaufszentrum untergebracht. Seinen Schwung und Wagemut hat es trotz allem nicht ganz verloren.

Bei meinem Besuch im PERMM lief dort eine Ausstellung über revolutionäre Utopien, ihre letztliche Unmöglichkeit und die Enttäuschung, die unweigerlich auf sie folgt. Die Direktorin Nailja Allachwerdijewa, die von Gelman als Kuratorin an das Museum berufen worden war und nach seiner Entlassung die Leitung übernommen hatte, führte mich durch die Räume. Heutzutage sei »alles auf Bewahrung ausgerichtet«, erklärte sie mir. Heikle Themen und Anlässe würden vermieden – alles, was Argwohn bei Bürgerinitiativen und Politikern erregen könnte, die auf kleinste Provokationen lauern. »Wir alle wissen genau, dass jeder noch so kleine Konflikt letztlich unsere Vernichtung nach sich ziehen kann. Und unsere Aufgabe ist es, zu überleben.«

Allachwerdijewa beschrieb, welche Themen es zu vermeiden gilt: nicht nur Politik, sondern auch alles, was mit Sex, Kindern und Religion zu tun hat. »Es lässt sich schwer in Worte fassen, aber ich erkenne ein bestimmtes Prozedere.« Trotzdem sei es oft unmöglich und deshalb ziemlich sinnlos, erraten zu wollen, was gerade heikel ist. »Die Situation ändert sich ständig. Eine Taktik, die gestern noch funktioniert hat, kann heute kontraproduktiv sein. Klar ist nur, dass zeitgenössische Kunst im Moment für den Staat definitiv keine Priorität hat.« Sie erzählte mir von einem Skandal, der ausgebrochen war, nachdem das Museum eine Ausstellung mit zeitgenössischer aserbaidschanischer Kunst gezeigt hatte, bei der eine Reihe von Kinderpuppen in grotesken Posen zu sehen war. Es wurden Ermittlungen eingeleitet, die zwei Jahre andauerten. Immer wieder wurde das Museumsgelände inspiziert und Allachwerdijewa von den Ermittlern befragt. Letztlich, so sagte sie, »müssen wir immer mitbedenken, wie irgendein Dorfdepp die herrschende Agenda gegen uns nutzen könnte«. Oft sei es so, dass »der Staat sich nicht seiner eigenen Augen bedient, sondern die Sicht der Leute mit dem zänkischsten und aggressivsten Charakter übernimmt. Deshalb müssen wir versuchen, die Reaktion einer solchen Person vorwegzunehmen.«

Ich dachte an das, was in Perm-36 passiert war – wie die Extremisten aus der Gruppe *Essenz der Zeit* sich die offizielle Stimmung zunutze gemacht hatten, um ihre fixen Ideen und ihre Agenda voranzutreiben. Ein Aktivist dieser Gruppe in Perm, der Literaturprofessor Ilja Rogotnew, räumte im Gespräch mit mir offen ein, dass die Gruppe bei ihrer Kampagne gegen das Museum auf diese Dynamik setzte. »Natürlich hat der Staat uns benutzt, aber wir ihn vielleicht auch«, sagte er. Aus Rogotnews Sicht war die Kampagne gegen Schmyrow, Kursina und ihr Konzept für Perm-36 ein »situatives Bündnis zum beiderseitigen Nutzen«: Die Regierung erreichte dadurch ihre politischen Ziele, und *Essenz der Zeit* errang einen ideologischen Sieg. Mit dem Ergebnis ist er zufrieden: »Die Sichtweise des Museums ist jetzt näher an unserer als davor.«

Das PERMM befindet sich im Grunde in der gleichen

Zwangslage wie Perm-36: Es geht darum, einerseits die Institution nicht zu verraten – wie Allachwerdijewa es ausdrückt – und andererseits keine neuen Probleme heraufzubeschwören. Respektlose und gewagte Gesten bringen nur etwas, solange sie nicht dazu führen, dass das ganze Museum geschlossen wird. Die neue Leitung von Perm-36 setzt darauf, sich ruhig und unauffällig zu verhalten und nüchterne, historisch seriöse Ausstellungen zu zeigen. Anlässlich des 100. Jahrestags der bolschewistischen Revolution eröffnete das Museum 2017 eine Ausstellung mit dem Titel »Zwischen Träumen und Wirklichkeit«, die in Zusammenarbeit mit zwei deutschen Kulturstiftungen organisiert wurde. Sie thematisierte den Übergang vom revolutionären Eifer zur Einrichtung der ersten Arbeitslager und dem Beginn der Säuberungen. Der deutsche Konsul nahm an der Eröffnung teil. Bei einem meiner Besuche in Perm-36 sah ich eine ergreifende, faszinierende Ausstellung zum Thema »Beweismaterialien« – Gegenständen, die die sowjetischen Polizeiorgane bei Verhaftungen beschlagnahmt hatten und die vor Gericht verwendet worden waren, wie etwa ein Stalin-Plakat, das ein Fabrikarbeiter mit einem Bleistift zerstört hatte.

Heute scheinen die Anhänger der Gründer von Perm-36 und die Unterstützer der Nachfolgeeinrichtung weiter voneinander entfernt denn je. Beide Seiten haben sich hinter ihren starren, prinzipiellen Gewissheiten verschanzt. Die neue Leitung zeigt immer weniger Verständnis für die Beschwerden, die die Partei von Schmyrow und Kursina vorbringt, und ihr Gefühl, moralisches Unrecht erlitten zu haben. Die externe Kuratorin Julia Kantor glaubt inzwischen, die unnachgiebige Haltung der beiden sei nicht weniger bedrohlich für das Museum als die Stalin-Apologien, die in der russischen Gesellschaft kursieren. Wenn die Einrichtung selbst von ihren Gründern kritisiert wird – so befürchtet sie –, dann erhalten die Repräsentanten des Staates damit einen bequemen Vorwand, um sie grundsätzlich infrage zu stellen und endgültig aufzugeben. »Das Schlimmste an dieser ganzen Sache ist, dass wir von denjenigen bekämpft werden, die eigentlich unsere Freunde sein sollten«, sagt sie.

Bei denen, die Schmyrow und Kursina noch nahestehen und das einstige Programm von Perm-36 mitgestaltet haben, herrschen Verbitterung und Resignation vor. Sie vermissen das alte Museum und würden ihre Ideen und ihr Fachwissen gern weiter einbringen. Doch die Wunde, die mit Schmyrows und Kursinas Hinauswurf und der staatlichen Übernahme des Museums aufgerissen wurde, wird nicht so bald heilen. Sie fühlen sich moralisch in der Pflicht, die neue Leitung nicht zu unterstützen. Leonid Obuchow, der das Museum Mitte der Neunzigerjahre mitgegründet hat, sagt: »Es wäre falsch, mit ihnen zusammenzuarbeiten. Ich würde gegen meine eigenen Grundsätze verstoßen.« Alle Beteiligten haben darunter zu leiden: Das Museum verliert Fachkenntnisse und Knowhow, während Leute wie Obuchow, die eine lange, gemeinsame Geschichte mit Perm-36 verbindet, von der Einrichtung abgeschnitten sind, die ihnen einst so viel bedeutet hat. Trotzdem bleibt er dabei: »Solange die Situation mit Schmyrow nicht geklärt ist, kann ich mit ihnen nicht zusammenarbeiten.«

Als ich mit ihm sprach, saßen wir auf einer Bank vor der Fakultät für Geschichte der Staatsuniversität Perm, wo er bis jetzt lehrt. Die Vorstellung, das Museum könne sich der Politik entziehen oder sich aus ihr heraushalten, hält er für falsch: Wenn man sich mit der Geschichte der politischen Repressionen befasst, stößt das eine Auseinandersetzung an, die direkt in die Gegenwart führt. »Sobald es darum geht, weshalb Menschen ins Gefängnis kamen, fallen einem unwillkürlich Analogien ein. Aufmerksame Menschen werden ganz von selbst darauf kommen«, sagt er. Das Museum könne zwar öffentlich und offiziell sein Desinteresse an aktuellen politischen oder gesellschaftlichen Themen bekunden, und vielleicht gehe es den Machthabern nur darum. Aber das laufe auf eine Selbsttäuschung hinaus.

Wohl keiner meiner Gesprächspartner in Perm war in dieser Frage so hin- und hergerissen wie Sergei Schewyrin. Er hat bei Schmyrow mit einer Dissertation zur Arbeitsproduktivität in den Arbeitslagern um Perm promoviert. Heute ist er in seinen Fünfzigern, hat einen dünnen weißen Bart und trägt eine schmale Drahtbrille. Zunächst sei er sehr skeptisch gegenüber der Neuausrichtung von Perm-36 gewesen, sagt Schewyrin. Die Ausstellung zur Holzproduktion fand er geschmacklos und einseitig. Doch dann erklärte er sich bereit, als Kurator an einer Ausstellung mitzuwirken. Es ging um das Leben ehemaliger Gulag-Gefangener nach ihrer Freilassung – ihren Kampf um die Wiedereingliederung in eine sowjetische Gesellschaft, die ihnen weder besonders einladend noch besonders verständnisvoll gegenüberstand. Seine Erfahrung war positiv: »Wir haben alles gesagt, was wir sagen wollten.« Trotz seines Ärgers über die Entlassung von Schmyrow und Kursina war Schewyrin nun überzeugt, dass es immer noch möglich war, am Museum ernsthafte und genaue historische Arbeit zu leisten. Als Semakowa ihn bat, die Leitung der Abteilung für historische Forschung zu übernehmen, sagte er zu. Er hat eine recht pragmatische Auffassung von seiner Rolle und den Möglichkeiten, die sie eröffnet. »Bei der Darstellung von Geschichte darf es keine Kompromisse geben. Es muss die ganze Wahrheit geschildet werden, so detailliert wie möglich, ohne auszuweichen.« Zu den früheren gesellschaftlichen Aktivitäten des Museums wie der Pilorama meint er hingegen: »Ich brauche das nicht wirklich. Ich bin Historiker, ich sitze gerne im Archiv und betreibe Quellenforschung.«

Schewyrin fühlt sich Schmyrow nach wie vor moralisch verpflichtet und sieht klar die Grenzen von Semakowas Qualifikation. Er bezeichnet Schmyrow als »Motor, eine echte Zugmaschine, er hat sich tief in diese Geschichte vergraben«. Semakowa sei »anders gestrickt, eine Verwaltungsfachfrau«. Sie wisse, weshalb sie auf diesen Posten berufen worden sei, und vermeide die Fallstricke, über die ihre Vorgänger gestürzt seien. »Sie hat das Exempel, das an ihnen statuiert worden ist, sehr gut begriffen. Das frühere Leitungsteam hat alles selbst gemacht. Sie haben nie um Erlaubnis gebeten oder irgendjemanden nach seiner Meinung gefragt«, so Schewyrin. Semakowa hingegen laufe »zehnmal zur Permer Regierung und wieder zurück, um zu fragen, ob wir dies oder jenes tun dürfen«. Trotzdem kann Schewyrin seine historische Forschung weitgehend unbehelligt durchführen und die Ausstellungen machen, die er für wichtig und notwendig hält. »Sie kommt mir nicht in die Quere, sie ermöglicht es mir, den Leuten das Wesentliche am Gulag-System zu vermitteln. Warum sollte ich das nicht tun, wenn ich es kann?« Zugleich leidet er darunter, dass er sich den Zorn Schmyrows zugezogen hat, der Schewyrins Tätigkeit für Perm-36 als Verrat an seiner Person betrachtet. Schewyrin ist nie wirklich wohl bei seiner Funktion im Museum. »Meine Überlegungen passen nicht zu meinen Überzeugungen. Manchmal scheint mir, es wäre einfacher für alle, wenn ich gehen würde, auch für mich selbst.«

Als das Museum die Absicht bekannt gab, den Lageralltag in einer Reihe von Ausstellungen zu dokumentieren, waren Semakowa und Kantor besonders erfreut, dass sich Michail Mejlach bereit erklärte, sie zu Fragen der historischen Genauigkeit zu beraten. Mejlach hatte bis dahin gezögert, mit ihnen zusammenzuarbeiten. Er ist allein schon aufgrund seiner Biografie eine Autorität, und seine Mitwirkung trug dazu bei, Perm-36 als staatliches Museum, das es nun bereits seit einigen Jahren war, zu legitimieren. Ich traf mich mit ihm an einem regnerischen Sommernachmittag in der Datscha seiner Familie, die in den Wäldern bei St. Petersburg liegt. Dies ist der Ort, an den er seine Samisdat-Literatursammlung 1983 nicht hatte bringen wollen, was letztlich seine Verhaftung zur Folge hatte. Mejlach steht heute im achten Lebensjahrzehnt. Nach seiner Freilassung hat er ein außerordentlich aktives Leben geführt – er holt immer noch die Zeit auf, die er in Perm-36 verloren hat, wie er gern sagt. Er unterrichtete in Straßburg Altkirchenslawisch und russische Literaturgeschichte, veröffentlichte Gedichte und publizierte ein halbes Dutzend wissenschaftlicher Bücher. Mejlach liebt Theater und klassische Musik über alles. Jedes Frühjahr besucht er das jährliche Musik- und Kunstfestival in Perm, das letzte Überbleibsel des »kulturellen Aufbruchs« der Stadt. Dort werden zehn Tage lang avantgardistische Aufführungen gezeigt. Bei seinem letzten Aufenthalt fuhr er auch nach Perm-36 und besichtigte das Museum. »Ich hatte, sagen wir mal, gemischte Gefühle«, erzählt er. »Aber das Wichtigste ist, dass es das Museum überhaupt gibt.«

Mejlach rief mir die Devise von Pilorama in Erinnerung: »Freiheit an einem Ort der Unfreiheit«. Dieser Geist sei inzwischen verschwunden, sagt er. Perm-36 erhebe keine so umfassenden moralischen Ansprüche mehr und positioniere sich nicht länger als Ort, an dem Erfahrungen und Lehren bewahrt werden, die für das heutige Russland unmittelbar relevant sind. Die größte Veränderung sei natürlich, dass Schmyrow und Kursina fehlten, und damit auch die Vitalität, die sie dem Museum verliehen hätten. »Sie waren die Seele des Ortes, und das ist wichtiger als alle Ausstellungen«, so Mejlach. Als Semakowa und ihre Kollegen ihn baten, seine Erinnerungen an Perm-36 einzubringen, stimmte er dennoch zu. »Ich bin nicht mehr jung. Wenn ich mich nützlich machen kann, ist es meine Pflicht, das zu tun, Ratschläge zu geben und einiges zu erklären.« Auch er machte dabei seine kleinen Kompromisse: Er beriet das Museum zu bestimmten, klar abgegrenzten Themen, war jedoch nicht bereit, dem externen Beirat der Einrichtung beizutreten oder sich an Gesprächen über seine umfassende strategische Ausrichtung zu beteiligen. Was Perm-36 in seiner jetzigen Gestalt betrifft, konnte Mejlach ein Unbehagen nicht abschütteln. Er hatte ein ungutes Gefühl in Bezug auf Semakowa, »eine Amtsperson reinsten Wassers aus dem Inneren des Staatsapparats«. Er hielt inne und rutschte auf seinem Stuhl herum. »Eigentlich ist mir das alles so unangenehm, dass ich gar nicht darüber reden möchte.«

Ich bat Mejlach, mir mehr über seine Haftzeit in Perm-36 zu erzählen. Das fiel ihm deutlich leichter, als über die Gegenwart zu sprechen. Damals waren die moralischen

Grenzen klarer gewesen. Es bestand kein Anlass zur Verwirrung oder zu Zweifeln; es war nicht nötig, die Forderungen des Gewissens mit den Möglichkeiten des Augenblicks in Einklang zu bringen. Im Heizungskeller des Gefängnisses, wo Mejlach seine tägliche Arbeitsschicht leistete, schwere Kohlebrocken zerkleinerte und sie in den Ofen schippte, hatte er eine Art Frieden gefunden. Er mochte die körperliche Arbeit, und es gefiel ihm, dass er dabei weitgehend für sich sein konnte. Draußen, in den wenigen freien Augenblicken des Tages, fand er vielleicht nicht Schönheit, aber doch Besinnung auf das Wesentliche im Leben, das die Wächter und ihre Chefs nicht kontrollieren konnten. Er erfreute sich an »der Luft, der Landschaft hinter dem Zaun, dem klaren Himmel, den Bäumen und vor allem den Sternen«. Oft rief er sich Gedichte von Joseph Brodsky in Erinnerung, mit dem er vor seiner Inhaftierung befreundet gewesen war. Eine Zeile gefiel ihm ganz besonders. Sie beschreibt den Winter in Jalta an der Schwarzmeerküste der Krim: »Ja, Leben ist/ allerorts, hier auch, auf seine Art.«

Kapitel 6

Die Hölle auf Erden

Jelisaweta Glinka war müde, ausgelaugt von mehr als zwei Jahren regelmäßiger Reisen in Kriegsgebiete, jede einzelne eine Odyssee, vom Anblick verletzter Kinder und ausgebombter Krankenhäuser; von der erbarmungslosen Gleichgültigkeit oder einfach Gedankenlosigkeit derjenigen, die Artilleriegeschosse auf Waisenhäuser abfeuern. Sie verstand nichts vom Krieg und empfand einen diffusen Hass auf die, die ihn führten. Aber wo Krieg ist, sind auch Menschen in Not. Sie war instinktiv auf der Seite der Opfer, der Schwachen und Ohnmächtigen, aller Menschen, deren Leid sie vielleicht lindern oder verringern könnte, wenigstens ein bisschen.

Es war der Winter 2016. Glinka, eine ausgebildete Ärztin aus Moskau, war unzählige Male aus humanitären Gründen im Donbass gewesen, wo ein zeitweiliger, prekärer Waffenstillstand zwischen den von Russland unterstützten Separatisten und den ukrainischen Streitkräften erreicht worden war. Im September desselben Jahres war sie erstmals auch nach Syrien gereist, wo Russland auf der Seite Assads interveniert hatte. Sie hatte Krankenhäuser besucht und notiert, welches medizinische Bedarfsmaterial dort am dringendsten gebraucht wurde. Doktor Lisa, wie man sie allgemein nannte, wurde in Russland von vielen geschätzt, weil sie sich uneigennützig um Obdachlose und Schwerkranke kümmerte. Als eine Art Ein-Frau-Wohltätigkeitsorganisation ließ sie allen, die es brauchten, Kleidung, Medikamente oder auch nur eine warme Mahlzeit zukommen. Sie nahm sich der Menschen an, die die russische Gesellschaft ansonsten lieber übersah. Glinka war vierundfünfzig. Sie hatte eine kecke blonde Bobfrisur, und wenn sie einen mit ihren großen, tief liegenden Augen anblickte, strahlte sie eine tief empfundene, umfangene Empathie aus.

Sie hatte Jahre an den Betten von Kranken und Sterbenden verbracht. Es war eine aufopfernde, kraftzehrende Tätigkeit, aber sie gab ihr ein tiefes Gefühl von Sinnerfüllung und Befriedigung. Einen Menschen am Ende seines Lebenswegs zu begleiten, hatte für sie etwas intuitiv Menschliches und zugleich Mystisches. Die Schriftstellerin Ludmila Ulizkaja hat beschrieben, wie sie Glinka das erste Mal begegnete – im Krankenhaus, am Bett eines gemeinsamen Freundes, der nach einem Schlaganfall im Sterben lag. Glinka war gekommen, um die Nacht an der Seite des Freundes zu verbringen, doch es gab keinen Stuhl im Raum außer dem, auf dem schon Ulizkaja saß. Deshalb blieb Glinka nur kurz, sagte ein paar tröstende Worte und ging. Etwas später trat Ulizkaja auf den Flur der Station hinaus. Dort lag Glinka auf einem Krankenhausbett neben einem alten Mann, der an diesem Abend aufgenommen worden war und offensichtlich seine letzten Atemzüge tat. Sie streichelte sanft den Kopf dieses Fremden, obwohl er nach Ulizkajas Eindruck dem Tod schon so nahe war, dass er nichts mehr spüren konnte. »Lisas Verhalten kam mir damals etwas seltsam vor«, schreibt Ulizkaja und fügt dann hinzu: »Gewöhnliche Menschen finden das Verhalten von Heiligen oft etwas seltsam.«

Mit dem Krieg war es jedoch eine ganz andere Sache. Glinka fühlte sich erschöpft und ihrer Vitalität beraubt, nicht so sehr wegen der Arbeit, sondern wegen allem, was damit einherging: Begegnungen mit unangenehmen Männern in Tarnanzügen, ständige Verhandlungen mit Bürokraten. Ganz besonders machte ihr zu schaffen, dass jetzt alle etwas Politisches in ihrer Tätigkeit sahen und deshalb forderten, sie solle politisch Stellung beziehen – etwas, das sie all die Jahre über bewusst vermieden hatte. Ihrem Mann Gleb, einem Steueranwalt, sagte sie, dass sie nächstes Jahr kürzertreten wolle. Sie hatte vor, mehr Verantwortung zu delegieren und weniger unterwegs zu sein. »Schon recht«, sagte Gleb, der die grenzenlose Energie seiner Frau kannte und ihr fast manisches Bedürfnis, dort zu sein, wo ihre Hilfe gebraucht wurde: »Besorgen wir dir also einen Schaukelstuhl, und du strickst Socken für unsere Enkel?« »Mir ist es ernst, Glebuschka«, erwiderte sie.

Die beiden bereiteten sich in diesen späten Dezembertagen auf die Neujahrsfeiertage vor, die sie, wie schon seit Jahren, auf der Krim verbringen wollten. Seit Glinkas erster Reise nach Syrien waren drei Monate vergangen. Jetzt kam ein Anruf: sie möge bitte noch einmal dorthin fahren. Das russische Verteidigungsministerium hatte eine Reise für eine Delegation humanitärer Helfer organisiert. In drei Tagen sollte es losgehen. »Ich glaube nicht, dass sie das wirklich wollte«, sagt Gleb. Er merkte, dass ihr der Elan fehlte, hörte das Zögern in ihrer Stimme, als sie ihm sagte, dass sie zugestimmt hatte. Aber sie behielt ihre Zweifel für sich. »Wenn du dreißig Jahre lang mit jemandem zusammenlebst, nimmst du Signale auf, du bekommst mit, wenn etwas nicht ausgesprochen wird«, sagt er. Doch nachdem sie einmal gefragt worden war, konnte sie nicht Nein sagen.

Schon seit einem Jahr bombardierten russische Flieger Ziele in Syrien. Russland war im Herbst 2015 offiziell in den Krieg eingetreten und hatte seine Kampfflugzeuge auf einer Basis bei der Hafenstadt Latakia an der syrischen Mittelmeerküste stationiert. Vorgeblich ging es darum, das Assad-Regime im Kampf gegen den IS zu unterstützen – so begründete Putin den Einsatz vor der Weltöffentlichkeit, und so stellte es das Staatsfernsehen für die russischen Zuschauer dar. Doch die Liste der Ziele gab Aufschluss über den wirklichen Zweck. Einer Analyse zufolge befanden sich nur 20 Prozent der Ziele, die in den ersten Wochen des Luftkriegs getroffen wurden, in Gebieten, die vom IS gehalten wurden. Die übrigen Angriffe richteten sich gegen andere Rebellenmilizen, die die Regierung Baschar al-Assads bekämpften. Putin hatte eine instinktive Abneigung gegen alles, was nach Regimewechsel aussah. Dass er beim Ausbruch der Kämpfe von Anfang an auf Assads Seite stand, hatte prinzipielle Gründe, keine persönlichen. Er entsandte das russische Militär nach Syrien, weil er seiner Position Geltung verschaffen und zugleich Russland wieder als zentralen, unentbehrlichen Akteur im Nahen Osten etablieren wollte – eine Rolle, die dem Land aus seiner Sicht, wie vieles andere auch, historisch zustand und infolge der Schwächephase nach dem Ende der Sowjetunion zu Unrecht versagt worden war. Angesichts der westlichen Bestrebungen zur Isolierung Russlands nach dem Ukraine-Konflikt eröffnete das Eingreifen in Syrien Putin die Möglichkeit, sich und Russland wieder Zutritt zur Liga der geopolitischen Supermächte zu erzwingen. Der Einsatz schien in dieser Hinsicht erfolgreich zu laufen, und es sah ganz so aus, als ob damit auch eine militärische Niederlage Assads abgewendet würde.

Am späten Abend des 24. Dezember, als das winterliche Moskau unter einer schweren schwarzen Stille begraben lag, verließ Glinka ihre Wohnung am zentralen Boulevardring und fuhr zu dem gut 30 Kilometer vor der Stadt gelegenen Militärflugplatz Tschkalowski. An der Rollbahn wartete die übliche Entourage von Generälen, Flugingenieuren und staatlichen Fernsehteams. Dazu kamen 64 Mitglieder des legendären Alexandrow-Ensembles, besser bekannt als Chor der Roten Armee, das mit seinem Repertoire an Volksliedern, Militärhymnen und temperamentvollen Tänzen regelmäßig die Welt bereiste. Sie sollten ein Neujahrskonzert für die Soldaten auf der russischen Militärbasis bei Latakia geben. Um 1:40 Uhr morgens startete die Tupolew Tu-154 mit 84 Passagieren und acht Besatzungsmitgliedern an Bord in Richtung Süden. Zwei Stunden später erreichte sie einen anderen Militärlandeplatz in Sotschi am Schwarzen Meer, um dort einen geplanten Tankstopp einzulegen.

Um halb sechs, als die ersten Sonnenstrahlen über dem Meer aufstiegen, wurden die Triebwerke hochgefahren, und das Flugzeug raste die Startbahn von Sotschi entlang. Es erhob sich in den Himmel und verschwand am Horizont. Kurz nach dem Abheben verlor der Chefpilot die Orientierung: Er glaubte, es gehe zu schnell nach oben, schob das Steuer nach vorn und löste damit einen Sturzflug aus. Das Flugzeug verlor sechs Meter Höhe pro Sekunde. Als der Pilot eine scharfe Linkskurve vollzog, ließ der Navigator der Crew über das Bordkommunikationssystem eine Kaskade von Flüchen hören. Das Flugzeug schoss jetzt abwärts und schlingerte hin und her; die Passagiere müssen entsetzliche Angst ausgestanden haben. Seit dem Start waren siebzig Sekunden vergangen. Die Tupolew befand sich nur noch wenige Hundert Meter über dem Wasser und raste weiter nach unten. Sie traf mit über 500 km/h auf die Wasseroberfläche und zerschellte, wobei Metallteile und Trümmer in einem Umkreis von fast zwei Kilometern verteilt wurden. Die Flugsicherungscrew auf dem Landeplatz sah auf ihren Instrumenten, wie das Radarzeichen des Flugzeugs aufblinkte und dann erlosch.

Als die Nachricht von dem Flugzeugabsturz Moskau erreichte, hoffte Glinkas Ehemann Gleb ebenso wie ihre zahlreichen Unterstützer und Bewunderer auf das Unmögliche: Vielleicht war sie ja nicht an Bord gewesen. Vielleicht war sie, wie es ein kurzlebiges Gerücht wollte, bei einem zusätzlichen Sicherheitscheck in Sotschi aufgehalten worden und hatte einen anderen Flug genommen. Aber Stunde um Stunde verstrich, und ihr Mobiltelefon war immer noch ausgeschaltet. Dann hörte Gleb, wie es an der Tür klingelte: Seine Frau war tatsächlich an Bord des Flugzeugs gewesen und mit allen anderen bei dem Unglück ums Leben gekommen. Überbringer der Nachricht war Michail Fedotow, der Leiter des Menschenrechtsrats des Kreml, dem Glinka drei Jahre zuvor beigetreten war. Sie und Fedotow hatten eine enge Freundschaft entwickelt. Sie achteten einander und waren sich bewusst, dass sie sich in ihrer Arbeit ergänzten: Fedotow sorgte mit seinem offiziellen Titel für Zugang und Einfluss, Glinka stand mit ihrem Ruf für Respekt und Legitimität. Ursprünglich hatte Fedotow selbst mit nach Syrien fliegen sollen. Doch das Verteidigungsministerium hatte ihn daran gehindert, und nun musste er die Nachricht von Glinkas Tod überbringen. »Wir haben bis zuletzt auf ein Wunder gehofft«, sagte er.

»Sie ist selbst ein Wunder gewesen, eine vom Himmel entsandte Botschafterin der Tugend.«

Glinkas Mutter Galina war Ärztin, und das wollte auch
Lisa werden, solange sie zurückdenken konnte. In den frühen Achtzigern, kurz nach Abschluss ihres Medizinstu-
diums, lernte sie Gleb kennen. Er war 14 Jahre älter und
kam aus dem US-Bundesstaat Vermont, wo er als Kind
eines russischen Vaters und einer polnischen Mutter aufgewachsen war. Gleb war fasziniert von den Geheimnissen
Russlands, das er nur aus den Erzählungen seiner Eltern
kannte. Die Liebe zu Lisa verstärkte dieses romantische
Hochgefühl noch. Er wollte in Moskau bleiben. Sie lachte
nur und sagte, er werde hier mit Sicherheit nicht überleben.
1990 zog sie mit ihm nach Vermont. Sie ließen sich in einem Bauernhaus in Cabot nieder, einer Siedlung in der
Region Northeast Kingdom, wo es viele glasklare Seen und
noch mehr Milchbauernhöfe gibt. Glinka beschäftigte sich
mit Gartenarbeit und zog die beiden Söhne Constantine
und Alexei auf. Bald verspürte sie das Bedürfnis, wieder
als Medizinerin zu arbeiten. Aber um sich in den USA zu
qualifizieren, hätte sie ihr Studium noch einmal ganz von
Neuem beginnen müssen. Gleb empfahl ihr, sich zunächst
als ehrenamtliche Mitarbeiterin des örtlichen Hospizes zu
bewerben.

Sie fuhr hin, um sich die Einrichtung anzusehen, und
war sofort fasziniert. Nie hätte sie gedacht, dass so etwas
möglich war. Die paar Dutzend Patients waren in Einzel-
zimmern untergebracht, und an jeder Tür hingen ein Foto
und eine kurze Biografie der Bewohnerin oder des Bewoh-
ners. Wer hier betreut wurde, hatte nicht mehr lang zu
leben, und die Mitarbeiter versuchten nicht, diese offen-

sichtliche Tatsache zu verbergen oder abzuwehren. Aber sie behandelten ihre Schützlinge als Menschen, die Würde haben und Achtung verdienen – mit Einfühlungsvermögen und Anstand, ohne sie zu bevormunden oder in Watte zu packen. »Ich habe glückliche, saubere und gut ernährte Patienten gesehen, deren Würde respektiert wurde und die in der Lage waren, über die Ewigkeit nachzudenken«, sagte Glinka später. Es war ein völlig anderer Umgang mit Sterbenden, als er in der Sowjetunion üblich gewesen und auf das neue Russland übergegangen war. Dort wurden Menschen, die tödlich erkrankt waren, aus dem Blickfeld geschafft und ignoriert. Im medizinischen System war der Tod tabuisiert – als sei das Sterben nicht natürlich und unausweichlich, sondern eine ansteckende Krankheit. Glinka wusste auf Anhieb, dass sie ihre Berufung gefunden hatte. Sie schrieb sich am Dartmouth College für einen palliativmedizinischen Lehrgang ein.

Ende der Neunziger erhielt Gleb, der bis dahin ein erfolgreiches Anwaltsbüro in Vermont unterhalten hatte, das Angebot, an Reformen des Justizsystems in der Ukraine mitzuarbeiten. Die Familie zog nach Kiew um. Jetzt konnte Glinka ein eigenes Hospiz eröffnen – an einem Ort, an dem es so etwas bisher nicht gab. Im Jahr 2000 nahm die Einrichtung die ersten stationären Patienten auf. Ihre Zahl stieg bald auf dreißig, und dazu kamen über hundert Patienten, die zu Hause betreut wurden. Trotzdem machte Glinka ihre tägliche klinische Arbeit weiter so, wie sie es liebte – oder, so würden ihre Freunde es sagen, wie sie es brauchte, weil sie anders so wenig leben konnte wie ohne Luft zum Atmen: mit unmittelbarer Nähe und Berührung. Sie hielt hier die Hand eines kranken Kindes, wechselte dort einem alten Mann den Wundverband und hörte sich an, was Menschen in ihren letzten Tagen bekümmerte und was sie bereuten.

Trotz ihrer jahrelangen Tätigkeit im Hospiz konnte Glinka sich mit dem Tod nie abfinden oder so tun, als würde sie ihn verstehen. Sie war sieben gewesen, als sie zum ersten Mal in ihrem Leben einen Sarg gesehen hatte. Damals war ein Teenager, der im selben Haus wie sie gewohnt hatte, an Krebs gestorben. Die Plötzlichkeit dieses Todes und die Ungerechtigkeit, dass Serjoscha diese Welt so früh verlassen musste, hatten Glinka zutiefst erschreckt. Und trotz all der tödlich erkrankten Patienten, die sie seither begleitet hatte, blieb ihr eine tiefe, unüberwindliche Furcht vor der völligen, existenziellen Leere des Todes. Sie war religiös, aber sie trug ihren orthodoxen Glauben nie vor sich her und war nicht einmal sicher, wie er ihre eigene Vorstellung davon beeinflusste, was nach dem Tod kommt – wenn etwas kommt. »Es macht mir Angst, furchtbare Angst, nicht zu wissen, was … dort wartet«, sagte sie 2009 einem Filmemacher. »Als religiöser Mensch habe ich das Gefühl, dass es irgendwie besser sein sollte. Aber im Innersten fürchte ich mich vor dem Tod, weil ich nicht weiß, wie er sich ereignen wird: Kommt er unerwartet, werde ich leiden? All das kann ich nicht wissen, und das ängstigt mich.« Wenn sie den Menschen, die sie betreute, sagte, sie hätten nichts zu befürchten, konnte sie nie sicher sein, dass es wirklich so war.

Ihre große Gabe war die Fähigkeit, den Patienten etwas von ihrer Todesangst und Traurigkeit abzunehmen. Sie erleichterte ihnen die Last des Todes, indem sie sich selbst einen Teil davon auflud. Im Hospiz erkundigte sie sich immer nach dem Namen, dem Beruf und den besonderen Begabungen der Patienten. Sie wollte wissen, wer sie gewesen waren, bevor ihnen der Körper den Dienst versagt hatte, und vor allem, wie sie ihre letzten Tage verbringen wollten – von dem orthodoxen Priester, der um einen Schaschlikspieß bat, bis zu der einsamen Frau, die sich mit einem Tross von Verwandten und Bekannten umgab, die ganz offensichtlich nur auf ihren eigenen Vorteil aus waren – doch die Patientin wollte sie trotzdem empfangen. Glinka sorgte dafür, dass die Männer, die in ihrer Obhut starben, bei ihrer Beisetzung gut angezogen waren. Manchmal plünderte sie dafür Glebs Kleiderschrank: Es kam vor, dass er nach seinem Lieblings-Dreiteiler suchte, nur um zu erfahren, dass er von einem Mann getragen wurde, der schon unter der Erde lag.

Glinka begann ein Online-Tagebuch zu führen, in dem sie die Geschichten der Menschen erzählte, deren Leben im Hospiz zu Ende ging. Der einzige Unterschied zwischen ihnen und uns sei, schrieb sie, dass sie wissen, wann sie sterben werden, und wir nicht. Davon abgesehen seien sie genau wie wir auch – sie hätten die gleichen Bedürfnisse und Schwächen und könnten genauso weise und großzügig oder kleinlich sein. »Auch Kranke und Sterbende verlieben sich, heiraten, fühlen Hass, leiden, kriegen Angst, telefonieren, essen, hören Musik, sehen fern«, schrieb sie. In einem Beitrag porträtierte sie eine Frau in ihren Vierzigern namens Jelena, die unheilbar an Gebärmutterhalskrebs erkrankt war. Sie hatte zwei Kinder, einen Sohn und eine Tochter. Eines Tages brachte Glinka einen wohlhabenden Mann zu ihr, der gefragt hatte, wie er helfen könne. Er wolle spenden, aber nur für die schwierigsten Fälle. Glinka nahm ihn mit in Jelenas Zimmer. »Dieser Mann will Ihnen helfen«, sagte sie ihr. »Sie können ihn um alles bitten, was Sie wollen.« Ohne nachzudenken erwiderte Jelena: »Mein Sohn tanzt am achtundzwanzigsten im Ballett *Raimonda*. Gehen Sie unbedingt hin. Es wird Ihnen gefallen.«

Glinka lernte, dass jeder Mensch auf seine eigene Art stirbt. Manche weinten, wollten festgehalten werden und baten Doktor Lisa, ihnen die Hand zu drücken oder sie in den Arm zu nehmen. Andere waren ruhig und zurückgezogen. Bei Kindern sah es oft so aus, als würden sie einschlafen – »als ob ihr Atem einfach davonfliegt«, wie Glinka es einmal beschrieb. Der Ausspruch, dass der Tod am schwersten für die Lebenden sei, schien ihr unleugbar wahr zu sein. Manche Hinterbliebenen geraten in einen Sog der Trauer und Selbstzerstörung. Andere richten ihre Wut auf den verstorbenen Menschen und fragen sich, wie er einfach so gehen und sie allein zurücklassen konnte. Am schwierigsten war es natürlich, wenn Eltern den Tod ihres Kindes erleben mussten. Glinka erinnerte sich besonders an einen Vater, dessen kleine Tochter Natascha das Endstadium einer langen und qualvollen Krankheit durchmachte. Er tobte durch die Gänge und schrie. Seine Frau sagte, er habe zu Hause alle orthodoxen Ikonen kaputt geschlagen. Glinka musste ihn irgendwie davon abhalten, dem Hospiz oder sich selbst ernsthaften Schaden zuzufügen. »Passen Sie auf«, sagte sie zu ihm. »Wenn Sie sich hinsetzen, können Sie Natascha in den Arm nehmen.« – »Wirklich?«, fragte er aufhorchend. »Darf ich?« – »Natürlich«, erwiderte Glinka, zog die Schläuche und Kabel aus dem kleinen Körper seiner Tochter und legte ihm das Mädchen in die Arme. Sie bekam nicht einmal mit, als das Kind starb, erinnerte sie sich. »Er hat selbst gesagt: ›Sie ist gegangen.‹«

2006 besuchte Glinka in Moskau ihre 71-jährige Mutter. Als sie eine Woche später zurückreisen wollte, erhielt sie auf dem Weg zum Flughafen einen Anruf: Die Mutter hatte eine schwere Gehirnblutung erlitten. Glinka ließ das Taxi sofort umkehren und blieb in Moskau – insgesamt anderthalb Jahre lang. Zweimal täglich kam sie ins Krankenhaus, saß bei ihrer Mutter, sprach mit ihr und hielt ihre Hand – obwohl diese im tiefen Koma lag und weder antworten noch auch nur signalisieren konnte, dass sie von der Anwesenheit ihrer Tochter etwas mitbekam. Für die Ärzte und Pfleger war das nichts Neues. Anfangs kommen die Angehörigen immer. Aber dann hören sie allmählich damit auf und setzen ihr gewohntes Leben fort, bedrückt von der Erkenntnis, wie wenig sie mit ihren Besuchen ausrichten können. Glinka jedoch kam Tag für Tag, bis zu dem Morgen im April 2008, an dem ihre Mutter starb. Als die Krankenträger die Leiche in den Korridor rollten und Glinka sie begleitete, standen die Ärzte und Pflegekräfte des Krankenhauses Spalier, um ihren Respekt zu bekunden. Am nächsten Tag schrieb sie in ihr Online-Tagebuch: »Ich bleibe hier, wo mein Leben durch den Schmerz und das Leiden anderer Menschen geformt wird.«

Während ihres Aufenthalts in Moskau baute Glinka eine Organisation namens »Gerechte Hilfe« (russisch: »*Sprawedliwaja Pomoschtsch*«) auf, die sich um die medizinische Versorgung und Pflege todkranker Menschen kümmerte – vor allem solcher, die sich die Privatkliniken der Hauptstadt nicht leisten konnten und andernfalls, sich selbst oder ihren oft überforderten Familien überlassen, einen schmerzhaften Tod gestorben wären. Die Organisation arbeitete ähnlich wie das Hospiz in Kiew, nur ohne feste Adresse. Stattdessen besuchte Doktor Lisa die Ster-

402

benden zu Hause. In einem bemerkenswerten Dokumentarfilm aus dieser Zeit ist zu sehen, wie sie durch Moskau fährt, um sich um Menschen mit Krankheiten im Endstadium zu kümmern. Sie besucht die Übersetzerin Oksana, die Mitte dreißig ist und an unheilbarem Zungenkrebs leidet. Oksana kann nicht mehr sprechen und verständigt sich mithilfe eines Notizblocks neben ihrem Bett. Glinka wechselt ihren Halsverband und tätschelt ihr die Schläfe. Es sei ein Privileg, Zeit mit einer Sterbenden zu verbringen, sagt sie. »Wir werden die letzten Menschen sein, die in ihr Leben treten, die letzten, denen sie vertraut, die letzten, die sie liebt.«

Eines Tages erhielt Glinka Nachricht von einem sterbenden Obdachlosen am Pawelezer Bahnhof, der am Gartenring im Moskauer Stadtzentrum liegt. Als sie dort eintraf, tauchten weitere Obdachlose auf und sagten, dass auch sie Hilfe brauchten. Von da an kam Glinka jeden Mittwoch zum Pawelezer Bahnhof, um dort warme Mahlzeiten auszugeben und an Ort und Stelle medizinische Untersuchungen durchzuführen. Die Leser ihres Blogs brachten warme Kleidung und manchmal auch einfach Geld für Medikamente und Lebensmittel vorbei. Die Obdachlosen vom Pawelezer Bahnhof gehörten zu denen ganz unten, den Menschen, die bei Moskaus unglaublichem Aufstieg zur Welthauptstadt der Milliardäre auf der Strecke geblieben waren. Aber Glinka behandelte sie nicht anders als ihre Hospizpatienten. Sie fragte nach ihren Namen und achtete darauf, dass niemand aus der kleinen Mitarbeiter- und Freiwilligenschar von »Gerechte Hilfe« sie als Penner bezeichnete. »Jeder obdachlose Mensch hat Vater und Mutter«, sagte sie einmal, »nicht anders als Sie oder ich.«

Die Anwohner des Bahnhofs legten reihenweise Be-

schwerden ein. Sie fanden, dass Glinka die Wohngegend
verdarb, und forderten die Stadtverwaltung auf, sie hinaus-
zuwerfen. Dort sah man die Dinge nicht wesentlich anders:
Immer wieder beschwerten sich Vertreter der kommunalen Behörden im Fernsehen, Glinkas Aktivitäten würden
nur noch mehr Gammler anlocken, mit denen die Stadt
fertigwerden müsse. In ihrem Blog tauchten giftige Kommentare auf. Leser warfen ihr vor, sie schwäche die Nation
und verstoße mit ihrer Hilfe für Obdachlose und Sterbende gegen das Gesetz der natürlichen Auslese: Ein neues
Russland stieg empor, ein wohlhabendes und starkes Land,
und das Häuflein von Elenden, um die Doktor Lisa sich
kümmerte, passte nicht zur allgemeinen Stimmung.

Doch auch die Zahl ihrer Unterstützer wuchs. Viele Leser des Blogs spendeten kleine Beträge. Manchmal gab
jemand 1000 Rubel – eine spürbare Summe, etwa 25 Euro.
Je weiter Glinkas Ruhm sich ausbreitete und je reicher und
glamouröser Moskau wurde, desto höher wurden die
Spendenbeträge. Manchmal stieg jemand bei laufendem
Motor aus einem Mercedes, um einen Umschlag mit Spenden im Wert von 1000 oder sogar 5000 US-Dollar abzugeben. Glinka kaufte Medikamente für die Kranken, Win-
deln für ihre Babys und schwere Parkas für die
Obdachlosen am Bahnhof. Als ein Patient – der 42-jährige
Programmierer Sascha mit Leberkrebs im Spätstadium –
eine Sauerstoffmaschine brauchte, die 1700 US-Dollar kosten sollte, appellierte Glinka an ihre Leser: Wenn jeder nur
einen Dollar zahle, könne der Betrag bis zum Abend zusammenkommen. Sie brauchte nicht einmal so lange zu
warten. Ein reicher Geschäftsmann und seine Frau boten
prompt an, die Kosten zu übernehmen.

Eines Tages kam Lana Schurkina, die Glinka bei einer

Wohltätigkeitsveranstaltung für »Gerechte Hilfe« kennengelernt hatte, im Souterrain-Büro am Pawelezer Bahnhof vorbei und fragte, wie sie helfen könne. Glinka bat sie, Buchweizengrütze zu machen. Das tat sie, und auch für den Rest des Winters kochte sie in der Küche hinter dem Büroraum warmes Essen. »Ich mochte das Systematische an Lisas Organisation«, sagt sie. »Sie war wie eine Art Membran zwischen denen, die geben, und denen, die in Not sind. Jemand spendet Buchweizen, und wir ernähren damit jemand anderen, der Hunger hat. Jemand legt einen Wintermantel ab, und am nächsten Tag trägt ihn ein Obdachloser.« Schurkina war auch beeindruckt von Glinkas unvoreingenommener Art. Sie behandelte alle Menschen gleich, egal ob sie das Büro im Pelzmantel oder im müffelnden Parka betraten. »Alle bekamen von ihr die gleichen Scherze zu hören, alle erhielten die gleiche innige Umarmung, und auch wenn sie Leute vor die Tür setzte, machte sie keine Unterschiede.«

Ein anderes Mal kam der Journalist und Redakteur Michail Gochman vorbei. Auch er war einer der vielen Leser von Glinkas Blog, die ihre Arbeit unterstützen wollten. Er stellte ihr eine Frage, die sie damals sehr oft hörte: »Ist es für einen Arzt nicht das Schlimmstmögliche, wenn ein Patient stirbt? Das muss doch furchtbar sein. Wie werden Sie damit fertig?« – »Für die menschliche Zivilisation macht es keinen Unterschied, ob jemand heute, in zwei oder in fünfzig Jahren stirbt«, erwiderte sie. »Wichtiger ist, dass der Tod eines Menschen, wann immer er kommt, nicht unwürdig sein sollte. Ein Mensch, der kurz vor dem Tod steht, sollte nicht leiden. Er sollte unter humanen Bedingungen sterben, in einem sauberen Bett, umgeben von Menschen, die er um sich haben möchte; und seine Bedürfnisse sollten erfüllt werden.« Gochman begann die »Gerechte Hilfe« regelmäßig zu unterstützen. Manchmal schickte er Glinka Geld für medizinischen Bedarf und Lebensmittel. Auch seinen 50. Geburtstag feierte er im Souterrain am Pawelezer Bahnhof und bat seine Gäste um kleine Spenden statt Geschenken. Im Gespräch mit mir legte er Wert darauf, dass Glinka keine überirdische Erscheinung gewesen sei. »Manchmal konnte sie derb fluchen«, sagte er. »Sie hat gern geraucht und getrunken, besonders Tutowka« (einen armenischen Maulbeerschnaps).

Glinka und eine Reihe weiterer Philanthropen und humanitären Helfer trugen durch ihr Vorbild dazu bei, das Image der Wohltätigkeitsarbeit in der modernen russischen Gesellschaft zu ändern. Das paternalistische Erbe der Sowjetzeit wirkte noch lange Zeit nach: Die Leute gingen wie selbstverständlich davon aus, dass es Sache des Staates war, für sie zu sorgen. Dass sie selbst gegenseitige Fürsorge organisieren sollten oder auch nur könnten, wo der Staat sich als inkompetent oder unwillig erwies, kam ihnen nicht in den Sinn. Zudem hatten sich in den ersten postsowjetischen Jahren Figuren, die öffentlich gemeinnützige Absichten zur Förderung der Zivilgesellschaft bekundeten, später oft als Profitjäger und Betrüger erwiesen. Viele hielten deshalb eine Organisation, die Geld für wohltätige Zwecke sammelte, nur für eine weitere Masche, um die Leute auszunehmen. »Wer mit Geld arbeitet, ist automatisch ein Schwindler« – so beschrieb der Leiter einer gemeinnützigen Organisation mir gegenüber die Ansicht vieler Russen in den Neunziger- und frühen Zweitausenderjahren.

Für diese zynische Haltung gab es durchaus Gründe. Ein Freund von mir saß einmal in einem Taxi inmitten des legendären Moskauer Verkehrschaos. Hinter ihm stand ein Krankenwagen, eingezwängt in einem Meer von Autos. Die Sirene heulte, doch niemand reagierte. Mein Freund fragte den Taxifahrer, warum Moskauer Autofahrer den Weg nie für Krankenwagen freigäben. »Ganz einfach«, sagte der Fahrer. »Alle wissen, dass die Fahrer sich als Taxidienst für VIPs verdingen. Ein aufstrebender Oligarch kann sich für ein paar Scheine im Krankenwagen durch die Stadt befördern lassen, während die normalen Leute im Stau feststecken.«

Diese tief verwurzelte Skepsis überwand Glinka durch ihre Glaubwürdigkeit, ihre starke Persönlichkeit, die sich nicht so einfach abweisen ließ. Anfangs waren die Spender nur bereit, sich für eine bestimmte Person oder einen bestimmten Fall einzusetzen, wie bei der Sauerstoffmaschine für Sascha. Doch mit der Zeit begannen sie, die »Gerechte Hilfe« als Organisation zu unterstützen und darauf zu vertrauen, dass Glinka nach eigenem Ermessen über die Verwendung der Mittel bestimmte. Bei einigen dringenden Anlässen bildeten sich selbst organisierte Gemeinschaften von Spendern und Freiwilligen – etwa als im Sommer 2010 in der Umgebung von Moskau katastrophale Waldbrände ausbrachen oder als 2012 die südrussische Stadt Krymsk überschwemmt wurde. Glinka sammelte damals in den Büros der »Gerechten Hilfe« Lebensmittel, Kleidung und medizinischen Bedarf und ließ alles in eine Flotte von Lastwagen verladen, die sich, begleitet von Dutzenden Freiwilligen, in Richtung Krymsk aufmachten.

Nach und nach zeigte auch der Staat mehr Entgegenkommen. Nicht, dass er Glinka und ihre Aktivitäten ausdrücklich begrüßt hätte, aber er legte ihr auch keine Steine in den Weg. Es entsprach grundsätzlich nicht Glinkas Art, sich mit Politik zu befassen. Sie hatte keine Vorstellung davon, wie Einzelne sich Macht verschaffen und ausüben, wie Intrigen, Allianzen und Koalitionen geschmiedet und wieder beendet werden, um Einfluss zu gewinnen. »Sie konnte in diesen Kategorien nicht denken, selbst wenn sie gewollt hätte«, sagt Gleb. »Sie waren ihr völlig fremd.« Als sie bekannter wurde, erhielt sie trotzdem immer wieder Anfragen von Vertretern verschiedener politischer Parteien und Bewegungen: Ob sie nicht dieser oder jener Organisation beitreten, für diese oder jene Initiative unterschreiben wolle? Vielleicht wäre sie sogar bereit, sich bei den anstehenden Wahlen auf die Kandidatenliste setzen zu lassen – sie leiht der Partei ihre Glaubwürdigkeit und erhält dafür einen Sitz im Stadtrat oder gar im Parlament? »Sie hat jedes Mal Nein gesagt«, erinnert sich Gleb.

Glinka fand die Verhandlungen mit den Vertretern der kommunalen Verwaltung lästig und versuchte, möglichst wenig Zeit darauf zu verwenden. Dabei war ihr klar, dass sie unumgänglich waren, vor allem für eine Organisation, die ihre Aktivitäten ausweiten wollte. Sie konnte nicht jeden kranken und sterbenden Menschen in Moskau persönlich besuchen. Und wenn Patienten in einer staatlichen onkologischen Klinik behandelt werden mussten oder ein Obdachloser auf einen Platz in einem staatlichen Wohnheim wartete, musste sie den Staat miteinbeziehen. In ihrem Blog dokumentierte sie einen Wortwechsel mit einem mittleren Beamten, der ein offizielles Dokument unterschrieben hatte, das die »Gerechte Hilfe« brauchte, um ihre karitative Arbeit machen zu können. Der Beamte sagte zu ihr: »Sie sollten mir dankbar sein.« Sie war perplex. »Für seine Arbeit!«, schrieb sie in dem Blogbeitrag. »Verstehen Sie? Die Gesellschaft ist an dem Punkt angelangt, wo Menschen Dankbarkeit dafür erwarten, dass sie ganz einfach ihre Arbeit tun.«

So wenig Glinka von Politikern und ihren Motiven verstand, so geschickt ging sie intuitiv mit ihnen um. Genau wie bei allen anderen Leuten, mit denen sie zu tun hatte, interessierte sie vor allem eines: Welche Hilfe kann diese Person leisten, und was muss ich tun, damit sie sie leistet? »Sie wusste genau, wie Menschen von Nutzen sein konnten – was man von ihnen erwarten konnte, wer welche Fähigkeiten hatte, wer den Motor für ihre Lokomotive liefern konnte«, so Schurkina. Der Staat und seine Funktionsträger waren für sie weder gut noch schlecht. Sie verfügten einfach über Ressourcen, die sie brauchte, um mehr Menschen helfen zu können, und der Zugang zu diesen Ressourcen war wichtiger als moralische oder politische Grundsatzpositionen, die ihr abstrakt und fruchtlos erschienen.

»Sie kämpfte nicht für oder gegen den Staat, für oder gegen Putin. Sie kämpfte gegen Ungerechtigkeit, Leid und Schmerz«, sagt der Fotojournalist Dmitri Aleschkowski, der selbst Benefizkampagnen organisiert und eng mit Glinka zusammenarbeitete. Während der Proteste im Winter 2011/12 machte sie heiße Suppe und Tee für die Demonstranten. Ihre Sympathien gehörten denen, die bei eisigen Temperaturen auf der Straße standen – nicht aus einer grundsätzlichen Ablehnung der Missstände unter Putin, sondern aus dem Instinkt heraus, immer auf der Seite der Schwachen zu stehen. Wenn Demonstranten von der Bereitschaftspolizei geschlagen und zusammengetrieben wurden, tat Glinka alles, um ihnen zu helfen, das verstand sich für sie von selbst. Sie dachte nicht in großen, abstrakten Kategorien, sondern in sehr konkreten Begriffen: »Das« Putin-System existierte für sie nicht. Als die Moskauer Stadtverwaltung einmal drohte, die »Gerechte Hilfe« aus ihren Büroräumen im Souterrain zu werfen, machte Aleschkowski Glinka mit einem hochgestellten Beamten bekannt. Er fand sie und ihr Projekt sympathisch, und die Stadt erklärte sich schließlich bereit, ihr die Souterrain-Räume für zehn Jahre mietfrei zu überlassen. »Diese Beziehungen eröffneten ihr lauter Möglichkeiten, die sie selbst nicht hatte«, sagt Aleschkowski. »Und sie haben sie schließlich buchstäblich das Leben gekostet.«

Michail Fedotow ist vielleicht der einzige hochrangige Funktionär in der russischen Präsidentschaftsverwaltung, in dessen Büro sich sowohl ein Porträt Putins als auch eines von Andrei Sacharow finden. Fedotow stammt aus einer Dynastie russischer Rechtswissenschaftler. Der weißbärtige 69-Jährige, ein Bär von einem Mann, strahlt Wärme und Intelligenz aus, und seiner distinguierten Art ist der familiäre Hintergrund anzumerken. In seiner Jugend war Fedotow zunächst als Journalist tätig, ehe er ins juristische Fach wechselte. Anfang der Neunzigerjahre vertrat er Jelzin, als dieser – letztlich vergeblich – versuchte, die Kommunistische Partei für verfassungswidrig erklären zu lassen. Seit 2010 ist Fedotow Vorsitzender des Menschenrechtsrats beim russischen Präsidenten. Diese Position gibt ihm ein gewisses Maß an Zugang zur Macht und erlaubt ihm, bei bestimmten Fragen Einfluss zu nehmen. Zugleich ist sie aufreibend, weil er oft das Gefühl hat, nichts ausrichten zu können. Fedotow hat die Möglichkeit, seine Anliegen Putin persönlich zu Gehör zu bringen. Hin und wieder führt diese »Körpernähe«, wie Russen das gern nennen, zu konkreten Ergebnissen. Doch ebenso oft dient

Fedotows Gremium nur als Staffage, als humanitäres Feigenblatt für das System Putin.

Bei unserem Gespräch in seinem Büro beschrieb Fedotow die Grundhaltung, mit der er an seine Tätigkeit herangeht, mit der Formel »Weniger Politik, mehr Konkretes«. Als Beispiel nannte er das Problem der Mülldeponien vor Moskau. In mehreren Vororten war es deshalb zu wütenden Anwohnerprotesten gekommen, vor allem, nachdem Dutzende Kinder an chemischen Giftstoffen in der Luft erkrankt waren. In dieser Situation habe der Rat für Menschenrechte zwei Optionen, so Fedotow: Er könne fordern, dass der Gouverneur der Region Moskau entlassen und bei den nächsten Wahlen ein neuer Kandidat vorgeschlagen wird. Oder er könne dafür sorgen, dass illegale oder ohne ordnungsgemäße behördliche Aufsicht betriebene Deponien geschlossen werden und dass keine Bewohner mehr gefährdet werden und erkranken. Dies ist die Strategie, die er verfolgt. »Mir ist egal, wer als Gouverneur amtiert – worauf es mir ankommt, ist, dass die Müllhalden aufgelöst werden«, sagt er. Das klingt einleuchtend, lässt aber außer Acht, dass im heutigen Russland niemand eine riesige illegale Müllkippe betreiben kann, ohne Verbindungen zu lokalen Machthabern, Politikern und Bürokraten zu unterhalten. Man kann endlos gegen Müllhalden kämpfen, die dann anderswo wieder neu entstehen, aber früher oder später wird die Sache unweigerlich politisch.

Ein Kampf, den Fedotow seit Langem mit dem Kreml führt, betrifft das 2012 verabschiedete Gesetz, nach dem sich jede NGO, die mit Mitteln aus dem Ausland unterstützt wird, als »ausländischer Agent« bezeichnen muss. Dieses Gesetz dient bewusst dazu, alle Gruppen, die Verbindungen zum Westen unterhalten, verdächtig erscheinen zu lassen. Auch die Gründer des Museums Perm-36 waren davon betroffen. Fedotow sagt, dass er Putin immer wieder auf die Probleme mit diesem Gesetz anspricht und ihm erklärt, weshalb er es grundsätzlich für ungerecht hält: Eine NGO, die Fördergelder aus dem Ausland erhält, tut nichts Verräterisches oder Subversives. Nach Putins Überzeugung agiert hingegen jede Organisation, die Geld von ausländischen Spendern erhält, zwangsläufig im Interesse der Regierung des betreffenden Landes. »Ich sage ihm: ›Wladimir Wladimirowitsch, das stimmt nicht, das ist ein Missverständnis‹«, so Fedotow. »Aber er erwidert: ›Nein, wer zahlt, bestellt auch die Musik.‹ Er ist sich da absolut sicher. Man kann sagen, was man will, er ist nicht davon abzubringen.« Als Fedotow merkte, dass es keine Aussicht gab, das Gesetz rückgängig zu machen, konzentrierte er seine Anstrengungen darauf, die Anzahl der betroffenen Organisationen möglichst klein zu halten. Er intervenierte bei Putins Beratern im Kreml und beim Justizministerium und erreichte, dass die Einstufung neuer Organisationen als »ausländische Agenten« verlangsamt wurde (die Gesamtzahl der so eingestuften Organisationen ist von gut 160 im Jahr 2015 auf rund 80 gesunken). Fedotow erzählt diese Geschichte als weiteres Beispiel zur Veranschaulichung seiner Leitthese: Das Gesetz selbst anzuprangern, wäre politisch und damit kontraproduktiv; konkreter und effektiver ist es, darauf hinzuwirken, dass einzelne Gruppen von der Liste gestrichen werden. »Kleine Schritte in die richtige Richtung sind mir lieber als große Schritte in die Gegenrichtung«, sagt er.

Fedotow muss ständig lavieren und Kompromisse eingehen. Bezeichnend ist, wie er es kurz nach seiner Ernennung zum Vorsitzenden des Menschenrechtsrates schaffte, neue Mitglieder in das Gremium zu berufen. Fedotow wollte den Rat mit Persönlichkeiten des öffentlichen Lebens und Aktivisten der Zivilgesellschaft auffrischen. Das war nur möglich, wenn seine Kandidaten den Segen der Staatsführung hatten. Er setzte sich in einem Büro im Kreml mit Wladislaw Surkow zusammen, einem ebenso undurchsichtigen wie einflussreichen Berater Putins. Die Spielregel war, dass beide beliebige Kandidaten vorschlagen durften, aber jeweils auch ein Vetorecht hatten. Fedotow fing an. Er schlug den Ethnografen Emil Pain vor, einen Experten für die zahlreichen kleineren Nationalitäten Russlands. Vielleicht, sagte Surkow – er müsse darüber nachdenken. Dann brachte Fedotow die Umweltaktivistin Jewgenija Tschirikowa ins Spiel, die gegen den Bau einer mautpflichtigen Straße durch einen Wald außerhalb Moskaus kämpfte. Surkow lehnte ab. Vielleicht Sergei Worobjow, der Co-Vorsitzende eines Verbands russischer Wirtschaftsführer? Das ging in Ordnung. Wladimir Posner, der Fernsehmoderator des Ersten Kanals, der einen Großteil seines früheren Lebens in den USA verbracht hatte? Surkow lehnte wieder ab. Sie tauschten die Plätze, und Surkow las seine Liste vor. An erster Stelle stand ein mächtiger, kremlfreundlicher Arbeiteraktivist. Fedotow war einverstanden. Surkow nannte ein paar weitere Namen, die Fedotow akzeptierte. Dann schlug er Wladimir Solowjow vor, einen zutiefst zynischen, staatsnahen Fernsehmoderator. Fedotow lehnte ab. Und Sergei Dorenko, ein anderer bekannter Fernsehjournalist? Auch dazu sagte Fedotow Nein. »Einige Kandidaten hat er gestrichen, andere ich – ein perfekter Kompromiss«, resümiert er.

Im Sommer 2012, als wieder neue Mitglieder in den Rat berufen werden mussten, fragte Fedotow Glinka, ob sie zur

Mitarbeit bereit wäre. Sie war damals in Moskau schon sehr bekannt, vor allem bei der liberalen Intelligenzija der Hauptstadt, die sie als eine der Ihren ansah. Ohne sich mit dem Kreml anzulegen, hatte Glinka es geschafft, eine funktionierende Organisation aufzubauen, die völlig unabhängig vom Staat agierte. Sie ging auf Fedotows Angebot ein. Zwischen den beiden entwickelte sich eine enge Freundschaft, besonders nachdem Fedotows Mutter gestorben war. Er hatte niemandem im Menschenrechtsrat von ihrem Tod erzählt, doch Glinka erfuhr trotzdem davon und kam zur Beerdigung. Fedotow war berührt von dieser Geste. »Das ist das, was an ihrer Seele so einzigartig ist: Wenn es jemandem schlecht geht, wenn jemand eine schwere Zeit durchmacht, muss sie bei ihm sein, um einen Teil des Schmerzes auf sich zu nehmen, etwas von der Last zu tragen.«

Während ihrer ersten Jahre im Menschenrechtsrat bereiste Glinka ganz Russland, um sich über die Bedingungen in Krankenhäusern und Kinderheimen in der Provinz zu informieren. Oft war sie bestürzt über das, was sie vorfand: Die Einrichtungen waren heruntergekommen, es mangelte an den notwendigsten Medikamenten, behinderte Kinder lagen auf verdreckten Bettlaken. Sie knöpfte sich die Gouverneure und Minister der Regionalregierungen vor, die ihre Forderungen nach anfänglichem Widerstand und Ausflüchten in der Regel erfüllten. »Titel spielten für sie keine Rolle«, sagt Fedotow. »Ob Gouverneur, Minister oder Präsident – sie hat allen gute Taten abverlangt.«

Mit dem Ausbruch des Krieges in der Ukraine änderte sich Glinkas Leben von Grund auf. Im Frühjahr 2014, nachdem von Russland unterstützte Separatisten in zahlreichen Orten des Donbass Verwaltungsgebäude besetzt hatten, reiste sie in die Regionalhauptstadt Donezk. Mit ihr fuhr auch Ella Poljakowa, eine Aktivistin und Militärbeauftragte aus St. Petersburg, die gleichfalls einen Sitz im Menschenrechtsrat des Kreml hatte. In Donezk, einer gepflegten Stadt mit fast einer Million Einwohnern, herrschte zu dieser Zeit eine unheimliche Ruhe. Sie war in der Hand der Rebellen. Ein Gefühl dunkler Vorahnung lag in der Luft, doch die Gefechte zwischen ukrainischen Streitkräften und prorussischen Milizen beschränkten sich einstweilen auf die Orte in der Umgebung. »Es war eine seltsame Situation, niemand kannte sich aus«, sagte Poljakowa mir. Die beiden hielten sich vier Tage in Donezk auf, und die ganze Zeit über fiel ein eisiger Regen. Glinka ging von einem Krankenhaus zum nächsten und stellte allen Ärzten, auf die sie traf, die gleichen Fragen: War die Klinik darauf vorbereitet, eine große Anzahl Verletzter aufzunehmen? Hatte sie genügend Vorräte und Medikamente? Die Antwort lautete letztlich immer Nein. In Donezk gab es weder Blutplasma noch Mittel zur Wundbrandprävention und nicht einmal genügend Mullbinden und Spritzen. Glinka notierte alles und kam mit einer langen Liste nach Moskau. Einige Wochen später kehrte sie mit ein paar Hundert Kilogramm Medikamenten und Erste-Hilfe-Artikeln nach Donezk zurück.

Als die Kampfhandlungen zunahmen und die Separatisten den Flughafen angriffen, wurden die Direktflüge eingestellt, und Glinka musste fast zwanzig Stunden mit dem Zug fahren, um in die Stadt zu gelangen. Gemeinsam mit Poljakowa fuhr sie ein weiteres Mal hin. Doch diesmal war Poljakowa nicht wohl bei der Art und Weise, wie

Glinka Verbindungen zur Rebellenführung in Donezk und zu einflussreichen Persönlichkeiten in Moskau nutzte. Einmal wurde ein Kameramann des staatlich finanzierten Fernsehsenders Russia Today bei Straßenkämpfen verwundet. Glinka rief Margarita Simonjan, die Chefredakteurin des Senders, an und versuchte, eine medizinische Evakuierung in einem russischen Militärflugzeug zu arrangieren, das zugleich auch sie selbst und Poljakowa aus der Region hinausschleusen sollte. »Mir gefiel das nicht«, erinnert sich Poljakowa. »Warum Simonjan? Warum ein Militärflugzeug?« Die Staatsmedien und erst recht die Streitkräfte Russlands spielten bei dem unerklärten Krieg in der Ukraine eine zentrale Rolle. Sie wollte nichts mit ihnen zu schaffen haben.

Glinka hingegen sah hier kein Problem. Menschen und Institutionen interessierten sie nur insoweit, als sie Leben retten konnten. In den nächsten Monaten kehrte sie immer wieder in die Donbass-Region zurück. Bei einem Aufenthalt besuchte sie ein Waisenhaus in Slawjansk. Die Stadt war von Truppen unter dem Kommando des selbst ernannten Rebellenführers Igor Strelkow eingenommen worden. Strelkow, eigentlich Igor Girkin, war ein ehemaliger Oberst des Geheimdienstes FSB und hatte in Tschetschenien gedient. Er hatte eine Vorliebe für Reenactments militärischer Szenen und trat gern im Kostüm eines Generals der Weißen Armee aus dem russischen Bürgerkrieg auf. Im Donbass stellte er eine Lumpenarmee aus Freiwilligen und Kriegsbegeisterten zusammen und setzte seine militärischen Fantasievorstellungen in die Tat um. Sein selbst gewählter Kampfname Strelkow ist vom russischen Wort für »schießen« abgeleitet. Überall in der Stadt kam es zu Zusammenstößen zwischen ukrainischen Streitkräften und Strelkows Möchtegernkriegern. Das Waisenhaus befand sich oft im Kreuzfeuer. Glinka sah Dutzende Soldaten beider Seiten, die bei den Kämpfen verletzt oder getötet wurden. Ihre Verwundungen und Entstellungen waren weit brutaler und drastischer als alles, was sie vom Pawelezer Bahnhof in Moskau kannte.

»Ich habe über die Sinnlosigkeit des Krieges nachgedacht, seine Grausamkeit«, sagte sie im Frühling desselben Jahres einer Journalistin. »Diese Männer wirken so jung und stark, und dann sieht man, was eine einzige Kugel oder Granate anrichten kann.« Auf der nächsten Sitzung des Menschenrechtsrats in Moskau sprach Glinka über das, was sie in Donezk gesehen hatte. »Bevor Sie anfangen, über Dinge zu reden, von denen ich nicht viel verstehe«, sagte sie, »möchte ich Sie darüber informieren, dass es in Donezk an Medikamenten fehlt. Außerdem gibt es dort Kinder, die durch Bomben und Minen verletzt worden sind.« Sie schlug vor, die am schwersten erkrankten und am schlimmsten verwundeten Kinder nach Russland zu evakuieren, wo sie professioneller betreut werden könnten.

Zwei Stunden später, als sie wieder im Souterrain am Pawelezer Bahnhof war, erhielt sie einen Anruf aus dem Büro von Wjatscheslaw Wolodin, Putins Hauptberater für Innenpolitik, einem der mächtigsten Männer des Landes. Er hatte die Sitzung des Menschenrechtsrates des Präsidenten besucht. Die Mitarbeiterin am Telefon sagte, Glinkas Rede habe ihn sehr bewegt. Er lasse fragen, ob sie morgen in sein Büro kommen könne. Als sie dort eintraf, sagte Wolodin ihr, sie habe die Unterstützung des Kreml, um verwundete und kranke Kinder aus dem Kriegsgebiet in der Donbass-Region zu evakuieren und zur Behandlung nach Moskau zu bringen. Er werde bei der Evakuierung und beim Transport helfen, und sobald die Kinder nach Russland kämen, würden sie zur Behandlung in staatliche Krankenhäuser aufgenommen.

Glinka fuhr im Juni wieder nach Donezk. Der Krieg, der im Frühling noch weit weg zu sein schien, war jetzt bis ins Stadtzentrum vorgedrungen. Der Kampf um den Flughafen wurde offenbar rund um die Uhr geführt. Zwischen den Hochhäusern hallte der Lärm explodierender Geschosse wider. Immer wieder sausten Granaten vorbei und landeten in einem Schaufenster, auf einem Balkon oder an einer Bushaltestelle. Schrapnelle heulten durch die Luft. In einem Augenblick konnten die Straßen mit Leben erfüllt sein, und man vergaß fast, dass man mitten in einem Kriegsgebiet war. Im nächsten Moment lief alles hektisch zu Kellern und Luftschutzbunkern, um das nächste Artilleriegefecht zu überstehen. Donezk war dann nur noch ein Schatten seiner selbst, es wirkte leer und gespenstisch. Ärzte aus den Krankenhäusern der Stadt hatten Glinka eine Liste übergeben. Sie enthielt die Namen von neun Kindern, deren Verletzungen oder Krankheiten in Donezk nicht angemessen behandelt werden konnten. Sie reservierte einen Eisenbahnwaggon und nahm die Kinder und ihre Eltern mit nach Moskau. Als sie sie alle in staatlichen Krankenhäusern untergebracht hatte, erhielt sie den nächsten Anruf von den Donezker Ärzten. Es gebe jetzt weitere Kinder, die eine Behandlung bräuchten – ob sie noch einmal kommen könne?

Ein weiterer Anruf kam vom Leiter eines Waisenhauses in Kramatorsk, einem Regionalzentrum 80 Kilometer nördlich von Donezk, das die Separatisten eingenommen hatten. Dort befanden sich 33 Kinder, die an schweren neurologischen Störungen litten, vom Säugling bis zum Vierjährigen. Die ukrainischen Streitkräfte eroberten das von den Rebellen zu Beginn des Sommers besetzte Gebiet nach und nach zurück, und Kramatorsk gehörte aufgrund seiner geografischen Lage zu den ersten Orten, die sie erreichen würden. Der Flughafen der Stadt, der von beiden Seiten als strategisches Ziel angesehen wurde, befand sich gleich neben dem Kinderheim. Die Fensterscheiben klirrten vom Knattern der Maschinengewehre und den Explosionen der in der Nähe einschlagenden Mörsergranaten, und die Kinder erlitten Weinkrämpfe. Der einzige Weg aus Kramatorsk hinaus war eine Straße, die durch Slawjansk führte. Die Stadt war immer noch in der Hand von Strelkows Miliz, die gern willkürliche und unmöglich zu befolgende Anordnungen erließ.

Glinka brachte die ukrainischen Offiziere und Rebellenführer irgendwie dazu, ihr mit den Kindern aus der Klinik in Kramatorsk die sichere Durchfahrt zu ermöglichen. Sie erklärte sich bereit, die Kinder einem Waisenhaus in der 200 Kilometer entfernten ukrainischen Stadt Charkow zu übergeben. Um dorthin zu gelangen, musste jedoch das von Rebellen besetzte Gebiet durchquert werden. Der Abschuss des Passagierflugs MH17 der Malaysia Airlines lag erst wenige Tage zurück. Der Krieg hatte eindeutig eine neue Eskalationsstufe erreicht, aber es war noch unklar, welche Folgen das vor Ort haben würde. Glinka musste für die gesamte Strecke Durchfahrtsgenehmigungen beschaffen – Kilometer für Kilometer, von beiden Seiten: Hier war ein separatistischer Kontrollpunkt, dort gab es einen von Minen gesperrten Straßenabschnitt, da war der Ort, an dem die ukrainischen Streitkräfte die Kinder in Empfang nehmen würden, um sie nach Charkow zu bringen. Sogar die Abfahrtszeit in Kramatorsk musste ausgehandelt und genehmigt werden, weil der einvernehmlich festgelegte Waffenstillstand nur von kurzer Dauer sein würde.

Am frühen Morgen wurde Glinka in Donezk von einem Fahrer namens Tolik mit einem alten, verbeulten Krankenwagen abgeholt. Sie fuhren nach Kramatorsk und sammelten die ersten fünf Kinder ein. Glinka fixierte die älteren Kinder mit Mullbinden auf den beiden Krankentragen, die hinten im Fahrzeug standen. Die Kleineren nahm sie auf den Schoß. Die Fahrt dauerte anderthalb Stunden. Sie und Tolik schwiegen die ganze Zeit über. Sie begannen erst miteinander zu sprechen, als sie allein nach Kramatorsk zurückkehrten, um die nächste Fuhre Kinder abzuholen. Zwei Tage lang fuhren sie zwischen Kramatorsk und der Autobahn nach Charkow hin und her und nahmen pro Fahrt sechs, acht oder sogar mehr Kinder mit.

Glinka sagte später, es sei naiv von ihr gewesen, zu glauben, dass der Waffenstillstand länger als ein paar Minuten anhalten würde. Zwar schoss niemand direkt auf den Krankenwagen, aber Kugeln und Artilleriegeschosse flogen über ihn hinweg, und die Einschläge kamen immer näher. Als Glinka aus dem Fenster sah, erblickte sie im Gras zwei tote Zivilisten. Sie rief hastig ihre militärischen Kontakte auf beiden Seiten an: »Sie haben versprochen, nicht zu schießen, aber ich sehe hier gerade zwei Leichen, die noch warm sind!« Ihre Gesprächspartner fragten, wo sie sei und an welchem Kontrollpunkt sie gerade vorbeigekommen sei. Tolik riet ihr davon ab, die bewaffneten Männer am Straßenrand danach zu fragen – sie würden nur riskieren, selbst eine Kugel in den Kopf zu kriegen. Also ließ sie es sein, und die beiden fuhren schweigend weiter.

Als Glinka und Tolik am Ende des ersten Tages auf dem Rückweg auf Slawjansk zufuhren, wurden sie unruhig. Glinka erinnerte sich später an die Situation: »Es war dunkel, und wir hatten uns verirrt.« Der Wagen hatte kein Navigationssystem. »Wir hatten keine Ahnung, wohin wir fahren sollten.« Plötzlich blitzte neben dem Krankenwagen eine Leuchtspurpatrone auf. Glinka schrie Tolik zu, er solle Gas geben. Sie machten einen Satz nach vorn, aber damit lockten sie nur noch mehr Schüsse an. Glinka konnte die verschiedenen Waffen inzwischen an den Geräuschen beim Abfeuern unterscheiden. Sie hörte das Detonationsgeräusch einer Panzerfaust. Sie und Tolik lagen geschockt auf den Vordersitzen. Dann rief Glinka Tolik zu, er solle die Fahrertür öffnen und hinaus auf die Straße schlüpfen. Die Nacht war kalt und plötzlich unheimlich still. Eine Reihe von Männern in Militärkleidung tauchte aus der Dunkelheit auf und begann Fragen zu stellen: Wohin sie wollten und warum, ob sie nicht wüssten, dass es gefährlich sei, nachts auf diesen Straßen unterwegs zu sein? Es war das Repertoire an Einschüchterungsversuchen, das von Männern zu erwarten ist, die in Kriegszeiten in zusammengesuchter Tarnkleidung eine Nebenstraße bewachen. Endlich ließen die Rebellen sie weiterfahren und wiesen ihnen den Weg zurück nach Kramatorsk. Dort gab es jedoch kein fließendes Wasser, und Glinka brauchte dringend eine Dusche: Einige der kleineren Kinder auf ihrem Schoß, die unterwegs Angst gehabt hatten oder denen im Auto schlecht geworden war, hatten auf der Fahrt uriniert oder sich erbrochen. Sie fuhr nach Donezk, wo sie um fünf Uhr morgens endlich baden und den Arztkittel wechseln konnte. Als das Morgenlicht auf die Schlachtfelder im Donbass fiel, kehrte sie zurück zum Waisenhaus. Am Ende des folgenden Tages hatten sie und Tolik alle 33 Kinder aus Kramatorsk herausgeholt.

Wenn Glinka diese Geschichte erzählte, ließ sie immer im Dunkeln, wer genau auf sie geschossen hatte – ukrainische Truppen oder von Russland unterstützte Rebellen. Sie wisse das nicht, meinte sie, und es sei ihr auch nicht wichtig. »Ich kann diese Leute in Tarnkleidung nicht unterscheiden«, sagte sie einmal, und man nahm ihr das durchaus ab. Ihre Aufgabe bestand nicht darin, herauszufinden, wer wohin gehört, wer diesen Kontrollpunkt oder jenen Straßenabschnitt kontrolliert. Ob das Bataillon Sparta oder das Bataillon Aidar nun auf der Seite Kiews oder der Separatisten stand, war für sie nebensächlich. »Es stimmt wohl, dass sie sich nicht mit der Gesamtsituation beschäftigt hat«, sagt ihr Mann Gleb. »Aber das liegt daran, dass sie den Krieg tatsächlich nicht begriff. Für sie war er im wahrsten Sinne des Wortes sinnlos. Er entzog sich jeder Bedeutung.«

Allerdings war Glinka weder dumm noch naiv, was den Lauf der Welt anging. Es musste ihr klar sein, dass der Krieg im Donbass, das Geschützfeuer und die Explosionen, die diese Kinder bedrohten, von denselben Leuten angezettelt worden waren, die ihr jetzt Unterstützung versprachen: Putins Stab im Kreml. Es gab in der Donbass-Region genug echte Unzufriedenheit und Argwohn gegen Kiew. Aber erst russisches Geld, russische Waffen und freiwillige Kämpfer – alle über dunkle Kanäle von den Geheimdiensten gelenkt – ließen die Spannungen in einen bewaffneten Konflikt münden. Für Glinka waren das trübe Gewässer, in die sie sich lieber nicht hineinbegab. Ihre Mission hing davon ab, dass sie sich mit den Einzelheiten des Krieges nicht befasste. »Ja, ich bleibe bewusst neutral. Ich möchte nicht öffentlich Position beziehen«, sagte sie. »Ich versuche mich von allem fernzuhalten, was mich daran hindert, das Leben eines Menschen zu retten.« Glinkas Situation war ähnlich paradox wie Heda Saratowas: Auch sie arbeitete mit dem Staat zusammen, um Menschen zu helfen, die in gewissem Sinn Opfer ebendieses Staates waren. Wo Glinka aus echtem Altruismus heraus handelte, der selten genug vorkommt, waren Saratowas Motive oft handfester und vom nackten Kalkül des Überlebens bestimmt. Aber beide vertraten eine pragmatische Auffassung, nach der es moralisch geboten ist, einem Menschen in Not zu helfen, auch wenn diese Hilfe vielleicht auf fragwürdige Weise zustande kommt. Meinem Eindruck nach lief das bei Saratowa darauf hinaus, dass sie letztlich oft zuerst sich selbst half oder schützte, während Glinka – was auch immer man von ihren Kompromissen halten mag – unbestreitbar in erheblichem Umfang humanitäre Hilfe geleistet hat.

Glinka reiste in diesem Sommer noch ein Dutzend Mal in die Donbass-Region und holte bei jeder Aktion eine große Anzahl an Kindern mit ihren Familien aus dem Kriegsgebiet heraus. Als die wichtigste Wasserstation bei Donezk bombardiert wurde, sorgte sie dafür, dass drei Jungen mit Nierenfehlfunktionen aus medizinischen Gründen evakuiert wurden; sie waren auf regelmäßige Dialysen angewiesen, für die 200 Liter Wasser benötigt wurden. Die russische Regierung stellte spezielle Eisenbahnwaggons und sogar Flugzeuge mit medizinischer Ausrüstung zur Verfügung, die Kranke und Verletzte nach Moskau und in andere russische Städte transportierten. Sie übernahm auch die Kosten für deren komplizierte und langwierige Behandlungen. Das lief – wie Glinka es nannte – auf einen »Algorithmus« hinaus, der die Bereitschaft des russischen Staates voraussetzte, seine logistischen Kräfte und Ressourcen zur Verfügung zu stellen.

Der Enthusiasmus, mit dem der Kreml Glinkas Arbeit im Donbass unterstützte, hatte zu einem großen Teil offen zynische Motive: Es war eine bequeme Gelegenheit für PR, die Russland als positiven Akteur erscheinen ließ, der den Schmerz und das Leiden der Unschuldigsten lindern möchte. Die unterschwellige Botschaft war, um es mit Glebs Worten zu sagen: »So schlimm können wir doch gar nicht sein, wir haben doch Doktor Lisa!« Das russische Staatsfernsehen, ein zentrales Instrument im Informationskrieg des Kreml, berichtete immer wieder über sie. »Lisa hat sich nicht daran gestört, dass der Staat ihre Aktivitäten propagandistisch genutzt hat«, sagt Fedotow. »Sie hat das umgekehrt gesehen – sie bediente sich des Staates, um Gutes zu tun.«

In der Tat hatte Glinka einen echten und erheblichen Einfluss auf hochrangige Funktionäre, sogar Minister. Das hatte teilweise strukturelle Gründe, die mit den Besonderheiten des Machtkalküls im Putin-System zusammenhingen. Nachdem sie dem Menschenrechtsrat beigetreten war, »machte ihr direkter Zugang zum Präsidenten den Leuten Angst, sodass sie im Zweifelsfall lieber taten, was sie von ihnen wollte«, sagt Gleb. »Aber sie hat es auch geschafft, tief verschüttete Überreste des Gewissens wiederzubeleben.« Russische Staatsdiener sind nicht durchweg kalte, gefühllose Sadisten. Glinka wusste, dass viele zu Empathie und Nächstenliebe fähig waren und großzügig und zugewandt handeln konnten, wenn sie die Gelegenheit dazu bekamen. Nach Einschätzung der Journalistin und Redakteurin Xenia Sokolowa, die Glinka gut kannte, hat sie ihren

Gesprächspartnern in Machtpositionen eine Art psychologischen, ja sogar spirituellen Dienst erwiesen. »Diese Leute wissen, dass sie viele Niederträchtigkeiten begehen. Tief im Inneren fühlen sie sich wie Sünder«, sagt sie. »Sie wünschen sich Absolution, und Lisa konnte sie ihnen bieten. Sie haben sie als Heilige gesehen. Indem sie sie unterstützten, konnten sie an ihrer Heiligkeit teilhaben und Sühne für ihre Sünden leisten.«

Fedotow nutzte seinen Status als Vorsitzender des Menschenrechtsrats und seinen Zugang zur Macht, um Glinkas Anliegen an höhere Stellen in der staatlichen Hierarchie weiterzuleiten. Oft stellte er dabei fest, dass ihr Name mehr Gewicht hatte als sein eigener. »Wenn ich zu Wolodin kam und sagte: ›Slawa, Lisa braucht dies oder jenes von uns‹, sagte er gleich: ›Natürlich, schon erledigt.‹ Er verstand sofort.« Die gleiche Erfahrung machte Fedotow im Verteidigungsministerium oder bei den Rettungsdiensten. Wenn Doktor Lisa ein Spezialflugzeug für medizinische Evakuierungen oder ein Dutzend Betten in Moskauer Kliniken brauchte, reagierten die Beamten ungewöhnlich schnell und effizient. »Ich habe ihren Namen wie einen Zauberschlüssel benutzt«, berichtet Fedotow. »Ich brauchte nur zu sagen: ›Das ist Lisas Vorschlag, Lisas Initiative, Lisas Projekt‹, und schon wurde die Sache mit Vorrang behandelt.« Der Fotograf und Benefizveranstalter Aleschkowski sagte mir: »Sie konnte jede Tür öffnen, jedes Problem lösen – es gibt nur sehr wenige Menschen in Russland, die diese Möglichkeit haben. Es ist eine Art bürokratische Allzweckwaffe, und sie hat sie eingesetzt, um Gutes zu tun.«

Aus ihrer eigenen Sicht tat Glinka, was sie schon immer getan hatte, nur mit mehr Ressourcen und der Möglichkeit, einer größeren Anzahl von Menschen zu helfen. Dass sie mit dem russischen Staat zusammenarbeitete, um Kinder aus dem Donbass herauszuholen, war für sie keine grundlegende Veränderung, sondern nur eine Ausweitung ihrer bisherigen Aktivitäten. Doch bei vielen ihrer früheren Unterstützer regten sich Zweifel, als sich die Kooperation mit dem Kreml intensivierte. Glinka tauchte immer seltener im Büro der »Gerechten Hilfe« auf und fand kaum noch Zeit für die regelmäßigen Mittwochsaktionen am Bahnhof.

Die Einsätze in der Donbass-Region waren im besten Fall eine Ablenkung von dem, wofür sie und die »Gerechte Hilfe« bekannt waren. Einige befürchteten, dass es sich schlimmer verhielt und Reputation und Gewissen gegen fragwürdige Vorteile eingetauscht wurden. Für andere war Glinkas vorsätzliche Blindheit gegenüber der Schuld des Kreml in der Ukraine nicht nur ärgerlich, sondern inakzeptabel. Waren vor einigen Jahren manche Spenden mit dem Hinweis eingegangen, sie sollten nicht für Obdachlose verwendet werden, so gab es jetzt Spender, die ausdrücklich wünschten, ihre Gelder sollten nur den Obdachlosen zugutekommen und keinesfalls in Zusammenhang mit dem Krieg eingesetzt werden. Auch die bösen Kommentare klangen jetzt anders. Glinka wurde nicht mehr beschuldigt, die natürliche Auslese zu untergraben. Stattdessen ging es darum, was ihr bei der Arbeit im Donbass zustoßen könnte oder sollte: »Stirb, du Miststück!« »Ich hoffe, Ihre Kinder fallen tot um!«

Solche Reaktionen verwirrten und verärgerten Glinka. »Es ergab für sie einfach keinen Sinn«, sagt Sokolowa. Sie war ausgebrannt, körperlich und emotional erschöpft. Die Kampfhandlungen im Donbass weiteten sich aus, und ihre Reisen dorthin wurden immer nervenaufreibender und logistisch komplizierter. Früher hatten sie ein paar Tage in Anspruch genommen, jetzt dauerten sie eine Woche oder länger. Die Atmosphäre war oft schroff. Ihre Bemühungen, die Neutralität zu wahren, wurden genau entgegengesetzt verstanden, weil jede Seite von der Schuld der anderen überzeugt war. Hier galt Russland als schändliche und aufdringliche Macht, als Kriegstreiber, und wer irgendwie mit diesem Staat zu tun hatte, war nicht besser. Dort galt die Ukraine als faschistischer Unterdrückerstaat, und wer nicht bestätigen wollte, dass sie Schuld am Leiden der Menschen im Donbass trug, war selbst ein Faschist. Lana Schurkina, die als ehrenamtliche Unterstützerin bei der »Gerechten Hilfe« anfing und später Glinkas Sprecherin wurde, war auf mehreren ihrer Reisen dabei. Einmal waren sie in einem Bus unterwegs, der zwischen zwei gegenüberliegende Armeestellungen geriet. Ringsum war das beängstigende Grollen vorbeifliegender Kugeln und Granaten zu hören. Schurkina sagte Glinka, dass sie furchtbar aussah, wie eine ausgepresste Zitrone. Sie bräuchte dringend eine Pause. Glinka stimmte zu, doch sie schaffte es nie, tatsächlich eine Auszeit zu nehmen. »Lisa mochte Blumen, Parfüm, schöne Kleider, Gespräche mit ihren Freundinnen«, erzählt Schurkina. »Aber mit dem Krieg verschwand das alles. Ihre Leichtigkeit war weg.«

Als ich mich mit Swetlana Sergijenko zum Gespräch traf, stellte sie sich mir als »Angehörige der liberalen Intelligenz« vor: »Ich habe keine Angst vor diesem Wort.« Sergijenko sah Glinka zum ersten Mal in einer Fernsehsendung über Hospizpflege und fing dann an, ihren Blog zu lesen. Einige Zeit später lernte sie Glinka bei einer Party für eine unabhängige oppositionelle Zeitschrift in Moskau kennen. Von da an engagierte sie sich als ehrenamtliche

Unterstützerin bei der »Gerechten Hilfe«. Sergijenko hat Verständnis dafür, dass ein Arzt sich nicht immer den Luxus eines moralischen Urteils erlauben kann. Am Unfallort muss zuerst der Verletzte behandelt werden, der es am nötigsten hat – auch wenn es der Fahrer ist, der betrunken am Steuer saß. Sergijenko fand das nur natürlich und bewunderte zutiefst, wie Glinka es in ihrer Arbeit mit den Menschen umsetzte, die am Rand der Gesellschaft stehen und übersehen werden. Glinkas Verstrickung in das Kriegsgeschehen in der Ukraine fand sie jedoch beklemmend und ungut. In einer ruhigen Minute versuchte Sergijenko einmal, Glinka ihre Bedenken mitzuteilen. Sie bezeichnete das im Gespräch mit mir als »emotionalen Protest«: »Mich ärgerte nicht, dass sie in die Donbass-Region fuhr, um diese Kinder zu retten, sondern dass sie damit Leuten, die ich für Banditen halte, zu einem romantischen Image verhalf. Das hat mich verstört und erschreckt.« Glinka beendete das Gespräch rasch, und Sergijenko sprach sie nie wieder darauf an. »Mein Eindruck war: Je mehr sie begriff, desto weniger wollte sie darüber reden«, sagt sie. »Sie wusste das alles sehr gut selbst.«

Gegen Ende des Sommers 2014 standen die ukrainischen Streitkräfte kurz davor, eine Reihe strategischer Stellungen der Rebellen einzunehmen, darunter auch Donezk. Russland reagierte mit einer offenen Invasion, die trotz allen offiziellen Leugnens nicht zu bestreiten war. Reguläre Einheiten der russischen Armee, einschließlich Panzern und schwerer Artillerie, strömten über die Grenze, dezimierten die ukrainischen Streitkräfte und nötigten den damaligen ukrainischen Präsidenten Petro Poroschenko, sofortigen Friedensverhandlungen zuzustimmen. Es wurde ein prekärer Waffenstillstand erzielt. Im Oktober darauf fand eine planmäßige Arbeitssitzung des Menschenrechtsrats statt. Diesmal nahm Putin selbst daran teil.

Fedotow eröffnete die Beratungen mit einer wortreichen Einleitung, in der er die humanistischen Werte verteidigte. Er ist ein souveräner, überzeugender Redner. Wer ihm zuhört, kann auf den Gedanken kommen, dass die Dinge in Russland so schlimm nicht stehen können, wenn jemand, der direkten Zugang zu Putin hat, sich auf diese Weise äußern kann. »Man muss die Zivilgesellschaft nicht lieben«, sagte Fedotow. »Aber man kann sie nicht ignorieren, und es hilft nichts, sie unterdrücken oder ersetzen zu wollen.« Die moderne Welt sei vom Wert des Individuums bestimmt. »Es ist die wichtigste Zukunftsressource, und deshalb gilt unsere gemeinsame Sorge in erster Linie ihm. Das sind meine einleitenden Worte, Wladimir Wladimirowitsch«, sagte er und wandte sich Putin zu. »Und jetzt darf ich das Wort mit Ihrer Erlaubnis an Jelisaweta Petrowna Glinka übergeben, unsere liebe Doktor Lisa.«

Glinka schlug einen ernsthaften und sachlichen Ton an, wie man es von einer Ärztin erwartet. »Ich werde über die Kinder und die Verwundeten sprechen«, sagte sie. Dann erzählte sie Putin und den Mitgliedern des Menschenrechtsrats von den Patienten aus dem Kinderheim Kramatorsk und vielen weiteren Fällen: von den jungen Epileptikern, die nicht mehr an krampflösende Medikamente gelangen konnten und durch die ständigen Explosionen und Druckwellen regelmäßig unkontrollierbare Anfälle erlitten; von den fünf Kindern, die zwei Tage zuvor von einer Streubombe getroffen worden waren – zwei starben an Ort und Stelle, ein weiteres wurde von Kopf bis Fuß von Granatsplittern zerschnitten; von der 15-jährigen Julia aus der von Separatisten kontrollierten Stadt Gorlowka, die einen Artilleriebeschuss, bei dem 61 Menschen getötet wurden, mit geplatzten Trommelfellen und Wunden am ganzen Körper überlebt hatte. Glinkas Organisation hatte dafür gesorgt, dass diese Kinder und ihre Familien aus dem Donbass herausgeholt wurden und die wichtigsten Medikamente und Behandlungen erhielten. Aber ihre Möglichkeiten waren begrenzt. Sie konnte sie nicht zur langfristigen Therapie in Kliniken und Reha-Einrichtungen unterbringen und schon gar nicht für die Operationen und Behandlungen aufkommen, die sich über Monate oder gar Jahre hinziehen konnten. Solche Kinder seien »im wahrsten Sinne des Wortes die unschuldigsten Opfer«, sagte sie. »Bis wir Wege finden, den Konflikt zu lösen, wird ihre Zahl nur steigen.« Eben habe sie von 62 weiteren Kindern erfahren, die die Ärzte im Donbass als dringend evakuierungsbedürftig einstuften. Bald werde sie sich auf den Weg machen, um sie zu holen.

Glinka wandte sich nun mit einem dringlichen Anliegen an Putin: Kinder litten aus rein bürokratischen Gründen, und hier genüge ein Federstrich des Präsidenten, um ihnen zu helfen. Das russische Recht erlaube es Bürgern ausländischer Staaten nicht, sich in Russland einer aufwendigeren medizinischen Behandlung zu unterziehen, sofern sie nicht den Flüchtlingsstatus beantragten. Nicht alle aus dem Donbass evakuierten Familien seien dazu bereit. Viele hofften, nach dem Ende des Krieges zurückkehren zu können, und wollten nicht auf unabsehbare Zeit in Russland festhängen. »Vielleicht können Sie ein provisorisches Gesetz verabschieden oder eine Art Dekret erlassen?«, fragte sie. Ein Wort von Putin genüge, damit alle Menschen, die Glinka aus dem Kriegsgebiet holte, die besten unfallchirurgischen Kliniken und Fachmediziner Russlands in Anspruch nehmen konnten. Sie schloss ihre Ansprache mit einer letzten Bitte an Putin. »Ich möchte Sie bitten, einigen Menschen Ihren Dank auszusprechen«, sagte sie und zählte dann eine Reihe von Staatsrepräsentanten auf, die ihr bei ihren Missionen im Donbass geholfen hätten – allen voran Putins Berater Wolodin.

Putin dankte Glinka für ihren Vortrag und hörte dann die anderen Mitglieder des Menschenrechtsrats an. Er spielte die Rolle des väterlichen Zaren, den die Erzählungen vom Leid der Menschen tief bewegen und der ebenso verblüfft wie alle anderen darüber ist, dass aus heiterem Himmel ein so bösartiger Krieg ausbrechen konnte, dass so schreckliche Kräfte sich durchgesetzt haben und Nachbarn so erbarmungslos aufeinander schießen. »Wir können nicht einfach tatenlos zusehen, wie Menschen sterben«, sagte Putin. Er erklärte, der russische Staat werde Glinkas Initiativen voll und ganz unterstützen, und versprach, eine Rechtsgrundlage zu schaffen, die es erlaubte, die medizinische Versorgung der Kranken und Verletzten zu finanzieren. Es war eine offen zynische Inszenierung – Putin genoss augenscheinlich die Gelegenheit, den betroffenen Menschenfreund zu spielen und Leuten zu helfen, die dem von ihm selbst entfachten Flächenbrand zum Opfer gefallen waren. Aber Glinka hatte bekommen, was sie wollte. Putin erließ die Regierungsverordnung 1134, mit der staatliche Gelder und Unterstützungsmaßnahmen für die Evakuierung und Behandlung von Kindern aus der Donbass-Region gewährt wurden.

Der ungeschminkte Hohn dieses Tauschhandels bestätigte den Argwohn derer, die Glinkas neue Rolle kritisch sahen. Sie hatte versucht, sich aus der Politik herauszuhalten, aber ein Krieg ist per se ein politisches Ereignis. Auch wer Neutralität wahrt, bezieht Position: Die Weigerung, die Schuld an Gewalthandlungen klar zu benennen, läuft darauf hinaus, die betreffende Seite von ihrer Verantwortung zu entbinden. Der Menschenrechtsaktivist Juli Rybakow, der in den Siebzigern als Dissident wegen antisowjetischer Betätigung im Gefängnis gesessen hatte – unter anderem hatte er in die Mauern der Peter-und-Paul-Festung in Leningrad den Spruch eingeritzt: »Ihr könnt die Freiheit kreuzigen, aber die menschliche Seele kennt keine Fesseln« –, war angewidert, als er eine Aufzeichnung der Sitzung im Kreml sah. Als er Putins Mitleidsbekundungen mit dem ukrainischen Volk hörte, fragte er sich: »Hat niemand den Mut zu sagen: ›Herr Präsident, ja, es ist schrecklich, aber Sie haben dieses Blutvergießen doch selbst in Gang gesetzt. Sie haben Waffen, Geld und Soldaten in den Donbass geschafft und damit das Benzin ausgegossen, das den Funken der Unzufriedenheit in einen Flächenbrand verwandelt hat.‹« Rybakow konnte nachvollziehen, aus welchen Gründen die Mitglieder des Menschenrechtsrats schwiegen. Er wusste, dass ihre Position prekär war und eine solche Erklärung nur zu ihrem erzwungenen Rücktritt geführt, aber Putins Ukrainepolitik nicht um ein Jota geändert hätte. Trotzdem war ihm unwohl dabei, und seine Bedenken wurden in liberalen, zivilgesellschaftlich engagierten Kreisen Russlands weithin geteilt. »Wenn es nicht einmal mehr einen einzigen Gottesnarren gibt, der sich noch zu sagen traut, dass ein mörderischer Zar keine Verehrung verdient«, sagte er, »dann wiegt sich der Zar in der Sicherheit, dass er gerecht ist und allgemein geliebt wird, und das Land versinkt wieder im Mittelalter.«

Es lief auf die Frage hinaus, was jemand, der Zugang zum Regenten hat, damit anfangen sollte. Glinka hatte sich entschieden, möglichst großen utilitaristischen Nutzen daraus zu ziehen. Im Nachhinein bekannte sie sich dazu, dass sie Wolodins Rolle besonders hervorgehoben hatte: »Auch wenn er und andere mächtige Leute, die mich unterstützen, in ihrem Leben furchtbare Dinge getan haben mögen: Später haben sie Bogdan, Xenia, Mascha, Kolja, Wassja, Danila und all die anderen Kinder, die im Bombenhagel gewiss umgekommen wären, vor dem Tod gerettet. Und ich bin überzeugt, dass sie sich damit einen Platz im Himmel erworben haben.«

Einige Wochen später, als sie sich zwischen ihren Reisen nach Donezk kurz in Moskau aufhielt, erhielt Glinka einen Anruf aus Wolodins Büro: Der Kreml plane, einen Friedensmarsch im Zentrum von Moskau zu organisieren. Ob sie einen offenen Brief zur Unterstützung der Kundgebung unterschreiben würde? »Wenn er gegen den Krieg gerichtet ist, bin ich die Erste, die unterschreibt«, sagte sie. Aber natürlich verhielt sich die Sache komplexer. Die Kundgebung war nicht so sehr als Aufruf zum Frieden gedacht, sondern als sorgfältig inszenierte Geste der Solidarität und Loyalität, mit der der Kreml die Gesellschaft – und sich selbst – überzeugen wollte, dass das russische Volk seine Ukrainepolitik einmütig unterstützte. An dem Tag, an dem sie stattfand, war Glinka in der Ukraine. Aber als sie später die Berichterstattung verfolgte, begriff sie, dass sie politisch vereinnahmt worden war. Sie brachte ihren Unmut darüber nie öffentlich zum Ausdruck, aber ihre Freunde und Kollegen merkten ihr die Verärgerung an. Ihre langjährige Kollegin Schurkina sagt, Glinka habe gewusst, dass sie benutzt worden war, aber sie habe sich selbst die Schuld daran gegeben: Zutiefst erschöpft und unfähig, sich zu konzentrieren, hatte sie naiv denen vertraut, die sie um ihre Unterschrift gebeten hatten. »Sie hat sich aus den denkbar besten Motiven auf die ganze Sache eingelassen«, so Schurkina. »Und sobald man das tut, hat man keine andere Wahl mehr, als alles mitzumachen.«

Das hieß auch, sich bei den eigenen Äußerungen zum Krieg am Narrativ des Kreml zu orientieren oder ihm zumindest nicht zu widersprechen. »Ich bin regelmäßig in Donezk«, sagte Glinka einem Interviewer, »und ich habe dort keine russischen Truppen gesehen, ob die Leute das nun hören wollen oder nicht.« Der Kreml leugnete beharrlich, dass russische Soldaten in die Kämpfe verwickelt waren – selbst als längst erkennbar war, dass die Operationen hinter den Kulissen von Geheimdienstoffizieren und Spezialeinheiten geleitet wurden und die separatistischen Kräfte in entscheidenden Phasen des Krieges mehrmals durch reguläre russische Armeeeinheiten verstärkt worden waren, die das ukrainische Militär zurückdrängten. Später erklärte Glinka, sie habe nur ihre eigenen Eindrücke und Erfahrungen wiedergegeben und sich nicht generell zur Rolle Russlands geäußert. Sie habe lediglich einen Haufen bewaffneter Männer in Tarnanzügen gesehen. »Bin ich etwa OSZE-Beobachterin oder Kriegsberichterstatterin?«, fragte sie. »Wie soll ich denn auseinanderhalten, welche Truppen woher kommen, wenn ich verletzte Kinder in einem alten Jeep durch mehrere Kontrollpunkte bringen muss?« Die russischen Soldaten im Donbass gaben sich nicht zu erkennen, und selbst Journalisten, die sie gezielt aufspüren wollten, fanden nur Anscheinsindizien und keine definitiven Beweise. Vielleicht bekam Glinka tatsächlich nie jemanden zu Gesicht, der klar und eindeutig als russischer Soldat zu identifizieren war. Aber sie hatte auch allen Grund, nicht zu genau hinzuschauen.

Ohne dass sie je explizit Partei ergriffen hätte, fügten sich Glinkas Einschätzung des Krieges und ihre Äußerungen unauffällig in die von Moskau bevorzugte Darstellung. »Es gibt Milizkämpfer auf der einen und ukrainische Soldaten auf der anderen Seite, und sie machen das unter sich aus«, sagte sie dem Reporter eines russisch-orthodoxen Nachrichtenportals. Das Ganze sei ein Bürgerkrieg. Damit insinuierte sie, dass es sich um einen Kampf zweier gegnerischer Parteien der ukrainischen Gesellschaft handle, der auf eine seit Langem schwelende Unzufriedenheit im Donbass und die sozialen und politischen Spaltungen in der modernen Ukraine zurückgehe. Das entsprach der Version des Kreml, nach der Russland nur ein besorgter, aber letztlich außenstehender Beobachter war. Wie so vieles, was über den Krieg und seine Ursachen gesagt wurde, war diese Erzählung teilweise wahr, ließ aber entscheidende Faktoren aus: Die Regierung in Kiew hatte die Beziehungen zur Bevölkerung der Donbass-Region in der Tat vernachlässigt und schlecht gehandhabt. Aber erst Russlands Eingreifen hatte die Eskalation ermöglicht.

Glinka wurde unweigerlich in geopolitische Diskussionen verstrickt. »Russland sieht sich jetzt einem sehr schwierigen Umfeld gegenüber«, sagte sie in einem Interview mit Bezug auf die stufenweise ausgeweiteten Sanktionen und die diplomatische Ausgrenzung des Landes durch westliche Regierungen. »Diese Anschuldigungen sind durch nichts belegt.« Sie betonte immer wieder ihre Unparteilichkeit – aber, so fragte sie einmal: Wenn die westlichen Regierungen Russland so schlimm fanden, warum kümmerten sie sich dann nicht selbst darum, den unschuldigsten und verletzlichsten Menschen in der Ukraine zu helfen? »Warum gibt es keine humanitäre Hilfe aus Deutschland oder Großbritannien? Warum helfen die Länder, die Sanktionen gegen uns verhängt haben, nicht den Menschen, denen wir ihrer Meinung nach Leid zugefügt haben?« Die Frage war berechtigt, doch sie ließ den Grund, aus dem die Sanktionen überhaupt erst verhängt worden waren, außen vor. Den Ländern und Institutionen des Westens ließ sich durchaus einiges vorwerfen. Aber eine glaubwürdige Kritik musste auch Russlands Rolle unter die Lupe nehmen. Im selben Interview sagte Glinka, das Moskauer Büro des Roten Kreuzes habe es abgelehnt, ihre Missionen zur Lieferung von medizinischem Bedarf in die Donbass-Region mit einem Schreiben zu unterstützen. Auf Nachfrage habe der Leiter der Niederlassung ihr gesagt: »Die Politik Ihres Präsidenten gefällt uns nicht.« Das Rote Kreuz bestritt, dass ein solches Gespräch jemals stattgefunden habe, und erklärte, es führe ausschließlich eigene Hilfsmissionen durch – die Aktionen anderer Organisationen zu unterstützen oder abzulehnen, gehöre nicht zu seinen Aufgaben.

Glinka zog sich immer mehr zurück; sie wurde misstrauisch und verschanzte sich in einer Defensivhaltung. Eines Nachts tauchte sie in Xenia Sokolowas Moskauer Wohnung auf und heulte los. Sokolowa kannte Glinka seit fast zehn Jahren, aber so hatte sie sie noch nie erlebt. Ihr Gesicht war müde und grau, aber Sokolowa bemerkte vor allem die Veränderung ihrer Augen. Sie waren das Besondere an Glinkas Erscheinung – groß, hell, kugelrund und energiesprühend. Doch jetzt war ihr Feuer erloschen, und sie bewegten sich stumpf und mechanisch hin und her. Es zermürbte Glinka, dass jede ihrer Äußerungen auf die

Goldwaage gelegt und jede Handlung auf Anzeichen böser Absichten untersucht wurde. Selbst in dieser Situation, als sie über den Druck sprach, unter dem sie stand, blieb sie auf der Hut und wählte ihre Worte mit Bedacht. Nach Sokolowas Eindruck wusste sie, »dass sie bestimmte Vorsichtsmaßnahmen treffen musste, nachdem sie sich dafür entschieden hatte, dieses dünne Eis zu betreten«.

Dass Glinka sich zunehmend von den Moskauer liberalen Kreisen entfernte und ihren neuen Wohltätern annäherte, hält Sokolowa für eine unausweichliche Entwicklung. Während viele Liberale sich von ihr abwandten, hießen Vertreter des Regierungsapparats sie nicht nur mit Worten an ihrer Seite willkommen, sondern unterstützten sie auch finanziell. »Wofür stand der Staat aus ihrer Sicht?«, fragt Sokolowa. »Er hat die Grenzen des Machbaren erweitert. Niemand sonst konnte ihr Flugzeuge, Eisenbahnwaggons und Hunderte Millionen Rubel pro Jahr zur Verfügung stellen, um die medizinische Versorgung dieser Kinder zu bezahlen – ganz zu schweigen von dem Einfluss, der das alles erst möglich macht. Je höher der Einsatz, desto schwieriger wird es, wieder aus dem Spiel auszusteigen.«

Glinka sagte Sokolowa, sie vermisse die Zeit vor dem Krieg, als sie ganze Tage in der Eiseskälte am Pawelezer Bahnhof verbringen konnte, um heiße Suppe in Styroporbecher zu schöpfen und den Obdachlosen, die sie inzwischen mit Namen kannte, die Kopfwunden zu nähen. Aber natürlich gab es kein Zurück. Glinka habe gewusst, so Sokolowa, »dass sie irgendwann den Preis für den Zugang zu diesen Ressourcen würde zahlen müssen«.

Xenia Sokolowa ist eine erfahrene und hochkarätige Interviewerin, die für das russische Fernsehen und Hochglanzmagazine gearbeitet hat. Sie schlug Glinka vor, ihr ein großes, offizielles Interview zu geben – ein offenes und umfassendes Gespräch, in dem sie auf alle heiklen Fragen antworten konnte. Danach bräuchte sie sich nicht mehr öffentlich zu äußern und würde von dem Druck befreit sein, auf jeden Querschuss und jeden Angriff auf ihre Person und ihre Stiftung reagieren zu müssen. Glinka war einverstanden. In dem Interview sprach Sokolowa sie auf das an, was viele russische Liberale an Glinkas neuer Nähe zum Regierungsapparat als degoutant empfanden. »Mit deiner Reputation erteilst du diesen Leuten eine Art Absolution und ermöglichst ihnen damit, weiter zu sündigen«, sagte sie, »also den Krieg fortzusetzen, der den Tod von Hunderten, vielleicht Tausenden von Kindern verursacht – von denen du dann vielleicht ein paar mit ihrer Hilfe rettest. Das heißt, sie benutzen dich, um sich ihren Platz im Paradies zu erkaufen, wie du selbst gesagt hast. Und das auch noch so billig! Sie müssen dich nur ins Kriegsgebiet lassen, damit du im Bombenhagel ein paar Kinder retten kannst. Und damit sind alle Sünden der Übeltäter aufgewogen – du selbst redest ihnen das ein.«

Glinka antwortete abwägend. »Das ist zweifellos ein schwerwiegender moralischer Konflikt«, sagte sie. »Aber entschuldige bitte, ich habe weder die Kraft noch die Zeit noch den Wunsch, ihn zu analysieren. Ich habe ein konkretes Ziel: Meine Aufgabe ist es, die verletzten und kranken Kinder aus dem Kriegsgebiet zu holen, damit sie kostenfrei und professionell medizinisch versorgt werden und warme Kleidung, Essen und Medikamente bekommen. Und es ist mir egal, wie das passiert.« Es sei nicht ihr Auftrag, das »blutige Regime« zu bekämpfen, wie sie sich ironisch ausdrückte – auf ihrem Büroschild stehe schließlich nicht »Doktor Lisas Stiftung für den Kampf gegen Putin«.

Diejenigen, die dieses Ziel verfolgten, sollten es ruhig tun. »Sie wollen einen Machtwechsel herbeiführen? Gut, sollen sie sich doch ans Werk machen! Sollen sie ihr Leben riskieren, für ihre Überzeugungen ins Gefängnis gehen, als Helden wieder herauskommen und Millionen von Anhängern auf die Straße bringen, die von ihrem Mut und Heldentum inspiriert sind.«

Für Glinka blieb unbegreiflich, wie man politische Erwägungen über konkrete Anliegen stellen konnte. Ihr als Ärztin erschien das absurd und sogar unmoralisch: Sollen wir allen Ernstes einen unentscheidbaren Streit über politische Werte führen, statt uns auf den Wert eines menschlichen Lebens zu konzentrieren? Sie verstand nicht, was ihre Gegner von ihr wollten. »Wäre es euch lieber gewesen, wenn die Kinder, die ich herausgeholt habe, gestorben wären?«, fragte sie verärgert. »Zum Beispiel Nikita Tepljakow, der eine Nierentransplantation brauchte und den ich mit dem Zug evakuieren konnte – dank Wolodin, schäme ich mich nicht, das zu sagen. Könntet ihr damit besser leben? Ihr hättet dann ein Posting schreiben können: ›Putins blutiges Regime hat Nikita Tepljakow auf dem Gewissen.‹«

Das Interview dauerte mehrere Stunden. Auch wenn es für Glinka womöglich eine kathartische Funktion hatte, machte es ihr keine besondere Freude. »Sie sagte, sie wolle nicht auf dieser abstrakten Ebene sprechen, sie verstehe diese Konflikte nicht«, sagte Sokolowa. »Aber mir scheint, dass sie sie sehr wohl verstand. Sie hatte sich einfach entschieden.«

Die regelmäßigen Besuche in den langen, schallgedämpften, von weitläufigen Büros mit schweren Holzmöbeln gesäumten Korridoren der Macht hatten für Glinka nichts

Faszinierendes. Nach der Beobachtung ihrer Freunde und Kollegen fand sie diese Sitzungen vor allem ablenkend und lästig. Aber zugleich waren sie und ihre Gesprächspartner im Kreml Menschen, zwischen denen zwangsläufig Beziehungen entstanden, wenn auch schwierige und eng begrenzte. Sie entwickelte ein gutes Verhältnis zu Wolodin. Seine Familie stammt aus einem Dorf bei Saratow, einer Stadt an der Wolga. Er erzählte Glinka, dass seine Großeltern in den 1920er- und 1930er-Jahren Opfer der stalinistischen Repressionen gegen die sogenannten Kulaken gewesen waren – Bauern, die als zu wohlhabend galten, weshalb man ihr Land enteignete und sie verfolgte. Diese Geschichte lastete auf Wolodin. Er wollte Menschen in Not helfen, um die Erinnerung an das Unglück seiner eigenen Familie wachzuhalten und zu ehren – das sagte er jedenfalls. (Auch Michail Fedotow betont, Wolodin sei nicht nur der kalte Machtpolitiker, als der er erscheine: »Er hat sehr menschliche und gute Züge, und Lisa hat das für ihre Zwecke genutzt.«)

Glinka fühlte sich am wohlsten und war am zufriedensten, wenn sie die Organisationsarbeit hinter sich lassen und wieder einfach als Ärztin tätig sein konnte. »Das Ausmaß des Ganzen hat sie irgendwann erschöpft«, sagt Gleb. »Ihr ging es immer um die ärztliche Nähe zu den Menschen.« Sie war in ihrem Element, wenn sie bei einem Bustransport aus dem Donbass stundenlang die Hand eines verängstigten Kindes hielt, ohne loszulassen, oder wenn sie in Moskau die Krankenhäuser besuchte, die Namen der Patienten lernte und sie fragte, wie sie sich fühlten, wo sie Schmerzen hatten und wann diese oder jene Operation geplant war.

Im Dezember 2014 kündigte die ukrainische Hubschrauberpilotin Nadeschda Sawtschenko, die in Russland auf ihren Prozess wartete, einen Hungerstreik an. Sie saß seit fünf Monaten in Untersuchungshaft. Die russische Staatsanwaltschaft behauptete, sie habe als Späherin einen Mörserangriff im Donbass vorbereitet, bei dem zwei Korrespondenten des russischen Staatsfernsehens ums Leben gekommen waren. Sawtschenko selbst sagte, sie habe sich in der Gewalt von Separatisten befunden, die sie über die Grenze nach Russland gebracht und den Sicherheitsdiensten übergeben hätten. Dort habe man sie mit erfundenen Anschuldigungen konfrontiert. Nachdem Sawtschenko schon seit zwei Monaten die Nahrungsaufnahme verweigerte, war sie geschwächt und krank und hatte etwa zwanzig Kilo abgenommen. Fedotow sorgte bei den zuständigen Ermittlern dafür, dass er und Glinka sie im Kliniktrakt des berüchtigten Untersuchungsgefängnisses »Matrosenruhe« im Nordosten Moskaus besuchen konnten. Der Gefängnisleiter war einverstanden, sagte jedoch, sie sollten sich nicht zu viel erhoffen: Andere Menschenrechtsaktivisten hätten in früheren Gesprächen mit Sawtschenko nichts erreicht. Außerdem habe sie darauf bestanden, nicht Russisch, sondern Ukrainisch zu sprechen.

Als Fedotow und Glinka mit Sawtschenko zusammentrafen, war sie verschlossen und abweisend und lehnte alle Versuche der Kontaktaufnahme ab. Doch dann begann Glinka, ihr – auf Russisch – rein medizinische Fragen zu stellen. Sie erkundigte sich nach Sawtschenkos Allgemeinzustand, fragte, wo sie Schmerzen spürte und ob sie aufrecht sitzen konnte – in dieser Position oder vielleicht in jener? Sawtschenko gab sachbezogene Antworten. Glinka ging vom Sie zum Du über. Sie behandelte Sawtschenko mit einer Art mütterlicher Fürsorge, ohne sie zu bevormunden oder sie und ihre Ideale herabzusetzen. »Das wird unangenehm«, warnte sie. »Sie werden dir einen Schlauch in den Hals stecken und dich zwangsernähren. Ist es nicht besser, wenn du selbst isst, wenigstens ein bisschen?« Sawtschenko willigte ein. Von da an kam Glinka etwa einmal pro Woche mit Nährstoffmischungen aus einer Moskauer Apotheke in das Gefängnis. Sawtschenko nahm sie ein, und nach und nach besserte sich ihr Gesundheitszustand. Die beiden Frauen sprachen oft über den Krieg – weniger über die politischen Ursachen als über die menschlichen Kosten. Irgendwann erklärte Sawtschenko sich freiwillig bereit, den ukrainischen Präsidenten Poroschenko aus dem Gefängnis heraus zur Aufhebung einer Blockade aufzufordern, die dazu geführt hatte, dass Glinka Medikamente und medizinischen Bedarf nicht durch ukrainische Grenzkontrollen hindurch in das von Rebellen besetzte Gebiet bringen konnte.

Die Beziehung zwischen den beiden ist schwer einzuschätzen. Sawtschenkos Anwalt Nikolai Polosow warnt davor, Glinkas Rolle zu »mythologisieren«. Selbst wenn sie aus echtem Mitgefühl gehandelt habe, sei klar, dass die russische Regierung eigene Interessen verfolgt habe, indem sie ihre Besuche zuließ. »Ich bin ziemlich sicher, dass es dem Kreml darum ging, Sawtschenkos Hungerstreik zu beenden, der damals großen politischen Druck erzeugte«, so Polosow. Sawtschenko habe sich Glinka gegenüber zurückhaltend und distanziert verhalten, wie gegenüber allen, die sie als Repräsentanten der russischen Position in der Ukraine begriff. Zudem habe Glinka sie ihren Angaben nach gedrängt, sich schuldig zu bekennen und begnadigen zu lassen. Das wäre dem Kreml sicherlich lieber gewesen als das unangenehme Schauspiel eines langwierigen öffentlichen Prozesses, doch Sawtschenko habe das Angebot abgelehnt. (Sie wurde schließlich von einem russischen Gericht schuldig gesprochen, aber zwei Monate nach dem Urteil in einem Gefangenentausch mit der Ukraine freigelassen.)

Je länger sich der Krieg hinzog, desto weiter verbreitete sich Doktor Lisas legendärer Ruf bei der großen Mehrheit der Russen, die sich an ihren neuen Verbindungen nicht störten. Sie wurde die bekannteste und beliebteste Wohltätigkeitsaktivistin in ganz Russland. »Lisa stand nicht gern im Mittelpunkt, aber sie wusste, dass das die einzige oder jedenfalls beste Möglichkeit war, mehr Mittel für die Stiftung zu beschaffen«, so Gleb. (Auch als Mitglied des Menschenrechtsrats hielt Glinka an dem Grundsatz fest, keine staatlichen Gelder für ihre Organisation anzunehmen. Die »Gerechte Hilfe« finanzierte sich ausschließlich durch freiwillige Spenden.) In der breiten Öffentlichkeit hatte der Name »Doktor Lisa« ein unabweisbares moralisches Gewicht. Er bezeugte die erstaunliche Anziehungskraft des Altruismus in einem Land, in dem Käuflichkeit und Eigennutz längst zur Regel geworden waren, vor allem bei denen, die über ein gewisses Maß an Bekanntheit oder Einfluss verfügten. Wer freundlich war, galt schnell als dumm oder leichtgläubig. Bei Glinka war das jedoch anders: Ihre Großzügigkeit und ihre Fürsorge für andere adelten sie in den Augen des Publikums. Sie war die seltene Ausnahme im Russland der Putin-Ära: eine Persönlichkeit des öffentlichen Lebens, die von echtem Mitgefühl und dem Bedürfnis zu dienen motiviert war. Als ein Meinungsforschungsinstitut eine Liste der Menschen veröffentlichte, denen am ehesten eine Kandidatur für ein politisches Amt zugetraut wurde, stand Glinka ganz oben auf der Liste. Ihr selbst erschien der Gedanke absurd.

»Doktor Lisa« war zu einer einflussreichen Marke geworden. Deshalb war es vielleicht unausweichlich, dass Glinka auch in den Syrienkrieg hineingezogen wurde, als Russland dort eingriff. Die Idee kam aus dem Verteidigungsministerium: Doktor Lisa wurde gebeten, an einem humanitären Einsatz teilzunehmen, der vom russischen Militär organisiert wurde. Sie sollte Krankenhäuser besuchen, Medikamente liefern – und mit ihrem sanften, fürsorglichen Image die Nachrichtensendungen im russischen Staatsfernsehen zieren. Glinka zögerte. »Es war das erste Projekt, das nicht auf ihre eigene Initiative zurückging, sondern vom Staat organisiert wurde«, erzählt Gleb. Sie fürchtete, dass das Ausmaß der Arbeit nicht mehr zu bewältigen war. »Aber sie war müde, wirklich ausgelaugt. Ihr Schutzmechanismus funktionierte nicht mehr.« Im Herbst besuchte sie zusammen mit Fedotow den russischen Luftwaffenstützpunkt bei Latakia.

Anfang Dezember 2016 rief der Kreml eine neue Auszeichnung des russischen Präsidenten ins Leben, mit der Erfolge in den Bereichen Menschenrechte und Wohltätigkeitsarbeit gewürdigt werden sollten. Glinka war die erste Preisträgerin. Die Zeremonie fand im Kreml statt, unter den hohen Gewölbedecken des Katharinensaals, die von strahlend weißen Säulen getragen werden. Putin hielt die Laudatio. »Hier sehen wir, was Menschen erreichen können, wenn sie dem Ruf ihres Herzens folgen«, sagte er. »Humanismus, Mitgefühl und Barmherzigkeit sind Werte, die bei unserem Volk immer größeren Anklang finden und helfen, es zu einen.« Es war schwer erträglich, Putin von Mitgefühl und Barmherzigkeit sprechen zu hören, aber seine Bewunderung für Glinka schien echt – und diese war es, die hier geehrt wurde, nicht er. »Jelisaweta Glinka ist für Krankenhauspatienten, Menschen in Not, Kinder im Donbass und in Syrien eine vertraute Erscheinung«, sagte Putin. Er heftete ihr eine Medaille ans Revers und überreichte ihr einen Strauß pastellfarbener Blumen. Auf dem Rednerpult war nicht genug Platz, deshalb wandte sie sich zu Putin und sagte: »Können Sie die bitte halten?« »Mit Vergnügen«, erwiderte er lächelnd, nahm die Blumen und trat zur Seite. Im Publikum war ein entzücktes Raunen zu hören. Es kommt nicht alle Tage vor, dass ein Gast im Kreml Putin bittet, etwas für ihn zu halten. (»Deswegen hatte sie diese moralische Autorität«, sagt Gleb. »Sie ist mit allen absolut gleich umgegangen.«)

Glinka faltete ein Stück Papier auseinander und begann abzulesen. Sie blickte zu Putin hinüber und dann in den Saal. »Das wichtigste Recht ist das Recht auf Leben«, sagte sie. »In den jetzigen schwierigen Zeiten wird dieses Recht erbarmungslos mit Füßen getreten.« Sie sagte offen, dass die Einsätze in Kriegsgebieten während der letzten Jahre für sie schwer gewesen waren. Aber das sei nun einmal das Gebot der Stunde. »Wir sind dazu da, die Menschenrechte zu wahren. Und wir stehen außerhalb der Politik, genau wie die Menschen, die wir schützen. Wir sind aufseiten des Friedens, des Dialogs und der Zusammenarbeit mit allen Beteiligten.« Sie erzählte, dass sie am nächsten Tag wieder in die Donbass-Region fliegen werde und dann ein weiterer Besuch in syrischen Krankenhäusern anstehe. Ihre Stimme war sanft, aber eindringlich. »Wir können nie sicher sein, dass wir lebend zurückkehren werden. Denn Krieg ist die Hölle auf Erden, und ich weiß, wovon ich da spreche.« Zwei Wochen später bestieg sie das Flugzeug nach Syrien.

KAPITEL 7

Sensible Geschöpfe

An einem Samstagabend im Dezember 2017 fand auf der von den berühmten scharlachrot-goldenen Vorhängen eingefassten Bühne des Bolschoitheaters, wie seit fast 200 Jahren, die lang erwartete Uraufführung eines neuen Balletts statt. Die Eintrittskarten waren innerhalb von Stunden ausverkauft gewesen, und vor der Abendkasse bildete sich in der Winterkälte eine lange Schlange von Wartenden. In dem riesigen, von baufälligen Logen gesäumten Theatersaal waren so viele Mitglieder der russischen Führungselite zugegen, dass der Abend an die moderne Version eines Kongresses des ZK der KPdSU erinnerte. Von Putins Pressesprecher Dmitri Peskow bis zu Konstantin Ernst, dem Intendanten des Ersten Kanals, war alles vertreten, was Rang und Namen hatte.

Das mit Spannung erwartete Ballett setzte Leben und Werk des legendären Tänzers und Choreografen Rudolf Nurejew in Szene, der sich 1961 in Paris unter den Augen der Weltöffentlichkeit aus der Sowjetunion abgesetzt hatte. Regie führte der 48-jährige Kirill Serebrennikow, Russlands berühmtester Theatermacher, dessen Ästhetik von Experiment und Provokation geprägt ist. Im Ballett *Nurejew* wird der Protagonist als Genie porträtiert, das aufgrund seines Talents und seiner Eigenheiten für die Mächtigen der Zeit schwer zu verstehen ist und unweigerlich Argwohn weckt. Zwischen den Tanzszenen werden immer wieder Reflexionen über die Ideen von Kunst und Exil vorgelesen. In einer dieser Passagen, in denen aus einem Brief zitiert wird, den Nurejew nach seiner Auswanderung nach Europa erhielt, geht es darum, dass Russland »seine Helden nicht schätzt«. Der erste Akt endet mit einem sinnlichen und lyrischen *Pas de deux* Nurejews und seines langjährigen Lebensgefährten, des gefeierten dänischen Tänzers Erik Bruhn.

Der Regisseur Serebrennikow war bei der Aufführung nicht dabei. Er befand sich in seiner Dreizimmerwohnung in der Pretschistenka-Straße. Im Frühling war Serebrennikow von der Staatsanwaltschaft wegen Betrugs angeklagt worden. Ihm wurde vorgeworfen, bei der Produktion von Theaterfestivals und Performances Staatsmittel in Höhe von 68 Millionen Rubeln – etwa einer Million Euro – veruntreut zu haben. Er saß schon seit über drei Monaten im Hausarrest, und bei einem Schuldspruch drohten ihm bis zu zehn Jahre Gefängnis. Serebrennikow war einer von vier Angeklagten in einem groß angelegten Verfahren, das einerseits ermüdend typisch war – der Putin-Staat macht immer wieder ein Spektakel daraus, Menschen vor Gericht zu stellen, die angeblich Budgetmittel falsch verwendet haben –, andererseits aber auch zutiefst ungewöhnlich: Seit 1939, als Wsewolod Meyerhold auf Stalins Befehl hin festgesetzt und im Jahr darauf erschossen wurde, war in Russland kein Theaterregisseur mehr verhaftet worden. Nur wenige in Moskau glaubten, dass die Probleme, um die es im Fall Serebrennikow tatsächlich ging, etwas mit Geld zu tun hatten.

448

Nachdem die Tänzer vor den Vorhang getreten waren und Standing Ovations erhalten hatten, kam das Produktionsteam in T-Shirts auf die Bühne, auf denen Serebrennikows Gesicht mit der Aufschrift »Freiheit für den Regisseur!« gedruckt war. Im Publikum riefen einige »Bravo, Kirill!«, als könnten sie den Abwesenden durch laute Lobbekundungen in einem surrealistischen Akt auf die Bühne zaubern.

Die Fakten um Serebrennikows Fall wurden von öffentlichen Spekulationen über die Bedeutung des Verfahrens überwuchert. Welche Botschaft wollte der Kreml den künstlerischen und kulturellen Persönlichkeiten des Landes damit übermitteln? Welcher Art von Vergehen hatte Serebrennikow sich schuldig gemacht, wenn überhaupt? Oder war gerade die Willkür der Anklage der Punkt – die Vorstellung, dass jeder Regisseur, Künstler oder Performer an Serebrennikows Stelle sein könnte? Wie auch immer die Antwort ausfiel: Sein Fall schien ein Zeichen für eine tiefer gehende und beunruhigende Veränderung im politischen Leben Russlands zu sein, ein Symbol und Warnsignal dafür, dass der Staat unnachgiebiger, unersättlicher und unberechenbarer geworden war und sich sogar gegen die wenden konnte, die er einmal gefeiert hatte. Die Anklage gegen Serebrennikow fiel nicht zufällig mit einer konservativen, selbstbezüglichen Wende in der herrschenden Ideologie Russlands zusammen, die zuweilen ins offen Reaktionäre und Obskurantistische tendierte.

Die Uraufführung von *Nurejew* hatte ursprünglich im Juli stattfinden sollen. Doch der Direktor des Bolschoitheaters hatte die Premiere zwei Tage vor dem geplanten Termin plötzlich abgesagt – angeblich, weil die Produktion »noch nicht fertig« sei. Das klang nicht sehr plausibel.

Eine Tanzkritikerin der russischen Tageszeitung *Kommersant*, die Probenausschnitte gesehen hatte, erklärte, die Welt des Balletts habe seit Jahren nichts »Größeres und Bedeutenderes« hervorgebracht, und lobte den »Atem« der Choreografie. Sie prophezeite, *Nurejew* werde das »erfolgreichste und einträglichste Ballett des Bolschoi seit dem Zusammenbruch der Sowjetunion« werden. Wahrscheinlicher war, dass die Absage mit den Nacktszenen im Ballett und der offen thematisierten homosexuellen Liebe zu tun hatte. (Der mächtige und kremlnahe Filmregisseur Nikita Michalkow sagte der Zeitschrift *Vice*, das Bolschoitheater sei nicht der Ort, um »Nurejews Schwanz herauszuhängen«.) Es ging das Gerücht um, die plötzliche Absetzung der Premiere sei durch den Anruf eines hochgestellten Kremlfunktionärs oder eines politisch einflussreichen Vertreters der orthodoxen Kirche veranlasst. Serebrennikows Ballett bot sich als Ziel an, weil er zu diesem Zeitpunkt bei der Kremlführung schon klar in Ungnade gefallen war.

In Putins Russland verlaufen Entwicklungen jedoch oft nicht geradlinig, sondern im Spannungsfeld von Diskursen. Wer versucht, die Bedeutung von Ereignissen zu entschlüsseln, stößt überall auf Widersprüche. So wurde *Nurejew* mit einer Verzögerung von fünf Monaten schließlich doch uraufgeführt, aber von Serebrennikow selbst war nichts zu sehen. Vom Ausgang des Prozesses, der ihm bevorstand, hing ab, wie sich das Verhältnis zwischen Kunst und Staat in der Putin-Ära künftig gestalten würde: War es die Ausnahme oder die Regel, dass ein Ballett wie *Nurejew* auf der Hauptbühne des Bolschoi gefeiert wurde? Oder dass der Regisseur unter Hausarrest stand?

Serebrennikow ist eine Erscheinung, wie sie für Russland charakteristisch ist: ein Rebell, der den breiten Erfolg sucht und erreicht, oft mit Segen und Unterstützung des Staates. Eine Zeit lang war er das avantgardistische Aushängeschild von Putins Russland. Serebrennikow wuchs in der südrussischen Stadt Rostow am Don auf, die für ihre ruppige, mafiös angehauchte Atmosphäre bekannt ist. Seine Eltern sind typische Vertreter der spätsowjetischen Provinzintelligenzija – die Mutter war Russischlehrerin, der Vater Urologe. Kirill studierte Physik, zeigte jedoch schon früh eine Begabung für das Theater und machte sich in der Region einen Namen als Schauspiel- und Fernsehregisseur.

Anfang der 2000er, mit Anfang dreißig, kam er nach Moskau. Dort inszenierte er mit Erfolg eine Reihe von Produktionen am Theater Sowremennik, das in der Tauwetterzeit unter Chruschtschow gegründet wurde, und am Moskauer Künstlertheater, dessen Ruhm auf Konstantin Stanislawski und die nach ihm benannte Schauspielmethode zurückgeht. Kulturminister war damals Michail Schwydkoi, bis heute eine wichtige und einflussreiche Persönlichkeit in der russischen Kunstszene. In seiner Amtszeit ließ der Staat der Kultur vergleichsweise freie Hand und unterstützte innovative und gelegentlich unkonventionelle Kunstformen. Das Ministerium war damit manchmal fortschrittlicher als andere staatliche Institutionen oder das Publikum. Im Gespräch mit mir sagte Schwydkoi: »Ich komme immer wieder auf den Satz Puschkins zurück: ›Die Regierung ist der einzige Europäer in Russland.‹«

Schwydkoi hat Serebrennikows Karriere verfolgt. Er schätzt nicht nur sein durch und durch modernes Feingefühl und sein Bedürfnis, der konservativen Strömung im russischen Theater entgegenzuwirken, sondern auch seine Professionalität und Fähigkeit, diese Vision kreativ umzusetzen: »Kirill ist sehr begabt und sehr aufrichtig. Er ist sicherlich extravagant, und sein künstlerisches Vorgehen hat etwas Provokatives, aber das ist ganz natürlich und in Ordnung.« Serebrennikow habe sich »immer innerhalb des Systems bewegt«, so Schwydkoi weiter. »Er hat mit den größten Moskauer Theatern zusammengearbeitet, auch dem Bolschoi, und er hat Filme gedreht.«

Zu der Zeit, als Serebrennikows Stern aufging, suchte das Putin-System gezielt die Nähe der zeitgenössischen Kunst. In der zweiten Hälfte der 2000er-Jahre, während Putins zweiter Amtszeit und der Interims-Präsidentschaft Dmitri Medwedews, setzte der Kreml eine Art inszenierte gesellschaftliche Modernisierung in Gang. Dazu gehörte auch, dass der Staat innovative und experimentelle Tendenzen in der Kunst unterstützte. Laut Anna Narinskaja, die seit Langem als Journalistin und Kunstkritikerin tätig ist, wollte der Kreml mit der Förderung der Avantgarde mehrere Zielgruppen ansprechen: An den Westen erging damit eine »Einladung, sich zu engagieren«, so Narinskajas Formulierung. Ausländische Kuratoren, Architekten und zeitgenössische Künstler kamen immer wieder nach Moskau, um umfangreiche Projekte vorzustellen oder zu beaufsichtigen. Die Intellektuellen und Kreativen in Russland selbst sollten das Interesse des Staates als Aufruf verstehen, mit ihm und für ihn zu arbeiten. Und die russische Jugend wurde mit einer attraktiven und zeitgemäßen Ästhetik angesprochen, die zu ihr passte.

Künstler wie Serebrennikow konnten sich solchen Avancen nicht ohne Weiteres entziehen. Das kulturelle Leben in Russland ist zu einem großen Teil von Geldmitteln des Staates und damit von seiner Gunst abhängig. Fast alle der über sechshundert großen Theater des Landes sind staatliche Einrichtungen und finanzieren sich zu 70 Prozent über staatliche Subventionen. Spenden und Stiftungen gibt es praktisch nicht. »Die Frage ist nicht, ob du einen Film mit oder ohne Beteiligung des Staates machen willst«, so Narinskaja. »Die Frage ist: Willst du einen Film machen oder nicht?«

Die Bestrebungen des Kreml in der zweiten Hälfte der 2000er, Künstler und Kulturschaffende für sich zu gewinnen – oder zu vereinnahmen, wie andere sagen würden –, gingen vor allem auf Wladislaw Surkow zurück. Der einflussreiche Putin-Berater hat die postmoderne Vorspiegelungspolitik in Russland maßgeblich geprägt. Surkow gibt sich als kultureller Weltmann, dessen Vorlieben von William S. Burroughs bis zu Tupac Shakur reichen. Er und seine Stellvertreter besuchten regelmäßig die Salzburger Festspiele. Surkow ist der Erfinder des Begriffs »souveräne Demokratie«, der den sanften Autoritarismus des Putin-Systems geschickt maskierte. Er bewies großes Geschick darin, stylische Jugendgruppen und politische Parteien ins Leben zu rufen, und sorgte auch dafür, dass die populäre russische Alternativrocksängerin Zemfira bei einem Pro-Putin-Jugendcamp auf dem Land auftrat. In Moskau organisierte er eine regelmäßige Abendveranstaltung mit Gedichtrezitationen und experimentellem Theater. Die beteiligten Schauspieler waren Schüler des kultisch verehrten Regisseurs und Theaterpädagogen Dmitri Brusnikin.

Es dauerte nicht lang, bis Surkow und Serebrennikow begannen, sich füreinander zu interessieren. Alexei Tschesnakow, ein ehemaliger politischer Berater des Kreml, sagt,

sein früherer Chef Surkow habe im Unterschied zu anderen Kreml-Funktionären begriffen, dass Künstler wie Serebrennikow »ein sehr feines Gespür für die Dinge haben
und den Staat in gewissem Sinn aufwerten können«. Beide
Männer standen sich nicht sehr nahe, aber ihre Interessen
deckten sich teilweise. Serebrennikow konnte die Ressourcen des Staates brauchen, um seine kreativen Ambitionen
zu verwirklichen. Surkow wiederum konnte die Begabung
von Menschen wie Serebrennikow brauchen, um seine
eigene Vorstellung des Kulturlebens im Putin-Staat zu befördern: lebendig und provokant, aber im vorgegebenen
Rahmen. »Damals fanden viele den Staat attraktiv, sie
fühlten sich angezogen von dem, was sich entwickelte«, so
Tschesnakow. »Es lohnte sich nicht nur, staatsnah zu sein,
es war auch interessant.«

Die Journalistin und Kritikerin Narinskaja erinnert sich
an Surkow als »diese Art graue Eminenz«. Er habe gewirkt
wie der Drahtzieher, der hinter den Kulissen ganz Russland lenkt: »Er war dämonisch, geheimnisvoll. Natürlich
haben sich alle für ihn interessiert. Und er war mächtig
genug, um einen mit richtig viel Geld zu versorgen.« Über
Serebrennikow sagt Narinskaja: »Er wusste, wie man sich
bei denen da oben beliebt macht. Er war mit Ministern,
Oligarchen und Society-Schönheiten befreundet.«

Die Beziehung zwischen Surkow und Serebrennikow erinnert in mancher Hinsicht an die zwischen Trotzki und
dem avantgardistischen Regisseur Meyerhold oder die zwischen dem Schriftsteller Isaak Babel und Nikolai Jeschow,
dem soziopathischen Chef der stalinistischen Geheimpolizei. Sowohl Meyerhold als auch Babel wurden vom sowjetischen Staat eine Zeit lang mit Aufmerksamkeit über-
schüttet, nur um später Opfer der Repressionen zu werden.

Serebrennikows Aufstieg und Fall verliefen allerdings weit weniger dramatisch, und er stand dem Regime nie ideologisch nahe. Ganz im Gegenteil: Er machte kein Hehl aus seiner liberalen Einstellung und beteiligte sich in den Jahren 2011 und 2012 sogar an den Demonstrationen gegen Putin. Surkows Innovation bestand darin, die Ideologie herunterzuspielen und nicht auf Inhalte, sondern auf den Stil zu setzen. Genau auf diese Weise konnte auch jemand wie Konstantin Ernst trotz seines kultivierten Arthouse-Geschmacks im Staatssystem aufsteigen: Er war kein Liberaler, sondern ein Ästhet, wie einer seiner Freunde mir gegenüber betonte. Der wichtigste Unterschied zwischen Ernst und Serebrennikow besteht darin, dass Ernst letztlich ein Statist ist, der die Vorrangstellung des Staates anerkennt und akzeptiert. Serebrennikow nutzte hingegen einfach bereitwillig die Gelegenheit, mit Staatsmitteln große und ehrgeizige Projekte zu realisieren. Darüber hinaus maß er dem Staat keine größere metaphysische Bedeutung bei. Ernst ging ein Glaubensbündnis ein; Serebrennikow sah seine Beziehung zum Staat lediglich als taktische Allianz, die nicht unbedingt auf Dauer angelegt war.

Der Flirt zwischen Serebrennikow und Surkow erreichte seinen Höhepunkt, als Serebrennikow 2011 eine dramaturgische Bearbeitung des Romans *Nahe Null* inszenierte, den mutmaßlich Surkow unter einem leicht durchschaubaren Pseudonym verfasst hat. Wie Serebrennikow dazu kam, dieses Stück auf die Bühne zu bringen, haben meine Gesprächspartner auf unterschiedliche Weise zu erklären versucht. Einer meinte, es sei eine implizite Bedingung gewesen, um die Budgetmittel für ein großes Festival für zeitgenössische Kunst zu erhalten. Andere sagten, Serebrennikow habe in dem Text eine eigentümliche, sogar subversive Qualität gesehen und ein Stück daraus gemacht, das für den Autor alles andere als schmeichelhaft war. Peter Pomerantsev beschreibt in *Nichts ist wahr und alles ist möglich*, seinem Buch über das Russland der Putin-Ära, die ausverkaufte Premiere in Moskau. Das Publikum bestand zu einem großen Teil aus »den harten, cleveren Männern, die das Land regieren, und ihren wunderschönen weiblichen Satelliten«, so Pomerantsev. In der Bühnenfassung ließ Serebrennikow den kalten Zynismus des Protagonisten, das zentrale Motiv des Romans, geschickt beiseite und zeigte ihn stattdessen als einen von Zweifeln und Selbsthass gepeinigten Menschen. Er fügte Passagen ein, in denen »die Schauspieler direkt zum Publikum sprachen, ihm vorwarfen, es sich in einer Welt von Mord und Korruption gut gehen zu lassen«. Pomerantsev beschreibt die Reaktion der Zuschauer: »Die Bohemiens im Publikum lachten gequält. Die harten Männer und ihre Satelliten starrten, ohne mit der Wimper zu zucken, geradeaus, als hätten diese Provokationen nichts mit ihnen zu tun. […] So hat der große Regisseur ein Kunststück vollbracht, das der Ära Surkow wahrhaft würdig ist: Er hat seinen politischen Meistern eine Freude gemacht – Surkow finanziert ein Kunstfestival, das Serebrennikow leitet – und zugleich seine liberale Integrität bewahrt.«

Kurze Zeit später fragte Oleg Kaschin, ein provokationsfreudiger russischer Journalist, Serebrennikow, warum er sich für die Zusammenarbeit mit Surkow entschieden habe. Serebrennikows Antwort lief letztlich auf ein »Warum nicht?« hinaus. Er bezeichnete *Nahe Null* als ein »gekonntes, repräsentatives und interessantes Werk, das sich auf sehr ernsthafte Weise zu unserer Zeit äußert. […] Ich finde nicht, dass das Theater sich auf reine Kunst beschränken und in seinem Elfenbeinturm bleiben sollte. Mich interessiert es, wenn Theater und Kino sich mit dem Leben befassen, mittendrin sind, verstörende Fragen stellen und bereit sind, ein paar unerfreuliche Worte auszusprechen.«

Im März 2011, kurz vor der Premiere von *Nahe Null*, erhielt Serebrennikow von Mitarbeitern des Kulturministeriums den Hinweis, er solle doch ein Ersuchen an den Staat richten. Russischer Präsident war damals Dmitri Medwedew, der ebenso wie Surkow das Interesse des Staates an Kulturprojekten und zeitgenössischer Kunst förderte. Nachdem er das Projekt »Innovationszentrum Skolkowo« – ein von oben organisiertes, staatlich gelenktes Gründungszentrum – auf den Weg gebracht hatte, wollte er jetzt ein ähnliches Projekt auf dem Gebiet der Künste realisieren. Serebrennikow war als einer der Leiter vorgesehen. »Man gab ihm zu verstehen, wenn er einen entsprechenden Antrag stellte, würde dieser bewilligt werden«, sagte mir ein ehemaliger Mitarbeiter des Kulturministeriums.

So entstand das staatsfinanzierte Projekt Platforma, das auch Tanz, Musik und Medienkunst umfasste. Die experimentellen Aufführungen, die hier gezeigt wurden, gehörten eine Zeit lang zu den maßgeblichsten und dynamischsten in ganz Russland. Besonders erfolgreich war Serebrennikows Produktion *Die Dreckskerle*, ein rohes, brutales Stück über Russlands verlorene Generation der Neunzigerjahre. Surkow sah das Projekt als Modell für ein landesweites Netzwerk von Kulturzentren, die zeitgenössische Kunst und Innovation in die Provinz bringen würden. Um diese Zeit herum, 2012, besuchte ich im Bolschoitheater eine Aufführung von *Der goldene Hahn*. Serebrennikow hatte Nikolai Rimski-Korsakows Oper von

1907 in eine Satire auf die aktuelle Kremlpolitik verwandelt. Eine Militärparade, bei der riesige Raketen über die Bühne geschleppt wurden, spielte auf die jährliche Siegesparade zur Erinnerung an das Ende des Zweiten Weltkriegs an. Eine Kinderschar, die den Zaren pries, verwies auf die von Surkow geförderten putinfreundlichen Jugendgruppen.

2011 wurde Sergei Kapkow zum Kulturamtsleiter von Moskau ernannt. Wohl keine Personalentscheidung im Verwaltungsapparat hat mehr Anteil an der äußerlichen Veränderung des urbanen Lebens, die die Stadt im vergangenen Jahrzehnt erfahren hat. Kapkow, damals Ende dreißig, war ein Vertrauter des Oligarchen Roman Abramowitsch, der sein Vermögen über alle politischen Kursänderungen gerettet und einen Sinn für zeitgenössische Kunst entwickelt hatte. Das erste Großprojekt, für das Kapkow in Moskau verantwortlich zeichnete, war die Neugestaltung des Gorki-Parks, die breiten Anklang fand. Zahlreiche heruntergekommene Attraktionen aus der Sowjetzeit wurden abgebaut. An ihre Stelle traten Betriebe wie das Café meiner Freundin und Nachbarin Dascha: Sie richtete eine Outdoor-Bar ein und platzierte daneben Schotterbahnen, auf denen man Pétanque spielen kann, was vor allem bei Twens und jungen Familien sofort gut ankam. Als Nächstes folgte ein Programm zur Erneuerung der öffentlichen Bibliotheken in Moskau. Kapkows Name stand bald für eine gutartige, geschmackvolle Spielart der autoritären Modernisierung, eine von oben veranlasste Umgestaltung der Hauptstadt. Sie verlief nicht unbedingt demokratisch – Kapkow verließ sich mehr auf sein eigenes Urteil als auf irgendeine Form offener Bürgerbeteiligung –, aber sie war weltläufig, smart und attraktiv.

2012 bat Kapkow Serebrennikow, die künstlerische Leitung des Gogol Center zu übernehmen. Das in einer Seitenstraße hinter dem Kursker Bahnhof gelegene Theater tat sich schwer, ein nennenswertes Publikum anzuziehen, und war deshalb dazu übergegangen, die Hälfte der Sitzplätze im Hauptsaal zu sperren. Serebrennikows Berufung war umstritten, vor allem unter den alteingesessenen, konservativen Schauspielern. Sie organisierten Kundgebungen vor dem Büro des Bürgermeisters und schickten Protestschreiben an die Duma und die Staatsanwaltschaft. Serebrennikow wehrte sich und formte schließlich ein neues Stammensemble aus einer Kerngruppe ehemaliger Schüler.

»Der Hauptfeind war damals nicht der Staat, sondern die ziemlich furchtbare alte Garde im russischen Theatermilieu, Leute mit sowjetischer Mentalität, die jeglichen Modernisierungstendenzen feindlich gegenüberstanden«, sagt die angesehene Theaterkritikerin Marina Dawydowa, Chefredakteurin der Zeitschrift *Theater*. Sie steht Serebrennikow nahe, und sein Aufstieg in der russischen Theaterszene hat auch ihre Karriere beflügelt. Die Gründe, aus denen er sich auf die Kooperation mit der Staatsmacht einließ, findet sie völlig nachvollziehbar. »Der Staat taucht auf und sagt: ›Wir geben dir Geld, damit du all die Projekte umsetzen kannst, die du schon immer machen wolltest.‹ Warum solltest du da Nein sagen?« Dawydowa meint, der Staat sei in gewissem Sinn stärker auf Serebrennikow angewiesen als umgekehrt. »Es gibt in der Theaterwelt Russlands wenige Leute wie ihn, die durch und durch modern und innovativ sind, die Arthouse-Produktionen machen können, aber auf großen Bühnen, wo sie von Tausenden gesehen werden.«

Unter Serebrennikow brachte das Gogol Center eine Reihe erfolgreicher Inszenierungen heraus – unter anderem *Idioten*, eine Aufführung, die von Lars von Triers gleichnamigem Film von 1998 inspiriert war und später beim Festival von Avignon gezeigt wurde. Serebrennikows dreistündige Dramatisierung von Nikolai Gogols Roman *Die toten Seelen* ist durchtränkt von absurder, beißender Satire, die weniger zeitgenössisch als zeitlos ist. Eines Abends besuchte ich im Gogol Center die Inszenierung *Eine alltägliche Geschichte*. Iwan Gontscharows Erzählung von 1847 wird bei Serebrennikow zu einer punkigen Anklage gegen den Konformismus. Ein schwungvoller junger Mann kommt in die Hauptstadt, erfüllt von Tatkraft und Idealen. Nach und nach wird er von der Macht und den Annehmlichkeiten des herrschenden Systems verführt. Er macht eine charakterliche Wandlung durch und wird immer düsterer und härter. Die Qualität der Produktionen war unterschiedlich, und sie fanden keinesfalls überall Anklang. Aber das Gogol Center war vor allem deshalb wichtig, weil es eine besondere Art Veranstaltungsort verkörperte. Es war ein kultureller Raum im weitesten Sinne des Wortes. Hier kamen Menschen nicht nur zusammen, um Theateraufführungen zu sehen, sondern auch, um Vorträge zu hören, an Seminaren und Meisterkursen teilzunehmen oder einfach im Café zu sitzen und zu reden.

Dawydowa sagt, sie habe Serebrennikow gewarnt, dass diese Zeit nicht von Dauer sein werde – so wenig wie die Phase der kulturellen Freiheit nach der bolschewistischen Revolution, die endete, als der Stalinismus seine alles erdrückenden Kontrollmechanismen für die Künste installierte. Sie habe ihm geraten, der Macht nicht zu nahe zu kommen. »Jetzt hast du vielleicht Unterstützer im System.

Aber es werden andere kommen, die sie bekämpfen und dich nebenbei zerstören.« »Das war kein moralischer Appell«, sagte sie, »sondern ein nüchterner Blick auf die Logik der Geschichte.« Serebrennikow habe ihre Bedenken damals in den Wind geschlagen. »Keine Sorge«, erwiderte er. »So nah sind wir nicht dran.«

Die Logik der Geschichte nahm ihren Lauf, als Ende 2011 und Anfang 2012 die Protestkundgebungen auf den Straßen Moskaus stattfanden. Die Demonstranten gehörten zum größten Teil der gebildeten Mittelschicht an, aus der sich Serebrennikows Publikum rekrutierte – die Leute, von denen Surkow geglaubt hatte, er könne sie geschickt einhegen. Putin reagierte, indem er sich einer neuen Herrschaftsideologie zuwandte, die von konservativen Werten, antiwestlichen Ressentiments, der Verachtung der städtischen Eliten und von der Hinwendung zur orthodoxen Kirche bestimmt war. Die Zeit, in der sich der Staat für experimentelle und avantgardistische Kunstformen begeistert hatte, ging zu Ende. Putin degradierte Surkow und ernannte Wladimir Medinski zum russischen Kulturminister, einen nationalistischen Ideologen mit zweifelhafter akademischer Qualifikation – eine von ihm verfasste Dissertation stützt sich, wie Amateurrechercheure nachwiesen, auf eine unzulängliche Quellenlage und ist voll von Fehlern. Unter ihm schlug das Ministerium einen äußerst konservativen Kurs ein. Sein Amtsantritt sei »plötzlich und durchschlagend« gewesen, so der ehemalige Mitarbeiter des Ministeriums. »Auf einmal wurden wir ständig gefragt, wieso wir diese seltsame Kunst unterstützen, die niemand braucht.«

Es folgte eine Phase politischer Revanchen innerhalb

wie außerhalb des Kreml. 2013 wollte Serebrennikow im Gogol Center einen Dokumentarfilm zeigen, der sich für die Punkgruppe Pussy Riot einsetzte, die in der Christ-Erlöser-Kathedrale in Moskau protestiert hatte. Anschließend sollte eine öffentliche Diskussion mit den beiden Frauen von Pussy Riot stattfinden, die nach fast zweijähriger Haft gerade aus dem Gefängnis entlassen worden waren. Kapkow intervenierte und verbot die Veranstaltung. In einem amtlichen Schreiben teilte er Serebrennikow mit: »Ich bin der festen Überzeugung, dass eine staatliche Kulturinstitution nicht mit Leuten in Verbindung gebracht werden sollte, die eine so zwiespältige Reaktion hervorrufen und deren Tätigkeit darauf beruht, die Gesellschaft zu provozieren.« Serebrennikow verurteilte den Schritt als Zensur und nannte ihn »zynisch, zwecklos und dumm«. Aber da das Gogol Center formell ein Staatstheater war und der Weisung Kapkows als Kulturminister unterstand, konnte er nichts tun. In einer öffentlichen Stellungnahme erklärte Serebrennikow, er habe gedacht, dass es selbst in der Zeit der konservativen Revanche in Russland noch ein wenig »freie Luft« gebe, und sei es nur »in angesagten Cafés, zu Hause, mit Freunden«. Jetzt glaubte er das nicht mehr: »Das war's! Wir sind am Arsch! Es gibt keine Luft!«

Sergei Kapkow antwortete auf meine Fragen offener – und geschickter – als die meisten Amtsträger im Putin-Staat. Er räumte ein, dass sein Schritt eine Zensurmaßnahme gewesen war, stellte ihn jedoch als väterliche Intervention dar, als unangenehme Entscheidung, die notwendig gewesen sei, um Serebrennikow und das Team des Gogol Center zu schützen. »Sie waren dumm«, sagte er. »Sie haben nicht begriffen, was sie riskierten.« Kapkow hatte keine ideologische Aversion gegen Pussy Riot. Seine Entscheidung war das Ergebnis einer Abwägung des Kräfteverhältnisses in der Verwaltung: Ihr Auftritt im Gogol Center würde zahlreichen Feinden des Theaters im Staatsapparat in die Hände spielen, die ohnehin gegen Serebrennikow und alles voreingenommen waren, womit er zu tun hatte. Wozu sollte man ihnen die Waffe für den finalen Schuss auch noch selbst in die Hände spielen? Wenn schon eine Kamikaze-Mission, fand Kapkow, dann aus einem größeren und bedeutsameren Anlass als wegen einer Filmvorführung. »Man sollte nicht unter dem Banner anderer Leute sterben.«

Kapkow ist der Inbegriff des aufgeklärten Bürokraten der Putin-Ära, der mit der Moskauer Hautevolee verkehrt und gern nebenbei fallen lässt, dass er gerade aus New York oder Tel Aviv kommt, während er den Spielregeln der autoritären Politik Russlands, den Intrigen und Machtkämpfen, die über das Schicksal von Menschen entscheiden, ungerührt Rechnung trägt. Er schilderte mir das Szenario, das er befürchtete, wenn Pussy Riot im Gogol Center aufgetreten wäre: »Angenommen, sie verärgern den Patriarchen. Der ruft Putin an. Dann ruft Putins Stabschef den Bürgermeister an und staucht ihn zusammen. Der Bürgermeister ruft mich an und sagt wütend: ›Was habt ihr da gemacht?‹« Nach so einem Vorfall, so Kapkow, wäre es für ihn viel schwieriger, Serebrennikows nächste Produktion zu verteidigen, zu erklären, warum diese oder jene Inszenierung seiner Ansicht nach nicht zu aufrührerisch oder unangepasst für ein Staatstheater sei – oder Serebrennikow überhaupt zu halten.

Kapkow fragte, ob ich die Sondertelefone in den Büros des russischen Regierungsapparats kenne. Sie haben keine

Tasten oder sonstigen Wählvorrichtungen, es steht nur ein Name darauf: »Wladimir Wladimirowitsch« für Putins Büro, »Sergei Semjonowitsch« für das des Moskauer Bürgermeisters Sergei Sobjanin, und so weiter. »In Sobjanins Büro klingelt also das Telefon«, spann Kapkow seine imaginäre Geschichte fort. »Das mit der Aufschrift ›Wladimir Wladimirowitsch‹. Er nimmt ab. ›Guten Tag, Sergei Semjonowitsch. Feuern Sie Serebrennikow‹, sagt Putin und legt auf. Was dann?« Serebrennikow habe diese Gefahren nicht erkannt und sie sich nicht einmal vorstellen können. Das sei seine, Kapkows, Sache: zu wissen, wo solche Bedrohungen lauerten, und Serebrennikow vor ihnen zu bewahren, auch wenn das manchmal bedeute, den anmaßenden Zensor zu spielen. »Ich will mich nicht herausreden«, sagte Kapkow. »Aber ich weiß, dass ich gehandelt habe, um ihn zu schützen.«

2014, als Russland nach den Ereignissen in der Ukraine in die geopolitische Konfrontation mit dem Westen verstrickt war, nahm die reaktionäre Welle weiter an Fahrt auf. Die Politik und das kulturelle Leben waren von reflexgesteuerter Aggression und Paranoia geprägt. Dies war die Zeit, als der Erste Kanal den falschen Bericht über den gekreuzigten Jungen ausstrahlte, die Hetzkampagne gegen die Gründer des Museums Perm-36 fruchtete und jeglicher Rest von Begeisterung für eine avantgardistische und gewagte Kunst schwand. Nach Kapkows Einschätzung war der Kreml am Aufbau einer neuen Künstlergeneration interessiert gewesen, weil er den Bürgerstolz fördern wollte. Dieses Ziel war nun durch die Annexion der Krim erreicht worden: Die Russen waren eine stolze Nation. »Das war's, wir brauchen nichts weiter von euch«, paraphrasierte Kapkow den veränderten Tonfall des Kreml gegenüber den

Vertretern der Kultur. »Wir sind jetzt im Krieg.« Ein Grundsatzpapier des Medinski-Kulturministeriums rief zur »Ablehnung der Prinzipien der Toleranz und des Multikulturalismus« auf. Zeitgenössische Kunst war unerwünscht: »Inhalte, die den traditionellen Werten unserer Gesellschaft zuwiderlaufen, sind durch keinerlei formelle Experimente zu rechtfertigen.« Die regionalen Kulturzentren, die Surkow konzipiert hatte, propagierten unterdessen traditionelle Werte und sozialen Zusammenhalt. Viele wurden gar nicht erst eröffnet. Medinski wies das Ministerium an, Serebrennikows Platforma-Projekt nicht mehr zu unterstützen.

Es war nur noch eine Frage der Zeit, bis auch Kapkow aus dem Amt scheiden würde. Im März 2015 trat er als Leiter der Moskauer Kulturverwaltung zurück. Sein Abgang markierte, ebenso wie zuvor seine Berufung, das Ende einer Zeit. In unserem Gespräch stellte er seine Entscheidung, das Amt niederzulegen – ähnlich wie die Absage der Vorführung des Pussy-Riot-Films –, als Schutzmaßnahme hin. Sein Einfluss innerhalb des Staatsapparats sei immer weiter zurückgegangen. Viele Beamte hätten in ihm eine Art Doppelagenten mit zweifelhafter Loyalität gesehen, jemanden, der alle möglichen dekadenten und unzuverlässigen Kulturleute, wie etwa Serebrennikow, deckte. Um Kapkow loszuwerden, würden sie die von ihm protegierten Künstler angreifen. »Mir war klar, dass man mich irgendwann auffordern würde, Serebrennikow zu feuern«, sagte Kapkow. »Ganz ehrlich, ich hatte Angst vor dieser Entscheidung.« Nach seiner Kündigung wurde Kapkow von vielen Seiten Feigheit vorgeworfen. Er habe seine Mannschaft an Bord des Schiffes zurückgelassen, während es seine Pflicht gewesen wäre, gemeinsam mit ihr unterzugehen. Ich war nicht unbedingt dieser Meinung, aber mich interessierte doch, wie sich die Dinge entwickelt hätten, wenn er bis zum bitteren Ende durchgehalten hätte. »Indem ich gegangen bin, habe ich erreicht, dass Serebrennikow noch zwei Jahre auf seinem Posten bleiben konnte und zwei Spielzeiten am Bolschoi für ihn gerettet«, erwiderte Kapkow.

Serebrennikow arbeitete weiter, als ob nichts geschehen wäre. Auf das zunehmend aggressive und intolerante Umfeld reagierte er, wenn überhaupt, mit konfrontativen Arbeiten, die offen Besorgnis – und sogar Spott – über Russlands Entwicklung zum Ausdruck brachten. Nicht dass er plötzlich direkt politisch geworden wäre – seine Extravaganz und Respektlosigkeit fielen vor dem Hintergrund des nationalen Stimmungsumschwungs einfach noch weiter aus dem Rahmen. 2016 besuchte ich im Gogol Center eine einmalige Aufführung zu Stalins Beerdigung. Serebrennikow verband darin historisches Reenactment mit unpolitischen Zeugnissen zum Erbe des Stalinismus im heutigen Russland. Ich fand die Inszenierung nicht durchgehend gelungen und teilweise zu moralisierend, aber profund und aufrichtig. Im selben Jahr drehte Serebrennikow *Der die Zeichen liest* – einen ungefälligen, an die Nieren gehenden Film, der sich über den zunehmenden Klerikalismus und die Intoleranz in Russland lustig macht und bei den Filmfestspielen von Cannes den François-Chalais-Preis gewann. Serebrennikow und der Staat, sein faktischer Arbeitgeber, entfernten sich immer weiter voneinander.

Im Frühjahr 2017 begannen Ermittler, die Buchhaltung des Gogol Center unter die Lupe zu nehmen. Im Mai folgten die ersten Festnahmen. Drei Mitarbeiter des Theaters, darunter die Hauptbuchhalterin, wurden in Untersuchungshaft genommen. Serebrennikow war damals nur Zeuge, aber es war klar, dass sich die Ermittlungen letztlich gegen ihn richteten. Der Vorwurf besagte im Wesentlichen, dass sein Produktionsstudio staatliche Mittel für Platforma unterschlagen haben sollte. Die Anschuldigung schien absurd. Bei einer Anhörung behaupteten die Staatsanwälte, das Stück *Ein Sommernachtstraum* sei nie aufgeführt worden. Dabei hatte es mehrere Preise gewonnen, war im Ausland gezeigt und oft rezensiert worden. Die Staatsanwaltschaft wies die von der Verteidigung vorgelegten Zeitungsausschnitte zurück – sie seien kein Beleg dafür, dass die Aufführung tatsächlich stattgefunden habe.

Als Jewgeni Mironow, der einflussreiche Direktor des Moskauer Theaters der Nationen, Putin im Mai ein Unterstützerschreiben für Serebrennikow und seine Kollegen überreichte, beflügelte das die Hoffnung unter seinen Anhängern. Bei der Entgegennahme des Schreibens sprach Putin vernehmlich von »Dummköpfen«. Das schien auf die übereifrigen Ermittler gemünzt zu sein. Aber womöglich hatte das Schimpfwort auch den Angeklagten und ihren Sympathisanten gegolten – oder der Präsident hatte keinen uneingeschränkten direkten Einfluss mehr auf die Ermittler und Geheimpolizisten des Landes.

Während die Ermittlungen weiterliefen, arbeitete Serebrennikow wie besessen. Den Sommer 2017 verbrachte er zum großen Teil in St. Petersburg, wo er *Leto (Sommer)* drehte – einen Film über den legendären sowjetischen Rockmusiker Viktor Zoi, der die Gegenkultur der Achtziger während der Perestroika verkörperte. Am Abend des 22. August suchten russische Ermittler Serebrennikow in seinem Hotelzimmer in St. Petersburg auf. Sie nahmen ihn in Gewahrsam, setzten ihn in einen Polizeitransporter und fuhren die Nacht durch mit ihm zurück nach Moskau. Am Morgen verurteilte ihn ein Richter zu Hausarrest bis zum Prozessbeginn. Bei der Anhörung sagte Serebrennikow: »Die gegen mich erhobenen Vorwürfe sind unmöglich und absurd. Ich dachte, wir machen dieses glänzende, kraftvolle Projekt für unser Land, unsere Heimat.« Abschließend bat er um seine Freilassung gegen Kaution, die abgelehnt wurde. »Ich bin ein ehrlicher Mensch, und ich bitte das Gericht um die Erlaubnis, arbeiten zu können«, appellierte er.

In der Anklage ging es vor allem um die Verwendung nicht ordnungsgemäß verbuchter Gelder – russisch *Obnal*. Das ist eine heikle Sache: Im Wesentlichen geht es darum, völlig legale Mittel so umzuwandeln, dass sie gesetzwidrig beliebig verwendbar sind – um die eigenen Taschen zu füllen oder aber auch schlicht, um nötige Produkte und Dienstleistungen zu beschaffen. Staatliche Gelder können erst freigegeben werden, wenn ein bestimmter Zeitraum nach der Lieferung der betreffenden Ware oder der Erbringung der Dienstleistung vergangen ist. Ein großes Theater arbeitet jedoch mit zahlreichen Dienstleistern zusammen, die alle sofort bezahlt werden wollen, zum Beispiel Handwerker, Requisiteure oder Lichttechniker. Deshalb ist es durchaus möglich, dass Serebrennikow und seine Mitarbeiter im Theaterstudio für völlig legale Zwecke auf Gelder angewiesen waren, die formal illegal waren. Das Gesetz selbst wurde zu einer Art Falle.

»Für mich ist ziemlich offensichtlich, dass sie keine kriminelle Vereinigung zur Entwendung gegründet haben«, sagt der ehemalige Kulturminister Michail Schwydkoi.

»Sie haben ihre Firma gegründet, um Theaterstücke und Kunstwerke zu machen – und es ist möglich, dass sie dabei irgendwo gegen das Gesetz verstoßen haben.« Denkbar sei allenfalls, dass Serebrennikow sich aufgrund seines Erfolgs beschützter und sicherer gefühlt habe, als er tatsächlich war. Schwydkoi zitiert das lateinische Sprichwort »*Quod licet Iovi, non licet bovi*«: »Was Jupiter erlaubt ist, ist dem Ochsen nicht erlaubt.‹ Und sobald der Ochse anfängt, sich für Jupiter zu halten, passieren alle möglichen seltsamen Dinge.«

Im September, einen Monat nachdem Serebrennikow zu Hausarrest verurteilt worden war, fand im Gogol Center die Uraufführung seiner neuesten Inszenierung statt: *Kleine Tragödien*, eine Folge kleiner Szenen aus dem russischen Leben nach Versdramen Alexander Puschkins. Zu Beginn wird eine Gewalttat an einem Bahnhof gezeigt. Schockierend ist weniger das blutrünstige Geschehen selbst als der Umstand, dass es weder auf der Bühne noch im Publikum Reaktionen hervorruft. »Ein Stück ohne den Regisseur auf die Bühne zu bringen, ist natürlich beängstigend und eine große Verantwortung«, sagt Alexei Agranowitsch. Er spielt den »Geizigen Ritter«, der in der Aufführung nicht Gold hortet, wie bei Puschkin, sondern Bücher. Wir trafen uns im Café des Gogol Center, einem offenen, mit Holz und Ziegelwänden gestalteten Raum, der von geschäftigem Leben erfüllt ist: Schauspieler warten auf ihre Probe, und Besucher schauen auf einen Kaffee oder ein Stück Kuchen vorbei. Nach Agranowitschs Einschätzung ist den Kräften, die jetzt im Kreml das Sagen haben, »nicht klar, wozu sie einen Ort wie diesen brauchen, welchen Nutzen er ihnen bringt«.

Die Machthaber hätten schlicht keine Ahnung von Serebrennikow und seiner Kunst – und das mache ihnen
Angst. »Das ist so, als ob ein konservativer alter Mensch
ein Buch von Salinger in die Finger bekommt. Für sie ist
das alles nur unverständliche Scheiße. Wenn diese Scheiße
anfängt zu stinken und sich auszubreiten, beschließen sie,
mal näher hinzusehen. Und wo schauen sie nach? Bei den
Finanzen. Denn das ist eine Sprache, die der Staat versteht.« Ich fragte Agranowitsch, ob er glaube, dass Serebrennikows Erfolg ihm zum Verhängnis wurde, und ob er
und sein Team die Veränderungen um sie herum nicht
genügend beachtet hätten. »Schwer zu sagen«, erwiderte er.
»Vielleicht haben sie ein paar Fehler gemacht – aber aufrichtige, kindische, naive. Und wenn sich die Spielregeln
während einer Partie viermal ändern, hast du so oder so
keine Chance, zu gewinnen.«

Einige Tage später besuchte ich Sofja Apfelbaum, die
Direktorin des traditionsreichen Russischen Akademischen Jugendtheaters, das gegenüber dem Bolschoitheater
liegt. Sie hatte zuvor im Kulturministerium die Abteilung
geleitet, die zeitgenössische Kunst unterstützt, unter anderem auch das Projekt Platforma. Deshalb hatte das Ermittlungskomitee sie in dem Verfahren gegen Serebrennikow
einige Wochen zuvor als Zeugin vernommen. Wir sprachen in ihrem Büro, einem großzügigen Raum, dessen
Wände mit den gerahmten Theaterspielplänen eines ganzen Jahrhunderts behängt sind. »Serebrennikow stand eine
Weile in offizieller Gunst, aber das endete mit einer Enttäuschung«, sagte sie mir. Letztlich machte sie die Sprung-
haftigkeit des Staates selbst dafür verantwortlich, der erst
als Unterstützer aufgetreten und dann im nächsten Moment zurückgeschreckt sei. Apfelbaum zeigte mir die Ko-

pie eines von Putin unterzeichneten Erlasses von 2011, in dem die staatliche Finanzierung für Platforma angeordnet wird. Sie betonte, sie habe im Einklang mit den Anweisungen der Regierung gehandelt. Platforma sei ein »herausragendes, absolut hochkarätiges Kunstprojekt« gewesen. »Es ist traurig, dass diese Geschichte so geendet hat.«

Ich fragte sie, wie sich die Anklage gegen Serebrennikow auf die russische Kunst- und Theaterszene auswirke. »Die Vorstellung, dass man sich mit dem Staat rational verständigen kann, ist weg«, sagte sie. »Alle fühlen sich jetzt eingeengt, wie in einem Goldfischglas. Die Machthaber können jederzeit auch allen anderen irgendwelche Wirtschaftsvergehen zur Last legen.« Einige Wochen nach unserem Gespräch erhielt Apfelbaum erneut eine Vorladung des Ermittlungskomitees. Dabei wurde ihr mitgeteilt, dass sie jetzt nicht mehr als Zeugin, sondern selbst als Verdächtige gelte. Sie wurde ebenso wie Serebrennikow unter Hausarrest gestellt und sah einem Verfahren wegen der Beihilfe zum Diebstahl von Geldern in Millionenhöhe entgegen.

Während der Fall langsam seinen Lauf nahm, traf ich den Schriftsteller und Drehbuchautor Michael Idov, der in der Sowjetunion geboren ist und heute in den USA lebt. Er hat zusammen mit seiner Frau Lily das Drehbuch für Serebrennikows Film *Leto* geschrieben. »Ich war heillos naiv, was Kirills Situation betraf«, sagte er. Den Tag vor Serebrennikows Verhaftung in St. Petersburg hatten sie alle zusammen am Set verbracht. »Ich habe wie ein Idiot immer wieder gesagt: ›Wir werden noch viele weitere Sachen von dir sehen.‹ Wir haben über alles Mögliche gesprochen, nur nicht über die Klemme, in der er steckte.« Serebrennikows Verhaftung hat in der überschaubaren russischen Film- und Theaterwelt eine Welle von Spekulationen und Vermutungen ausgelöst. Alle versuchten, eine Antwort auf die entscheidenden Fragen zu finden: »Warum Kirill? Warum gerade jetzt?« Es gab den natürlichen Impuls, Serebrennikows angebliches Vergehen genau eingrenzen zu wollen – den Ursprung dieser seltsamen neuen Krankheit zu identifizieren, als könne man sich so vergewissern, dass man selbst davon bedroht ist. Doch Näheres war nicht in Erfahrung zu bringen, was alle nur noch nervöser machte. Einige grundsätzliche Lektionen, so Idov, seien jedoch bereits klar. »Bisher war das Risiko auf die Förderung oder Finanzierung des nächsten Projekts beschränkt, aber man landete nicht im Gefängnis.« Er fügt hinzu: »Wenn das System es einmal auf dich abgesehen hat, helfen dir alle Konzessionen, die du vorher gemacht hast, nicht weiter. Also sind sie die Sache vielleicht nicht wert.«

Nachdem die Dreharbeiten zu *Leto* – ohne Serebrennikow – beendet worden waren, machte Idov einen eigenen Film mit dem Titel *Der Humorist*. Es geht darin um das Dilemma, in das ein Künstler durch Konzessionen gerät. Agranowitsch, der Schauspieler vom Gogol Center, spielt in Idovs Film einen erfolgreichen Komiker, der Mitte der Achtzigerjahre auf dem Höhepunkt seines Ruhms steht. Vor ausverkauften Sälen gibt er völlig harmlose, triviale Routinenummern zum Besten, etwa über lustige Missgeschicke beim Urlaub in Sotschi. Er genießt alle Privilegien der spätsowjetischen Epoche: eine geräumige Wohnung, bündelweise Geldscheine, Delikatessen, die in keinem Lebensmittelgeschäft des Landes zu finden sind. Doch sein betont unpolitisches Programm lässt durchscheinen, dass Humor für ihn, wie für die Gesellschaft als Ganzes, ein

Abwehrmechanismus ist, der die Absurditäten der Stagnationszeit erträglicher macht. Der Erfolg des Humoristen im Film hat seinen Preis: Er wird manchmal mitten in der Nacht aus dem Bett geholt, um privat vor sowjetischen Kosmonauten und hohen Tieren der Kommunistischen Partei aufzutreten. Weit mehr leidet er jedoch seelisch unter der Diskrepanz zwischen den Themen, über die er scherzen möchte, und den Themen, über die er scherzen darf. Irgendwann bricht schließlich in Anwesenheit eines Generals der Roten Armee eine Salve verfänglicher politischer Witze aus ihm heraus. Damit scheint sein Ende besiegelt zu sein. Doch es folgt ein Epilog, der in der Gegenwart spielt: Agranowitschs Komiker ist um dreißig Jahre gealtert, sein Gesicht wirkt schlaff und müde, aber er steht auf der Bühne und präsentiert vor einem überfüllten Saal die alte, abgedroschene Sotschi-Nummer. *Der Humorist* zeigt das Abstoßende des Konformismus, verhehlt aber auch nicht, dass es oft schwer ist, sich ihm zu entziehen. Wenn der Film eine Botschaft hat, dann, dass es sich um einen falschen Gegensatz handelt: Man kann die Spielregeln einhalten und sie zugleich unterminieren. Es ist unsinnig und wenig hilfreich, alle, die nicht offen rebellieren, als unverbesserliche Kollaborateure hinzustellen. Humor kann eine Möglichkeit sein, das Entweder-oder zu umgehen: Durch augenzwinkernde, wissende Ironie lässt sich auch dort ein persönlicher Freiraum schaffen, wo die Freiheit beschränkt ist.

Idov ist überzeugt, dass einzelne Künstler letztlich nur Einfluss auf ihr eigenes kreatives Schaffen haben, nicht auf das Handeln eines amorphen, riesigen Staatsapparats. »Ich kann nur die Integrität meiner eigenen Arbeit schützen«, sagt er und nennt ein Beispiel: Vor einigen Jahren war er

Berater in einem Produktionsstudio, das von Fjodor Bondartschuk geleitet wird, einem Schauspieler mit guten Beziehungen zum Kreml. Bei seinen eigenen Projekten hatte Idov völlige kreative Freiheit. Dazu zählt unter anderem *Rushkin*, eine surrealistische, autobiografisch gefärbte Sitcom, deren Held, ein amerikanischer Schriftsteller, den Versuchungen des Moskauer Gelds erliegt. Aber während Idov dort arbeitete, entwickelte das Studio auch die Serie *Die Schläfer* für den Ersten Kanal. In dem Plot geht es um eine Verschwörung: Die USA planen eine Revolution, um einen Umsturz in Russland herbeizuführen. Idov stellte für sich eine Verhaltensregel auf, die, wie er es ausdrückte, an die eines »Mafia-Anwalts« erinnerte: Sobald bei einer Besprechung die Rede auf *Die Schläfer* kam, stand er auf und verließ den Raum. »Ist das Heuchelei?«, fragt er. »In gewissem Sinn schon. Aber gleichzeitig konnte ich so meine eigene Arbeit machen, ohne mit dieser durch und durch furchtbaren Serie zu tun zu haben.«

Die Schläfer ist ein besonders interessanter Fall, weil der Regisseur, Juri Bykow, als angesehener Autorenfilmer galt, der das moderne Russland unerschrocken und kritisch porträtiert. Vor allem sein Film *Durak (Der Idiot/Der Narr)* wurde als dunkle, prophetische Fabel gelobt, die die Verkommenheit der russischen Gesellschaft entlarvt: Ein Klempner in einer Provinzstadt erkennt, dass ein Mehrfamilienhaus kurz vor dem Zusammenbruch steht. Den ganzen Film über versucht er verbissen und aussichtslos, den Bürgermeister zu einer Evakuierung des Hauses zu zwingen. Diesen und andere Beamte beschäftigt hingegen nur die Frage, wie sie die eigene Korruption und Misswirtschaft vertuschen können. Und selbst die Bewohner des abbruchreifen Hauses sind nicht besonders dankbar. Am

Ende verprügeln sie den Klempner auf der Straße und kehren in ihre Wohnungen zurück. Der Klempner ist der »Narr« des Films. Nur ein Idiot kann im heutigen Russland auf die Idee kommen, er könne sich gegen die bürokratische Klasse durchsetzen und durch selbstloses Verhalten Anerkennung gewinnen.

Viele, die Bykow aufgrund seines Rufs schätzten, waren irritiert oder rundweg verärgert, als *Die Schläfer* im Ersten Kanal erstmals ausgestrahlt wurde. Die Botschaft der Serie ist recht plakativ: Ein heroischer Agent des Geheimdienstes FSB bewahrt Russland vor einem Umsturz durch eine Revolution im Maidan-Stil, die von der CIA organisiert wird. Sie bedient sich der »Schläfer« – Agenten im Wartestand, die sich aus russischen Journalisten, Menschenrechtsaktivisten und verräterischen Politikern zusammensetzen. Der Plot ist ein Destillat aus den paranoiden Fantasien des Kreml, denen zufolge der Westen entschlossen ist, den russischen Staat zu unterminieren, und der Vorstellung, dass alle Gegner der Regierung zwangsläufig nützliche Idioten des Westens sind.

Wie kam Bykow dazu, einen solchen Schund zu inszenieren? Offensichtlich hat nicht einmal er selbst eine klare Antwort darauf. Bereits eine Woche nach dem Start der Serie *Die Schläfer,* die in Kreisen der Intelligenzija mit Hohn und Spott überhäuft wurde, distanzierte sich Bykow öffentlich von ihr und seiner eigenen Mitwirkung daran. »Ich bin ein schwacher, von Zweifeln geplagter Mensch, und ein Augenblick des Kleinmuts und der Orientierungslosigkeit hat dazu geführt, dass die besten Köpfe des Landes sich ein für alle Mal von mir abgewandt haben«, schrieb er in einer Erklärung, die er online veröffentlichte. Sie war ein bemerkenswertes Dokument der Selbstgeißelung, voller Scham und Selbstzweifel – Regungen, die in Russland selten so öffentlich gezeigt werden. »Ich habe die gesamte fortschrittliche Generation verraten, die etwas in diesem Land ändern wollte«, schrieb er. »Ich werde mich für lange Zeit in den Schatten zurückziehen müssen – nicht, damit meine Vergehen in Vergessenheit geraten, sondern um nicht die Welt durch meine Präsenz zu verärgern oder gar Menschen zu verwirren, die wirklich glauben wollen, dass sich etwas ändern kann. Ich habe durch meine eigene Dummheit und Feigheit alles vermasselt.«

Einige Monate danach, als die Ausstrahlung von *Die Schläfer* im Ersten Kanal beendet und der Skandal weitgehend vergessen war, traf ich mich mit Bykow in einem Outdoor-Café in einem grünen Viertel im Moskauer Zentrum. Mit seinem offenen, jungenhaften Lächeln und dem ungekämmten, melierten Bart strahlt der Enddreißiger etwas Naives und zugleich Spitzbübisches aus. Bykow sagt, an einem bestimmten Punkt seiner Karriere habe er erkannt, dass sich seine Popularität unter den Kulturkennern Russlands immer in Grenzen halten würde. Er ist keinesfalls eindeutig oppositionell gesinnt: Bei aller Kritik am Zerfall der russischen Gesellschaft und den vielen Fehlern der Herrschenden steht er auch den westlichen Absichten in Bezug auf Russland skeptisch gegenüber. Er unterstützt die Annexion der Krim und sympathisiert mit den prorussischen Kämpfern im Donbass. Für die Liberalen in Russland würde er nie ganz dazugehören. Er würde ein Nischenregisseur bleiben – anders als etwa Andrei Swjaginzew, dessen Film *Leviathan* 2015 für einen Oscar nominiert wurde. »Und so bin ich einfach eifersüchtig geworden«, sagt er. »Ich habe mir gedacht: Wenn die mich nicht akzeptieren, dann eben andere.« Bykow dachte, er

476

könne ein »patriotischer Kritiker« werden, ein Regisseur, der aus einer grundsätzlich loyalen Haltung heraus die Probleme des Landes benennt und so von der Gunst des Staates und seinen Mitteln profitieren kann.

Das Angebot, *Die Schläfer* zu drehen, kam mit klaren Vorgaben. »Die Produzenten sagten, die Serie müsse eine eindeutige Botschaft haben: Die russischen Geheimdienste versuchten, das Land vor der Gefahr einer ›Orangenen Revolution‹ zu bewahren, und zwar auf ehrliche und anständige Weise. Schluss, aus, fertig.« Bykow nahm an – teils, weil er selbst glaubte, dass der Westen der geopolitische Feind Russlands sei und westliche Geheimagenten versuchten, es zu unterwandern, und teils, weil er schlicht die Konsequenzen einer Ablehnung fürchtete. Er hatte sich bereits von der liberalen Intelligenz des Landes abgewandt. Wer würde ihm bleiben, wenn er jetzt auch noch die regierungsnahen Kreise enttäuschte? Er wäre ein gescheiterter *Prisposoblenez* – jemand, der versucht, sich zu verbiegen, um den Geboten der Zeit zu genügen, und dem nicht einmal das gelingt. »Ich hatte Angst, ins Abseits zu geraten, isoliert und ohne Anerkennung.« Er habe gedacht: »Wenn ich diese Konzession jetzt nicht mache, ende ich als unbekanntes und schlecht bezahltes Genie in einer Einzimmerwohnung am Stadtrand von Moskau.«

Schon kurz nach Beginn der Dreharbeiten begann Bykow sich unwohl zu fühlen. Besonders störte ihn ein Handlungsstrang, in dem ein populärer Antikorruptionsaktivist als Handlanger der CIA entlarvt wird. Das zielte ganz klar auf den Oppositionsführer Alexei Nawalny, den kremlfreundliche Politiker und Medienmacher immer wieder als aus dem Ausland gesteuerte Marionette hinstellen. Bykow fand den Angriff niveaulos. Wozu Leute diskreditieren, die wirklich Veränderungen wollen und etwas tun, um die Situation in ihrem Land zu verbessern? Aber er kam nicht mehr aus der Sache heraus. Und er glaubte ja an die Botschaft der Serie. Ebenso wie ihre Autoren wollte er keine Orangene Revolution in Russland, und wenn er durch seine Mitwirkung dazu beitragen konnte, sie zu verhindern, dann sollte ihm das recht sein. Als er dann jedoch das Ergebnis auf dem Bildschirm sah und von einer Flut hasserfüllter und enttäuschter Kommentare überschwemmt wurde, merkte er, dass er sich verkalkuliert hatte.

»Ich habe ein sehr gefährliches Spiel gespielt«, sagt er. »Irgendwie dachte ich, ich verteidige Russland und seine Bürger – aber letztlich habe ich das Machtsystem verteidigt, das das russische Volk unterdrückt.« Von außen gesehen scheint das auf der Hand zu liegen, aber für Bykow war es eine grundstürzende Erkenntnis. Im Gespräch mit mir beschrieb er sich immer wieder als »völlig verloren«. Seine Kurzzeitverbündeten aus den kremlfreundlichen Kreisen sagten sich von ihm los, kaum dass er sein Schuldbekenntnis veröffentlicht hatte. (Er erzählte mir, in den Tagen danach hätten ihn »ein paar ziemlich wichtige Leute« angerufen und gefragt, was das solle und weshalb er so ein Debakel angerichtet habe.) Und bei seinen einstigen Kollegen und Unterstützern aus der liberalen Kulturelite riefen seine schwer erklärlichen Richtungswechsel tiefen Argwohn hervor. Bykow sprach in diskursiven Schleifen. Meine Fragen nach den konkreten Gründen für seine Handlungsweise konnte er nicht klar beantworten. Er sagte, er versuche immer noch zu verstehen, was mit ihm passiert sei: »Lassen Sie mich versuchen, es so auszudrücken: Ich bin nicht in der Lage, ständig eine Lüge zu leben. Das zehrt an mir. Aber ich bin auch nicht mutig genug, um ständig ein Held zu sein. So bin ich zwischen alle Stühle geraten.«

Ich sprach mit Bykow auch über Serebrennikow. Er sagte, die Anklage gegen ihn zeige die Willkür und Unberechenbarkeit des Staates gegenüber Künstlern. Der Staat könne seine Gunst genauso plötzlich und kommentarlos wieder entziehen, wie er sie erteile. Er selbst sei davor nicht besser geschützt als Serebrennikow: »Was hindert sie daran, jetzt zu kommen und zu sagen: ›Juri, du hast dich schlecht benommen, schauen wir doch mal nach, ob in deiner Vergangenheit alles sauber ist.‹?« Er könne von Glück reden, dass die Mächtigen ihn vorerst nicht als Verräter betrachteten, sondern als sonderbaren, verwirrten Dummkopf. Bykow begann dann darüber zu räsonieren, was Serebrennikow in der Situation des Hausarrests alles durchmachte. Aber was ihn dabei umtrieb, war ganz offensichtlich seine eigene Situation – er dachte darüber nach, wie es hatte passieren können, dass er gleich mehrfach zum kulturellen Paria wurde. »Künstler sind schließlich keine Samurai«, sagte er. »Sie sind sensible, filigrane Geschöpfe. Sie können Angst bekommen. Ich weiß das aus eigener Erfahrung.«

Einige Tage nach Serebrennikows Verhaftung publizierte der Regisseur Iwan Wyrypajew einen offenen Brief, der weniger an die Regierung als an seine Künstlerkollegen gerichtet war. Wyrypajew hat früher das Theater Praktika in Moskau geleitet, das für moderne und experimentelle Produktionen bekannt ist. 2016 ging er als Mitgründer eines Theaterstudios nach Warschau. Sein Brief ist ein emotionaler Aufruf, die weitere Zusammenarbeit mit dem russischen Staat zu verweigern. Wyrypajew beginnt mit einem Kommentar zu den Schauspielern, Regisseuren und Künstlern, die die Gerichtsverhandlung gegen Serebrennikow besuchten, um ihn zu unterstützen. Viele hochrangige Vertreter der Kulturszene hatten ihn im Gericht oder außerhalb gegen die Vorwürfe verteidigt.

»Zugleich drehen die meisten von euch weiter Filme, spielen Theater und erhalten Fördergelder vom Kulturministerium«, schreibt Wyrypajew. »Wenn wir mit diesem Regime kollaborieren und dabei denken, wir könnten durch unsere Kunst und unsere Rolle in der Gesellschaft etwas in diesem Land ändern oder einen wichtigen Beitrag zur Veränderung leisten, machen wir uns selbst und unserem Land wieder einmal etwas vor. Und das wirkt leider ziemlich kindisch.«

Gegen Ende des Briefes erklärt er, wer glaube, er könne den Staat überlisten und dabei sein Gewissen reinhalten, täusche sich. »Ein solches Doppelleben ist genau das, was Kirill Serebrennikow hinter Gitter gebracht hat«, schreibt er. In der Moskauer Kulturszene stieß der Brief auf ein geteiltes Echo. Viele fanden, dass Wyrypajew vor allem sich selbst ins beste Licht setzte und die Dinge vereinfache. Die Redaktion des Onlineportals Snob, in dem das Schreiben ursprünglich publiziert wurde, erklärte, einige Mitarbeiter hielten es für »demagogisch, provokativ und beleidigend«.

Als ich Verbindung zu Wyrypajew aufnahm, studierte er am Polnischen Theater in Warschau gerade eine neue Inszenierung von Tschechows *Onkel Wanja* ein, deren Premiere am selben Abend stattfinden sollte wie die von *Nurejew*. Er befürchtete, dass er missverstanden worden war. »Mir ist klar, dass die Theaterszene in Russland ohne den Staat nicht bestehen kann. Ich habe nicht gemeint, dass alle die Arbeit einstellen, nicht mehr im Theater auftauchen oder kein Geld mehr vom Kulturministerium nehmen sollten«, sagte er. Aber nichtsdestoweniger fürchtete er, dass die ständige Suche nach Finanzierungen in eine Art spielerischen Flirt mit dem herrschenden Regime übergegangen war. »Ich bin fortgegangen, weil ich nicht mehr kooperieren wollte, aber ich kann nicht allen meinen Kollegen raten, dass sie das auch tun sollten. Das wäre nicht menschlich. Ich hatte die Möglichkeit zu gehen, aber das gilt nicht für alle.«

Mit seinem Brief, so Wyrypajew, habe er Freunde und Kollegen vor allem dazu bewegen wollen, schon im Vorfeld an die russischen Präsidentschaftswahlen im März 2018 zu denken, bei denen Putin für eine vierte Amtszeit kandidieren würde. Im letzten Präsidentschaftswahlkampf 2012 hatte der Kreml eine Reihe von Kulturgrößen verpflichtet, die ihr Image und ihren Ruf in den Dienst Putins stellen sollten. Wyrypajew sagte mir, der Brief sei an »fünf oder sechs« bestimmte Leute gerichtet gewesen. »Die haben sehr gut begriffen, dass sie gemeint waren. Ich weiß, dass einige Regierungsvertreter sie im Wahlkampf um ihre Unterstützung bitten werden, und ich möchte wissen, wie sie reagieren. Niemand braucht den Helden zu spielen. Man muss keine öffentliche Erklärung abgeben wie ich. Es genügt, ihnen am Telefon zu sagen, dass du die Grippe hast oder am Drehort gebraucht wirst.«

Wyrypajew erzählte, dass er vor einigen Jahren zu einem Treffen von Kulturschaffenden eingeladen wurde, das die kremlfreundliche Partei Geeintes Russland organisiert hatte. Er antwortete, er habe keine Zeit – er warte auf die Lieferung einer neuen Waschmaschine. »Damals konnte man sich solche Scherze erlauben«, sagte er. »Heute wür-

481

den sie es vielleicht nicht mehr so lustig finden. Womöglich hätte es Konsequenzen.«

Eine der schlimmsten Maschen des Putin-Systems ist, dass sowohl die Übertretungen, die Konsequenzen nach sich ziehen, als auch die Konsequenzen selbst bewusst im Ungefähren belassen werden. Eigentlich kann man nicht einmal von inoffiziellen, ungeschriebenen Regeln sprechen – es handelt sich eher um Andeutungen und Empfehlungen, die unter der Hand verbreitet werden. Ein Strafverfahren gegen jemanden wie Serebrennikow genügt vollauf, um den Vertretern der Kunst- und Kulturszene zu verstehen zu geben, dass der Staat etwas Neues und anderes von ihnen erwartet. Die Frage ist nur: Was? Die Theaterkritikerin Marina Dawydowa antwortet darauf so: »Wenn du etwas machst, das zu radikal ist – und du kannst nur selbst raten, wo die rote Linie verläuft –, kommen sie vorbei und fangen an zu suchen. Und natürlich werden sie fündig. Selbst an einem Ort wie dem Bolschoitheater. Glauben Sie, dort geht alles mit rechten Dingen zu? Wenn sie dort finanzielle Unregelmäßigkeiten aufdecken wollten, würden sie jede Menge finden, da bin ich sicher.«

Es ist schwer zu sagen, wo – und ob – Serebrennikow einen Fehler gemacht hat. Vielleicht war sein einziger Irrtum, dass er bis zuletzt glaubte, mit denen reden zu können, die das Gespräch mit ihm schon längst eingestellt hatten. In einem Interview erklärte er einmal, man müsse »hingehen und reden«, egal mit welcher Regierung und in welchem System. »Du sagst: ›Regierung, ich weiß, du bist verlogen und habsüchtig, aber laut Gesetz musst du Theater und Kunst unterstützen, also sei so gut und tu deine Pflicht.‹ Um des Theaters willen gebe ich mich gern dazu her.«

Väter und Söhne

Im April 2019 traf der Richter im Verfahren gegen Serebrennikow, das sich zu diesem Zeitpunkt bereits über ein
Jahr hinzog, eine unerwartete Entscheidung: Er hob den
Hausarrest für den Regisseur auf. Der Prozess ging weiter,
aber bis zum endgültigen Urteil konnte der Angeklagte frei
leben und arbeiten. Die einzigen Auflagen waren, dass er
an den Gerichtsverhandlungen teilnehmen musste und
das Land nicht verlassen durfte. Das war kein Freispruch,
kam ihm jedoch für die Verhältnisse der Strafjustiz unter
Putin sehr nahe: Einmal in Gang gesetzt, bewegt sich die
Maschinerie gewöhnlich nur in eine Richtung.

Beim Verlassen des Gerichtssaals wirkte Serebrennikow
glücklich und zugleich perplex – als könne er nicht recht
glauben, dass er, zumindest bis auf Weiteres, wieder ein
freier Mann sein sollte. »Psychologisch ist das nicht leicht«,
sagte er der Gruppe von Anhängern und Journalisten, die
auf ihn wartete. »Aber es gibt viel zu tun.« Aufführungen
mussten geprobt, Premieren vorbereitet und neue Projekte
und Drehbücher durchdacht werden. Doch Serebrennikow
wies auch darauf hin, dass der Prozess damit nicht zu Ende
war. Die Anklage gegen ihn wurde offiziell aufrechterhalten. Damit blieb eine lange Haftstrafe weiterhin möglich,

auch wenn sie nicht mehr unmittelbar drohte. Der Grund für die plötzliche Nachsicht des Gerichts war ebenso rätselhaft wie der Grund für die Anklage selbst, doch der Kreml hatte offensichtlich kein großes Interesse mehr an dem Fall. Der kurzfristige Nutzen eines Warnsignals an die kulturelle Intelligenz war mit der Wiederwahl Putins entfallen.

Eine Woche später fand im Bolschoitheater die Preisverleihungszeremonie zum Abschluss des Theaterfestivals »Goldene Maske« statt, bei dem einmal jährlich die besten Inszenierungen des russischen Theaters gewürdigt werden. Es war ein strahlender, glamouröser Abend, der Russlands Kulturelite Gelegenheit bot, sich glanzvoll in Schale zu werfen und miteinander auf den Erfolg anzustoßen. Im Vorjahr, als Serebrennikow unter Hausarrest stand, hatte er den Preis für die beste Opernaufführung gewonnen – für die Uraufführung von *Tschaadski,* einem abgedrehten, satirischen Werk, das auf der Dichtung des russischen Schriftstellers Alexander Gribojedow Anfang des 19. Jahrhunderts basiert.

Dieses Jahr war Serebrennikows Teilnahme der Höhepunkt der Preisverleihung. Er trug sein charakteristisches Outfit: schwarze Jacke über schwarzem Shirt, ein massives schwarzes Brillengestell und eine schwarze Strickmütze über dem kurz geschnittenen Haar. Die Moderatoren gaben bekannt, dass *Nurejew* den Preis für die beste Ballettaufführung gewonnen hatte. Serebrennikow kam zusammen mit dem Choreografen Juri Possochow auf die Bühne des Bolschoitheaters und blickte ins Publikum, das ihn mit stürmischem Applaus begrüßte. »Wir haben bei der Arbeit an dieser Inszenierung ein lustiges Leben geführt, und so geht es auch weiter«, erklärte er mit breitem, fröhlichem

Grinsen. Später wurde er noch einmal auf die Bühne geholt, um den Preis als bester Regisseur entgegenzunehmen – diesmal für *Kleine Tragödien*, seine Puschkin-Adaption am Gogol Center. Puschkin, stellte er fest, passe in Russland zu jeder Gelegenheit: »Ob du um die Häuser ziehst oder unter Hausarrest stehst.« Er schloss mit dem Aufruf, »die künstlerische Freiheit am Theater zu schützen – mit aller Kraft und gegen alle Widerstände«.

Serebrennikow hatte sein persönliches Drama um einen erfolgreichen und überraschenden zweiten – oder womöglich dritten – Akt erweitert: Nachdem er erst das Wohlwollen und dann den Zorn des Staates erfahren hatte, war er dessen Fängen vorerst entkommen und auf die Bühne des Bolschoitheaters zurückgekehrt. Alle Macht verblieb letztlich beim Staat, und doch schien sich die Dynamik der Ereignisse eindeutig zu Serebrennikows Gunsten verschoben zu haben. Wer im Schatten der unberechenbaren, sich stetig wandelnden Forderungen des Staates existiert, kann nicht nur ohne jede Warnung oder Erklärung stürzen, sondern manchmal ebenso plötzlich auch wieder erlöst werden. Nach vielen ergebnislosen Anläufen befand ein Moskauer Gericht Serebrennikow schließlich im Juni 2020 nominell der Unterschlagung für schuldig, verhängte jedoch eine bedingte Freiheitsstrafe – eine milde Form der Bewährung, die so ziemlich der glimpflichste Kompromiss ist, den das russische Justizsystem zu bieten hat. Er war wieder ein freier Mann.

Nicht alle sind so gewandt oder haben so viel Glück. Man muss wissen, wann man sich vor den Schlägen des Staates am besten wegduckt und wann der richtige Zeitpunkt ist, ihn um einen Gefallen zu bitten. Sehr aufschlussreich ist in dieser Hinsicht das Schicksal von Jelisaweta

Glinkas Wohltätigkeitsorganisation »Gerechte Hilfe«. In den Monaten nach Glinkas Tod war die Lage schwierig. Die »Gerechte Hilfe« war so abhängig von Glinkas Geist und ihrer Persönlichkeit gewesen, dass ihr plötzliches Fehlen die Mitarbeiter regelrecht lähmte. Sie wussten nicht, welche Projekte sie fortsetzen sollten und wie. Die Buchhaltung war ein einziges Chaos, und bei den Spendensammelaktionen sah es nicht anders aus. Alle wichtigen Informationen hatte Glinka im Kopf gehabt: welche Geldspenden Fremde im Souterrain-Büro am Pawelezer Bahnhof vorbeibrachten, welcher Kremlfunktionär was versprochen hatte, wie man die nötigen Dokumente ausfüllt, um ein verwundetes Kind in ein staatliches Krankenhaus einweisen zu lassen. Dank ihrer Art, die jetzt von vielen ganz offen als »heilig« bezeichnet wurde, konnte sie Dinge bewirken, die wir gewöhnlichen Sterblichen nicht zuwege bringen, jedenfalls nicht so überzeugend und mit solcher Anmut.

Die Leitung der »Gerechten Hilfe« übernahm schließlich Glinkas Freundin und Vertraute Xenia Sokolowa, die sie auf dem Höhepunkt des Donbass-Krieges interviewt hatte. Sokolowa sah sich zunächst als Krisenmanagerin für eine Übergangszeit. Sie wollte die Organisation einige Monate lang über Wasser halten, bis sie wieder im Gleis war, und sich dann anderen Aufgaben zuwenden. Aber bald schon wuchs ihr Sendungsbewusstsein. Sie wollte ein neues Kinderkrankenhaus im Zentrum von Moskau einrichten – eine moderne und gut ausgestattete Klinik. Das war eines von Glinkas dringlichsten Projekten gewesen. Die Klinik jetzt zu bauen und nach ihr zu benennen, schien Sokolowa der beste und echteste Weg, um Glinkas Andenken zu ehren. Sie hatte das Gefühl, dass der Staat

Glinka posthum etwas schuldete, denn sie war ja nur an Bord des Unglücksflugs gewesen, weil sie Teil des Systems geworden war. Um das Krankenhausprojekt durchzusetzen, brauchte Sokolowa die Unterstützung von mächtigen Persönlichkeiten im Staatsapparat – Leuten, die das notwendige Grundstück und die finanziellen Mittel für den Bau beschaffen konnten. Das schien kein großes Hindernis zu sein. »Ich wusste, dass sie Lisa mochten und respektierten«, sagt Sokolowa. Die Idee gefiel Wolodin, der seinen Posten im Kreml inzwischen aufgegeben hatte und als Sprecher der Duma tätig war, und auch andere einflussreiche Funktionäre waren davon angetan. Doch dann geriet Sokolowa mit Igor Komissarow aneinander, einem Generalmajor des Ermittlungskomitees, einer mächtigen russischen Strafverfolgungsbehörde.

Komissarow misstraute Sokolowa. Er konnte sich keinen Reim auf ihre Motive machen. Sie musste irgendein verdecktes persönliches Interesse an dem Krankenhausprojekt haben – vermutlich finanzieller Art, auch wenn er diesen Verdacht nie offen über die Lippen brachte. Sokolowa tat ihrer Sache keinen Gefallen, als sie einem Reporter sagte, sie selbst wäre an Glinkas Stelle nicht nach Syrien geflogen, weil sie nicht bereit sei, drei Stunden zum Luftwaffenstützpunkt Latakia zu fliegen, ohne auf die Toilette gehen zu können – russische Militärflugzeuge haben keine Bordtoiletten. Sie liebte Glamour und stand auch dazu – so erklärte sie, dass sie nicht daran denke, auf ihren Pelzmantel zu verzichten, nur weil sie die Leitung einer Wohltätigkeitsorganisation übernommen habe. Und vielen Vertretern des Staatsapparats, die von Doktor Lisas selbstloser Ausstrahlung so ergriffen gewesen waren, erschien es irgendwie unpassend, dass Sokolowa versuchte, die Arbeitsabläufe der Stiftung in geregelte Bahnen zu lenken, indem sie die Gehälter erhöhte und externe Anwälte beauftragte.

Das bereitete ihr zunehmend Schwierigkeiten. In dem Maß, wie Glinka einst Protektion genossen hatte, zog Sokolowa Angriffe auf sich – nicht, weil es ihr an Kommunikations- oder Verhandlungsgeschick gefehlt hätte, sondern weil diese Fähigkeiten letztlich irdischer Natur waren. Wo Glinka ihren Gesprächspartnern vorübergehend Einlass in eine andere, geheiligte Welt gewährt hatte, ging Sokolowa professionell und sachlich vor. Das störte nicht nur Komissarow, sondern sorgte bald bei allen ihren Gesprächen mit Staatsbediensteten für Spannungen. »Sie wünschten sich eine zweite heilige Lisa, die ihnen vergeben konnte und ihnen das Gefühl gab, gut und mächtig zu sein«, sagt Sokolowa.

Komissarow ging zum Angriff über. Er veranlasste verschiedene Inspektionen der Stiftung und ihrer Finanzen und leitete eine Ermittlung gegen Sokolowa wegen angeblichen Betrugs und missbräuchlicher Verwendung von Mitteln ein. Kein anderer Repräsentant des Systems konnte ihr helfen oder fühlte sich berufen, es zu versuchen. Sokolowa bat Michail Fedotow um Unterstützung. Er riet ihr – so erinnert sie sich –, die Arbeit bei der »Gerechten Hilfe« fortzuführen, als ob nichts sei, und sich weiter für die Eröffnung der Kinderklinik einzusetzen. Alles würde sich mit der Zeit regeln. Für eine Weile versuchte sie das, hatte aber nach einigen Monaten genug. »Michail Alexandrowitsch, mein Anfall von Masochismus hat lang genug gedauert und ist jetzt vorbei«, sagte sie Fedotow. Sie legte die Leitung der »Gerechten Hilfe« nieder und verließ bald darauf Russland. Solange Komissarows strafrechtliche Ermittlungen gegen sie nicht eingestellt waren, wollte sie nicht riskieren, russischen Boden zu betreten. Als ich sie das letzte Mal kontaktierte, erreichte ich sie in Rom.

Die Vorgänge erinnerten mich an Erfahrungen, von denen Michail Mejlach berichtet hatte, der Ex-Häftling in Perm-36, der für die Rekonstruktionsprojekte des Museums historische Informationen zum Aufbau der Baracken, dem Aussehen des Heizraums und ähnlichen Dingen beigesteuert hatte. Ein Jahr nach unserem ersten Gespräch besuchte ich ihn ein weiteres Mal auf seiner Datscha in den Wäldern bei St. Petersburg. Beim Mittagessen auf der Gartenterrasse sagte mir Mejlach, dass er sich entschlossen hatte, die Kooperation mit dem Museum Perm-36 zu beenden. Er war verärgert über die neue Direktorin Natalja Semakowa. Im Winter, so erzählte er, habe er von ihr eine Neujahrskarte erhalten, auf der sie ihm im Namen des Museums für seinen Beitrag zum »staatlichen Programm zur Aufrechterhaltung der Erinnerung an Opfer politischer Repression« dankte. Das bezog sich auf eine Initiative, die der Kreml im Jahr 2015 gestartet hatte. Mejlach hatte seine Tätigkeit für das Museum nicht als Mitwirkung an einem staatlichen Programm betrachtet und war nicht gesinnt, sie unter diesen Umständen fortzusetzen. Für ihn ist es eine Frage des Prinzips, dass er mit staatlichen Programmen nichts zu schaffen haben will, egal, ob sie mörderische Absichten oder gute Zwecke verfolgen: »Erst kommt der Befehl, sagen wir, hundert Kulaken, vermeintliche Konterrevolutionäre oder wen auch immer in einem bestimmten Bezirk zu verhaften. Und ein paar Jahre später folgt dann die Anweisung, das Gedenken an sie wachzuhalten.«

Mejlach sieht Semakowas Dankformel auf der Karte als Zeichen dafür, dass sie in der Sphäre der offiziellen Pläne zu Hause ist und alles, was gerade von oben dekretiert wird, bereitwillig umsetzen würde. Ohne klare moralische Vision bleiben seiner Überzeugung nach nichts als Karrierismus und bürokratische Effizienz. Indem er dem Museum sein Fachwissen zur Verfügung gestellt hatte, war er trotz seines Unbehagens über die erzwungene Absetzung der Gründer Viktor Schmyrow und Tatjana Kursina eine Konzession eingegangen. Dass nun von »staatlichen Programmen« die Rede gewesen war, machte ihm eine weitere Zusammenarbeit unmöglich. Er wollte mit dem Museum in seiner jetzigen Form nichts mehr zu tun haben.

Menschen sehen sich in allen Ländern vor schwierige moralische Entscheidungen gestellt. Um als Erwachsene in der Welt bestehen zu können, müssen wir Erwartungen und Druck verschiedenster Art mit unserem eigenen Selbstverständnis in Einklang bringen. Wir müssen die Einschränkungen und Anforderungen gegeneinander abwägen, die uns von anderen auferlegt werden – Vorgesetzten, Eltern, Freunden, Kommentatoren im Internet, unbekannten und einschüchternden Tischnachbarn bei einer Abendgesellschaft. In den meisten westlichen Ländern kommen solche Einwirkungen jedoch von allen möglichen Seiten – der eigenen gesellschaftlichen Gruppe mit ihren Konventionen, der Personalabteilung des Unternehmens, dem unerbittlichen Druck des Marktes. Vor allem aber können sie uns nicht ins Gefängnis bringen.

Was diese völlig nachvollziehbare und allgegenwärtige Dynamik in Russland so besonders macht, ist die singuläre Rolle des Staates. Die Phase seiner Schwäche in den Achtzigern und Neunzigern hat nicht zu einer Stärkung der russischen Gesellschaft geführt – allenfalls ein paar Oligarchen gewannen vorübergehend an Einfluss. Als Putin an die Macht kam und die Autorität des Staates wieder festigte, spielten sich die gewohnten Verhaltensmuster bald wieder ein. Mit der Zeit habe ich gelernt, dass diese Anpassung viele Formen annehmen kann und es wichtig ist, die feinen Unterschiede zu verstehen. Einige der Menschen, denen ich begegnet bin und über die ich später geschrieben habe, sind außerhalb des Systems geblieben. Sie haben sich von Tag zu Tag auf die Unwägbarkeiten ihrer Lebenssituation eingestellt und gelernt, wann man dem Staat besser ausweicht oder ihn überlistet und wann es ratsam ist, seine Forderungen zu erfüllen. Andere sind weiter gegangen – sie sind praktisch Teil des Systems geworden und haben von der Stellung profitiert, die sie darin einnehmen. Und für beide Gruppen macht es einen wichtigen Unterschied, wem die Verschlagenheit gilt: Wen willst du austricksen, und welche Einschränkungen versuchst du zu umgehen oder auszuhebeln?

Ein Bekannter von Serebrennikow hat einmal versucht, mir zu erklären, wie der Regisseur möglicherweise zulassen konnte, dass die Buchhaltung seines Theaters eine Reihe finanzieller Auflagen verletzte, um ehrgeizige und technisch komplizierte Stücke realisieren zu können. Dabei betonte er: »Die Tatsache, dass Kirill möglicherweise bereit war, den Staat zu täuschen, heißt nicht, dass es ihm je in den Sinn kommen würde, mich zu täuschen.« Die Neigung, die stumpfsinnigen und lästigen Forderungen des Staates zu unterlaufen, führt nicht zwangsläufig zu einem allgemeinen Zynismus, der Betrug und Täuschung generell als zulässig ansieht. Eher trifft das Gegenteil zu: Ich beobachte schon seit Langem, dass Loyalitäts- und Vertrauensverhältnisse zwischen Russen tiefer und gefestigter sein können, als ich es aus den USA gewohnt bin. Ver-

491

schlagenheit herrscht eher in vertikalen Beziehungen vor; sie richtet sich gegen »die da oben«. Auf der horizontalen Ebene, von gleich zu gleich, ist sie weniger häufig anzutreffen. Hier sind die Beziehungen oft von einer »Wir-gegen-sie«-Mentalität geprägt, die Einfallsreichtum und Solidarität hervorbringt.

Die Konzessionen und Kompromisse, auf die sich die in diesem Buch porträtierten Personen eingelassen haben, sind sehr unterschiedlicher Art. Es ist eine Sache, angesichts einer schwerwiegenden Gefahr zurückzuweichen, und eine andere, Prinzipien zugunsten von Macht und Reichtum aufzugeben. Die vielleicht beunruhigendste Form ist die völlige Abwesenheit jeder Orientierung an Werten, die die bequeme Anpassung an alles und jedes erlaubt. Als Unbeteiligte müssen wir zugestehen, dass es oft schwierig oder unmöglich wäre, anders zu handeln. Aber ebenso wichtig ist es, nüchtern zu beurteilen, wozu diese individuellen Entscheidungen und Verhaltensweisen in der Summe führen: zu einer Gesellschaft und einem politischen System, in denen praktisch jede Art von Initiative vereinnahmt und manipuliert werden kann. So werden allen, die etwas verändern möchten, von vornherein Energie und Motivation entzogen.

Eines Nachmittags sprach ich darüber mit Lew Gudkow, dem Leiter des Lewada-Zentrums, der seine Laufbahn als Soziologe in den Sechzigerjahren als Student Lewadas begann. Ich fragte ihn, ob die Konzessionen, die der verschlagene Mensch macht, Verurteilung oder Empathie verdienten. Er kam auf Jelisaweta Glinka und ihre Aktionen zur Evakuierung kranker und verwundeter Kinder aus dem Donbass zurück. »Ich finde es nicht in Ordnung, Steine auf sie zu werfen und das, was sie getan hat, gegen sie auszulegen«, sagte er. Ihr Beharren darauf, sich aus der Politik herauszuhalten, sei unhaltbar gewesen – eher Selbstrechtfertigungsrhetorik wider besseres Wissen als Naivität. Doch zugleich habe sie ganz konkret und unbestreitbar Gutes getan.

In diesem Punkt deckt sich Gudkows Sicht mit Glinkas eigener: Wäre es besser gewesen, wenn Nikita Tepljakow, der kranke Junge, den Glinka mit Unterstützung des Kreml rettete, gestorben wäre? Natürlich nicht. Aber die Konzessionen, die Glinka machte – und diejenigen, die viele andere Menschen in weniger wichtigen Angelegenheiten machen –, führen dazu, dass die Gesellschaft sich in einer Art utilitaristischem Kreislauf verfängt: Wenn es nur auf den Zweck ankommt und nicht auf die Mittel, was spricht dann dagegen, ihn im Windschatten des Staates zu verwirklichen? Ist das nicht ohnehin viel effektiver? »So kommt das Gefühl auf, dass es keine Alternative gibt«, kommentiert Gudkow, »dass die einzige Möglichkeit ist, sich auf die eine oder andere Weise der Macht zu beugen oder sich mit ihr zu arrangieren. Und eben dadurch wird die Gesellschaft korrumpiert.«

Der bekannte politische Kommentator Kirill Rogow hat die Frage der Verschlagenheit zu dem »zentralen Problem der russischen Moderne« erklärt. (Er bezeichnet dies als das »Dilemma des Kollaborationismus«.) Diese Debatte kocht zuverlässig immer wieder hoch, wenn eine angesehene Persönlichkeit des öffentlichen Lebens erklärt, dass sie ihre Fähigkeiten oder ihr Image in den Dienst eines staatlichen Vorhabens stellt. Eine Woche lang wird in Moskaus Cafés unablässig darüber gestritten, ob diese Konzession akzeptabel ist oder nicht. Ein Teil der Moskauer Intelligenzija reagiert mit Verständnis und widerstrebender, nüchterner Zustimmung, der andere Teil gibt seiner Empörung Ausdruck.

Ein Jahr nachdem Serebrennikow angeklagt worden war – er stand noch unter Hausarrest –, bekundete Konstantin Bogomolow, ein anderer berühmter Theaterregisseur, seine Unterstützung für die Wiederwahlkampagne des Moskauer Bürgermeisters Sergei Sobjanin, der im Regierungsapparat des Kreml eine tragende Rolle spielt. Für viele kam das überraschend. Bogomolow lobte Sobjanins Umgang mit der Moskauer Kulturszene, den er so beschrieb: »Helfen und nicht schädigen, helfen und sich nicht einmischen.« Angesichts des laufenden Verfahrens gegen Serebrennikow klang diese Formulierung merkwürdig. Aber möglicherweise ließ sich das ganz einfach erklären: Bogomolow hatte seine Lektion aus dem Verfahren gegen Serebrennikow gelernt und entsprechend gehandelt – ähnlich wie etwa Natalja Semakowa, die Direktorin von Perm-36, sehr gut begriffen hatte, warum die Gründer des Museums abgesetzt worden waren, und nicht eigens weitergehende Anweisungen für ihre Tätigkeit brauchte.

Oder ist diese Erklärung womöglich zu einfach – der bequeme und selbstgerechte Standpunkt des Intellektuellen, der abseitssteht und seine Nichtbeteiligung moralisch überhöht? »Die Vorstellung, wenn jemand irgendwie mit einem Vertreter des Staates Umgang pflegt oder Unterstützung anbietet, komme das einem Verrat an den höchsten Idealen gleich und sei praktisch genauso schlimm, als hätte man jemanden bei den Organen des stalinistischen Terrors denunziert, ist haltlos«, schreibt der bekannte Journalist und Redakteur Alexander Baunow. »Intellektuelle arbeiten seit ebenso langer Zeit im Dienst der Aufklärung mit Regierungen zusammen, wie sie diese bekämpfen. Wenn der

Intellektuelle den Staatsrepräsentanten als unbelehrbaren Feind des öffentlichen Interesses betrachtet – was sollte diesen dann davon abhalten, im Intellektuellen genau dasselbe zu sehen?« Diese Einstellung führt offensichtlich genauso wenig weiter wie der Teufelskreis der Verschlagenheit, den Lewada beschrieben hat. Es braucht ein moralisches Koordinatensystem, das Menschen, die Gutes wollen, nicht zwingt, sich auf ihrer Seite der Barrikade zu verschanzen und verdienstvolle Projekte gar nicht erst in Angriff zu nehmen, weil sie durch den geringsten Kontakt mit dem Staat befleckt werden würden.

Aber die Logik des Kompromisses kann nur funktionieren, wenn beide Seiten ihren Teil der Abmachung einhalten. Beim Eintritt in seine geriatrische Spätphase überspielt das Putin-System seine nachlassenden Fähigkeiten durch ein immer ungeschickteres und paranoideres Vorgehen. Er scheint dazu verdammt, zunehmend starrer und repressiver zu agieren. Verschlagenheit hat einen immer höheren Preis und bringt immer weniger. Das System hat bis heute überdauert, weil es sich die – eingestandene oder uneingestandene – Akzeptanz vieler Bürger sichern konnte. Wenn sie wegfällt, sieht die Lage sehr viel prekärer aus.

Ein Beispiel für diese Entwicklung ist der politische Aufruhr nach den Wahlen zum Moskauer Stadtrat im Herbst 2019. Bei diesen Wahlen wurden unabhängige, oppositionelle Politiker, die die für eine Kandidatur erforderlichen Unterschriften gesammelt hatten, aus ebenso durchsichtigen wie dubiosen Gründen nicht zugelassen. Die potenziellen Kandidaten erfüllten alle Regeln und Auflagen, die gesetzlich vorgesehen waren, um auf den Stimmzettel gesetzt zu werden. Trotzdem wurden sie abgelehnt.

In Moskau, wo einige der abgelehnten Kandidaten in den Bezirken Zustimmungswerte von bis zu 80 Prozent erzielt hatten, sahen das viele als gezielten und dreisten Affront: Wir haben uns genau an eure Gesetze gehalten, und ihr verwehrt uns trotzdem die Teilnahme?

Alexei Nawalny, der prominenteste russische Oppositionspolitiker, und seine Mitstreiter, zu denen einige der abgewiesenen Kandidaten zählten, riefen zu Protestkundgebungen auf. Es kam zu den größten Demonstrationen, die seit Jahren in Moskau stattgefunden hatten. Die Polizei reagierte mit Gewalt, Massenverhaftungen und Einschüchterungstaktiken. Selbst beim besten Willen wäre hier mit Verschlagenheit nicht mehr viel auszurichten gewesen. Der Staat hatte diese Option weitgehend beseitigt, sodass seinen Bürgern nur die gravierendere Wahl zwischen totalem Gehorsam und offener Auflehnung blieb. Eine solche Polarisierung hilft vielleicht, die Unruhe für eine gewisse Zeit abzustellen, aber sie ist kein Erfolgsrezept für langfristige Stabilität. Es entstand der Eindruck, dass der Staat seinen Bürgern kein positives Programm anzubieten hat, sondern nur Verachtung und Gewalt. Der Kreml konnte den Großteil der unabhängigen Kandidaten von den Stadtratswahlen ausschließen, doch es folgten monatelange Proteste. Ein Wahlkampf, der normalerweise kein großes Aufsehen erregt hätte, wurde zum Fanal für zivilen Widerstand. Nawalny und seine Unterstützer gingen einen eigenen strategischen Kompromiss ein: Da sie selbst von der Abstimmung ausgeschlossen waren, riefen sie ihre Anhänger auf, für alle Kandidaten zu stimmen, die nicht der Regierungspartei Geeintes Russland angehörten – ob für erklärte Kommunisten, völlig Unbekannte oder Kandidaten der vom Kreml abgesegneten »weichen«

Opposition, so viel Überwindung es auch kosten mochte. Geeintes Russland konnte seine Mehrheit im Stadtrat verteidigen, doch die Anzahl der Sitze sank von vierzig auf fünfundzwanzig, während andere Parteien zwanzig Sitze hinzugewannen. Es war eher ein Unentschieden als eine Niederlage. Aber gemessen daran, mit welcher Leichtigkeit der Kreml früher Politik und Wähler manipuliert hatte, war es ein klares Zeichen dafür, dass seine Autorität schrumpfte und die alten Methoden an Wirksamkeit verloren.

Im Vorfeld der Moskauer Stadtratswahlen, noch bevor Tausende verärgerter Bürger regelmäßig auf den Straßen protestierten, schrieb Nawalny einen offenen Brief, in dem er auch auf die Frage einging, ob es eine sinnvolle und moralisch vertretbare Kooperation mit dem Staat geben kann. »Mir ist klar, dass dies sehr schwierige Zeiten sind, in denen jeder für sich selbst entscheiden muss, wo die Grenzen des Zulässigen liegen«, schrieb er. »Ich meine nicht die, die nur an sich selbst denken, sondern anständige Menschen, die Gutes tun und sehen, dass sie unter den gegenwärtigen Bedingungen nichts erreichen können, ohne mit dem Regime zusammenzuarbeiten. Die entscheidende Frage ist hier, wo die Grenzlinie zwischen Kompromiss und Konformismus verläuft.«

Ich würde noch weiter gehen: Das eigentliche Problem besteht darin, dass diese Grenze gar keine feste, beobachtbare Linie ist, sondern jede Person sie für sich selbst setzen muss. Und auch der Staat kann sie verschieben: Indem er auf Unterdrückung und erstickende Kontrolle setzt, macht er Konzessionen unmöglich, die zuvor vertretbar schienen. Diese Dynamik habe ich bei den Freunden beobachtet, die an den Stadtverschönerungsprojekten für Moskau mitwirkten. Als die Polizei bei einer Stadtratswahl auf die Köpfe protestierender Bürger einschlug, erschien es nicht mehr nur problematisch, an der Verbesserung des öffentlichen Nahverkehrsnetzes oder der dringend notwendigen Modernisierung kultureller Einrichtungen zu arbeiten – es war untragbar geworden. Selbst die orthodoxe Kirche, eine der schwerfälligsten und konservativsten Institutionen des Landes, war nicht immun gegen den Stimmungswandel. In einem offenen Brief, wie es ihn bis dahin nie gegeben hatte, forderten über hundert Priester Milde bei den Strafverfahren, die gegen mehrere Demonstranten eingeleitet worden waren. Die Geistlichen zitierten den Apostel Paulus: »Denn ihr habt nicht einen Geist der Knechtschaft empfangen, dass ihr euch abermals fürchten müsstet.« Sie warnten, dass man »eine Gesellschaft freier und liebender Menschen nicht auf Einschüchterung gründen kann«. Die harte und willkürliche staatliche Justiz hatte eine Gruppe auf den Plan gerufen, die nach außen hin lange Zeit Loyalität gezeigt hatte.

Je länger ich die Diskussion über die Zulässigkeit von Kompromissen verfolgte, desto sicherer wurde ich mir, dass sie tatsächlich eine dringliche und zentrale Bedeutung für die Frage hat, wie die russische Gesellschaft künftig aussehen soll. Doch zugleich gibt es für das Problem, das ihr zugrunde liegt, keine Lösung. Es lässt sich nicht genau bestimmen, wie viel Verschlagenheit noch vertretbar ist. Das ist Einschätzungssache, und selbst die besten Absichten können nicht verhindern, dass immer wieder darum gestritten wird.

Nach zwanzig Jahren ist es fast unmöglich, zu umreißen, wie Putins Russland künftig aussehen wird: Politische Systeme dieser Art können von außen recht stabil wirken – auch dann, wenn sie allmählich verfallen und von innen heraus an Macht verlieren, bis sie eines Tages ohne Vorwarnung implodieren. (Ein Beispiel dafür ist die lange politische und wirtschaftliche Stagnationszeit der Breschnew-Ära, die erstickend und grau, aber letztlich stabil schien, bis es unter Gorbatschow innerhalb kürzester Zeit zum Zusammenbruch der Sowjetunion kam.) Es ist wahrscheinlicher, dass Putin durch einen Staatsstreich von oben ersetzt werden wird als durch eine Revolution von unten. Die Gefahr für sein System liegt darin, dass es im Zuge seines Existenzkampfs die Manövrierräume eliminiert, sodass es für die Bürger noch schwerer wird, die Verrenkungen zu vollziehen, von denen dieses Buch handelt.

Als Putin im Frühjahr 2018 seine vierte Amtszeit antrat, zeigte das überkommene Regierungsmodell unübersehbare Anzeichen der Alterung, und an der Machtspitze schien es niemanden zu geben, der Ideen für eine Erneuerung hatte. Das Zusammenwirken der niedrigen Ölpreise, der westlichen Sanktionen und der nicht reformierten, staatlich dominierten Wirtschaft (der Anteil des Staates an der Wirtschaft, der zu Beginn von Putins Herrschaft bei etwa 25 Prozent lag, ist bis 2019 auf 60 bis 70 Prozent gestiegen) hat dazu geführt, dass die Wirtschaft mehrere Jahre lang praktisch nicht wuchs und die Reallöhne um fast 15 Prozent sanken, seit die Krim annektiert wurde. Die Euphorie, die dieses letztere Ereignis hervorrief, ist längst verblasst, und seither hat keine Mission oder Aufgabe eine ähnliche einigende Funktion erfüllt. Das Staatsfernsehen hat seine einstige hypnotische Macht eingebüßt: Umfragen zeigten, dass das Vertrauen in die Fernsehsender in den letzten zehn Jahren um 30 Prozent gesunken ist und jetzt unter 50 Prozent liegt. Beliebte Sendungen im Internet haben nicht weniger Zuschauer als der Erste Kanal. Im ersten Jahr der neuen Amtszeit sanken Putins Zustimmungswerte auf den niedrigsten Stand seiner Präsidentschaft.

In ganz Russland ist es zu Protestkundgebungen in kleinen Städten gekommen. Dabei ging es vor allem um lokale Themen wie Giftschäden durch Misswirtschaft bei der Abfallentsorgung und die Schließung oder »Optimierung« von Provinzkrankenhäusern, die dazu geführt hat, dass es in zahlreichen kleineren und mittelgroßen Städten keine angemessene Gesundheitsversorgung mehr gibt. Der Moskauer Politikexperte Andrei Kolesnikow stellt fest: »Unpolitische Konflikte, die entstehen, weil bestimmte Instanzen mit Unterstützung der Regierung in die Privatsphäre der Normalbürger eindringen, führen dazu, dass ein wachsender Teil der Gesellschaft staatsbürgerliches Bewusstsein entwickelt.« Schon vor dem Kampf um die Wahlen zum Moskauer Stadtrat 2019 kam es zu großen Verwerfungen, als Putin im Oktober 2018 einen Gesetzesentwurf unterzeichnete, mit dem das Rentenalter für Männer von sechzig auf fünfundsechzig und für Frauen von fünfundfünfzig auf sechzig Jahre angehoben wurde. Auch wenn diese Maßnahme vielleicht wirtschaftlich sinnvoll war, wurde sie von der Öffentlichkeit als eine Art Raubüberfall wahrgenommen. Nach Erhebungen des Lewada-Zentrums waren bis zu 89 Prozent der Bürger gegen das Gesetzesvorhaben. »Es wurde nicht nur als äußerst ungerecht empfunden, sondern auch als Verstoß gegen die unausgesprochene Abmachung, dass man sich nicht in die Angelegenheiten der jeweils anderen Seite einmischt«, erklärt Gudkow. Es ist einfacher, verschlagen zu bleiben, wenn der Staat dir nicht in die Tasche greift.

Ein wachsendes staatsbürgerliches Bewusstsein ist das Gegenteil der Art von Verschlagenheit, die Lewada in seinem Essay von 2000 beschreibt. Die Bereitschaft, sich über die eigenen sozialen und politischen Bedingungen nüchtern Rechenschaft abzulegen und sich mit ihnen auseinanderzusetzen, ist unvereinbar mit Doppeldenk, dem Lebenselixier des verschlagenen Menschen. »Anstatt Beteiligung nur vorzugeben, während man sich in Wirklichkeit abseitshält, steigt man tatsächlich ein und engagiert sich«, so Gudkow. »Für Heuchelei bleibt kein Platz, und das Gefüge der Verschlagenheit wird zerstört.« Was als lokales Anliegen beginnt, kann zu einer Veränderung der politischen Vorstellungskraft führen.

Diese Ausbrüche von Unzufriedenheit sind vereinzelt und ortsgebunden. Der Putin-Staat hat verhindern können, dass konkrete Bekundungen von Frustration oder Wut auf das politische System insgesamt übergreifen. Es ist schwer, Proteste gegen neue Mülldeponien mit Forderungen nach Gerechtigkeit bei der Aufstellung von Wahlkandidaten unter einem gemeinsamen Dach zusammenzuführen. Nur wenige Faktoren können eine Dynamik befördern, die intensives zivilgesellschaftliches Engagement für ein konkretes Anliegen über diesen einzelnen Anlass hinauswirken lässt. Es braucht dafür erstens unabhängige Medienbetreiber, die über die Mittel verfügen, lokale Geschichten landesweit bekannt zu machen, zweitens eine etablierte Oppositionspartei im Parlament, die das Aufdecken von Ungerechtigkeiten zum Teil ihrer Politik macht, und drittens eine Justiz, die dem Handeln der Kremlführung Grenzen setzt. Von alldem ist weit und breit nichts zu sehen.

Im Frühjahr 2020, als die Covid-19-Pandemie auf Russland zurollte, war die politische Klasse in Moskau mit ganz anderen Dingen beschäftigt. Anfang des Jahres hatte Putin sein Kabinett entlassen und erklärt, die Verfassung müsse überarbeitet werden. Die meisten Beobachter gingen davon aus, dass mit dieser Verfassungsrevision der Grundstein für die nächste Epoche der russischen Politik gelegt werden sollte. Schon seit Putins Wiederwahl 2018 stand die Frage im Raum, was er tun würde, wenn seine Amtszeit 2024 endete, denn nach der Verfassung durfte er nicht wieder kandidieren. Er musste entweder die Regeln ändern, um weitermachen zu können, oder sich eine geeignete Pfründe für die Zeit nach der Präsidentschaft suchen. Putins Äußerungen zu seinen Absichten blieben kryptisch und widersprüchlich – zu viele Einzelheiten hätten seinen Rivalen und Feinden innerhalb der Palastmauern und auf der Straße bloß die Vorbereitung erleichtert.

Anfang März fand dann in der Duma ein tragikomisches politisches Schauspiel statt: Die Abgeordnete und ehemalige sowjetische Kosmonautin Walentina Tereschkowa regte eine Verfassungsänderung an. Der Vorschlag, für den sie offenkundig als Sprachrohr fungierte, war schlicht und dreist: Putins Amtszeit als Präsident solle annulliert werden, damit er 2024 wieder und dann noch ein weiteres Mal kandidieren könne. So stehe es ihm frei, bis 2036 im Amt zu bleiben, falls er dies wünsche. »Angesichts seiner gewaltigen Autorität wäre das für unsere Gesellschaft ein stabilisierender Faktor«, erklärte Tereschkowa. Nach ihrem »überraschenden« Vorstoß kündigte Putin eine eigene Stellungnahme in der Duma an. »Im Prinzip wäre diese Option möglich«, sagte er mit gespielter Bescheidenheit: Wenn das Volk es wünsche, solle es so geschehen. Scheinbar waren innerhalb weniger Stunden die Weichen für die nächsten 16 Jahre des politischen Lebens in Russland gestellt worden. Im April sollte ein Referendum stattfinden, bei dem die Bevölkerung – so die Erwartung des Kreml – ihrer Pflicht nachkommen und Putins Herrschaft für weitere anderthalb Jahrzehnte besiegeln würde.

Kurz darauf wurde dieser Plan von Corona durchkreuzt. Zwar erreichte das Virus Russland etwas verzögert: Im Bolschoitheater wurden noch Opern gegeben, als die Italiener schon zu Hause auf ihren Balkonen sangen. Doch dann schossen die Zahlen rasch in die Höhe, vor allem in Moskau und anderen Großstädten. Bald lag Russland mit der Anzahl registrierter Infektionen nur noch hinter den USA und Brasilien. Als klar wurde, dass das Referendum verschoben werden musste und stattdessen Covid-19 zur zentralen Herausforderung für den Staat werden würde, schien Putin weder sonderlich interessiert, die Sache in die Hand zu nehmen, noch machte er den Eindruck, als sei er dazu in der Lage. »Er war gerade dabei, die letzte Phase beim Umbau (*Perestroika*) des gesamten politischen Systems in die Wege zu leiten. Das Virus störte da nur«, so Gleb Pawlowski, ein ehemaliger Berater Putins, der sich 2011 mit ihm überworfen hatte und aus dem Kreml-Stab ausgeschieden war.

In den ersten Monaten der Pandemie gelang es Russland, eine akute lokale Katastrophensituation wie in der Lombardei oder New York City zu vermeiden, auch wenn die Moskauer Krankenhäuser ihre Kapazitäten im Frühjahr wochenlang ausreizten. Doch die russische Föderationsregierung agierte sprunghaft und unzulänglich. Regionen, Krankenhäuser und Ärzte mussten selbst zusehen, wie sie mit der Pandemie zurechtkamen. Putins hierarchisches, stark zentralisiertes Herrschaftssystem erwies sich in dieser echten Krisensituation als unvorbereitet – mehr noch, es fiel weitgehend aus. Der Präsident selbst kündigte bei gelegentlichen Fernsehauftritten eine Reihe gleitender »arbeitsfreier Tage« an. Die Entscheidung über einen Lockdown überließ er jedoch den Regionen und zeigte sich auch nicht bereit, nennenswerte Maßnahmen zur wirtschaftlichen Entlastung anzubieten. Seine Videokonferenzen mit den Regionalgouverneuren wurden landesweit übertragen, aber er machte dabei einen gelangweilten, unmotivierten Eindruck. Eines seiner wichtigsten Versprechen – staatliche Prämien für Ärzte und medizinische Fachkräfte, die mit der Behandlung und Pflege von Covid-19-Patienten befasst waren – wurde durch unregelmäßige und verzögerte Umsetzung untergraben. Im ganzen Land beschwerten sich zahlreiche Ärzte, sie hätten nichts davon gesehen.

Putin wirke nicht wie eine allmächtige Führungsfigur, sondern »wie ein alter, kranker Wolf«, sagte der Politikwissenschaftler Alexander Kynew der *Moscow Times*. Im Mai 2020 ermittelte das Lewada-Zentrum eine Zustimmungsrate von 59 Prozent für den Präsidenten – ein historischer Tiefststand. Der »verschlagene Mensch« hatte die vielen Defizite des Staates immer schon klar gesehen. Doch bevor das Land von einer weltweiten Pandemie heimgesucht worden war, hatten die Leute diese Missstände offenbar weitgehend als etwas Abstraktes empfunden, das sie nicht direkt betraf. Putin habe über lange Jahre erfolgreich das Bild des entschlossenen Machers verkörpert, des »Oberbefehlshabers, der immer ganz vorn ist und alle übertrifft«, so Pawlowski. »Aber das Virus hat die Spielregeln geändert.«

Im Laufe des Sommers beschloss der Kreml, das Referendum doch noch abzuhalten. Den politischen Vordenkern Russlands war zu dem »Problem 2024«, wie es genannt wurde, nichts Besseres eingefallen, als Putin die an den Haaren herbeigezogene rechtliche Befugnis zu geben, seine Herrschaft um weitere 16 Jahre zu verlängern. Die Entwicklung, die sich schon zuvor abgezeichnet hatte, wurde durch die Pandemie noch verschärft: Der Putin-Staat war bei der Gestaltung der Landespolitik nicht mehr so beweglich wie früher. Er wiederholte nur immer wieder die altbekannten Tricks – mit schwindendem Erfolg. Es gab wenig echte Begeisterung für die Verfassungsänderungen, aber auch wenig Zweifel daran, wie das Abstimmungsergebnis ausfallen würde. Inmitten einer globalen Pandemie bestand kaum Gelegenheit zu Protesten. Und eine mögliche »Annullierung« von Putins Amtszeit zwecks einer erneuten Kandidatur schien ohnehin weit weg zu sein: Ja, es würde vielleicht dazu kommen, aber irgendwann später, nicht hier und jetzt. Passive Unzufriedenheit mit dem Regime führt nicht zu aktivem Protest, jedenfalls nicht gleich. Die Verfassungsänderungen erhielten schließlich eine Zustimmung von fast 79 Prozent, wobei sich belastbare und genaue Zahlen unmöglich ermitteln ließen: Die Abstimmung zog sich eine Woche lang hin und wurde an spontan eingerichteten Lokalen durchgeführt – in den Höfen von Wohnkomplexen und sogar in den Kofferräumen von Autos. *Golos*, die wichtigste unabhängige Wahlbeobachtungsorganisation in Russland, bezeichnete das Referendum als »von Anfang an manipuliert«.

Bei der Kampagne für die Verfassungsänderungen fiel

zuallererst auf, was fehlte: das übliche Gefolge bekannter und beliebter Persönlichkeiten aus Sport, Wirtschaft, Kultur und Unterhaltung, die dem Staat ihre Prominenz gegen Gefälligkeiten, Reichtümer und Zugang zur Macht zur Verfügung stellen. Seit YouTube das Fernsehen als relevanteste und wirkungsvollste Medienplattform verdrängt hat, ist der Preis für allzu große Systemnähe in die Höhe geschnellt. So musste der schillernde, eigentlich recht populäre russische Rapper Timati während der Wahlen des Moskauer Stadtrats ein Jahr zuvor ein Musikvideo mit einem schlecht getarnten Loblied auf den Bürgermeister löschen – zu viele Betrachter hatten das Video »disliked« und es in den Kommentaren mit ätzender Kritik überzogen. Dem Ersten Kanal kann man nicht sagen, wie miserabel sein Programm ist – jedenfalls nicht so, dass alle anderen Zuschauer es mitbekommen.

Zwei Monate nach dem Referendum – Putins Herrschaft war nun für mindestens ein weiteres Jahrzehnt potenziell abgesichert – wurde Nawalny vergiftet. Er hatte in Sibirien für einen investigativen Film über lokale Korruption recherchiert und befand sich auf dem Rückweg nach Moskau, als er das Bewusstsein verlor. Das Flugzeug, in dem er saß, machte eine Notlandung in Omsk. Nach einer unverhohlen zynischen Verzögerung ließ der Kreml schließlich zu, dass Nawalny zur Behandlung nach Deutschland ausgeflogen wurde. Dort identifizierten Ärzte die Substanz, an der er fast gestorben wäre: Nowitschok – das tödliche Nervengift, das staatliche Labors in der späten Sowjetunion entwickelt hatten und das einige Jahre zuvor bei einem Attentat auf den ehemaligen russischen Geheimdienstoffizier und Doppelagenten Sergej Skripal eingesetzt worden war. Das war so gut wie ein Fingerabdruck – über

Nowitschok konnten nur der Kreml und die ihm direkt unterstellten Sicherheitsdienste verfügen. Der Angriff verdeutlichte auf makabre und erschreckende Weise, wie sich in der späten Putin-Ära das Kalkül für Staat und Bürger geändert hat: Der Apparat geht immer weniger subtil und zusehends grausamer vor. Wer überlegt, sich offen gegen das System zu stellen, statt auf Verschlagenheit zu setzen, darf mit weniger Nachsicht rechnen und muss sich auf weit furchtbarere Konsequenzen gefasst machen.

Auch der Westen sieht sich einer neuen Realität gegenüber. Der Kreml bemüht sich jetzt nicht mehr, seine repressiven Aktionen auf der internationalen Bühne zu verschleiern oder zu rechtfertigen, sondern lässt es darauf ankommen, dass die westlichen Führungen dagegen vorgehen. Dabei setzt er zu Recht darauf, dass sie sich damit angesichts der oft widerstreitenden Interessen und Zwänge nicht leichttun. Das haben etwa die bislang erfolglosen Bemühungen um einen Stopp des Gaspipelineprojekts Nord Stream 2 gezeigt, bei denen sich Deutschland in einer unangenehmen Lage wiederfand: Einerseits hatte es Nawalny zur Behandlung aufgenommen und war zu Recht zornig über die Umstände, die dazu geführt hatten; andererseits wollte es das strategisch wichtige Geschäft mit Russland gleichwohl zu Ende bringen. Auch die Finanzmetropolen der Welt haben keine allzu großen Anstrengungen unternommen, um gegen illegale russische (oder chinesische, kasachische, oder malaysische) Gelder vorzugehen, die verderbliche Korruptionszyklen anheizen, aber letztlich zu lukrativ sind, um sie ganz zurückzuweisen. Die westlichen Regierungen sehen sich im Umgang mit Putins Russland zu einer eigenen Art von Verschlagenheit genötigt. Sollen sie es isolieren? Oder besser integrieren – in der Hoffnung, dass sich die revanchistischen Umtriebe des Kreml durch engere wirtschaftliche und diplomatische Beziehungen schließlich mildern oder mäßigen lassen? Europa und die USA haben offenbar einen dritten Weg gewählt, der weder besonders deutlich noch klar abgesteckt ist: Russlands Verstöße gegen internationale Normen werden scharf verurteilt und manchmal auch mit Sanktionen belegt, doch ein konsequent und einheitlich angewandtes Instrumentarium politischer Reaktionen ist kaum zu erkennen. Verschlagenheit hat auch für Verfechter einer werteorientierten Politik ihren Reiz. Diese Kluft zwischen Worten und Taten bietet Putins Staat Platz zum Manövrieren.

Und wie sieht es in Russland selbst aus? Ich habe ein Buch über Menschen geschrieben, die ihr Leben und ihre berufliche Laufbahn großteils in einer Grauzone verbracht haben, einer düsteren, komplizierten Zwischenwelt. Es war nie leicht, sich darin zurechtzufinden, doch sie bot zumindest einen begrenzten Handlungsspielraum – »Freiheit an einem Ort der Unfreiheit«, wie es der Slogan des von den Perm-36-Gründern ins Leben gerufenen Festivals ausdrückt. Aber dieser Spielraum wird enger, und mit Verschlagenheit ist immer weniger zu erreichen. Putins System wird keinen neuen Konstantin Ernst mehr hervorbringen: Ein junges Talent mit einem Händchen für Fernsehproduktionen und einer Vision könnte es heute im Staatsfernsehen nur noch zu etwas bringen, wenn er oder sie blinde, vorauseilende Loyalität zeigt. Deshalb geht der Mediennachwuchs zunehmend zu YouTube, wo sich inzwischen ohnehin ein größeres Publikum ansprechen lässt. Das Putin-System erhöht den Einsatz für Verschlagenheit. Das mag viele Untertanen einschüchtern und gefügig machen. Aber nicht wenige könnten so auch in eine Position der Gegnerschaft und Konfrontation gedrängt werden, die sie von sich aus vielleicht nicht gewählt hätten.

Die stärksten Veränderungen im politischen und sozialen Leben Russlands sind seit jeher durch den Wechsel der Generationen zustande gekommen – von den sozialen Unruhen um die Mitte des 19. Jahrhunderts, der Epoche des gescheiterten Dekabristenaufstands und der *Väter und Söhne* von Turgenjew bis zum Heranreifen der Nachkriegsgeneration in den Achtziger- und Neunzigerjahren. Inzwischen steht die erste wirklich postsowjetische Generation Russlands kurz davor, Machtpositionen anzutreten. Die Russen, die Anfang der Neunziger geboren wurden, zeigen tendenziell mehr Vertrauen, Aufrichtigkeit und Verantwortungsbewusstsein als frühere Generationen. Dank ihres Zugangs zu weltläufiger Bildung, Reisen und Technologie haben sie eine selbstbewusstere und weiter ausgreifende Vision von sich selbst und der Gesellschaft, in der sie leben. Vielleicht sind sie nicht so leicht bereit, Konzessionen zu machen und ihren Sinn für das Rechtmäßige zu verbiegen. Aber es ist auch möglich, dass sie es einfach auf andere Weise tun.

Im Vorfeld von Putins Wiederwahl für die vierte Amtszeit war viel von der russischen Jugend die Rede, die praktisch keinen anderen Herrscher und kein anderes System kennt. Wer im Frühling 2018 achtzehn Jahre alt wurde und erstmals wählen durfte, wurde geboren, als Putin die ersten Monate im Amt des Präsidenten verbrachte. Nawalnys Unterstützer sind zu einem beträchtlichen Teil Studenten und Schüler. Ich war bei seinen Protestkundgebungen und -märschen immer wieder beeindruckt davon, wie jung die

Gesichter der Teilnehmer sind. Das unabhängige Nachrichtenportal Medusa, für das einige der besten russischen Journalisten arbeiten, schrieb nach einer großen Demonstration in Moskau: »Noch nie haben sich Schüler und Studenten in solchem Umfang an Protesten der Opposition beteiligt.« Ein 17-jähriger Jugendlicher namens Konstantin erklärte seine Teilnahme an der Demonstration so: »Teenager fühlen sich leicht neidisch, unsicher, nicht ernst genommen – und sie gehen raus und versuchen, etwas zu tun.« In den Monaten vor der Wahl fand eine neue Art von Videos virale Verbreitung: Aufnahmen von Schülern, die mit Lehrern und Schulleitern über Politik, Korruption und das Leben unter Putin diskutieren. Es sah aus, als ob die Machthaber an Einfluss auf die Jugend des Landes verloren hätten und ihre Sprache nicht mehr sprächen.

Doch hinter dem oberflächlichen Eindruck eines virulenten Generationskonflikts geht es in Wahrheit beschaulicher zu. In einem Bericht über die Politik Russlands nach 2018 schrieben die Politikwissenschaftler Ivan Krastev und Gleb Pawlowski: »Entgegen westlichen Fantasievorstellungen gehören die Russen unter 25 Jahren zu den konservativsten und Putin-freundlichsten Gruppen der Gesellschaft.« Bei einer Umfrage des Lewada-Zentrums lag Putins Zustimmungswert unter den Befragten zwischen 18 und 24 Jahren bei 86 Prozent. Für die Untersuchungsgruppe insgesamt betrug der Wert 81 Prozent.

67 Prozent der jungen Leute gaben an, Russland bewege sich in die richtige Richtung. In der gesamten Gruppe stimmten nur 56 Prozent dieser Ansicht zu. Gudkow attestiert dieser Generation eine sehr »praktische« Orientierung. »Sie interessieren sich für einfache Dinge, die im wirklichen Leben greifbar sind«, sagt er. »Materiellen

Wohlstand, gutes Essen, Reisen, ein Auto, all diese Freuden des Konsums.«

Im Juni 2017, dem Sommer vor Putins Wiederwahl, strahlte das russische Staatsfernsehen wieder einmal die vom Ersten Kanal und Konstantin Ernst gestaltete jährliche Anrufsendung »Direkter Draht mit Wladimir Putin« aus. Als die vier Stunden fast vorbei waren, übergaben die Moderatoren das Mikrofon einem Schüler im Publikum. Er hieß Danila Prilepa und stammte aus der mittelgroßen Stadt Neftejugansk, etwa 2400 Kilometer östlich von Moskau.

»Guten Tag, Herr Präsident«, begann Prilepa. »Es ist längst keine Neuigkeit mehr, dass korrupte Beamte und Minister in der Regierung sind. Sie demonstrativ unter Hausarrest zu stellen, bringt allein nichts, und Sie untergraben damit das Vertrauen der Menschen.« Der 16-Jährige trug ein weißes Oberhemd und eine schmale Krawatte mit Punktmuster. Er sagte, von diesem »Schlendrian« sei die Mehrheit der Bevölkerung betroffen, auch sein eigener Vater, der jahrelang bei der beim russischen Innenministerium angesiedelten nationalen Polizei gedient habe. Seine Familie habe wegen der Tätigkeit seines Vaters eigentlich Anspruch auf einen Zuschuss zum Kauf einer Wohnung. In seiner Region hätten jedoch in den letzten fünf Jahren nur neunzig Familien diese Unterstützung erhalten, während Tausende auf einer Warteliste stünden.

Putin, der sah, dass Prilepa seine Frage von einem Blatt Papier abgelesen hatte, fragte, ob sie von ihm selbst stamme: »Hat jemand dich darauf vorbereitet?« »Das Leben hat mich darauf vorbereitet«, erwiderte Prilepa. Putin gab dann eine Antwort, die überzeugend klingen sollte, aber sehr allgemein blieb. Er machte eine vage Zusage, in Prilepas Region mehr Subventionsmittel für den Wohnungskauf bereitzustellen, und sagte, für die Verurteilung korrupter Beamter seien die Richter zuständig, nicht der russische Präsident. Ausnahmsweise war hier einmal Putin derjenige, der unvorbereitet und unsicher wirkte. Der Wortwechsel brachte für einen seltenen Augenblick etwas spontan Menschliches, ja sogar Unbequemes in das eingefahrene Ritual der Sendung. Er vermittelte auch das Gefühl, dass sich hier ein Generationswechsel abzeichnete. Prilepas selbstbewusstes, ungerührtes Auftreten vor dem Inbegriff der Autorität schien auf tiefer liegende soziale Veränderungen in der Generation Putin hinzudeuten.

Ich wollte gern mehr über Prilepa erfahren. Deshalb reiste ich einige Monate später, am Vorabend der Präsidentschaftswahlen, nach Neftejugansk. Die steril wirkende 120 000-Einwohner-Stadt ist von den schneebedeckten Ölfeldern Westsibiriens eingefasst. Ich traf Prilepa im Café eines einstöckigen Einkaufszentrums in der Nähe der neuen Wohnung seiner Familie – sie hatte die versprochenen Staatssubventionen nie erhalten und für den Kauf eine Hypothek aufgenommen. Danila hat gewelltes braunes Haar und ein ernstes und höfliches Lächeln. Seine Erwiderung auf Putin sei einfach ein »innerer Impuls« gewesen, sagte er. »Ich habe keine Sekunde nachgedacht. Ich hatte selbst nicht damit gerechnet. Aber nachher wurde mir klar, dass es das Richtigste war, was ich hätte sagen können.«

Trotzdem war Prilepa mit dem Wortwechsel nicht zufrieden. Er hatte eine ernsthafte Frage gestellt. Und auch wenn er noch nicht erwachsen war, hatte er eine klare Antwort gewollt. Die hatte er nicht erhalten: »Putin hat das als Witz genommen. Er ist ausgewichen. Ich habe mehr erwartet«, sagte er mir. »Ich bin vielleicht noch jung, aber ich habe Augen und Ohren. Und ich kann Schlussfolgerungen ziehen, die nicht aus der Luft gegriffen sind, sondern auf einer realen Situation beruhen, die meine Familie betrifft.«

Bei alldem sieht sich Prilepa nicht als politisch engagiert – interessiert ja, aber in Maßen. Er sieht selten fern und bezieht seine Informationen, insbesondere zu politischen Themen, aus verschiedenen Kanälen des beliebten Messengers Telegram und der Interviewreihe des populären Videobloggers Juri Dud, der russischen Entertainern und Personen des öffentlichen Lebens offene und kritische Fragen stellt. Die Abendnachrichten des Ersten Kanals existieren für ihn praktisch nicht.

»Ich sage nicht, dass in Russland alles so schlimm ist, aber trotzdem, irgendwie will man doch mehr«, meinte er. Forscher in Harvard hätten kürzlich einen Prototypen eines Krebsimpfstoffs an Mäusen getestet. »Ich will, dass das in meinem Land auch passiert. Wir haben die Ressourcen dafür, sie werden nur nicht in die richtige Richtung gelenkt.« Manchmal mache es den Eindruck, Russland habe sich »festgefahren«. Er war frustriert und erwartete Besseres von seinem Land, aber bei unseren Unterhaltungen klang er nie aufgewühlt oder gekränkt und keineswegs revolutionär. »Soweit ich mich erinnern kann, war ich im Grunde immer zufrieden«, sagte er.

Als ich Danila nach seinen Eltern fragte, sagte er, beim Lesen von Turgenjews Roman *Väter und Söhne* habe ihn die Schilderung der Sprach- und Wertkonflikte zwischen den Generationen an die Gespräche erinnert, die er selbst zu Hause führe. Die Epoche, die seine Eltern geprägt habe

– den Zusammenbruch der Sowjetunion und die Not der Neunzigerjahre –, habe er selbst nicht erlebt. Umgekehrt verstünden seine Eltern nichts von den Dingen, die ihm besonders wichtig sind, und hätten deshalb oft Angst davor. Er erzählte mir, was er über die Kindheit seines Vaters in einem kaukasischen Dorf gehört hatte. Als die Sowjetunion zerfiel, war auch die Wirtschaft dort zusammengebrochen, und die Leute konnten nur noch frische Milch gegen Eier eintauschen. Sein Vater kam in der Schule nicht mehr mit, weil er sich um die kleine Landparzelle der Familie kümmern musste.

»Sie hatten ihre eigenen Sorgen«, sagte er. »Und wir, die neue Generation – wenn ich so sagen darf –, haben jetzt neue Bedürfnisse.« Aber es ist schwer für Prilepa und seine Altersgenossen, diese Haltung in etwas Konkretes umzusetzen. »Ich habe es versucht, aber es hat nichts gebracht«, sagte er mit Bezug auf seine Erfahrung in Putins TV-Fragestunde. »Es hat nur einmal mehr bewiesen, dass ein Mops und ein Elefant nicht gleich sind.«

An einem Nachmittag besuchte ich das Zentrum für Jugendinitiativen in Neftejugansk, das verschiedenen künstlerischen und gesellschaftlichen Projekten für junge Leute Raum bietet. Dort lernte ich Jewgenija Merkulenko kennen, eine aufgeweckte, beeindruckende Oberstufenschülerin. Sie hat bei verschiedenen Regierungsbehörden und örtlichen Geschäftsleuten 2 Millionen Rubel – etwa 30.000 Euro – für den Bau eines neuen Spielplatzes speziell für behinderte Kinder gesammelt. Merkulenko war voller Enthusiasmus, was das Leben in Neftejugansk und Russland im Allgemeinen betraf. Es gebe »jede Menge Ideen«, sagte sie mir. »Man muss sie nur verwirklichen, und dafür gibt es Mittel und Möglichkeiten.«

Ihre positive Einstellung wirkte völlig authentisch – ein Optimismus, der sich dem »gesellschaftlichen Aufschwung« à la Putin verdankt, wie er in Russland genannt wird: Menschen, deren Talent und Ambitionen zu den übergreifenden Zielen des Systems passen, können vom Staat Vergünstigungen und Ressourcen erhalten. Ich dachte an jemanden wie Ernst, dessen brillante Fähigkeiten den Anforderungen und Zwecken des Staates entsprachen und der deshalb praktisch unbegrenzte Möglichkeiten erhielt, sie zur Entfaltung zu bringen – oder an Serebrennikow, der vorsichtiger und weniger selbstsicher war, aber sich gleichwohl nach einem Start als vielversprechendes Nachwuchstalent in einer mittelgroßen Stadt der Freigebigkeit des Putin-Systems erfreuen konnte, jedenfalls einige Jahre lang. »Ich weiß, es gab eine Zeit, in der nicht alles so problemlos lief«, sagte Merkulenko. »Aber jetzt bin ich zuversichtlich für mein Land. Wir leben ruhig und friedlich; das Leben hat eine gewisse Beständigkeit.« Im Verlauf unseres Gesprächs wurde klar, dass sie zwar liberale Werte hat – sie sprach etwa von der Notwendigkeit der Toleranz und dem Schutz der Gesetze –, aber politisch konservativ eingestellt ist. Am System Putin hat sie nichts auszusetzen, und sie würde unter keinen Umständen etwas tun, was dieses System erschüttern könnte. »Ich sehe nichts, was geändert werden müsste, weil es, soweit ich sehe, schon alles gibt.«

Später suchte ich die Garage eines Motocross-Jugendclubs auf, wo ich mit einigen Mitgliedern in ein Gespräch über die anstehenden Wahlen geriet. Der 19-jährige Maxim sagte, er hätte für Nawalny gestimmt, wenn dieser kandidiert hätte. Da er jedoch gesperrt worden war, überlegte Maxim nun, für Putin zu stimmen. Ich fragte ihn, wie es möglich war, erst den wichtigsten Gegner und dann an seiner Stelle den Repräsentanten des Systems zu unterstützen. »So ist das halt«, sagte er. Seine erste Präferenz sei der politische Wandel. »Aber die aussichtsreichen Kandidaten sind aus dem Rennen genommen worden, weil sie eine Konkurrenz darstellen. Die anderen sind an die bestehenden Verhältnisse gewöhnt, sie sind darin zu Hause und schaffen Stabilität. Ich habe nichts gegen diese Stabilität.« Wichtig sei, dass es nicht schlimmer werde.

Mir schien diese Haltung auf eine aufschlussreiche Weise verschlagen zu sein – und zugleich bezeichnend für die Generation Putin: Sie ist offen, neugierig und ehrgeizig, aber nicht verzweifelt und aufrührerisch, zumindest bisher nicht. An meinem letzten Morgen in Neftejugansk machte ich mit Prilepa einen Spaziergang durch die Stadt. Wir kamen an seiner Schule vorbei und passierten eine Reihe hölzerner Wohnblöcke, die vor fünfzig Jahren für die ersten Einwohner der Stadt gebaut worden waren. Die Sonne schien, und der Schnee warf ihr Licht hell zurück. Die Temperatur war auf fünf Grad gestiegen; Prilepa nannte es herrliches Frühlingswetter. Wir machten eine Teepause, um uns etwas aufzuwärmen.

Nach dem, was er von seinem Vater gehört habe, sagte Prilepa, seien junge Leute zu Sowjetzeiten wild auf alles gewesen, was aus dem Ausland kam. Heute seien andere Dinge gefragt: »Erfolg, ein besseres Leben.« Es ist cool, etwas zu erreichen. Das erklärt vielleicht, wie jemand sich sowohl von Nawalnys Aufruf zur Veränderung als auch von Putins Stabilitätsversprechen angezogen fühlen kann. Wir sprachen über Zukunftspläne. Prilepa hatte noch einige Schuljahre vor sich. Anschließend wollte er sich bei einem Militär-Luftfahrtinstitut in Südrussland einschreiben. Er möchte sich als Pilot ausbilden lassen. Ich fragte ihn, ob er ein Problem darin sehe, einem Staat zu dienen, von dem er nicht mehr viel hielt. Er verneinte das: »Ich habe vor, meinem Heimatland zu dienen, nicht einem bestimmten Kreis von Leuten.« Zeit seines Lebens war beides untrennbar miteinander verschmolzen. Und doch wird Putins Macht eines Tages enden – wenn nicht aus politischen, dann aus biologischen Gründen. Es ist die Generation Putin, die Russland erben wird – was auch immer die Zukunft für das Land bereithält. Wird zu dieser Hinterlassenschaft auch der verschlagene Mensch gehören? Bisher hat er sich als bemerkenswert langlebiges Geschöpf erwiesen.

DANK

Als Jugendlicher begann ich, mich für Russland zu interessieren. Damals ahnte ich nicht, dass dies der Anfang eines Wegs war, der mein ganzes Leben bestimmen würde. Ich bin dankbar für die Gelegenheit, dieses Land in all seiner Fülle, Komplexität und Tiefe ein Stück weit zu entdecken – ein Vorhaben, bei dem kein Ende abzusehen ist. Mein erster Dank gilt allen, die sich zu Beginn meiner Russlandstudien als geschickte und geduldige Lehrer erwiesen haben: den Professoren der School of Foreign Service an der Georgetown University, meinen Dozenten und Gastgebern während der Sprachkurse in den Räumen des Smolny-Instituts in St. Petersburg sowie den Wissenschaftlern und Fachkräften der School of International and Public Affairs der Columbia University. Auch wenn es lang her ist, dass ich die Veranstaltungen von Timothy Frye, Andrew Kuchins, Stephen Sestanovich und Angela Stent besucht habe, lerne ich bis heute mit Freude von ihnen.

Meine Freunde in Moskau und ganz Russland haben mir viel mehr über das Land beigebracht, als ich allein je hätte herausfinden können. Zugleich haben sie mir damit geholfen, mich selbst und meine Gedanken zu verstehen – weit über das hinaus, was auf diesen Seiten steht. Ich bin froh darüber, dass ich diese Jahre gemeinsam mit Max Avdeev, Maria und Anatoly Golubovsky, Michael und Lily Idov, Igor Ivanov, Anna Shirokova-Koens, Andrew Ryvkin, Yulia Taranova, Natasha Yefimova, Nina Zavrieva sowie Dasha und Katia Zoritch verbringen durfte.

Als ich beschloss, Journalist zu werden, hatte ich keine genaue Vorstellung davon, was das eigentlich heißt. Masha Lipman ließ sich als eine der Ersten auf ein Gespräch über dieses nebulöse Ziel ein, das ihr von einem völlig Unbekannten aufgedrängt wurde. Sie hat mich außergewöhnlich zuvorkommend angehört und mir erste Ratschläge gegeben. Masha war und ist die aufmerksamste, genaueste Leserin, die ich kenne. Darüber hinaus verdanke ich ihr die Bekanntschaft mit vielen wunderbaren und faszinierenden Menschen in Moskau, nicht zuletzt ihrem Mann Sergei Ivanov. Barry Bearak hat mich an der Columbia School of Journalism erstmals wirklich in die Praxis der journalistischen Berichterstattung eingeführt und mir eine Wertschätzung für Disziplin, ausdauernde Gründlichkeit und elementaren Anstand vermittelt, die ich mir bis heute überall zu bewahren suche. John Bennet ist zu sardonisch und bescheiden für gefühlsgeladene Komplimente. Aber es ist nicht übertrieben zu sagen, dass er mein Leben verändert hat: Er hat mich das Handwerk des Schreibens für Zeitschriften gelehrt, mir bändeweise Maximen mit auf den Weg gegeben (»eine Banane ist stets eine Banane, nie eine gelbe längliche Frucht«) und mir geholfen, die Nervosität in meiner ersten Zeit beim *New Yorker* zu überwinden. John hat das vorliegende Buch eingehend redigiert und unschätzbare Hinweise gegeben. Er ist die Stimme des stets präsenten Lektors in meinem Kopf.

Meine ersten journalistischen Versuche in Russland wurden durch C. J. Chivers, Andrew Kramer, Steven Lee Myers und Michael Schwirtz ermöglicht. Sie haben mir während eines Sommers im Moskauer Büro der *New York*

Times ihr über Jahre hinweg erworbenes Wissen vermittelt. Vera Titunik vom *New York Times Magazine* hat mein erstes langes Stück publiziert und sich damit auf eine Story eingelassen, die als Studentenprojekt begann. Bei *Foreign Affairs* wurde ich in einen Kreis außerordentlich fähiger und außerordentlich freundlicher Kolleginnen und Kollegen aufgenommen. Ich danke Gideon Rose, dass er mich ins Boot geholt, meinen analytischen Sinn geschärft und mein Selbstvertrauen aufgebaut hat. Sasha Polakow-Suransky ist mir ein lieber Freund, der mich immer wieder geistig anregt. Das Gleiche gilt für Stuart Reid, der als Redakteur so gut ist, dass ich bis heute nicht widerstehen kann, ihm meine Artikel im Entwurf zu schicken, bevor ich sie abliefere.

Als ich im Winter 2012 New York verließ und in Moskau eintraf, hatte ich keinen langfristigen Plan. Dank des Vertrauens von Arkady Ostrovsky kam ich zu *The Economist* und übernahm dort Aufgaben von ihm. Es waren große Fußstapfen, in die ich da trat. Aber Arkady hat sein umfangreiches Wissen und seinen Sinn für Russlands Geschichte, Kultur und Politik mit mir geteilt und so dafür gesorgt, dass die Aufgabe etwas weniger einschüchternd war. John Peet war als Redakteur herzlich, zugänglich und entgegenkommend.

Die Möglichkeit, lange Stücke über Russland, diesen unendlich faszinierenden Quell von Geschichten, zu publizieren, verdanke ich Redakteurinnen und Redakteuren bei *Bloomberg Businessweek, National Geographic, The New Republic* und dem *New York Times Magazine.* Auch Kate Greenberg bin ich für ihre Geduld und Unterstützung zu Dank verpflichtet.

Für den *New Yorker* zu schreiben ist die größte berufliche Erfüllung, die ich je erfahren habe. Es ist inspirierend und zugleich beängstigend, die eigenen Arbeiten neben den großen Namen des Journalismus unserer Tage zu sehen. John Bennet, den ich bereits oben unter meinen Lehrern genannt habe, ist heute mein Redakteur und war immer ein Ratgeber und Mentor. Deirdre Foley-Mendelssohn, David Rohde und Emily Stokes haben dafür gesorgt, dass ich klüger und eleganter klinge, als ich es mir im wirklichen Leben erhoffen könnte, und sich dabei durch jede Menge ausgefallene Gedanken gearbeitet. Die Faktenchecker und Redakteure des *New Yorker* sorgen dafür, dass alles zusammenpasst. Es war mir eine besondere Freude, mit David Kortava und Anna Kordunsky zu arbeiten, die meine Artikel jedes Mal spürbar verbessern. Noch dazu habe ich das Glück, für ein Magazin zu schreiben, dessen Chefredakteur David Remnick selbst leidenschaftlicher Russlandexperte ist. Weil er die Neugier auf und Begeisterung für Russland mit mir teilt, kann ich ihr ruhig nachgeben und weiß zugleich, er wird es mir nicht durchgehen lassen, dass ich mich darauf ausruhe.

Elyse Cheney war bereit, mir zuzuhören, bevor ich irgendeine deutliche Vorstellung von diesem Buch hatte. Alex Jacobs hat dafür gesorgt, dass ich diese Vorstellung entwickle, und mich auf die bestmögliche Weise dazu gebracht, mir zu überlegen, was ich eigentlich genau schreiben will. Seinem Einsatz ist zu verdanken, dass dieses Vorhaben sich realisiert hat. Adam Eaglin ist ein geduldiger und kluger Gesprächspartner, der genau weiß, wann und wie er mich vor mir selbst retten muss. Tim Duggan hat mich mit seiner Vision von diesem Buch und seinem Vertrauen darein angesteckt. Mit seinem Auge – besser gesagt, mit seinem Stift – hat er dafür gesorgt, dass die Personen,

Ideen und Geschichten schärfer hervortreten. Ich danke ihm, Aubrey Martinson und William Wolfslau dafür, dass sie das Buch, das nun Sie in Händen halten, zum Leben erweckt haben.

Ksenia Barakovskaya hat immer wieder wichtige Quellen und Rechercheergebnisse aufgespürt. Anna Kordunsky hat sichergestellt, dass alles wasserdicht ist. Ihre professionelle Herangehensweise ist der beste Beweis dafür, dass Sachliteratur nur so gut sein kann wie die Fakten, auf die sie sich stützt. Einige Kapitel haben sehr davon profitiert, dass sie von Leuten gelesen wurden, die den Stoff weit besser kennen als ich. Mein besonderer Dank gilt Masha Lipman, Tanya Lokshina, Anna Narinskaya und Svetlana Solodovnik. Den Einstieg ins Schreiben fand ich im Haus von Boris und Masha Nikolsky in Tarusa, einem märchenhaften Städtchen in der russischen Provinz.

Meine ersten Reportagen in Russland wurden durch ein Stipendium des Pulitzer Center on Crisis Reporting ermöglicht. Diese außerordentlich wichtige Organisation trägt dazu bei, dass Geschichten entstehen können, die sonst wohl nicht erzählt worden wären. Das Stipendienprogramm *New America* hat mich in unschätzbarer Weise unterstützt, als ich dieses Buchprojekt in Angriff nahm. Dadurch haben sich mir viele Möglichkeiten eröffnet, für die ich dankbar bin. Die beiden Jahre als Stipendiat dieses Programms zählen zu den produktivsten und anregendsten meiner Laufbahn. Die MacDowell Colony war ein beglückendes Idyll. Ich glaube, ich habe nie zuvor so viel geschrieben und mich dabei so froh gefühlt. Als ich in der American Academy in Berlin eintraf, schien mir dort alles so gut, dass ich es kaum glauben konnte. Dieser Eindruck hat in den drei Monaten, die ich dort verbracht habe, nicht nachgelassen. Ich kann ohne Übertreibung sagen, dass die Professionalität und Großzügigkeit der Mitarbeiter sowie die freundschaftliche Unterstützung im Kreis der Stipendiaten zum Entstehen dieses Buchs entscheidend beigetragen haben.

In Moskau habe ich sehr von der Freundschaft, Klugheit und Ermutigung meiner Kollegen von der Auslandsberichterstattung profitiert: Miriam Elder, Julia Ioffe, Olaf Koens, Andrew Roth, Simon Shuster, Paul Sonne, Noah Sneider, Anton Troianovski, Courtney Weaver und Emma Wells. Mit Shaun Walker habe ich zahlreiche erheiternde und erschreckende Momente verbracht. In Russland lebt eine Schar talentierter, hoch motivierter Journalistinnen und Journalisten, die couragierte und erhellende Arbeit leisten. Sie haben meine grenzenlose Bewunderung. Besonders erwähnt seien hier Mikhail Fishman, Nikolay Kononov, Milana Mazaeva, Daniil Turovsky und Sveta Reiter. Mit Nathan Thrall könnte ich endlos reden und tue das auch oft. Sein Vorbild – als Denker, Schriftsteller und Vater – habe ich immer vor Augen. Thomas Williams ist für mich mehr Bruder als Freund. Wir sind als Autoren und Journalisten sozusagen gemeinsam aufgewachsen und haben gemeinsam die tiefgründigsten und idiotischsten Momente durchlebt.

Meine Eltern, Michael und Ellen Yaffa, haben in mir von Kind auf Hunger und Neugier auf die Welt geweckt und mir vermittelt, dass wir die kurze Zeit, die wir auf ihr verbringen, nicht vergeuden oder leichtfertig verleben sollten. Sie haben mir durch ihr Beispiel gezeigt, was es heißt, ein würdevolles, sinnerfülltes und produktives Leben zu führen. Meine große Schwester Jessica ist meine wichtigste Heldin und mein Vorbild. Auf dem Sitz 11E neben Julia Platz zu nehmen, war der größte Glücksfall meines Lebens. Auf dem zweistündigen Flug nach Berlin ging uns der Gesprächsstoff nicht aus, und in all den Jahren, die folgten, hat sich daran nichts geändert. Diese Zufallsbegegnung hat nicht nur mein Buch bereichert, sondern mein ganzes Leben.

QUELLEN

PROLOG | DER VERSCHLAGENE MENSCH

Gespräche des Autors mit Lew Gudkow, Alexei Lewinson und Igor Jefimow.

Dowlatow, Sergej: *Der Kompromiss.* Übersetzt von Franziska Stöcklin. TVZ Theologischer Verlag, Zürich 2008.

Dowlatow, Sergej: *Der Koffer.* Übersetzt von Dorothea Trottenberg. DuMont Buchverlag, Köln 2008.

Dowlatow, Sergei: *Зона. Записки надзирателя. (Die Zone. Aufzeichnungen eines Gefängniswärters.).* Ermitash, Ann Arbor (Michigan, USA) 1982.

Greene, Samuel A.: »From Boom to Bust: Hardship, Mobilization & Russia's Social Contract«, *Daedalus* 146, Nr. 2 (Frühjahr 2017).

Lewada, Juri: *Время перемен. Предмет и позиция исследователя. (Die Zeit des Wandels: Gegenstand und Standpunkt eines Forschers.)* Herausgegeben von Abram Rejtblat und Lew Gudkow. Nowoje literaturnoje obosrenije, Moskau 2016. Dieser Sammelband enthält unter anderem die Aufsätze »Человек лукавый: Двоемыслие по-российски« (»Der verschlagene Mensch: Doppeldenk auf Russisch«); »»Научная жизнь- была семинарская жизнь«« (»»Das wissenschaftliche Leben fand im Seminar statt««); »Homo Post-Soviticus«; »Уходящая натура?« (»Ein scheidender Charakter?«) und »Шестьдесят восьмой, переломный« (»1968: Das Jahr des Umbruchs«).

527

Lewada, Juri / Golow, A.: *Есть мнение! Итоги социологического опроса (Wir haben eine Meinung! Erkenntnisse aus einer soziologischen Umfrage)*. Progress, Moskau 1990.

Orwell, George: *1984*. Übersetzt von Michael Walter. Ullstein, Berlin 1994.

Solschenizyn, Alexander: »Lebt nicht mit der Lüge«. Übersetzung des Essays »Жить не по лжи!« von 1974. Übersetzt von Wolfgang Kasack. Luchterhand, Darmstadt 1974.

Solschenizyn, Alexander: *Ein Tag im Leben des Iwan Denissowitsch*. Übersetzt von Wilhelm Löser, Theodor Friedrich, Ingeborg Hanelt und Eva-Maria Kunde. F. A. Herbig, München 1969.

Yaffa, Joshua: »A Russian Writer's Lessons for Being a Nobody While Being Yourself.« *The New Yorker*, 15. 11. 2018.

KAPITEL 1 | DER ZEREMONIENMEISTER

Gespräche des Autors mit Konstantin Ernst, Leonid Parfjonow, Artjom Schejnin, Anna Katschkajewa, Andrei Boltenko, Julia Pankratowa, Vera Kritschewskaja, Arina Borodina, Nikolai Kartosija, Katerina Gordejewa.

Arkus, Ljubow / Schawlowski, Konstantin / Stepanow, Wassili: »Константин Эрнст: ›Я надеюсь, майя не ошиблись‹« (»Konstantin Ernst: ›Ich hoffe, die Maya haben sich nicht geirrt‹«). *Seans* (seance.ru), 13. 08. 2012.

Baker, Peter / Glasser, Susan: *Kremlin Rising: Vladimir Putin's Russia and the End of Revolution*. Lisa Drew/Scribner, New York 2005.

Balmforth, Tom: »Russian State TV Edits Out Commentary on Putin and ›Untruth‹ in Hit U.S. TV Series.« *Radio Free Europe/Radio Liberty*, 15. 05. 2017.

Belov, Kim / Super, Roman: »Человек года 2014: Константин Эрнст« (»Mann des Jahres 2014: Konstantin Ernst«). *GQ Russia*, 16. 09. 2014.

Borodina, Arina: »Первые кнопки России« (»Die ersten Knöpfe Russlands«). *Kommersant*, 04. 04. 2005.

Ernst, Konstantin: Rede bei der Verleihung des GQ-Preises. 20. 09. 2014.

Fossato, Floriana: »Vladimir Putin and the Russian Television ›Family‹.« *The Russia Papers*. CERI Sciences Po 2006.

Geworkjan, Natalia: Interview mit Xenia Ponomarjowa. »Кого же вы нам год назад выбрали?« (»Wen haben Sie denn vor einem Jahr für uns gewählt?«). *Kommersant*, 23. 03. 2001.

Gorbatschow, Alexander / Krasilschtschik, Ilja (Hg.): *История русских медиа 1989–2011. Версия »Афиши«. (Geschichte der russischen Medien 1989–2011. Die Version von ›Afischa‹).* Afisha Industries, Moskau 2011.

Jantschenkow, Wladimir: »Боевики готовят загранпаспорта« (»Die Kämpfer halten die Reisepässe bereit«). *Trud*, 06. 01. 2000.

Jelzin, Boris: »1. Kapitel: 31. Dezember 1999.« In: *Mitternachtstagebuch*. Übersetzt von Alfred Frank, Sergej Gladkich und Franziska Seppeler. Propyläen, Berlin 2000.

Jelzin, Boris: »Bekanntmachung«. Kreml, 31. 12. 1999.

Kaschin, Oleg: »»Мне казалось очень важным сделать так, чтобы Путин был не источником страха, а объектом насмешек«« (»»Ich fand es sehr wichtig, dass Putin nicht Furcht einflößend, sondern lächerlich dargestellt wird««). *Kommersant*, 13. 06. 2011.

Kaschin, Oleg: »Владимир Познер: ›Эрнст сказал, что согласен с каждым моим словом«« (»Wladimir Posner: ›Ernst sagte, dass er mir Wort für Wort zustimmt««). *Colta*, 23. 02. 2013.

Kondukow, Alexander: Interview mit Konstantin Ernst (2008). »Архив RS: Пока не сыграл в ящик« (»RS-Archiv: Solang ich nicht ins Gras beiße«). *Rolling Stone Russia*, 09. 04. 2013.

Leontijew, Michail: »За мгновения до крушения ›Боинга‹ под Донецком – уникальный кадр в аналитической программе ›Однако‹« (»Augenblicke vor dem Absturz der Boeing bei Donezk: Die Sendung ›Odnako‹ zeigt ein einzigartiges Foto«). Perwyj kanal (Erster Kanal), 14. 11. 2014.

Myers, Steven Lee: *The New Tsar: The Rise and Reign of Vladimir Putin*. Vintage, New York 2015.

Ostrovsky, Arkady: *The Invention of Russia: The Journey from Gorbachev's Freedom to Putin's War*. Penguin, New York 2015.

Oushakine, Serguei Alex: »›We're Nostalgic But We're Not Crazy‹: Retrofitting the Past in Russia.« *The Russian Review* 66 (July 2007), S. 451–82.

Parfyonov, Leonid: »›I'm No Hero, But It's Time to Call a Spade a Spade.‹« Englische Übersetzung von Leonid Parfjonows Rede bei der Annahme des Listjew-Preises. *Open Democracy*, 26. 11. 2010.

Perwyj kanal (Erster Kanal): »Америка для русских« (»Amerika für Russen«). *Время покажет (Wremja pokaschet)*, Sendung vom 27. 09. 2016.

Perwyj kanal (Erster Kanal): »Беженка из Славянска вспоминает, как при ней казнили маленького сына и жену ополченца« (»Eine Flüchtlingsfrau aus Slawjansk erinnert sich, wie der kleine Sohn und die Frau eines Milizangehörigen vor ihren eigenen Augen gekreuzigt wurden«). *Время покажет (Wremja pokaschet)*, Sendung vom 12. 07. 2014.

Perwyj kanal (Erster Kanal): »Выборы в России: Ход США« (»Die Wahlen in Russland: Das Verhalten der USA«). *Время покажет (Wremja pokaschet)*, Sendung vom 06. 03. 2018.

Perwyj kanal (Erster Kanal): »Россия vs США« (»Russland gegen die USA«). *Время покажет (Wremja pokaschet)*, Sendung vom 29. 08. 2016.

Perwyj kanal (Erster Kanal): »Россия на фоне Сирии« (»Russland und die Lage in Syrien«). *Время покажет (Wremja pokaschet)*, Sendung vom 11. 10. 2016.

Putin, Wladimir: »Neujahrsansprache des amtierenden Präsidenten Wladimir Putin.« Kreml, 31. 12. 1999.

Rostowa, Natalia: »Как пресса избирала президента« (»Wie die Presse den Präsidenten wählte«). *Radio Svoboda*, 03. 07. 2016.

Saprykin, Juri: »Юрий Сапрыкин беседует с Константином Эрнстом и Анатолием Максимовым« (»Juri Saprykin spricht mit Konstantin Ernst und Anatoli Maximow«). *Afisha Daily*, 19. 12. 2005.

Stanley, Alessandra: »Russians Begin to Gild the Communist Past.« *The New York Times*, 30. 12. 1995.

Yurchak, Alexei: *Everything Was Forever Until It Was No More: The Last Soviet Generation*. Princeton University Press, Princeton (NJ, USA) 2005.

»Собеседник: Константин Эрнст« (»Im Gespräch: Konstantin Ernst«). *Seans* (seance.ru), 15. 12. 2006.

KAPITEL 2 | VOR DRACHEN WIRD GEWARNT

Gespräche des Autors mit Heda Saratowa, Tanja Lokschina, Jelena Milaschina, Swetlana Gannuschkina, Oleg Orlow, Jekaterina Sokirjanskaja, Lana Estemirowa, Igor Kaljapin, Elisa Mussajewa, Timur Akijew, Dschanet Jereschebowa, Iljas Achmadow, Timur Alijew, Chassan Bajew, Veronika Silchenko.

Achmedowa, Marina: »Женщина горной судьбы« (»Das Schicksal einer Frau aus den Bergen«). *Ogonjok* Nr. 28, 22. 07. 2013.

Berg, Jewgeni: Interview mit Ruslan Kutajew. »»Есть вещи, которые вне зависимости от последствий ты должен сделать«« (»»Es gibt Dinge, die man einfach tun muss, ohne Rücksicht auf die Konsequenzen««). Medusa, 23. 12. 2017.

Bullough, Oliver: *Let Our Fame Be Great: Journeys Among the Defiant People of the Caucasus.* Basic Books, New York 2010.

Burasowa, Anschelika: »»Смотреть, как человека унижают, не могу«: Хеда Саратова о возврате из Сирии россиянок« (»»Ich kann nicht ruhig zusehen, wie Menschen erniedrigt werden«: Heda Saratowa zur Rückkehr russischer Frauen aus Syrien«). Nn.ru, 15. 12. 2017.

Chachatrian, Diana: »Дети ИГИЛ« (»Die Kinder des IS«). *Takie Dela,* 26. 09. 2017.

Euronews: »Demonstrations in memory of Natalia Estemirova.« Videoaufnahmen vom 16. 07. 2009, veröffentlicht von No Comment TV am 17. 07. 2009. Online unter https://youtu.be/_sNKIFh546M.

Feifer, Gregory: »Russian Rights Activist Battles On in Chechnya.« *Radio Free Europe/Radio Liberty,* 31. 08. 2010.

Gall, Carlotta / de Waal, Thomas: *Chechnya: Calamity in the Caucasus.* New York University Press, New York 1998.

Govorit Moskva: Interview mit Heda Saratowa, 01. 04. 2017.

Grosny TV: »В Грозном состоялся пикет против деятельности псевдоправозащитников« (»Grosny: Kundgebung gegen Pseudo-Menschenrechtsaktivisten«). Nachrichtenbeitrag, 09. 11. 2017.

Grosny TV: »Ко дню конституции« (»Zum Tag der Verfassung«). *Точки опоры* (Fixpunkte), 12. 12. 2014. Online unter https://youtu.be/CQ8MWKdzfdo.

Hassan, Hind: »Inside the Chechen Prison Where Gay Men Say They Were Tortured.« *Vice News*, 20. 07. 2017.

Human Rights Watch: »›They Have Long Arms and They Can Find Me‹: Anti-Gay Purge by Local Authorities in Russia's Chechen Republic.« 26. 05. 2017.

Human Rights Watch: »›You Dress According to Their Rules‹: Enforcement of an Islamic Dress Code for Women in Chechnya.« 10. 03. 2011.

International Crisis Group: »Chechnya: The Inner Abroad.« Europe Report Nr. 236, 30. 06. 2015.

Kramer, Andrew / Barry, Ellen: »Chorus of Blame Follows Rights Worker's Death.« *The New York Times*, 16. 07. 2009.

Kramer, Andrew: »Reporting on People Who ›Don't Exist‹.« *The New York Times*, 23. 04. 2017.

Lieven, Anatol: *Chechnya: Tombstone of Russian Power.* Yale University Press, New Haven (CT, USA) 1998.

Milaschina, Jelena: »Расправы над чеченскими геями: Публикуем истории выживших свидетелей« (»Die Verfolgung von Schwulen in Tschetschenien: Wir veröffentlichen die Berichte überlebender Zeugen«). *Nowaja gaseta*, 01. 04. 2017.

Milaschina, Jelena: »Убийство чести: Как амбиции известного ЛГБТ-активиста разбудили в Чечне страшный древний обычай« (»Der Ehrenmord: Wie die Ambitionen eines bekannten LGBT-Aktivisten in Tschetschenien zur Wiederbelebung eines furchtbaren alten Brauchs führten«). *Nowaja gaseta*, 01. 04. 2017.

Mirmaksumowa, Aida: »Из ИГИЛ в Россию: Почему Москва остановила программу по возвращению бежавших в Ирак женщин с детьми« (»Aus dem IS nach Russland: Warum Moskau das Rückkehrprogramm für Frauen und Kinder eingestellt hat, die in den Irak gereist sind«). *Nastojaschtscheje Wremja* (www.currenttime.tv), 18. 07. 2018.

Orlow, Pjotr: »Высокое звание: Рамзан Кадыров стал Героем России« (»Hohe Würde: Ramsan Kadyrow als Held Russlands geehrt«). *Rossijskaja Gaseta,* 30. 12. 2004.

Politkowskaja, Anna: *Russisches Tagebuch.* Übersetzt von Hannelore Umbreit und Alfred Frank. DuMont Literatur und Kunst Verlag, Köln 2007.

Politkowskaja, Anna: *Tschetschenien. Die Wahrheit über den Krieg.* Übersetzt von Hannelore Umbreit und Ulrike Zemme. DuMont Literatur und Kunst Verlag, Köln 2003.

Saratowa, Heda: »Слово о Наташе« (»Über Natascha«). *Tschtetschenski prawosaschtschitnik* 7, Nr. 21 (Juli 2009).

Solschenizyn, Alexander: *Der Archipel GULAG.* Aus dem Russischen von Anna Peturnig (Elisabeth Markstein) und Ernst Walter. Rowohlt Taschenbuch Verlag, Reinbek bei Hamburg 1990. Band 3, S. 378 f.

Tschischowa, Ljubow: Interview mit Sergei Babinez. »»Мы останемся в Грозном«« (»»Wir bleiben in Grosny««). *Radio Svoboda,* 15. 12. 2014.

Walker, Shaun: *The Long Hangover: Putin's New Russia and the Ghosts of the Past.* Oxford University Press, New York 2018.

Yaffa, Joshua: »Chechnya's ISIS Problem.« *The New Yorker,* 12. 02. 2016.

Yaffa, Joshua: »Putin's Dragon.« *The New Yorker,* 08. 02. 2016.

KAPITEL 3 | DER LETZTE FREIE PRIESTER

Gespräche des Autors mit Vera Adelheim, Viktor Jakowlew, Ioann Muchanow, Andrei Kurajew, Wladimir Popow, Valentin Kurbatow, Sergei Bytschkow, Swetlana Solodownik, Pjotr Gusew.

Adelheim, Pawel: *Догмат о Церкви в канонах и практике*

(Das Dogma der Kirche in den Kanones und in der Praxis). Pskowskaja oblastnaja tipografija, Pskow 2003.

Adelheim, Pawel: *Своими глазами (Mit eigenen Augen).* Krestowosdwischenskoje maloje prawoslawnoje bratstwo, Moskau 2010.

Burgess, John P.: *Holy Rus': The Rebirth of Orthodoxy in the New Russia.* Yale University Press, New Haven (CT, USA) 2017.

Filippov, Alexander: Interview mit Vera Adelheim: »Вера Михайловна Адельгейм об убийстве отца Павла: Прямое попадание в сердце« (»Vera Michailowna Adelheim über den Mord an Vater Pawel: Direkt ins Herz«). Pravmir.ru, 19. 08. 2013.

Garrard, John / Garrard, Carol: *Russian Orthodoxy Resurgent: Faith and Power in the New Russia.* Princeton University Press, Princeton (NJ, USA) 2008.

Guzu, Roman: »Вся жизнь отца Павла от начала до конца была отдана Богу и Церкви (Слово на отпевании)« (»Vater Pawels Leben war von Anfang bis Ende Gott geweiht (Beerdigungsansprache)«). Pravmir.ru, 12. 08. 2013.

Jakowlew, Viktor: »Священник Павел Адельгейм: ›Этот устав называется смерть приходам‹« (»Pfarrer Pawel Adelheim: ›Dieser Erlass bedeutet den Tod der Gemeinden‹«). *Pskowskaja Gubernija* 554, Nr. 32 (August 2011).

Jakowlew, Viktor: Interview mit Pawel Adelheim: »Век русской Церкви: От гонений до крови до объятий до смерти« (»Ein Jahrhundert der russischen Kirche: Von der blutigen Verfolgung zur tödlichen Umarmung«). *Pskowskaja Gubernija* 453, Nr. 32 (August 2009).

Jakowlew, Viktor: »Я, обвиняемый, священник Павел Адельгейм …‹« (»Ich, der Angeklagte, Vater Pawel Adelheim …«). *Pskowskaja Gubernija* 545, Nr. 23 (Juni 2011).

Kolymagin, Boris / Kolymagina, Alexandra: »Основные

события церковной жизни в зеркале прессы« (»Wichtige Ereignisse des kirchlichen Lebens im Spiegel der Presse«). *Kontinent*, Nr. 116 (2003).

Martemjanov, Maxim: »Рясовая дискриминация: Псковский священник Павел Адельгейм судится за свою паству« (»Kuttendiskriminierung: Der Pskower Pfarrer Pawel Adelheim geht für seine Gemeinde vor Gericht«). Lenta.ru, 25. 12. 2012.

Mojsejenko, Juri: Interview mit Pawel Adelheim (2003). »Отец Павел Адельгейм: Теперь у нас есть генеральный секретарь, то есть патриарх« (»Vater Pawel Adelheim: Wir haben jetzt einen Generalsekretär, das heißt einen Patriarchen«). *Nowaja gaseta*, 07. 08. 2013.

Moskauer Patriarchat: »Стенограмма встречи председателя Правительства РФ В.В. Путина со Святейшим Патриархом Кириллом и лидерами традиционных религиозных общин России« (»Mitschrift des Treffens zwischen W. W. Putin, dem Premierminister der russischen Föderation, Seiner Heiligkeit Patriarch Kyrill und den Führern der traditionellen religiösen Glaubensgemeinschaften in Russland«). 08. 02. 2012.

Ratschewa, Jelena: »Бог простит« (»Gott vergibt«). *Nowaja gaseta*, 13. 05. 2014.

Ratschewa, Jelena: »Две недели с отцом Павлом Адельгеймом« (»Zwei Wochen mit Vater Pawel Adelheim«). Snob, 07. 08. 2013.

Ratschewa, Jelena: »Каждому свой крест« (»Jedem sein Kreuz«). *Nowaja gaseta*, 09. 02. 2017.

Reiter, Swetlana, / Napalkowa, Anastasia / Golunow, Iwan: »Расследование РБК: На что живет церковь« (»RBK-Recherche: Wovon lebt die Kirche«). *RBK*, 26. 02. 2016.

Roschenja, Darja: »Отец Павел Адельгейм. Бодрствуйте. Радуйтесь.« (»Vater Pawel Adelheim. Seid munter. Freut euch.«) Pravmir.ru, 05. 08. 2017.

Schipkov, Alexander: Interview mit Pawel Adelheim. »Из семинарии меня выгонял лично Филарет Денисенко« (»Filaret Denissenko selbst hat mich aus dem Seminar geworfen«). Religare.ru, 31.08.2008.

Schirajewa, Jelena: Interview mit Vera Adelheim: »Его Вера: Сорок дней без отца Павла« (»Seine Vera / Sein Glaube: Vierzig Tage ohne Vater Pawel«). *Pskowskaja Gubernija,* Nr. 35 (September 2013).

Seddon, Max: »Putin und der Patriarch.« *Financial Times,* 22.08.2019.

Semjonow, Alexei: »Совместимость с духовной жизнью. Священник Павел Адельгейм: ›Симфония власти и Церкви противоестественна и губительна для обоих‹« (»Die Vereinbarkeit mit dem geistlichen Leben. Pfarrer Pawel Adelheim: ›Die Symphonia zwischen Staatsmacht und Kirche ist für beide Seiten widernatürlich und verderblich‹«). *Pskowskaja Gubernija,* Nr. 15 (April 2012).

Smirnow, Leonid: Interview mit Sergej Tschapnin. »Церковь будет меняться в сторону простоты« (»Die Kirche wird sich in Richtung Einfachheit verändern«). Rosbalt.ru, 05.01.2016.

Tayler, Jeffrey: »What Pussy Riot's ›Punk Prayer‹ Really Said.« *The Atlantic,* 08.11.2012.

Tschapnin, Sergej: »Церковь империи«. Colta.ru, 24.12.2015. Deutsche Übersetzung von Anja Lutter und Jennie Seitz: »Die Kirche des Imperiums«. Dekoder.org, 12.01.2016.

Wolzkaja, Tatjana: »Всегда наперекор: воспоминания протоиерея Павла Адельгейма« (»Immer gegen den Strom: Die Erinnerungen von Erzpriester Pawel Adelheim«). *Radio Svoboda,* 11.03.2010.

»Дело священника Павла Адельгейма« (»Der Fall Pfarrer Pawel Adelheim«). *Kontinent,* Nr. 115 (2003).

Gespräche des Autors mit Oleg Subkow, Oksana Subkowa, Galina Perelowitsch, Abdureschit Dschepparow, Alexander Schabanow.

Asar, Ilja: »»Мы не горцы, с нами так не надо‹: Крымские татары учатся жить в России« (»Wir sind keine Gebirgler, mit uns kann man so nicht umgehen‹: Die Krimtataren lernen, in Russland zu leben«). Medusa, 02. 12. 2014.

Galustjan, Artjom / Nikiforow, Wadim / Gerasimenko, Olesja: »Крымскотатарское эго« (»Das Ego der Krimtataren«). Kommersant, 23. 03. 2015.

Kotenewa, Olga: »Прикрутили вентиль: Программу газификации населенных пунктов полуострова урежут на пять миллиардов рублей« (»Der Gashahn wird zugedreht: Das Programm zur Gasversorgung von Siedlungen auf der Halbinsel wird um fünf Milliarden Rubel gekürzt«). Rossijskaja Gaseta, 22. 05. 2018.

Krutow, Mark: Interview mit Oleg Subkow. »Зубков о Поклонской: ›Я первый сказал, что она дура‹« (Subkow über Poklonskaja: ›Ich habe als Erster gesagt, dass sie eine Idiotin ist‹«). Krym.Realii, 14. 08. 2017.

Lebedew-Kusmatsch, Wassili: Священная война (Lied von 1941, Text von Alexander Alexandrow). Zitiert in deutscher Nachdichtung von Stephan Hermlin nach AgitProbe II 73, Verlag Neue Musik, Berlin 1973.

Makowezki, Leonid: »В Крыму горячо поддержали желание владельца парка ›Тайган‹ эмигрировать: ›Скорей бы!‹« (»Der Auswanderungswunsch des Besitzers des Safariparks ›Taigan‹ stößt auf der Krim auf eifrige Unterstützung: ›Nur zu!‹«). Novy Den (newdaynews.ru), 07. 02. 2017.

Mesnjanko, Anton: »»При Украине власти были адекватные‹«

(»Zu ukrainischen Zeiten war die Führung passabel«). *Radio Svoboda,* 28. 03. 2016.

Mesnjanko, Anton: »Охота на львов« (»Löwenjagd«). *Radio Svoboda,* 15. 12. 2015.

Okrest, Dmitri: Interview mit Abdureschit Dschepparow. »›Вот если бы сюда зашла турецкая эскадра.‹ Крым и татары« (»›Wenn ein türkisches Geschwader hier einmarschieren würde.‹ Die Krim und die Tataren«). *Spektr,* 18. 05. 2015.

Potapow, Jegor: »Выжить вопреки: Как власти Крыма пытались уничтожить парки Зубкова« (»Trotziges Überleben: Wie die Machthaber auf der Krim versuchten, Subkows Tierparks zu zerstören«). *Krym.Realii,* 30. 09. 2017.

Prokopenko, Maria: »›Проклятое молчание‹« (»›Verfluchtes Schweigen‹«). *Den* (day.kyiv.ua), 27. 09. 2017.

Putin, Wladimir: »Ansprache des Präsidenten der Russischen Föderation«. Kreml, 18. 03. 2014.

Samodelowa, Swetlana: Interview mit Oleg Subkow. »Директор закрытого зоопарка ›Тайган‹ раскрыл подноготную конфликта с властями« (»Der Direktor des geschlossenen Zoos ›Taigan‹ über den Hintergrund seines Konflikts mit der Regierung«). MK.ru, 17. 12. 2015.

Schegulew, Ilja: »Мироточение и мужество« (»Myroblysie und Mut«). Medusa, 05. 04. 2017.

Schewtschenko, Alexandra / Annitowa, Inna: »Олег Зубков: ›Чувствую себя недочеловеком в российском Крыму‹« (»Oleg Subkow: ›Auf der russischen Krim fühle ich mich als Untermensch‹«). *Krym.Realii,* 18. 11. 2017.

Subkow, Oleg: Persönliche Website und Blog. Online unter http://olegzubkov.blogspot.com.

Subkow, Oleg: *Я строю зоопарк (Ich errichte einen Zoo).* Naddneprianochka, Cherson 2014.

Surgan, Alexandra: »Кровные защитники: Как родственники

заключенных в Крыму становятся активистами« (»Verteidiger des Blutes: Wie die Angehörigen von Gefangenen auf der Krim zu Aktivisten werden«). *Krym.Realii,* 09. 04. 2018.

Tschepowskaja, Anastasia: »Парк крымского периода: С кем и за что борется владелец ялтинских зверинцев Олег Зубков« (»Ein Park des Krimzeitalters: Die Kämpfe des Jaltaer Tierparkbesitzers Oleg Subkow«). Lenta.ru, 22. 03. 2017.

Veser, Reinhard: »Putin gegen den Rest der Welt«. Faz.net, 20. 03. 2014.

Yaffa, Joshua: »Reforming Ukraine After the Revolutions.« *The New Yorker,* 05. 09. 2016.

»Житель Крыма подготовил боевых львов для защиты референдума« (»Krimbewohner hält Kampflöwen zur Verteidigung des Referendums bereit«). Life.ru, 14. 03. 2014.

KAPITEL 5 | ANMERKUNGEN ZUM LAGER

Gespräche des Autors mit Viktor Schmyrow, Tatjana Kursina, Julia Kantor, Sergei Kowaljow, Alexander Kalich, Michail Mejlach, Pavel Gurjanow, Leonid Obuchow, Nailja Allachwerdijewa, Ilja Rogotnew, Sergei Schewyrin.

Balmforth, Tom: »Russian Activists Rally Around Embattled Museum of Soviet Repression.« *Radio Free Europe/Radio Liberty,* 27. 10. 2014.

Brodskij, Jossif (Brodsky, Joseph): »Aus der Schul-Anthologie: Albert Frolow.« Übersetzt von Sylvia List. In: Jossif Brodskij, *Einem alten Architekten in Rom.* Piper, München 1978.

Bukovsky, Vladimir: *To Build a Castle: My Life as a Dissenter.* Übersetzt ins Englische von Michael Scammell. Viking Press, New York 1979.

Danilowitsch, Michail / Coalson, Robert. »Revamped Perm-36 Museum Emphasizes Gulag's ›Contribution to Victory‹«. *Radio Free Europe/Radio Liberty*, 25. 07. 2015.

Danilowitsch, Michail: »Новая жизнь ›Перми-36‹« (»Das neue Leben von ›Perm-36‹«). *Radio Svoboda*, 16. 02. 2016.

Etkind, Alexander: *Warped Mourning: Stories of the Undead in the Land of the Unburied.* Stanford University Press, Stanford (CA, USA) 2013.

Grigorjewa, Nadeschda: Interview mit Michail Mejlach. »Михаил« (»Michail«). *Swesda*, Nr. 8 (August 2002).

Katschkin, Sergei, (Regie): *Perm-36. Reflexion.* Dokumentarfilm. Russland: april filmlab, 2015.

Koslow, Iwan: »Нам предъявляют претензии за ненадлежащее содержание лагерного комплекса« (»Man wirft uns vor, wir würden den Lagerkomplex nicht sachgemäß instandhalten«). *Afisha Daily*, 12. 03. 2015.

Koslow, Iwan: »›Поток доносов был беспрецедентным‹: Как в Перми боролись с музеем истории политических репрессий« (»›Die Denunziationsflut war beispiellos‹: Wie man in Perm gegen das Museum der Geschichte politischer Repressionen gekämpft hat«). Medusa, 10. 11. 2014.

Lawut, Jewgenija: Interview mit Viktor Schmyrow, Mitbegründer von »Perm-36«. »›Вы правы, но вы понимаете, мы не могли принять другого решения‹: интервью с директором ›Перми-36‹« (»Sie haben recht, aber wissen Sie, wir konnten nicht anders entscheiden«). OpenRussia.org, 07. 03. 2015.

Morew, Gleb: *Диссиденты (Die Dissidenten).* AST, Moskau 2017.

Obuchow, Leonid: *Пермь-36: Предыстория (Perm-36: Die Vorgeschichte).* Memorial, Perm 2018.

Ratschewa, Jelena / Artemijewa, Anna: »Реванш кума: История противостояния главного в России музея репрессий

›Пермь-36‹ и бывшего лагерного начальства« (»Kums Rache: Die Geschichte der Konfrontation zwischen Perm-36, dem wichtigsten russischen Museum politischer Repressionen, und der ehemaligen Lagerleitung«). *Nowaja gaseta,* 06. 07. 2014.

Schmyrow, Viktor: »13. 8. К истории пермских политлагерей« (»13. 8. Zur Geschichte der Permer Lager für politische Gefangene«). In: *Годы террора: Электронная книга памяти жертв политических репрессий (Die Jahre des Terrors. Elektronisches Gedenkbuch für die Opfer politischer Repressionen).* Sdrawstwuj, Perm 1998.

Schmyrow, Viktor: »Пермь-36. Реабилитация репрессий« (»Perm-36: Rehabilitierung der Repressionen«). *Swesda,* 13. 12. 2016.

Schtejner, Arseni: »Век свободы не видать: Жизнь и смерть правозащитного форума ›Пилорама‹« (»Schloss und Riegel: Leben und Tod des Menschenrechtsforums ›Pilorama‹«). Lenta.ru, 29. 07. 2014.

Semskow, Viktor: »ГУЛАГ: Историко-социологический аспект« (»GULAG: Der historisch-soziologische Aspekt«). *Soziologitscheskije Issledowanija,* Nr. 6 (1991).

Sokolow, Wladimir / Romanowa, Jewgenija: Interview mit Tatjana Kursina. »Я и сейчас считаю, что точка невозврата не пройдена« (»Ich denke immer noch, dass die Situation nicht unumkehrbar ist«). *Echo Moskvy Perm,* 25. 05. 2014.

Sokolow, Wladimir: »›Пермь-36‹: Теперь всё по- другому« (»›Perm-36‹: Alles ist jetzt anders«). *Swesda,* 09. 11. 2016.

Tumakowa, Irina: Interview mit Julia Kantor. »›Пермь-36‹: музей ГУЛАГа и Минкульта« (»›Perm-36‹: Das GULAG-Museum und das Kulturministerium«). Fontanka.ru, 30. 10. 2016.

»Переправа на остров свободы« (»Die Überfahrt zur Freiheitsinsel«). Interview mit Viktor Schmyrow. *Tschelowet-scheskoje ismerenie,* Nr. 3 (Dezember 2011).

KAPITEL 6 | DIE HÖLLE AUF ERDEN

Gespräche des Autors mit Gleb Glinka, Michail Fedotow, Lana Schurkina, Michail Gochman, Dmitri Aleschkowski, Ella Poljakowa, Xenia Sokolowa, Swetlana Sergijenko, Nikolai Polosow.

Albaz, Jewgenija: »Доктор Лиза: Дети на линии фронта« (»Doktor Lisa: Kinder an der Frontlinie«). Newtimes.ru, 19. 10. 2014.

Glinka, Jelisaweta: »Доктор Лиза: о жизни, о смерти, о любви« (»Doktor Lisa: Über das Leben, den Tod und die Liebe«). *Cosmopolitan Russia,* 26. 12. 2016.

Glinka, Jelisaweta: *Доктор Лиза Глинка:* »*Я всегда на стороне слабого.*« *Дневники, беседы (Doktor Lisa Glinka:* »*Ich bin immer auf der Seite der Schwachen.*« *Tagebücher und Gespräche).* Herausgegeben von Sergei Aleschtschenok. AST, Moskau 2018.

Golowko, Oksana: Interview mit Jelisaweta Glinka. »Доктор Лиза: ›Самое страшное-одиночество‹« (»Doktor Lisa: ›Das Schlimmste ist Einsamkeit‹«). Pravmir.ru, 17. 02. 2014.

Jeroschok, Soja: »Лиза Глинка: ›Я работаю с отверженными и преданными. И не все меня в этом понимают‹« (»Lisa Glinka: ›Ich arbeite mit den Ausgestoßenen und Verratenen. Und nicht alle verstehen das‹«). *Nowaja gaseta,* 25. 12. 2016.

Jerschow, Jewgeni: Interview mit Jelisaweta Glinka. »Доктор Лиза: ›Смерть научила меня терпеть‹« (»Doktor Lisa: ›Der Tod hat mich gelehrt zu dulden«). Pravmir.ru, 17. 05. 2012.

Krasnogorodskaja, Alexandra: Interview mit Gleb Glinka. »Она видела в каждом образ Божий« (»Sie hat in jedem Menschen Gottes Ebenbild gesehen«). *Iswestija*, 19. 02. 2018.

Kreml: »Заседание Совета по развитию гражданского общества и правам человека« (»Sitzung des Rats zur Förderung der Zivilgesellschaft und der Menschenrechte«). 14. 10. 2014.

Kreml: »Президент вручил Государственные премии за выдающиеся достижения в области благотворительной и правозащитной деятельности« (»Der Präsident vergibt Staatspreise für herausragende Leistungen im Bereich Wohltätigkeit und Bürgerrechtsengagement«). 08. 12. 2016.

Kusitschew, Anatoli: Interview mit Jelisaweta Glinka. »Я бы каждого политика взяла в реанимацию, где лежат раненые дети Донецка«« (»Ich würde jeden Politiker in die Intensivstation mitnehmen, wo die verletzten Donezker Kinder liegen«). *Kommersant* FM, 20. 10. 2014.

Nikitina, Julia: Interview mit Jelisaweta Glinka. »Доктор Лиза в Донецке: ›Мне все равно, кого лечить‹« (»Doktor Lisa in Donezk: ›Für mich macht es keinen Unterschied, wem ich helfe‹«). Fontanka.ru, 29. 05. 2014.

Pogrebischskaja, Jelena (Regie): *Доктор Лиза (Doktor Lisa)*. Dokumentarfilm. REN TV, 2009.

Rat beim Präsidenten zur Förderung der Zivilgesellschaft und Menschenrechte. »Памяти Доктора Лизы« (»Zum Gedenken an Doktor Lisa«). Kreml, 25. 12. 2016:

Schurawskaja, Olga: »»Вы видели ее фотографии? Забудьте. Они не передают и половины очарования«« (»»Haben Sie Fotos von ihr gesehen? Darauf sieht man nicht annähernd, wie bezaubernd sie wirklich war.««). *Doschd*, 13. 01. 2017.

Sokolowa, Xenia: Interview mit Jelisaweta Glinka. »Елизавета Глинка: ›Импотенция – это когда женщина ездит на войну спасать детей, а мужчины поливают ее за это дерьмом«« (»Impotenz ist, wenn eine Frau in den Krieg fährt, um Kinder zu retten, und Männer sie dafür mit Dreck bewerfen«). Snob, 24. 11. 2014.

Sokolowa, Xenia: Interview mit Jelisaweta Glinka. »Елизавета Глинка: ›Самих бы их закопать!‹« (»Jelisaweta Glinka: ›Sie gehören selbst begraben!‹«). Snob, 07. 11. 2012.

Sudilowski, Andrei (Regie): *Елизавета и Глеб Глинки: Больше чем любовь (Jelisaweta und Gleb Glinka: Mehr als Liebe)*. Dokumentarfilm. Rossija K, 2018.

Ulizkaja, Ludmila: »Людмила Улицкая- памяти Доктора Лизы« (»Ljudmila Ulizkaja zum Gedenken an Doktor Lisa«). OpenRussia.org, 25. 12. 2016.

»Доктор Лиза: ›Ни критикам, ни советчикам мне сказать нечего‹« (»Doktor Lisa: ›Kritikern und Ratgebern habe ich nichts zu sagen‹«). Interview mit Jelisaweta Glinka. Pravmir. ru, 31. 10. 2014.

»»Самое трудное в жизни – не обидеть тех, кто слабее тебя, не накричать‹« (»Das Schwierigste im Leben ist es, Menschen, die schwächer sind als du selbst, nicht zu kränken, nicht anzuschreien«). Interview mit Jelisaweta Glinka. Pravmir.ru, 17. 01. 2007.

»Сирийские врачи просят доктора Лизу помочь с лекарствами для детей« (»Syrische Ärzte bitten Doktor Lisa um Hilfe bei der Beschaffung von Medikamenten für Kinder«). *Tass,* 03. 09. 2016.

KAPITEL 7 | SENSIBLE GESCHÖPFE

Gespräche des Autors mit Michail Schwydkoi, Anna Narinskaja, Alexei Tschesnakow, Marina Dawydowa, Sergei Kapkow, Alexei Agranowitsch, Sofja Apfelbaum, Michael Idov, Juri Bykow, Iwan Wyrypajew.

Aleksenko, Alexei: »Об открытом письме Ивана Вырыпаева« (»Zum offenen Brief Iwan Wyrypajews«). Snob, 25. 08. 2017.

Balmforth, Tom: »Russian Director Vows to Quit Cinema After ›Hysteria‹ over TV Spy Thriller.« *Radio Free Europe/Radio Liberty,* 17. 10. 2017.

Bykow, Juri: Öffentliches Posting im sozialen Netzwerk VKontakte, 13. 10. 2017. Online unter https://vk.com/wall-23793890_10837.

»Is this Russian director a criminal or a critic of the state?« *Vice News,* 04. 11. 2017.

Kaschin, Oleg: Interview mit Kirill Serebrennikow. »Около Кремля« (»In der Nähe des Kreml«). *Kommersant* Video, 28. 04. 2010.

Kreml: »Встреча с деятелями культуры: Дмитрий Медведев посетил Мультимедиа арт музей« (»Treffen mit Kulturschaffenden: Dmitri Medwedew besucht Museum für multimediale Kunst«). 24. 03. 2011.

Lipman, Maria: »Meet the Second-Rate Academic Who Is Vladimir Putin's Culture Cop.« *The New Republic,* 23. 05. 2014.

»Moscow Theater Director Ordered Under House Arrest in Serebrennikov Case.« *Radio Free Europe/Radio Liberty,* 27. 10. 2017.

Neumeyer, Joy: »Filming the Fifth Column: How Outspoken Director Yuri Bykov's New TV Show Landed Him in Hot Water.« *Calvert Journal,* 26. 10. 2017.

Pomerantsev, Peter: »Putin's Rasputin.« *London Review of Books,* 20. 10. 2011.

Pomerantsev, Peter: *Nichts ist wahr und alles ist möglich: Abenteuer in Putins Russland.* Übersetzt von Klaus Timmermann und Ulrike Wasel. Deutsche Verlags-Anstalt, München 2015.

Schermenewa, Jewgenija: »О ›Седьмой студии‹, ›Платформе‹ и Гоголь-центре от участника событий« (»Zum ›Siebten Studio‹, ›Platforma‹ und dem Gogol-Center – Anmerkungen einer beteiligten Person«). *Medium / Culttrigger,* 23. 05. 2017.

»Serebrennikov's Embezzlement Case, Explained.« *Moscow Times,* 24. 08. 2017.

Wyrypajew, Iwan: »Открытое письмо драматурга и режиссера Ивана Вырыпаева в поддержку Кирилла Серебренникова« (»Offener Brief des Dramatikers und Regisseurs Iwan Wyrypajew zur Unterstützung Kirill Serebrennikows«). Snob, 24. 08. 2017.

Yaffa, Joshua: »The Rise and Fall of Russia's Most Acclaimed Theatre Director.« *The New Yorker,* 11. 12. 2017.

Zygar, Mikhail: *All the Kremlin's Men: Inside the Court of Vladimir Putin.* PublicAffairs, New York 2016.

»›Свободу режиссеру‹. На премьере ›Нуреева‹ авторы балета призвали освободить Кирилла Серебренникова« (»›Freiheit für den Regisseur‹: Bei der Premiere des Balletts ›Nurejew‹ forderten die Autoren die Freilassung Kirill Serebrennikows«). Medusa, 09. 12. 2017.

»›Я думал, что мы для страны, для родины делаем такой яркий и мощный проект‹« (»›Ich dachte, wir machen dieses glänzende, kraftvolle Projekt für unser Land, unsere Heimat‹«). Erklärung bei einer Gerichtsverhandlung. Online auf *Doshd,* 23. 08. 2017.

EPILOG | VÄTER UND SÖHNE

Gespräche des Autors mit Xenia Sokolowa, Michail Meylach, Lew Gudkow, Danila Prilepa und Jewgenija Merkulenko.

Agence France-Presse: »Renowned Russian Director Serebrennikov Freed from House Arrest.« *The Guardian,* 08.04.2019.

Baunov, Alexander: »Собянин и Богомолов. Приглашение к драме« (»Sobjanin und Bogomolow: Einladung zum Drama«). Carnegie.ru, 27.08.2018.

Kolesnikov, Andrei: »Russians Find New Ways to Protest.« *The Moscow Times,* 02.05.2019.

Kolesnikov, Andrei: »The Split in Russia's Civil Society.« Carnegie.ru, 29.04.2019.

Krastev, Ivan / Pavlovsky, Gleb: »The Arrival of Post-Putin Russia.« Europäischer Rat für auswärtige Angelegenheiten (Ecfr. eu), 02.03.2018.

Lewada-Zentrum: »Институциональное доверие« (»Das Vertrauen in Institutionen«). Pressemitteilung, 04.10.2018.

Lewada-Zentrum: »Президентское голосование и доверие политикам« (»Die Präsidentschaftswahlen und das Vertrauen in Politiker«). Pressemitteilung, 11.04.2018.

Lobanowa, Wika / Sakow, Andrei: »Кто такой Данила Прилепа, спросивший у Путина про коррупцию?« (»Wer ist Danila Prilepa, der Putin die Frage zur Korruption gestellt hat?«). *Afisha,* 15.06.2017.

Nawalny, Alexei: »Письмо Анне Константиновне (Нюте) Федермессер« (»Offener Brief an Anna Konstantinowna (Njuta) Federmesser«). 05.05.2019. Online unter https://navalny.com/p/6129.

»Open Letter from Priests in Defence of Prisoners in the ›Moscow case‹«, Pravmir.com, 22.09.2019.

Petrowa, Irina: »Помогай и не навреди: Режиссер Богомолов рассказал, как живется театрам в Москве« (»Helfen, nicht schaden: Regisseur Bogomolow zur Situation der Theater in Moskau«). Riafan.ru, 27.08.2018.

Rogow, Kirill: »Коллаборанты и революционеры« (»Kollaborateure und Revolutionäre«). Öffentliches Posting auf Facebook, 07. 05. 2019.

Sulim, Sascha: »»Мне бы совесть не позволила остаться дома‹: Российские школьники рассказали ›Медузе‹, почему они пошли на уличные акции« (»»Mein Gewissen hat nicht zugelassen, dass ich zu Hause bleibe‹: Russische Schüler erzählen ›Medusa‹, warum sie auf die Straße gegangen sind«). Medusa, 27. 03. 2017.

Swetowa, Soja: »»Я не за власть и не против власти. Я- за людей, которым не до власти«« (»Ich bin weder für noch gegen die Regierung. Ich bin für die, die sich nicht um sie scheren«). *Nowaja gaseta,* 16. 05. 2019.

Swetowa, Soja: »»Ксения Соколова: ›Лиза Глинка сказала бы мне: Ты дура, Соколова!‹« (»Xenia Sokolowa: ›Lisa Glinka hätte mir gesagt: Du bist eine Idiotin, Sokolowa!‹«). Mbk. sobchakprotivvseh.ru, 09. 08. 2018.

Volkov, Denis: »»No Trust‹: What Russians Think About the Pension Reform Plan.« Carnegie.ru, 09. 08. 2018.

Yaffa, Joshua: »As Russia Votes, Its Youth Are Open and Curious but Not Yet Insurrectionary.« *The New Yorker,* 17. 03. 2018.

»»Золотая маска 2019‹: две награды для Серебренникова и задержание Pussy Riot«, (»Festival ›Goldene Maske 2019‹: Zwei Preise für Serebrennikow und Festnahme von Pussy Riot-Vertreterinnen«). *Radio Svoboda,* 16. 04. 2019.

»Кириллу Серебренникову достались две ›Золотые маски‹« (»Kirill Serebrennikow erhält zwei ›Goldene Masken‹«). BBC, 17. 04. 2019.

»Серебренников получил ›Золотую маску – 2019‹ как лучший драматический режиссер« (»Serebrennikow erhält ›Goldene Maske 2019‹ als bester Regisseur im Bereich Schauspiel«). *Tass,* 16. 04. 2019.

»»Спасибо Собянину за нормальное давление‹: в Москве

смеются над предвыборной кампанией мэра« (»Danke für meinen normalen Blutdruck, Sobjanin‹: In Moskau macht man sich über die Wahlkampagne des Bürgermeisters lustig«). BBC, 29. 08. 2018.

»Школьник спросил Путина о коррупции. Президент не поверил, что тот сам придумал вопрос« (»Ein Schüler stellte Putin eine Frage zur Korruption. Der Präsident wollte nicht glauben, dass sie von ihm selbst stammte.«). Medusa, 15. 06. 2017.

REGISTER